国家出版基金项目
NATIONAL PUBLICATION FOUNDATION

欧亚历史文化文库

总策划 张余胜

兰州大学出版社

# 纷扰的雪山

## ——20世纪前半叶西藏社会生活研究

丛书主编 余太山

周晶 著

**图书在版编目(CIP)数据**

纷扰的雪山:20世纪前半叶西藏社会生活研究/周晶著.—兰州:兰州大学出版社,2010.3
(欧亚历史文化文库/余太山主编)
ISBN 978-7-311-03648-5

Ⅰ.①纷… Ⅱ.①周… Ⅲ.①社会生活—研究—西藏—近代 Ⅳ.①K297.5

中国版本图书馆CIP数据核字(2011)第024026号

总 策 划 张余胜

书　　名 纷扰的雪山
——20世纪前半叶西藏社会生活研究
丛书主编 余太山
作　　者 周晶 著
出版发行 兰州大学出版社 (地址:兰州市天水南路222号 730000)
电　　话 0931-8912613(总编办公室) 0931-8617156(营销中心)
0931-8914298(读者服务部)
网　　址 http://www.onbook.com.cn
电子信箱 press@lzu.edu.cn
印　　刷 兰州人民印刷厂
开　　本 700 mm×1000 mm 1/16
印　　张 25.25
字　　数 337千
版　　次 2012年10月第1版
印　　次 2012年10月第1次印刷
书　　号 ISBN 978-7-311-03648-5
定　　价 75.00元

(图书若有破损、缺页、掉页可随时与本社联系)
淘宝网邮购地址:http//lzup.taobao.com

# 出版说明

随着20世纪以来联系地、整体地看待世界和事物的系统科学理念的深入人心，人文社会学科也出现了整合的趋势，熔东北亚、北亚、中亚和中、东欧历史文化研究于一炉的内陆欧亚学于是应运而生。时至今日，内陆欧亚学研究取得的成果已成为人类不可多得的宝贵财富。

当下，日益高涨的全球化和区域化呼声，既要求世界范围内的广泛合作，也强调区域内的协调发展。我国作为内陆欧亚的大国之一，加之20世纪末欧亚大陆桥再度开通，深入开展内陆欧亚历史文化的研究已是责无旁贷；而为改革开放的深入和中国特色社会主义建设创造有利周边环境的需要，亦使得内陆欧亚历史文化研究的现实意义更为突出和迫切。因此，将针对古代活动于内陆欧亚这一广泛区域的诸民族的历史文化研究成果呈现给广大的读者，不仅是实现当今该地区各国共赢的历史基础，也是这一地区各族人民共同进步与发展的需求。

甘肃作为古代西北丝绸之路的必经之地与重要组

成部分，历史上曾经是草原文明与农耕文明交汇的锋面，是多民族历史文化交融的历史舞台，世界几大文明（希腊—罗马文明、阿拉伯—波斯文明、印度文明和中华文明）在此交汇、碰撞，域内多民族文化在此融合。同时，甘肃也是现代欧亚大陆桥的必经之地与重要组成部分，是现代内陆欧亚商贸流通、文化交流的主要通道。

基于上述考虑，甘肃省新闻出版局将这套《欧亚历史文化文库》确定为2009—2012年重点出版项目，依此展开甘版图书的品牌建设，确实是既有眼光，亦有气魄的。

丛书主编余太山先生出于对自己耕耘了大半辈子的学科的热爱与执著，联络、组织这个领域国内外的知名专家和学者，把他们的研究成果呈现给了各位读者，其兢兢业业、如临如履的工作态度，令人感动。谨在此表示我们的谢意。

出版《欧亚历史文化文库》这样一套书，对于我们这样一个立足学术与教育出版的出版社来说，既是机遇，也是挑战。我们本着重点图书重点做的原则，严格于每一个环节和过程，力争不负作者、对得起读者。

我们更希望通过这套丛书的出版，使我们的学术出版在这个领域里与学界的发展相偕相伴，这是我们的理想，是我们的不懈追求。当然，我们最根本的目的，是向读者提交一份出色的答卷。

我们期待着读者的回声。

# 总序

本文库所称“欧亚”(Eurasia)是指内陆欧亚,这是一个地理概念。其范围大致东起黑龙江、松花江流域,西抵多瑙河、伏尔加河流域,具体而言除中欧和东欧外,主要包括我国东三省、内蒙古自治区、新疆维吾尔自治区,以及蒙古高原、西伯利亚、哈萨克斯坦、乌兹别克斯坦、吉尔吉斯斯坦、土库曼斯坦、塔吉克斯坦、阿富汗斯坦、巴基斯坦和西北印度。其核心地带即所谓欧亚草原(Eurasian Steppes)。

内陆欧亚历史文化研究的对象主要是历史上活动于欧亚草原及其周邻地区(我国甘肃、宁夏、青海、西藏,以及小亚、伊朗、阿拉伯、印度、日本、朝鲜乃至西欧、北非等地)的诸民族本身,及其与世界其他地区在经济、政治、文化各方面的交流和交涉。由于内陆欧亚自然地理环境的特殊性,其历史文化呈现出鲜明的特色。

内陆欧亚历史文化研究是世界历史文化研究中不可或缺的组成部分,东亚、西亚、南亚以及欧洲、美洲历史文化上的许多疑难问题,都必须通过加强内陆欧亚历史文化的研究,特别是将内陆欧亚历史文化视做一个整体加以研究,才能获得确解。

中国作为内陆欧亚的大国，其历史进程从一开始就和内陆欧亚有千丝万缕的联系。我们只要注意到历代王朝的创建者中有一半以上有内陆欧亚渊源就不难理解这一点了。可以说,今后中国史研究要有大的突破,在很大程度上有待于内陆欧亚史研究的进展。

古代内陆欧亚对于古代中外关系史的发展具有不同寻常的意义。古代中国与位于它东北、西北和北方，乃至西北次大陆的国家和地区的关系,无疑是古代中外关系史最主要的篇章,而只有通过研究内陆欧亚史,才能真正把握之。

内陆欧亚历史文化研究既饶有学术趣味,也是加深睦邻关系,为改革开放和建设有中国特色的社会主义创造有利周边环境的需要，因而亦具有重要的现实政治意义。由此可见,我国深入开展内陆欧亚历史文化的研究责无旁贷。

为了联合全国内陆欧亚学的研究力量，更好地建设和发展内陆欧亚学这一新学科,繁荣社会主义文化,适应打造学术精品的战略要求,在深思熟虑和广泛征求意见后,我们决定编辑出版这套《欧亚历史文化文库》。

本文库所收大别为三类:一,研究专著;二,译著;三,知识性丛书。其中,研究专著旨在收辑有关诸课题的各种研究成果;译著旨在介绍国外学术界高质量的研究专著;知识性丛书收辑有关的通俗读物。不言而喻,这三类著作对于一个学科的发展都是不可或缺的。

构建和发展中国的内陆欧亚学,任重道远。衷心希望全国各族学者共同努力,一起推进内陆欧亚研究的发展。愿本文库有蓬勃的生命力,拥有越来越多的作者和读者。

最后,甘肃省新闻出版局支持这一文库编辑出版,确实需要眼光和魄力,特此致敬、致谢。

余太山

2010 年6 月 30 日

# 前言

20世纪前半叶,确切地说,从1904年英国远征军入侵西藏到1959年西藏民主改革前的50多年,是西藏历史上经历的最激烈的社会变革时期。西藏从社会制度到社会形态,都发生了根本性的变化。1951年西藏和平解放后,特别是1959年民主改革之后,在西藏维持了上千年的封建农奴制度以较为温和的方式瓦解,支撑政教合一制度的上层建筑随之倒塌。新制度的建立、新价值观的引进,给固有的社会结构和社会形态以无情的冲击,社会生产方式、生活方式,甚至家庭结构形式,也随着社会制度的根本改变和人们世界观的转变,被全部或部分地抛弃了;有些是主动的,有些则是被动的。随着社会生产方式的改变,社会类型随之转变,西藏由一个以园圃农业和游牧经济为主导的自然经济社会逐步跨入了工业社会的门槛。留在它身后的,是与新的生产关系不相适应的某些原始的、落后的,兼有神秘色彩的生产和生活习俗,以及备受世人瞩目的家庭结构和婚姻关系。由于中央政府采取了务实和宽松的宗教政策,西藏社会原有的宗教体系较为完整地保留了下来,但支持这个信仰体系的社会结构和经济基础发生了根本性改变,众多宗教寺院在形式上和实质上真正成为维系人们信仰的场所,而不再作为体现封建土地所有制的经济实体。可以说，西藏在和平解放之后，特别是民主改革之后，原有的社会生活形态，从物质到精神，已经彻底改变。虽然社会生活的某些方面依然沿袭和维持原状，但其内涵和实质已经发生了质变。因此，描述和记录这场颠覆性的社会变革之前西藏社会各阶层的社会生活状态，其意义不仅在于记录和保存西藏社会在特定历史时期社会生活的典型特征和社会生活风貌，还在于探究这些典型特征对变革前的社会和变革后的社会所产生的积极和消极影响。

笔者之所以选取20世纪前50年的西藏社会生活作为研究课题，除了这一历史阶段是西藏社会制度变革的临界点之外，还在于这个时期的西藏社会政治地位的不确定性对社会生活秩序的影响。1919年的辛亥革命导致清朝灭亡，新建立的民国政府因国内外形势，曾一度失去了对西藏地方政府的有效治理，英国侵略势力乘虚而入。在经历了西方列强在经济上和政治上的长期觊觎和操控之后，西藏社会生活的某些方面发生了很大变化。1888年和1904年，英帝国两次武装入侵，打开了西藏封闭的大门。英国出于其在印度的政治、经济利益考虑，一方面谋求西藏在政治上脱离中国，成为英国的附属，在印度与中国之间形成缓冲地带，一方面希望西藏在经济上和贸易上成为印度的原料供应地和商品倾销地。由于英国的挑唆和西藏地方政府对形势的模糊判断，加上清朝末期中央政府对藏政策的失当，西藏地方政府首脑在政治上与新建立的民国中央政府一度疏离，倾向于依仗英国势力维持其不甚明朗的国际地位。英国利用西藏地方政府某些官员的所谓“独立”臆想，以亚东和江孜这两个贸易办事处作为基地，利用锡金政治官员的特殊身份，游走于印度与拉萨之间，甚至在拉萨设立了英国使团；英国曾希望以向西藏提供武器装备、训练军官的方式培养另一支印度式的军队；他们还试图用在西藏创办所谓的英文学校的方式，在西藏地方政府官员中培植自己的代理人。虽然英国的企图最终因为西藏特殊的社会结构和文化差异而无法实现，却也在一定程度上影响了这一时期的西藏社会生活。

这一时期是西藏历史上近代化尝试的开端。20世纪前50年是世界近代史的多事之秋，西藏社会在纷扰的国际背景下，在某种程度上得到了几次发展的机遇。(1)1904年，英国武力入侵西藏，强迫西藏地方政府与之签署了一系列不平等条约和相关贸易条款，为西方商品进入西藏打通了道路。这是西藏向外国开放市场的开端，它的直接后果是江孜和亚东成为西藏，甚至全国对外贸易的重要口岸。(2)1906年，驻藏大臣张荫棠进藏“查办事件”，开启了以“洋务运动”模式向西藏植入近代化理念，用资本主义方式发展西藏经济、文化、教育事业的尝试。但张荫棠和后任驻藏大臣等清朝官员没有处理好民族与宗教关系，加之当时的历史条件所限，致使由外而内的西藏近代化尝试失败。(3)1913年以后，流亡在外的十三世达赖喇嘛从印度返藏，开始实行所谓新政，试图引进西方近代经济、文化和科技成果，改革政府弊政，整顿教务，兴办实业。但因为寺院保守势力的抵制，以及达赖喇嘛本人政策的摇摆不定，新政收效甚微。(4)第二次世界大战期间，特别是太平洋战争爆发后，西藏曾经一度成为国内抗战物资的运输通道和中转站。战时生产、生活物资的不时过境和运输，给西藏城市带来了前所未有的商业繁荣。在这种社会环境下，西藏社会各阶层的社会生活方式也在一定程度上有所改变。

总之，从民族学、社会学角度研究这一时期西藏的社会生活，总结西藏社会在重大历史变革之前各阶层人民的生活状态，不仅可以丰富和加深对这一时期西藏社会历史、文化的认识，拓展研究视野，在学术研究方面探索多种学科综合的方法，而且对于探讨现实西藏社会生活的发展演变也会有积极意义。

# 目录

西藏的农民，特别是在贵族和寺院庄园里干活的农民，从某种意义上讲都是农奴。佃农必须把他的大部分农产品交给地主，留下的仅够养活他自己和家人。他还必须向地主和所有过路的政府官员服徭役和提供物品。未经老爷的允许，佃农不得擅离他的土地。[1]

——戈尔斯坦(M Goldstein)《对西藏政治制度的人类学研究》

# 1　凝滞的时间

## ——豁卡农民的社会生活状态

西藏农业生产具有悠久的历史。昌都卡若遗址出土的谷物种子表明，在5000多年以前，西藏已经存在种植业。《旧唐书·吐蕃传》对青稞、小麦、蚕豆、荞麦等农作物均有所记载。大约7世纪之前，雅鲁藏布江中游地区便开始了谷物种植，并先后兴建了日喀则、拉萨等城镇。12世纪以后，西藏农业区逐渐从雅鲁藏布江河谷和三江（金沙江、怒江、澜沧江）河谷扩大到了藏南河谷地区。《卫藏通志》中记载，在16世纪中期，海拔4 400余米的羊卓雍湖畔已经有了相当规模的土地开垦。到了19世纪，“一江两河”流域的西藏农业生产格局基本形成。喜马拉雅山与冈底斯山—念青唐古拉山之间，雅鲁藏布江干流拉孜至大竹卡，贡嘎至桑日等河段，以及拉萨河和年楚河中下游，为长100～200公里，宽3～10公里的河谷平原。这里海拔多在4 000米以下，地势平坦，土地肥沃，引水灌溉便利。其中拉孜到桑日，东西长约500公里，南北宽200公里，最窄处仅50公里，是西藏最重要的河谷农业区，有

〔1〕转引自〔加〕谭·戈伦夫：《现代西藏的诞生》，伍昆明译，北京，中国藏学出版社，1990年，第8页。

"西藏粮仓"之称,主要农作物有青稞、小麦、荞麦、蚕豆、油菜、豌豆。在海拔较低的地方,还能种植水稻和鸡爪谷等。这里聚集了西藏70%以上的人口,是西藏的财富中心。大部分国库庄园和拉萨世俗贵族庄园,如多仁、吉布、乃堆、帕拉、彭康、车仁、赤门、宇妥的家族庄园,都分布在藏南河谷。这里还是西藏的政治、文化、经济、交通中心,拉萨、山南、日喀则等重要城镇也集中在这里。

在旧西藏,农业区内的全部耕地、牧场、森林、山川、河流、河滩以及大部分牲畜,高度集中在被称为"三大领主"的官家、贵族、寺庙和上层僧侣集团手中。农民在丧失生产资料和人身自由的情况下,被强制服务于三大领主大大小小的庄园中,成为各种形式的农奴,构成以人身依附关系为特征的西藏庄园经济制度。农业庄园是西藏农业人口,甚至西藏全区人口的集中地。美国人卡拉斯科(P Carrasco)认为:"很难确定西藏农业和牧业的比重,就面积来说,牧业占的比例较大,但西藏5/6的人口从事农业。"[1]

20世纪40年代,国民政府官员吴忠信依据西藏每"克"[2]土地的粮食产量和一头牛一天可耕地数量比估计,西藏可耕地面积大约为500万亩,其中30.9%属于地方政府,29.6%属于贵族,39.5%属于寺院和上层僧侣。[3]《西藏自治区概况》中统计,1959年时,西藏共有耕地413 820英亩,其中地方政府拥有160 976英亩,占38.9%,寺庙和上层僧侣拥有152 286英亩,占36.8%,贵族拥有99 317英亩,占24%,西藏边沿地区的自耕农占有1 241英亩,仅占0.3%。[4]虽然两者对耕地面积的计算出入较大,但对三大领主占有土地比例的计算近似。西藏自治区公布的统计数据表明,1952年时,现自治区所属地域的耕地

---

〔1〕〔美〕皮德罗·卡拉斯科:《西藏的土地与政体》(陈永国译)拉萨,西藏社会科学院西藏学汉文文献编辑室,1985年,第3页。

〔2〕"克",西藏标准容量单位,1克相当于28公斤,1克地指播种1克青稞种子的面积。

〔3〕吴忠信:《西藏纪要》,上海,商务印书馆,民国31年(1942年),第176－177页。

〔4〕《西藏自治区概况》编写组:《西藏自治区概况》,拉萨,西藏人民出版社,1984年,第253页。

为245万亩，粮食总产量为155 335吨，人均粮食产量135公斤。[1]

庄园经济是西藏社会发展的物质支柱，也是西藏封建农奴制度的代表性产物。正如列宁曾经指出的那样："农奴主的领地必然是一个自给自足的和闭关自守的整体，同外界很少联系。"[2]除了与游牧部落之间的农牧交换之外，农业庄园基本上不存在庄园之间的产品交换，也缺乏相应的社会分工，加上自然环境恶劣、生产工具落后，特别是封建土地所有制和人身依附制度、异常繁重的乌拉差役，严重遏制了生产力的发展。

庄园里的农民沿袭古老的生产方式，采用原始的耕作方法，使用笨重的生产工具，遵循旧日的生活节奏，生产着供贵族享受奢侈生活、供寺院用于宗教活动的物质财富。相对封闭的地理与生存环境、独立而分散的社会交际范围、超负荷的经济剥削，使得时间在这里不再是社会演进的标志和衡量。

## 1.1　豀卡里的生存

### 1.1.1　农民的分层

"豀卡"(gzhis-ka)，藏语本意为村庄，通常指以自然村落为基础，以一个主庄园建筑为核心，周围聚集各等级农民住房，村落周边有农田、道路、磨房以及水利或防御设施的农业生产综合单位。为区别豀卡的所属，"宗豀"(gzhung-gzhis)意为政府土地，"曲豀"(chos-gzhis)意为僧人土地，"贡豀"(sger-gzhis)意为世俗土地。在旧西藏，"宗豀"通常分配给各个政府机构，充当军队或官员的工资；"曲豀"由西藏地方政府分给寺院，作为对僧人的供奉，并免除其劳役税；"贡豀"是地方政府封赐给世俗贵族的私有庄园，是贵族家庭收入的主要来源，也是贵族为政府服务的酬劳。按照规定，每个世俗贵族世家至少有一个由父系

〔1〕北京大学社会学人类学研究所，中国藏学研究中心：《西藏社会发展研究》，北京，中国藏学出版社，1997年，第19页。

〔2〕《列宁全集》第3卷，北京，人民出版社，1978年，第157－158页。

后嗣继承的官方庄园，贵族世家至少要有一名男性继承人为政府服务。这三种庄园被统称为谿卡。在谿卡里劳作的农民，在某种程度上被认为是农奴。

在西藏社会划分的三个阶级中，谿卡里的农民与仆役、军人一起，被认为属于中等阶级中的下等。这些农民又依是否拥有差地，被分成“差巴”(khral-pa)、“堆穷”(dud-chung)、“囊生”(nang-gzan)三个主要等级。有些谿卡还把专门从事其他营生的手艺人，或来自其他谿卡的外逃者，称为“烟火户”(tu-gazham)。

“差巴”的藏语意思为“支差的人”。他们是依照官府文书，拥有世袭祖地的农民。差巴对其所分得的土地有使用权，但没有所有权，政府有权随时收回差地。差巴按照耕种土地的多少，要向政府和谿卡支付一定的差役与实物。谿卡里的差巴户数通常占庄园总户数的1/3到1/2左右。一般来说，差巴占有一定的生产资料，如种子、耕畜和农具，有较强的劳动力，或雇佣长、短工，有些差巴甚至承包或受委托管理属于政府或贵族的谿卡。也正因为如此，差巴成为西藏受旧西藏人身依附制度限制最多的等级。差巴的人身属于藏政府，没有迁居的自由，经常要为政府和谿卡进行无偿劳动，即支差。

“堆穷”的藏语意思为“小户”，在山南地区，他们也被叫做“宁穷”(nym-chung)，意思为“贫贱”、“弱小”。在谿卡里，堆穷的比例比差巴要小。堆穷又分为谿卡的堆穷和差巴的堆穷。谿卡的堆穷依附于谿卡，他们住在谿卡的房子里，不交房租，但要为谿卡支一定数量的差役。差巴的堆穷则依附于差巴，租住差巴的房子，以给差巴做长工或短工维持生活。不经过谿卡许可，堆穷不能离开庄园。如果领主剥削过甚，或遭受自然灾害，生活无着，抑或是与属于其他谿卡的人结婚，堆穷有可能离开。因此，堆穷是西藏流动人口中的活跃分子。

“囊生”的藏语意思为“家奴”。囊生通常为单身，或与女伴以同居形式生活，一般不以户计算。囊生也分为谿卡囊生和差巴囊生两种。谿卡囊生可以说是脱离了土地的农民，他们居住在领主住宅内，主要从事家庭劳动，包括织布、织毯子、为庄园主修建房屋，甚至被庄园主雇给商人做仆役。豁卡囊生的来源通常为人丁少、无力种地的差巴或是外逃的堆穷,以及囊生所生的子女。差巴家的囊生则要从事田间劳动,为差巴耕种土地。

人们普遍认为,囊生应该是豁卡中地位最低下的群体,要负担繁重的家务劳动,也要承受领主的打骂,可以说,连生死也掌握在领主手里。但社会调查表明,在很多情况下,豁卡囊生的生存境遇并不比堆穷甚至差巴差。在墨竹工卡宗的甲马赤康豁卡,堆穷们对豁卡囊生的生活很是羡慕,想申请做豁卡囊生一般都得不到批准。只有在担心那些单身的差巴或堆穷可能逃跑时,领主才同意他们做囊生,以维持豁卡的劳动力数量。这个豁卡有一间私塾,学生多是中上等差巴子弟,两个教员就是豁卡的囊生。学生放假期间,这两个教员就轮流服侍豁卡的大小管家。[1]

仆役似乎是西藏社会的一个特殊现象。不只贵族、官员有仆役,富裕农民有仆役,有身份和地位的喇嘛也有不少仆役相随。做仆役的人并非只限于走投无路者或无家可归者,有些有家产、有身份的人也甘愿为仆。豁卡的管理人员,可以说是领主的高级仆役。豁卡管家分为"强佐"(phyag-mdzod)和"涅巴"(gnyer-pa),多从庄园大差巴中选派。他们中的有些人受过较好教育,能写会算,通常会跟随主人多年。强佐代理领主总管庄园大小事务,还掌管刑罚,处理民事纠纷,算是豁卡总经理;涅巴负责庄园的收支账目、钱粮出纳和组织生产,是豁卡总会计师。豁卡大差巴除了有资格被领主挑选做管家外,还可以轮流给领主做随从,以适当免去家中的外差。在涅巴以下,豁卡还设有"列本"(las-tabon),具体负责组织自营地生产,类似工头。列本一般从有管理能力和生产经验的差巴或堆穷中间产生。

在西藏社会等级划分中,仆役被划为中等阶级,地位并不下贱,甚至有可能过上较好的生活。在豁卡,仆役也许可以从主人那里得到一块封地作为报酬。在其他领域,有些人的命运还会因做仆役而大为改

[1]西藏社会历史调查资料丛刊编辑组:《藏族社会历史调查》(1),拉萨,西藏人民出版社,1987年,第148页。

变。近代西藏著名平民贵族擦绒·达桑占堆早年曾是一大喇嘛的仆役,后来竟得到十三世达赖喇嘛的器重而继承贵族名衔;十三世达赖喇嘛晚年的心腹贡培拉也是一名仆役。他们的平步青云和权倾一时,或许不能完全解释仆从的特殊地位,但至少可以说明仆役的特殊身份。

“烟火户”的藏语意思为“外来安锅灶”,通常指从外地逃来的堆穷,或者流动的手工业者或艺人。他们一般住在差巴的房子里,向房主支应若干天的劳役或交纳若干实物,作为房差和房租,但很少负担谿卡的差役。烟火户一般很贫穷,生活状态极不稳定,在谿卡中的地位很低。在拉孜宗的托吉谿卡,每当有烟火户来谿卡时,谿卡就会说:“这儿是吉如谿卡的地方,你住在这儿,就要出差,不出差,就滚蛋。”[1]但是在伦布谿卡,为了得到更多劳动力,烟火户会被给予一定的照顾,比如租给他们份地、借给他们种子,谿卡付给他们的雇佣工资甚至比所属的堆穷还高。[2] 表1-1为谿卡各阶层农民所占比例。

**表1-1 西藏农业庄园(谿卡)各阶层农民构成[3]**

| 谿卡名 | 谿卡各阶层农民的构成 | | | | | | 备注 |
|---|---|---|---|---|---|---|---|
| | 总户数 | 差巴(户) | 堆穷(户) | 囊生(人) | 烟火户(户) | 其他 | |
| 甲马谿卡 | 192 | 82 | 76 | 50以上 | 20 | 玛岗14户 | 玛岗(Dma-kang)指专支兵差户 |
| 伦布谿卡 | 23 | 4 | 10 | 9 | 8 | 谿本1户 | |
| 囊色林谿卡 | 116 | 67 | 37 | 79 | | 玛岗10户,协马2户 | 协马为牧业户 |
| 托吉谿卡 | 46 | 18 | 9 | | 19 | 喇嘛7人,尼姑5人 | |

〔1〕西藏社会历史调查资料丛刊编辑组:《藏族社会历史调查》(5),拉萨,西藏人民出版社,1987年,第90页。

〔2〕〔加〕谭·戈伦夫:《现代西藏的诞生》(伍昆明译),北京,中国藏学出版社,1990年,第180页。

〔3〕根据《藏族社会历史调查》(1)-(6)中资料制表,资料时间为1958—1962年。

续表 1－1

| | | | | | | | |
|---|---|---|---|---|---|---|---|
| 桑珠谿卡 | 38 | 17 | 21 | 5 | | | |
| 甲马卡谿卡 | 29 | 20 | 9 | | 23 | | 差巴中 3 户摆渡，4 户以捕鱼为副业 |
| 柳谿卡 | 98 | 66 | 31 | 3 | 8 人 | 领主 1 户，僧 4 人，尼 52 人 | |
| 资龙谿卡 | 107 | 26 | 50 | | 22 | 牧民 1 户，手工业者 6 户，头人 2 户 | |
| 杜素谿卡 | 85 | 36 | 48 | 66 | | 领主 1 户 | |
| 康萨谿卡 | 12 | 4 | 8 | | | | 此数据为 20 世纪 30 年代情况 |

### 1.1.2　农民的劳作

#### 1.1.2.1　农业生产

民主改革之前，西藏农业庄园以自然经济为基础，农业生产是谿卡的主要经济活动，附带牧业及家庭手工业，商业还没有成为独立的经济部门。人们大多根据生活需要与外来商人进行以物易物，虽然已经逐步使用藏币，但青稞依然经常作为交换等价物。

曾经在亚东做了 15 年英国贸易官员的麦克唐纳（David Macdonald）在《西藏文化遗产》（*Cultural Heritage of Tibet*）一书中这样描写西藏农民的劳作：

> ……西藏农民用原始的木犁和铁锹，只是刨刮表面的土壤，深翻泥土，则要靠严冬的霜冻把土地冻裂。5 月播种，9 月第一次下霜前收获。冬天结束后，农民要做的第一件事是修整水渠。因为降雨稀少，灌溉要靠人工系统。西藏无论男女老幼，都要到地里干活。他们是天性快乐的人，边在地里干活，边唱着劳动歌谣。[1]

西藏农民不深耕，不浸种，也不锄草，加上气候条件制约，农作物

〔1〕David Macdonald, *Cultural Heritage of Tibet*, New Delhi, Light-Life Publishers, 1963, p. 223.

产量不高，但也不属于粗放经营。从每年的年初到年末，农民按部就班地按照藏历上的农时进行劳作。虽然藏历上记载的农业节令多与宗教有关，比如什么时候念丰收经，什么时候念冰雹经，什么时候妇女去祈祷，什么时候老人去祈祷等，但其核心内容是指导农业生产的时令，如：(1)刹扬(sa-kang)：在一月中旬，用一天来庆祝，并从这一天开始耕地；(2)苦幽(gya-yan-ga)：在三月中旬，时间为21天，开始往地里灌播种前的水；(3)尼老(nyi-log)：一般在四月中旬，时间为21天，开始耕轮休地；(4)雄夏(kzhus-hags)：在七月中旬，为收获季节。[1] 表1-2为拉孜宗杜素谿卡1956年全年的主要农活。

收获的农女(妥思妥耶夫　摄)

表1-2　杜素谿卡全年主要农活(1956年)[2]

| 藏历 | 主要农活 |
|---|---|
| 一至二月 | 送春肥，开始放播种水，山地开始春耕。 |
| 二至四月 | 放播种水，播种(三月中旬到下旬)，羊群开始上山。 |
| 五至六月 | 在青苗地里修土埂；放青稞水；耕休闲地；天旱时放水浇苗；到野地和山上取土；取草皮积肥；牛马上山；修防洪堤。 |
| 七月 | 上山挖土坯积肥，月底早熟作物开镰，耕休闲地。 |
| 八月 | 收割庄稼，耕休闲地和秋耕地。 |
| 九月 | 打场，耕休闲地，把山土、山草烧成灰倒进厕所，牛羊从山上回到平地。 |
| 十至十二月 | 十月给休闲地送冬肥，给地里灌冬水。 |

[1]西藏社会历史调查资料丛刊编辑组：《藏族社会历史调查》(5)，拉萨，西藏人民出版社，1989年，第441页。

[2]西藏社会历史调查资料丛刊编辑组：《藏族社会历史调查》(6)，拉萨，西藏人民出版社，1991年，第248页。

为最大限度地保持地力和产量，农民普遍采用混合下种和数年轮种的方法。在日喀则附近的托吉豁卡，主要农作物有小麦、青稞、豌豆和油菜。农民通常采取五年一轮的耕种法。第一年种青稞，稍微掺一点油菜，比例为青稞97%，油菜3%。第二年混合种豌豆、青稞、油菜，比例为青稞55%，豌豆40%，油菜5%。第三年依然混合种，比例变化为青稞65%，豌豆30%，油菜5%。第四年与第三年基本相同，油菜的比例会略大一些。到了第五年，就只种小麦。有些地方还视土地的数量和经营情况留休闲地。[1]

### 1.1.2.2 生产工具

有学者认为：西藏农业生产力低下的主要原因之一是农具相对落后。以畜力代替人力，不重视发展高效机具，是制约西藏农业发展的技术性因素。[2] 很多书籍中都描述过农夫驱使二牛抬杠在地上犁沟，妇女在后面播种的情景。20世纪初，西藏农民所使用的农具以木质为主，但也有为数不少从印度进口，或用进口生铁在本地打造的铁质农具，与内地农民的生产装备并没有太大差别。农作物产量低主要是地理条件和气候因素造成的。相对西藏较大的耕地面积与较小的消费

二牛抬扛（麦克唐纳　摄）

[1] 西藏社会历史调查资料丛刊编辑组：《藏族社会历史调查》(5)，拉萨，西藏人民出版社，1989年，第6页。

[2] 萧正洪：《环境与技术选择》，北京，中国社会科学出版社，1998年，第103页。

人口，以及藏族特有的饮食结构，西藏农业生产水平与社会经济发展基本是相协调的。

**表1－3　杜素庄园主要农具[1]**

| 名称 | 产地 | 质地 | 价格（青稞） | 用途 | 使用年限 |
|---|---|---|---|---|---|
| 1. 牛轭 | 本豁卡 | 木料、皮 | 34波[2] | 耕地 | 10年 |
| 2. 犁 | 本豁卡（弯木外购） | 绳铁铧、木犁杖 | 44波（杆24，铧20） | 耕地 | 6年 |
| 3. 耙 | 本豁卡 | 木架、铁齿 | 24波 | 耙地 | 4年 |
| 4. 铁锹 | 本豁卡 | 木柄 | 13波 | 铲土、积肥 | 6年 |
| 5. 锄头 | 本豁卡 | 木柄 | 27波 | 挖土、挖肥 | 30年 |
| 6. 镰刀 | 本豁卡 | 木柄 | 4波 | 收割庄稼 | 5年 |
| 7. 草筐 | 资龙等地 | 竹（萨迦） | 6～15波 | 背草 | 2～4年 |
| 8. 十齿叉 | 本豁卡 | 木、山草 | | 扬场 | |
| 9. 背筐 | 本豁卡 | 树枝 | | 背土、干肥料 | 6年 |
| 10. 筛子 | 布通扎西岗等地 | 木板、皮条 | 3～6波 | 筛粮食 | 1～2年 |
| 11. 钉耙 | 本豁卡 | 木柄、铁齿 | 4～8波 | 打场时搂草 | 7年 |
| 12. 大扫帚 | 本豁卡 | 山草 | | 打扫谷场 | |
| 13. 两股叉 | 本豁卡 | 铁齿（藏羚羊角） | 6波（柄2，齿4） | 堆运青稞、秸秆 | 30年 |
| 14. 竹筐 | 资龙等地 | 竹（萨迦） | 4波 | 洗菜籽、青稞 | 1年 |
| 15. 提篮 | 本豁卡 | 牛头皮 | 4波 | 装播种种子 | 4～5年 |

〔1〕西藏社会历史调查资料丛刊编辑组：《藏族社会历史调查》(6)，拉萨，西藏人民出版社，1991年，第250－260页。

〔2〕"波"(vpo)：粮食和奶制品等的基本计量单位，为10公斤奶渣。

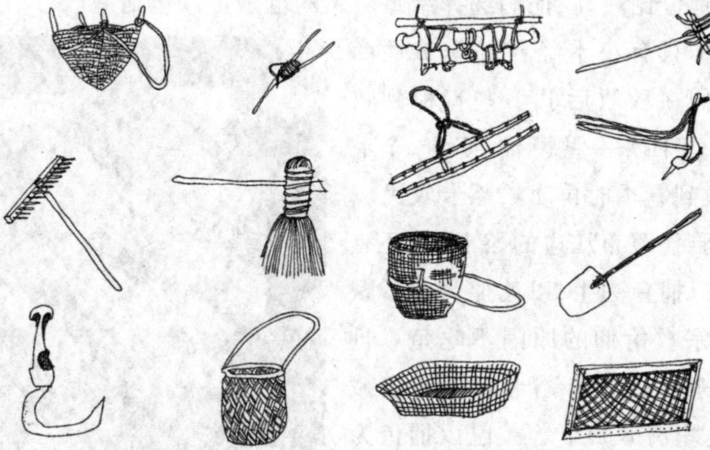

农具[依据《藏族社会历史调查》(6)中图片绘制]

1.1.2.3 副业生产

谿卡以农业生产为主,但也存在一定数量的养畜业,如养羊、犏牛和牦牛,以及一定数量的家庭副业,如炒青稞、酿酒、制作奶酪、打制酥油、做干奶渣、做酒干、做酒粉和榨菜籽油等。也正是因为庄园的产出可以满足农民一切与生活有关的基本物质需求,所以谿卡中的商品经济得不到良好发育。庄园里专职从事手工业或商业的人为数很少,手工业者多是半脱离农业生产的农民。他们农忙时给人家做短工,社会地位与堆穷或烟火户类似。因为没有经营土地带来的风险和土地的拖累,他们并不像大多数差巴和堆穷那样,背负有很多债务,加上有手艺在身,物质生活状况一般来说要好于堆穷,甚至比下等差巴还要好些。

谿卡的手艺人有木匠、铁匠、氆氇匠、裁缝以及靴匠。木匠以修理和制作木制工具为主,也做木器家具,甚至建造房屋。比起木匠,铁匠在生活上商品经济的成分略高些。他们平时在家里打一些铁铧、镰刀、手锄、马掌、剪子等出售,有时也受雇到差巴家加工铁器。石匠平时从事农业生产,有人需要建房时来帮工。因为藏族衣服为手工缝制,谿卡一般都有专门的裁缝。多数时间里,他们在雇主家量体缝制,雇主与裁缝之间的关系较之与其他手艺人的关系要密切。因此,裁缝在谿卡里的社会地位比较高,他们选择结婚对象的范围可以包括差巴。

农民卖羊毛给商人(妥思妥耶夫　摄)

谿卡只有小本经营的季节性商人。他们在秋收后驮一些青稞到牧区贩卖,买回来一些酥油、奶渣、羊毛等,存放到春季时再卖给谿卡农民。

在雅鲁藏布江边的谿卡中,还有少数人以捕鱼为生,以渡船为业。藏族由于宗教信仰的原因不吃鱼。日喀则以东的甲马卡谿卡靠近雅鲁藏布江,这里有8户下等差巴以捕鱼为副业,在旺季时捕鱼换取粮食,补贴生活。他们的捕鱼方式很原始,是用小型牛皮船和线网,4个人分乘2条船结组捕鱼。一人划船,一人拉网,两船分别在江两侧,逆流而上,在鱼多的地方将网落下后,两船向中心靠拢,合起来将网拉起。这个谿卡还有3户差巴用牛皮船摆渡,收取过渡费。摆渡是他们的副业,也是一种差役。

船夫以及羊皮船(亨利·海登　摄)

手艺人和小商人虽然也受人身依附制度的限制，但被允许流动在各谿卡或城镇间招揽生意。在距离拉萨较近的地方，手艺人的流动更加自由，有些人每年交纳一定的费用，还可以加入到归地方政府管理的行业协会，并最终定居在城市，成为市民。

### 1.1.3 农民的负担

#### 1.1.3.1 差役

“差”(khral)，藏语的意思是负担，多用“乌拉”(ulag)一词统称。差役不仅包括劳役，也包括实物。差役是西藏封建农奴制度的典型特征，也是领主对农民进行经济剥削的重要内容。如果说人身依附制度限制了西藏农民发展生产力的空间，名目繁多的沉重差役则消耗了农民提高生产力的积极性和精力。有一首民歌这样唱道：“领主的官差繁重，东来西去跑个不停，昨晚刚缝好的靴底，一天就磨了个窟窿。”[1]百姓常说：“谿卡各有各的主，共同的主子是藏政府。”这就决定了农民要受到所属领主和藏政府的双重剥削。农民既要给所属领主支内差，又要给政府支外差。外差使藏政府在极少付出，甚至不付出任何成本的情况下，占有大量劳动力和社会资源。

**差巴负担的差役**　如前所述，差巴是各种差役的主要负担者，差巴的称呼就说明了这一点。差巴要支内差，即向直属的领主交纳实物和货币、负担劳役，又要支外差，即向地方政府和寺院支乌拉差。乌拉差的摊派按差巴差地的数量计算。表1－4为日喀则附近的拉孜宗柳谿卡差巴支应的内外差役。

**表1－4(a)　柳谿卡差巴内差一览表**[2]

| 交谿卡的差(实物、货币) | 给谿卡支的乌拉(劳役) | 给活佛支的内差 |
|---|---|---|
| 1.酥油差 | 1.回马差 | 1.租子(向活佛) |
| 2.草差 | 2.以驴代马 | 2.人头税 |

〔1〕胡秉之：《从西藏民歌看封建农奴制度》，《西藏民族学院学报》，1989年第2期，第9页。
〔2〕根据《藏族社会历史调查》(5)第267－281页内容制表。

续表 1－4(a)

| 交豁卡的差(实物、货币) | 给豁卡支的乌拉(劳役) | 给活佛支的内差 |
|---|---|---|
| 3. 干损差(军粮中的损耗) | 3. 织氆氇 | 3. 租子(向寺庙) |
| 4. 育布差(草和柴火) | 4. 耕差地 | 4. 催债差 |
| 5. 刺柴差(烧火用柴) | 5. 放水 | 5. 乌拉 |
| 6. 度兴差(牛粪差) | 6. 松土放水 | |
| 7. 草皮差 | 7. 烧草皮 | |
| 8. 染料差 | 8. 运灰肥 | |
| 9. 百差 | 9. 挖肥 | |
| 10. 桑差 | 10. 送肥、挖小坑 | |
| 11. 马兰草差 | 11. 出肥 | |
| 12. 扫帚草差 | 12. 送粪肥 | |
| 13. 绳差 | 13. 寺庙肥 | |
| 14. 系马绳差 | 14. 新灰肥 | |
| 15. 灯油差 | 15. 挖垄沟 | |
| 16. 炊事差 | 16. 白土肥 | |
| 17. 房差 | 17. 积坑肥 | |
| 18. 羊毛差 | 18. 防雨用土 | |
| 19. 羊差 | 19. 收割 | |
| 20. 割庄稼差 | 20. 刷墙 | |
| 21. 羊粪差 | 21. 新土肥 | |
| 22. 新肉差(豁本低价购买牧户的羊) | 22. 扬场 | |
| 23. 旦几差(豁本进香费用) | 23. 运租子 | |
| 24. 曲角端莫差(请喇嘛来念经的费用) | 24. 翻地 | |
| 25. 冰雹差 | 25. 刨根 | |
| 26. 点粮差 | 26. 踩场 | |
| 27. 萝卜换肉差 | 27. 堆囤 | |
| 28. 乃但差 | 28. 看鸟 | |

续表 1 - 4(a)

| 交豁卡的差(实物、货币) | 给豁卡支的乌拉(劳役) | 给活佛支的内差 |
|---|---|---|
| 29. 换主差(女性外嫁的人役税) | 29. 守夜 | |
| 30. 人役税 | 30. 开耕休耕地 | |
| 31. 玉差(未婚怀孕女奴向豁本送礼金) | 31. 洗油菜籽 | |
| 32. 十里抽一差(差巴分家向豁本送礼金) | 32. 榨油 | |
| 33. 水租 | 33. 磨糌粑 | |
| 34. 代金券 | 34. 去草坝浇水 | |
| | 35. 修马厩 | |
| | 36. 长距离叫人、送信 | |
| | 37. 中距离传呼 | |
| | 38. 稍短距离传呼 | |
| | 39. 短距离传呼 | |
| | 40. 送草 | |
| | 41. 送告示 | |
| | 42. 捻线 | |
| | 43. 巴如夏会迎送 | |

**表 1 - 4(b)　柳豁卡差巴外差一览表**

| 交扎什伦布寺的差(实物、货币) | 给扎什伦布寺出的乌拉 | 给噶厦交的差 | 给噶厦支的乌拉 |
|---|---|---|---|
| 1. 租子 | 1. 织氆氇 | 1. 耳朵差 | 1. 运盐 |
| 2. 豆差 | 2. 为班禅修灵塔 | 2. 羊蹄差 | 2. 运藏政府去阿里经商的货物 |
| 3. 利息粮 | 3. 修建寺院 | 3. 开荒地差 | 3. 运藏政府去雄如经商的货物 |
| 4. 磨糌粑费 | 4. 运石板差 | 4. 大象差 | 4. 修政府在噶岗、基宗的房屋 |
| 5. 交切日列空的差 | 5. 运木差 | | 5. 修罗布林卡 |
| 6. 过斗钱 | 6. 运石差 | | 6. 增薪差 |

续表 1－4(b)

| 交扎什伦布寺的差（实物、货币） | 给扎什伦布寺出的乌拉 | 给噶厦交的差 | 给噶厦支的乌拉 |
|---|---|---|---|
| 7. 过秤钱 | 7. 驿差 | | 7. 夏装冬装差 |
| 8. 供神糌粑 | 8. 朱那堆在（七抽一） | | 8. 食宿差 |
| 9. 鸡蛋 | 9. 修建强母岗殿 | | 9. 分摊藏军工资 |
| 10. 马兰草绳 | 10. 仔恰 | | 10. 运送本豁卡藏军服装 |
| 11. "玛珠"债利 | | | 11. 6 户出 1 个藏军以及负担开销 |
| 12. 给白伦寺格西出工资 | | | 12. 各自负担 8 户藏军 |
| 13. "该干"的本金 | | | 13. 磨军粮 |
| 14. 砍伐差 | | | 14. 给驻扎定日藏军运输 |
| 15. 乌拉生活补贴 | | | 15. 给南木林藏军运输 |
| 16. 损耗差 | | | |
| 17. 羊税 | | | |
| 18. 割草差 | | | |
| 19. 纸差 | | | |
| 20. 香差 | | | |
| 21. 房檐用草差 | | | |
| 22. 地租 | | | |
| 23. 水租 | | | |
| 24. 豁索差（青稞秸差） | | | |

**堆穷负担的差役**　因为没有差地，堆穷的差役按照户数计算。他们要为差巴和豁卡支内差，为官府支外差。这样，差巴便把自己负担的很多差役转嫁给了其下属的堆穷，形成了层层盘剥现象。即便如此，与差巴相比，堆穷负担的差役还是要少很多。表 1－5 为后藏拉孜资龙豁卡堆穷所支差役。

表 1-5　资龙谿卡堆穷差役一览表[1]

| 内差 | 外差 |
|---|---|
| 1."盛土节"差(为差巴提供烧火的牛粪) | 1.农业人役税(交日喀则宗政府) |
| 2.修水渠 | 2.羊驴差 |
| 3.清扫肥场(为差巴清扫运肥后的场地) | 3.羊吃草差 |
| 4.修整池塘 | 4.奶牛差 |
| 5.青菜差(给谿卡田间监工送青菜) | 5.户口税(新立户堆穷交) |
| 6.本卓经差(向差巴交柴火) | 6.服侍差(负责官员和藏军的出入服侍) |
| 7.远途送信(为谿卡送信) | |
| 8.短途送信 | |
| 9.十日经(负担喇嘛念丰收经) | |
| 10.地方十日经(负责喇嘛念经时的牛粪) | |
| 11.苏草差 | |
| 12.护田(为谿卡看护庄稼) | |
| 13.灶差 | |
| 14.握镰差 | |
| 15.冰雹费(种地的堆穷负担) | |
| 16.堆青稞捆 | |
| 17.整场(向所属差巴支一天差) | |
| 18.翻场 | |
| 19.踩场(为谿卡自营地支差) | |
| 20.扬场(给谿卡扬场) | |
| 21.开放水池口(看管谿卡浇地的水池口) | |
| 22.对分肥(分一半肥料给所属差巴) | |
| 23.送茶(为谿卡田间监工送茶) | |
| 24.粮仓事务(为谿卡保护、打扫、整理粮仓) | |
| 25.房差(顶替居住所属差巴房屋) | |

**手工业者负担的差役**　虽然手工业者不负担与农业生产有关的差役,但因为其人身依附于谿卡,也要为谿卡和藏政府支差,但数量更

[1]根据《藏族社会历史调查》(5)第533-548页内容制表。

少些。表1－6为谿卡手工业者差役一览表。

**表1－6　谿卡手工业者差役一览表[1]**

| 行业 | 差役 |
|---|---|
| 铁匠 | 1.人头税　2.劳役差　3.给藏政府支差　4.给寺庙、谿卡支差 |
| 木匠 | 1.为谿卡打造农具　2.向政府交差　3.为寺庙干杂活 |
| 画匠 | 1.为寺庙粉刷墙壁等 |
| 裁缝 | 1.为僧人补衣服　2.为谿卡补粮食口袋 |
| 屠夫 | 1.为寺庙屠宰牲口　2.为谿卡屠宰牲口 |
| 商人 | 1.向宗政府交税　2.外地商人向谿卡交税 |
| 艺人 | 1.向谿卡交人头税 |

1.1.3.2　农民的抗争

对于像绳索一样的人身依附制度和沉重的乌拉差役，农民只能逆来顺受，采取忍耐或不作为的方式。因为宗教信仰的缘故，农民多将自己的贫困与贵族的富足归于天意，认为自己前世没有修德，因而加大在宗教消费上的投入，以期改变生存境遇。

农民采取的所谓积极行动，维护自己最低的生存权利的方式，不过是用和平请愿与传唱歌谣表达对领主的不满。和平抗争最能够表现西藏农民的社会性人格。和平请愿是西藏农业庄园沿袭很久的一种集体行为，多半是请求延长完差日期，请求减少差额，或是受灾之后请求免除差役，向政府求助等。请愿一般由群众聚议提出要求，然后由地方头人，如“根保”和能说会道的人物出面，带上礼物去求见领主或宗本。

和平请愿有时能够达到一定的目的。如20世纪40年代，拉加里把绒地区差民“传大昭钱差地”被收回后，仍要支差，群众就集合百余人，在地方头人措珍的率领下，向拉加里贵族请愿说：“您收走了土地，还要我们支差，实在没有办法，请免去这项差吧。”拉加里只好把一半

[1]根据《藏族社会历史调查》(1)、(2)、(5)、(6)材料整理制表。

土地退还给差巴，仍要差巴支这项差。[1]《西藏灾异志》中收录了40件从19世纪中期到民主改革前噶厦对差民请愿的批复和指令，其中给予减免差役和同意援助的有9件，要求差民提供确切信息后再考虑处理意见的有7件，有条件给予援助的有10件，拒绝的有5件。

豁卡头人（斯潘塞·查普曼 摄）

流传于民间的歌谣、谚语也是藏族反映时事、抒发不满的最顺畅渠道。由于缺乏官方的文字信息传达渠道，西藏社会发生的政治事件和社会新闻，都会在很短时间内以歌谣形式在社会上流传。与市民歌谣更多关注政治不同，农民歌谣多为抒发对现实生活状况的无奈。资龙豁卡流传这样一首民歌："官府的命令，是山上滚下来的石头。滚下来之后，就无法送回头。"[2]

西藏农民性格多懦弱与驯服，其发泄不平和愤怒的较为激烈的形式，也只不过是给领主起侮辱性的外号和用类似大字报、招贴等做人身攻击。大贵族桑颇的强佐（管家）格桑赤乃和扎西顿热为人奸诈，先是在差巴中制造纠纷，然后再出面调解，从中收取贿赂。于是就有人在他去收差的路旁岩石上，醒目地写着："强佐是道地的野狼，扎西顿热是彻头彻尾的犏牛（肚子大，贪婪）。"[3]

〔1〕西藏社会历史调查资料丛刊编辑组：《藏族社会历史调查》(2)，拉萨，西藏人民出版社，1988年，第94页。

〔2〕西藏社会历史调查资料丛刊编辑组：《藏族社会历史调查》(1)，拉萨，西藏人民出版社，1987年，第84页。

〔3〕西藏社会历史调查资料丛刊编辑组：《藏族社会历史调查》(2)，拉萨，西藏人民出版社，1988年，第95页。

农民表达不满最激烈也是最无奈的方式算是逃亡。20世纪20—30年代,特别是在十三世达赖喇嘛扩充藏军、增加税收和差役时期,逃亡是比较普遍的社会现象。由于差巴是主要的支差者,很多差巴由于支不起差而借债,还不起债就只能逃跑。十三世达赖时期,边民多逃往不丹、印度和锡金,也有人逃亡到珞隅、门隅等经济更为不发达,剥削也相对较轻的地区。因为逃亡会受到严厉处罚,不少差巴就干脆逃到拉萨,投靠三大寺,要求寺庙提供庇护,转而成为三大寺庄园的农奴。由于西藏缺乏劳动力,三大寺通常乐意提供庇护以增加劳动力。这样,领主即使查到了逃跑的人也难索回,只有惩罚其家人以泄愤。麦克唐纳在书中说,除非靠近印度边界地区,否则逃亡一般很难成功。另外,一个人的逃亡会连累家人和亲属遭到鞭打,以保证类似事件不再发生。因此,只有那些没有家庭拖累的人才能获得自由。[1] 表1-7为拉孜宗农民逃亡情况。

**表1-7　拉孜宗农民逃亡情况**[2]

| 户名 | 等级 | 人口 | 所属领主 | 逃亡时间 | 逃亡地点 | 逃跑原因 | 结果 |
|---|---|---|---|---|---|---|---|
| 大道 | 堆穷 | 1 | 贵族多里 | 1900年 | 资龙 | 支不起差 | |
| 才旦 | 差巴 | 5 | 柳谿卡 | 1904年 | 不详 | 支不起差 | 兄弟逃亡去抗英,父母、妹妹当乞丐 |
| 彭错卓玛 | 差巴 | 3 | 柳谿卡 | 1905年 | 日喀则 | 逃避支差 | 成为堆穷 |
| 白白 | 无业 | 1 | 柳谿卡 | 1910年 | 乌木宗白曲 | 逃避支差 | 此人原为牧民 |
| 多吉 | 差巴 | 2 | 柳谿卡 | 1918年 | 拉郭 | 支不起差 | 当用人,支藏军差,又成为差巴 |
| 阿穷 | 差巴 | 3 | 柳谿卡 | 1933年 | 日喀则 | 支不起差 | 后回柳谿卡 |
| 达吉 | 差巴 | 4 | 柳谿卡 | 1933年 | 加勋 | 差与债 | 当用人,后成为囊生 |
| 达瓦才仁 | 差巴 | 3 | 柳谿卡 | 1933年 | 日喀则 | 支不起差 | 当裁缝 |
| 夏旺加 | 差巴 | 1 | 东嘎 | 1937年 | 资龙 | 差与债 | |
| 萨康 | 差巴 | 6 | 萨迦米谿卡 | 1939年 | 拉孜 | 支兵差 | |

[1] David Macdonald, *Cultural Heritage of Tibet*, New Delhi, Light-Life Publishers, 1963, p. 123.

[2] 根据《藏族社会历史调查》(5)材料制表。

续表 1－7

| | | | | | | | |
|---|---|---|---|---|---|---|---|
| 年阶巴 | 差巴 | 2 | 资龙豁卡 | 1939 年 | 谢 | 还不起债 | 被抓回后成为堆穷 |
| 珠萨 | 差巴 | 4 | 多吉登 | 1943 年 | 阿里 | 差与债 | |
| 乔巧巴 | 堆穷 | 4 | 摩金扎仓 | 1945 年 | 资龙 | 遭到康金扎仓迫害 | 家破人亡 |
| 旺加 | 差巴 | 1 | 柳豁卡 | 1946 年 | 普通乌木宗 | 差与债 | |
| 阿穷 | | 5 | 柳豁卡 | 1949 年 | 帕里、江孜 | 差与债 | 流浪 |
| 比利 | 差巴 | 3 | 柳豁卡 | 1949 年 | 拉孜东嘎 | 支不起差 | 当堆穷 |
| 达瓦旺堆 | 堆穷 | 2 | 贵族巴站 | 1951 年 | 资龙 | 生活苦 | |
| 扎西顿珠 | 堆穷 | 2 | 尼贾豁卡 | 1954 年 | 年巴 | 支不起差 | |
| 甲保 | | 1 | 香贵族 | 1955 年 | 资龙 | 原为香囊生,因香破产逃亡 | |
| 贡布 | 差巴 | 4 | 尼贾豁卡 | 1955 年 | 年巴 | 欠债 1 050 元 | 所欠债务系债粮折合 |

分析上表,我们可以发现,农民的逃亡集中在 20 世纪 30—40 年代。在这一阶段,西藏社会有比较大的动荡。随着英国对西藏经济侵略的加剧,西藏商业逐渐繁荣,从商人数增加,城市容量进一步扩大。加上为藏军运输粮草和武器弹药,以及从事地方政府市政建设运输物资的机会增多,人口的流动性不断增大。这给各级政府的人口管理带来了一定困难,也给逃亡差巴在外生存提供了机会。

虽然农民用请愿、唱歌、怠工,甚至逃亡的方式表达对统治者的不满,西藏社会却很少发生统治者和被统治者之间的暴力冲突。在 20 世纪前半个世纪中,没有所谓的农民或暴民掀起的社会动荡。可以说,温和、平静、顺从是西藏农民的社会性人格。这种柔和也在某种程度上限制了民族的进取精神。

# 1.2 谿卡里的生活

## 1.2.1 封闭的住居

### 1.2.1.1 谿卡的布局

谿卡,特别是世俗贵族的“贡谿”,从地理位置、建筑格局到主建筑的功能,可以说是西藏社会的缩影。在西藏,很多世俗贵族不止有一座谿卡,但主谿卡大多选择气候宜人、交通便利、出产相对丰富的地方。每座谿卡都以领主的房屋建筑,一座比较高大的领主正宅——谿康(gzhis-khang)为标志和中心建筑,向周围辐射,形成大小不等的聚落,亦如西藏这个相对封闭的社会。谿康大都坐北朝南,中间有天井,为藏式木石或土木结构的平顶楼房。这里既是领主或代理人的生活场所,也是谿卡的权力中心,其结构与功能完整体现了西藏封建农奴制封闭、保守、集权、等级森严的特点。

首先,西藏自然经济社会的特点,突出反映在了谿卡的建筑格局上。一般来讲,谿卡既是一个自然村落,也是一个或大或小的独立社区,一个小社会,甚至可能是一个军事组织,一座城堡。农民由于分属不同领主,所以有较强的领域与领属观念。谿卡的一切日常生活都围绕着庄园主的生活节律展开。这个小社会不仅生产居民所需的物质资料,也提供居民所需的精神寄托场所,有些大谿卡建有寺院,是寺院的施主与供养人。

其次,西藏的社会结构和等级划分、居民的相互依赖程度和社会关系网络,也通过谿卡的地面设施与建筑分布一目了然。作为权力中心的谿康,其行政管理职能与司法特权也从建筑的功能布局中得到体现。我们仅以典型的西藏贵族庄园建筑布局为例。

囊色林谿卡也许是西藏现存最古老、最高大的庄园建筑。囊色林是至少有300年历史的古老世家,其庄园建筑历史非常悠久,相传建于帕木竹巴时期。这座庄园位于藏南河谷平原,与西藏第一座寺院桑耶寺隔雅鲁藏布江相望。

囊色林谿卡选址在有溪流经过的谷地中央,南面散布着水磨房、作坊以及农民的矮小平房，形成一个村落。庄园主建筑谿康为坐北朝南的七层平顶楼，楼前有宽敞的庭院，院子东边是一排平房，南面是一座二层附楼，西面是二层廊屋，与主楼前石阶下的廊子相连接。在东、西、北三面围墙的内壁下，倚墙建有马厩、奶牛圈、耕牛圈、驴圈等。囊生住的矮屋、领主的炒青稞房、磨坊、染色坊、鸡舍和部分粮仓也在这里。谿康唯一的大门开在庭院南偏东的地方。这组建筑周围有高8米、底宽4.5米、顶厚2米的夯土围墙。墙顶可以行人，四角和西墙上建有角楼和望楼。围墙外有4.5米宽、3米深的壕沟，壕沟外还有一道较小的土围墙。加上建筑物周围布满射孔，谿康俨然是一座城堡。住在其中的贵族班觉晋美1947年起到拉萨为官，庄园便由其表兄拉旺才仁管理。

谿康周围是领主的自营地，楼后面是一个特大的晒场。其以东数百米处，有一座两层的小建筑群，是庄园主的别墅。在主建筑西南，有庄园主的织毯作坊。夏日里，囊生们就坐在围廊下工作，楼房底层为工作间和库房，屋顶平台用来晾晒和加工羊毛。底层工作间开窗面积很小，采光效果极差。在村落的南面，还有一个围墙环绕的消夏林卡。园子里建筑不多，但长满高大的林木和果树，房屋前还有平整的草坪，花坛里种植着高原少见的植物，如海棠、牡丹和月季等。楼前面的林卡里建有领主消夏用的别墅。离谿康约半里的地方，是一个用围墙围起来的牧场。[1]

另一处著名谿卡是位于江孜平原班觉伦布村中央的帕拉家，建于20世纪30年代初期，历经20年完成，居住在这里的是贵族扎西旺久。在帕拉正宅的南面，是帕拉家最大的囊生院，总面积150.66平方米，最多时曾居住着14户60多名囊生，最大的房间有14.58平方米，最小的仅4.05平方米。旁边是大差巴户扎西吉康家的6柱平房。庄园的东面，穿过一片林卡，是帕拉学校。庄园的西面，分布着4户小差巴户，基本是4柱平房；旁边是炒青稞房和2座小囊生院，稍大的囊生院住着5户14口人，小的住着2户6口人，没有住房的囊生借住在附近差巴的

〔1〕陈耀东：《中国藏族建筑》，北京，中国建筑工业出版社，2007年，第114页。

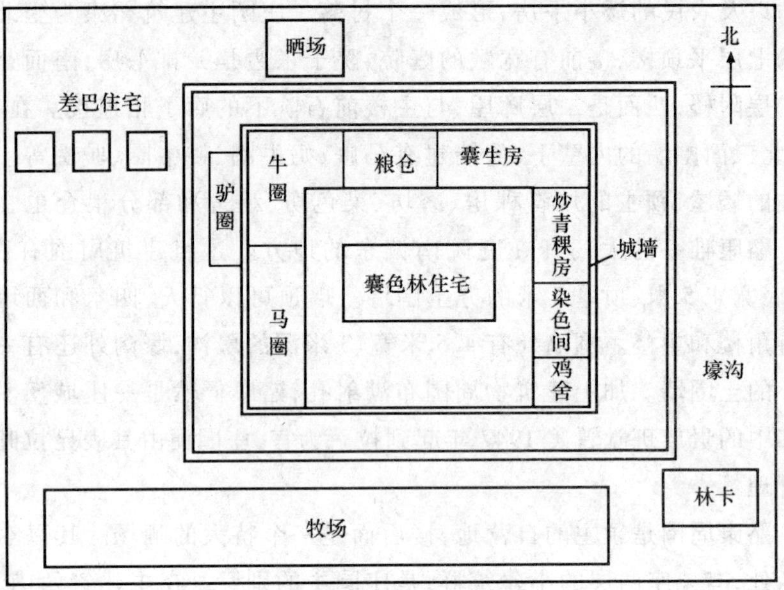


图 1-1 囊色林豁卡总平面图

空房里。再西面是大差巴扎西康萨家的5柱平房。靠南是庄园管家丹达的5柱平房。庄园西南面二层房顶的平台上，建有全村的“生”神祭台“格拉”。每年藏历正月初三和六月中旬，主人、囊生、差巴各自前往祭祀。在村子东面的林卡里，还有祭祀地神的祭台“域拉”。村子北面4公里处，就是著名的江孜白居寺。[1]

这两个豁卡的布局可以看做是西藏农业庄园多层次结构的社会复合体，是微缩的西藏社会。其核心是庄园的统治者，周围是按等级依附于统治者的劳动群体。不同层次农民的经济地位和社会地位，他们对领主的依附程度，领主对各农民阶层的控制程度，以及农民相互间的社会关系，都可以从其住所与领主的距离上得到反映。以班觉伦布村为例，以帕拉正宅为中心，在方圆3公里以内，帕拉庄园是村子的核心，离圆心最近处是囊生的生产生活场所，然后是4户较贫穷的差巴户住宅，外圈是2户大差巴和管家的住所。在所有居民住所之外，才是豁卡各阶层居民的公用设施，如水塘或水库以及一些宗教建筑，而炒青

〔1〕徐平，郑堆：《西藏农民的生活》，北京，中国藏学出版社，2000年，第28页。

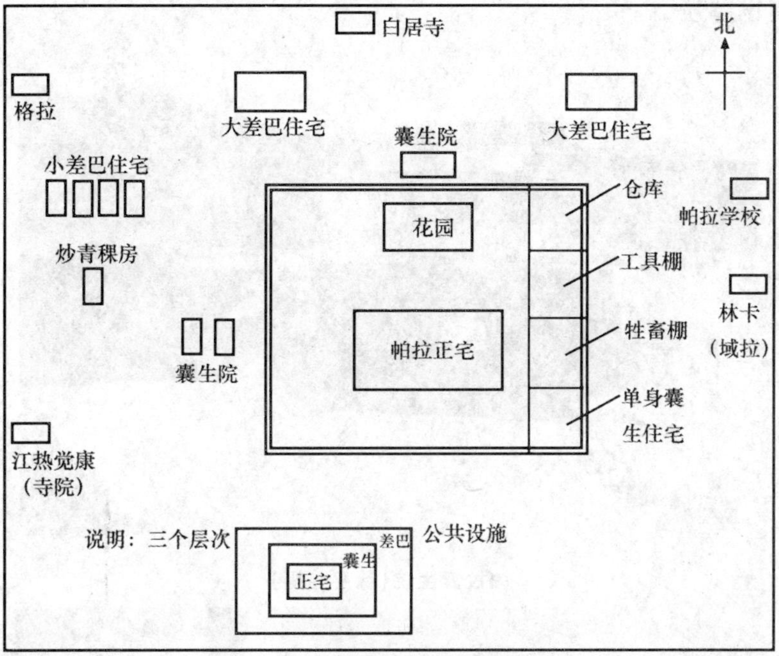


图1－2　班觉伦布村总平面图

帕拉主宅（徐平　摄）

稞房、榨油坊、水磨等这些能够带来经济利益的公用设施，基本上把持在领主手中（也有大差巴办油坊、磨坊的）。住所离领主越近的人，在生产和生活上的独立性越差，对领主的经济依附越强，领主对其人身控制也越强。

帕拉囊生院（徐平　摄）

帕拉庭院里的囊生（查尔斯·贝尔　摄）

就豁卡囊生而言，由于没有土地作为谋生资本，他们获得社会地位多半要依靠个人的公关能力和与庄园上层的关系，诸如领主的喜好程度，自身的应变技巧，与领主和其家属、领主代理人以及管家等庄园管理层的个人关系等。因此，他们是主人最忠心的奴仆，也是豁卡主人政治和经济利益的维护者。但他们身体受劳累,精神受压抑,生活状态不稳定。

住所离领主较远的差巴在谿卡中的社会地位和经济地位比囊生高。差巴在经济上能够自食其力,是领主经济收入的主要提供者和差役的主要负担人。由于他们在经济利益上与领主处于冲突和对立状态,表现在行为上,势必是物理空间上的疏离。这既是农业生产的需要,也是差巴保持一定程度上的心理自由度,维持一定程度的自尊意识的体现。从某种意义上讲,差巴对领主的所谓人身依附实际上是差巴对土地的依附,是差地对他们的束缚。前文所提到逃亡农民多为差巴的事实,正好说明差巴对领主在感情上的距离与空间上的距离是一致的。一旦差巴无法从土地上得到生存所需的物质利益,他们便会选择与领主拉开更大的空间距离。

1.2.1.2　谿康的社会学功能

如果说谿卡构成的是微型的西藏社会体系,那么谿康建筑本身,就因为完备的社会功能齐集在一座建筑中,足以反映社会等级差别和各阶层人群互动关系,而成为西藏社会结构特征的最生动体现。

首先,领主住宅与农民住宅有色彩上的差异。西藏民居外墙大部分为白色,但白的程度却有不同,农民住房外墙的白度不许超过领主谿康。在拉孜宗的杜素庄园,农民要在房檐上涂上红、白、蓝三色标记,以示与领主住宅的区别,否则会被认为是存心和主人比高低。[1]

其次,房屋的高度、占地面积、建筑材料与装饰也是区别阶层的显著标志。藏式民居多为两层,在班觉伦布村,富裕差巴的两层楼房由石块砌墙,中等差巴的房子一般为土坯房,下等差巴一般为2柱土坯平房,堆穷则住在楼房周围的低矮小屋里,有门无窗,囊生住在靠宅院墙边的矮屋甚至是牲口棚里。堆穷波石达一家5口人,在1950年时,就租住在差巴的一间长3米、宽2米的的羊圈里。[2] 差巴家住房的下层

〔1〕西藏社会历史调查资料丛刊编辑组:《藏族社会历史调查》(6),拉萨,西藏人民出版社,1991年,第2页。

〔2〕西藏社会历史调查资料丛刊编辑组:《藏族社会历史调查》(6),拉萨,西藏人民出版社,1991年,第293页。

喂牲畜或存放粮食,上层既是灶房兼是卧室。厨房与卧室多是一根柱子的房间。除了必要的灶具之外,靠墙角处铺小垫,有一两个小地桌,向阳处的窗子略大,房顶有天窗。上等差巴卧室里会有一对藏柜、一个藏桌、一口铜水缸、数个银碗、几对卡垫、几床藏被。中等差巴的家具有藏桌和藏柜,少量的卡垫和藏被。下等差巴也许有一个藏桌、一对卡垫、一床藏被(给孩子盖)。堆穷房内仅有必需的灶具和铺在地上的一两张老羊皮,白天穿在身上,夜里做被褥。

至于贵族帕拉的住宅,《西藏农民的生活》一书是这样描述的:

> 帕拉庄园主建筑底层有多间仓库,分别储存豌豆、囊生专用的下等粮食、油菜籽和油菜饼、皮张及羊毛,存放木料、青稞等,还有一间帕拉关押"犯罪"农奴的监狱。底层正中通二楼的宽大楼梯专供主人和客人使用,仆人走专门的楼梯。二层主要是工作和管理人员用房,庄园大管家"强佐"和女管家拉珍在这一层办公和生活。这层还有酿酒和储酒房、羊毛和毛线仓库、帕拉家贵重物品仓库等。囊生专用厨房、厕所也在这一层。三层是宗教和领主生活用房。楼梯口是侍卫休息和听旨的地方。被称为聚议厅的大房间里供有佛龛,平时有一人值班念经。帕拉家还有冰雹师念经作法专用房,常年请冰雹喇嘛念经。除了帕拉·扎西旺久个人专用的念经房外,帕拉家还有豪华的家庭经堂。这一层还有主人扎西旺久的卧室以及其妻子俊美的卧室,走廊上挂满钥匙和惩罚农奴的刑具,还有一间专门接待有身份的客人的小客厅。这座宅子共有大小房屋82间,住房面积为5 357.5平方米,加上前、中、后3个院落,总面积为47 234平方米。[1]

分析这座建筑的结构和82个房间的分布,我们很容易发现,这种由物质到精神次第上升的建筑格局本身就体现了尊卑有序和集权的金字塔结构。宅子的第一层可以说是领主赖以生存的物质基础,支持这个基础的人群和物质资料很庞大。第二层是维持整个制度运转的管理机构,管理人员看守那些高附加值产品,但他们依然是为领主提

[1] 徐平,郑堆:《西藏农民的生活》,北京,中国藏学出版社,2000年,第33-34页。

供服务的仆人。第三层是领主的精神领地和豁卡权力中心。领主在这里操控着豁卡居民的精神世界，也居高临下地监视着下人们的一切活动。他所掌握的行政和司法权力以随时挥舞皮鞭的方式来行使。

### 1.2.2 朴素的生活

#### 1.2.2.1 适应生存环境的服饰

豁卡各阶层农民的服饰在款式上并没有太大的区别，只是数量、面料与缝制质量不同。农民多穿氆氇缝制的长衣，男服有袖子，宽大，颜色主要是黑色和白色。男女均扎腰带。富裕差巴家有备替换的成套藏袍，一般差巴没有成套藏袍，堆穷可能一年到头只有一件藏袍或羊皮袍。

富裕男子上身穿丝织的右襟衬衣，下身穿套裤。男女均穿麻绳作底、氆氇作筒的长腰靴。男子出门戴氆氇缝制的帽子或进口的毡帽。男子冬季多穿皮袄、皮裤。富裕人家的袄、裤挂有布或毛织物的衣面，中等以下人家则用没有面的山羊皮缝制。每逢节日，领主家的男子穿黑色镶有金边的灯芯绒或细氆氇短袄，头戴镶金花皮帽。

在夏秋季节，女子穿黑色或深棕色无袖长衣，富人家的妇女内套一件镶有金色花边的背心，下身着衬裙，腰间束一围腰，别一个长型或方型，有龙凤图案的别针，腰下系带横纹的“帮典”（bala-gaog，围裙）。冬季，妇女在无袖长衬衣内穿长袖氆氇长衣，富裕人家的妇女穿皮短袄和皮或羊毛织的裤子，穿皮子作底的红色氆氇长筒靴，戴同男子一样的帽子。富家女子胸前佩戴噶乌（ga-vo，银或铜的方盒，里面装泥或铜佛像），贫苦人家的妇女虽然没有什么装饰品，但一般也要在右手上戴一手镯，项下戴用贝壳或绿色的小珠子串成的项链。

值得注意的现象是，豁卡囊生的穿着品质仅次于贵族。因为要在领主的眼前干活，为了不给贵族丢脸，囊生会勒紧裤带，尽量缝制较好的衣服。如果家里有人被选为囊生，全家要千方百计为其缝制漂亮的衣服。有资料记载，因为帕拉贵族十分讲究排场，家内的囊生都要从差巴家抽调。囊生们年轻伶俐，知书达理，随主人出门或主人宴请宾客时，穿戴主人借给的衣服和首饰，以壮主人的门面。他们一旦得到主人

江孜农民服饰（亨利·海登 摄）

的提拔和重用，可以担任比较实惠的职务，干到一定期限，就可以回归差巴身份。[1]

1.2.2.2 丰富多餐的日常饮食

糌粑是藏人的主要食物，由青稞和豌豆炒熟后混合磨成，是一种非常适应西藏自然环境的方便食品。炒青稞是非常重要的家庭工作，多半由女主人担任。由于藏区各地风俗稍有不同，炒青稞的方式也不一样。拉萨附近农民炒青稞的方法是先把沙子放进陶罐里，直到沙子红热，再把青稞倒在上面摇动，最后用铁筛子把沙子过滤掉。康区农民则先将青稞洗净，放进沸水中煮5分钟捞出，水晾干后，再把青稞放进包里晾一夜后放在平锅里煎，并用棍子搅动，防止糊底，然后把青稞放进一个袋子里，用脚来回滚动袋子，再把青稞铺在通风的地方，将里面的糠吹走，最后在水磨里碾成粉。

因为自然条件限制，西藏很少种植蔬菜。麦克唐纳的书中写道：

〔1〕徐平，郑堆：《西藏农民的生活》，北京，中国藏学出版社，2000年，第73页。

**烧饭的藏族农民(妥思妥耶夫　摄)**

西藏没有几种可以种植的蔬菜。西藏人甚至对在印度和其他地方非常常见的蔬菜,也没有名称,只大规模种植味道很冲的萝卜和芜菁,也可以看到一两种绿色蔬菜。近年来马铃薯已经被引进西藏。在纬度较低的河谷,有大量野生菜用大黄,但没有人吃。辣椒是从不丹和尼泊尔大量进口的。[1]

虽然藏族的食材并不丰富,其饮食习俗与方式却丰富多彩。查尔斯·贝尔(Charles Bell)在《西藏志》中这样描写20世纪初春丕谷农民的日常饮食:

黎明以前,农民即起床,着衣,略事盥沐,念祈祷文若干则。……此后农民乃赴田间工作或至林中收集柴薪。……农民在出门前饮茶,并稍食隔夜所藏之食物。午前9至10时,家中妇女以早餐送至田间。……早饭食品,有茶、糌粑或荞麦面包及芜菁或葡萄少许。如无青菜,即于面包上蘸以酥油。……早饭历时20分钟以至半个小时,工作乃重新开始。……午后2时,举行分量较重会食,有大麦、小麦或饭,还有肉、芜菁,佐以葡萄或甘薯,茶与酒。此食大约延绵三刻许。饭后工作一小时,又复进大麦粥、大麦粉、少量之肉,以为点心。工作至黄昏为止。……继以晚餐,食品有粥、

[1] David Macdonald, *Cultural Heritage of Tibet*, New Delhi, Light-Life Publishers, 1963, p. 123.

夹骨肉、芜菁或干葡萄叶、茶、多量之酒。耕田之工人,可得额外之肉,以为其辛苦之报酬。晚餐毕,冬季妇女从事于料理生羊毛,而男子处理家中琐务。在夏季,皆于饭后仅坐片刻即解衣就寝。[1]

吃午饭的农民(查尔斯·贝尔　摄)

藏人好饮酒,青稞酒是各种节日和喜庆典礼中必备的饮料。藏语中有不少关于酒的格言。如"人无青稞鬼无酒"、"好酒不解真愁"、"酒自己喝了头疼,别人喝了心疼"、"酒病用酒医"、"借酒还水"等。

青稞酒度数很低,制作也很简单,有条件的家庭都自己酿酒。据统计,农民购买酿酒原料——粮食或酒糟的支出比茶还要高。藏酒的酿造过程很简单:先把洗净的青稞放到水里煮熟,再把它捞起来放在凉席或毯子上晾干,然后放在一种细颈瓶里,在里面加一些酒曲。瓶子的底部有一个小孔,上面包上厚布放在炉子附近。搁几天后在闻起来没有酸味,也没有甜味时,就可以移走龙头让酒流出来。30克青稞可以出大约50克酒。头道酿造出来的酒最好,人们把它留给自己,不给朋友喝。以后再给罐子加水,加三次以后,酒味越来越淡,也越来越酸。酿过酒的青稞渣滓便作为牲畜的饲料。

酒与宗教和娱乐的关系都很密切。新年来临,农民用新酒沾弹敬

〔1〕〔英〕查尔斯·贝尔(Charles Bell):《西藏志》(*The people of Tibet*)(董之学,傅勤家译),上海,商务印书馆,民国25年(1936年),第76－78页。

神,仪式上还有专门的敬酒女向大家敬酒。在贵族举办的宴会上,通常也有盛装打扮、专事敬酒的青年女子为客人劝酒。在藏语中,“婚礼”(chang-sve-mdzan-ko)的字面意思就是喝青稞酒的地方。[1] 至于宗教与酒的关系,以下故事也许可以反映人们对酒的态度:有个佛的弟子在旅行时穿过一个村子,一个女人见到他,请求他帮助她杀一只羊,再和她一起喝酒,一起睡觉。这个弟子反复拒绝,但女人坚决不让他走。弟子便决定答应满足三个要求中罪恶最小的,以便离开,于是就和女人一起喝了酒。不幸的是,他喝了酒,就和女人睡在了一起,还杀了她的羊。[2]

### 1.2.3 凝重的礼俗

#### 1.2.3.1 悦神的巫术

依照西方人类学和宗教学理论,科学技术处于落后状态,并且生存环境较为恶劣的民族,保留着更多的自然崇拜的仪式,并且这些仪式多是欢愉的集体活动,是取悦神和娱乐自身的顺势巫术。藏族在将藏传佛教作为信仰中心的同时,还固守着根深蒂固的原始宗教信仰。宗教仪式和巫术活动构成了人们日常生活的重要组成部分。除了宗教色彩浓厚的节日如送鬼节和亮宝节之外,更多的民俗节日,如藏历新年、望果节、雪顿节等,也都与农业生产活动有密切联系。

民主改革前,西藏农作物产量低:青稞产量为种子的4~7倍,小麦为3~5倍,油菜为12倍。除去人身依附制度和沉重的差役压抑了农民的劳动积极性外,当地的自然条件,特别是自然灾害,是影响农业生产的主要因素。西藏的主要自然灾害有:旱灾、水灾、霜灾、雹灾、病虫害和兽害等。有民歌唱道:“油菜萌芽的早晨,幼芽被寒霜夺去,刚消灭一个敌人,又出来一个仇敌”;“狐狸在的时候(藏历六月下旬,这时作物正在开花),请你(冰雹)不要下来,猫儿在的时候(藏历七月底八

〔1〕王尧,陈庆英:《西藏历史文化词典》,拉萨,西藏人民出版社,杭州,浙江人民出版社,1998年,第204页。

〔2〕〔英〕孔贝(Combe):《藏人言藏》(*Tibetan on Tibet*)(邓小咏译),北京,中国社会科学出版社,成都,四川民族出版社,2000年,第112页。

月初,这时庄稼已熟),你要下来就请便!"

对待自然灾害,农民只有为数不多的积极防治方法。如每户出差修筑河堤以预防水灾;在将要下霜的夜里,往田地里放水,或在垄沟里烧火生烟以防止霜灾。而最典型的集体行为是举行取悦于神的顺势巫术,以祈求驱走灾祸获得丰收。这样的集体行为往往会伴随整个农业生产过程。

**起耕祈祷** 该仪式在春耕第一天举行。仪式开始时,要先在田地里煨桑,祭祀与农事有关的神灵,然后选择一个属相与藏历书相吻合的人,播撒第一把种子。麦克唐纳描写江孜附近的农民在播种的第一天进行的"刹扬",目的是祈求大地和神赐予好收成,赶走农民最大的敌人冰雹。[1]

**出游求雨** 在汉地农村,求雨通常是庄严肃穆的集体仪式,由村庄或者宗族的首领、祭司,率领百姓择日举行,甚至要献祭,以祈求神灵保佑农业丰收。与汉地或肃穆或虔敬的求雨仪式相比,谿卡农民的求雨方式要轻松很多,甚至具有娱乐性。除了把佛经《十万颂般若》搬到露天诵读外,大家公认仍是处女的尼姑会背着泥菩萨阿阇黎到地里去转经求雨。在杜素谿卡,据说雨是从附近一个叫做"雅"的山上降落的。每次一遇天旱,谿卡各家都出一个体力强壮的人,带上藏酒、茶和瓢等,去爬雅山。到了山顶,先吃一阵酒,然后将山上的石块往下扔,嘴里虔诚地念着"雅古、雅古",意思是雅山出汗,这样一直念到山脚。到了山沟有水的地方,人们拿出瓢,摘下帽子,互相泼水。青年男子抱起妇女往水里扔,弄得她们满身湿透。人们相信,这样的做法,有时"真的会使雅山下雨"。如果这样求雨不灵,人们就会把水官和来瓦(由差巴轮流担任,专门负责念丰收经)扔到快干涸的水库里,惩罚他们的失职。在江热附近的山上,有专门管水的女神阿妈洛姆奇,谿卡里的已婚妇女们也会选一个吉日良辰,找一个比较好欺负的男人,一同到神山上去,让男人给她们倒酒倒茶,尊敬她们(因为平时都是女人给男人倒

---

[1] David Macdonald, *Cultural Heritage of Tibet*, New Delhi, Light-Life Publishers, 1963, p. 122.

酒倒茶)。据说这样也会感动女神下雨。[1]

人们还认为,干旱也许是因为掌管雨的神在湖里睡着了,因此住在高原湖泊附近的农民也会放枪求雨以叫醒神。在四川阿坝藏区,另有一种娱乐性的求雨仪式是抬狗游行。人们将狗装饰起来,拴在一个器物上,由数人抬着游行,狗在吠叫、挣扎、蹦跳的时候,观众有意识地起哄、嬉笑,认为这样神会高兴,因而降雨。

**巫师祭神**　防雹是藏区农业生产非常重要的项目。藏族相信冰雹是由上天发怒所致,或者是能够与天交流的咒师在兴雹作法。因此,被称为“昂巴”(ang-pa)的冰雹喇嘛或通灵人便成了人们既畏惧,又尊敬的西藏农业区特有的公众巫师。冰雹喇嘛有非常悠久的历史,在米拉日巴时期,农民已经向冰雹喇嘛交保护费,以使他们的庄稼不受冰雹的袭击。《米拉日巴传》中这样描述冰雹造成的危害:

> 等到了收割的时候,我就在山村的水的上游,陈设咒术的法物,念念有词,彼时万里晴空,片云皆无,我呼具誓护法之名,详述村人虐待我们母子的真实情况,敲打破衣,大声哭泣。真是不可思议,空中忽然黑云密布,电光闪烁,立刻霹雳一声,一刹那间,巨雹骤降。连降三次,打得村中禾稼,一粒无余。山洪大起,村人见麦子被打,无一残留,大声哭叫。[2]

20世纪30年代,著名的女藏学家于式玉曾对青海、甘肃和西康农业区的冰雹喇嘛作过专门研究;日本人河口慧海、英国人贝尔也都在著作中对冰雹喇嘛的抗雹行为有过生动描述。属于不同教派,处在不同地区的冰雹喇嘛,所用的法器、作法的方式也有所不同。在日喀则附近的杜素豁卡,夏天打雷增多,冰雹喇嘛便要到山上专门建的小屋里守冰雹。一旦天上出现乌云,冰雹喇嘛便拿出法器——一个糌粑捏的兔子,口里念念有词,试图将乌云引向他方;或是吹响人腿骨做成的骨笛,把乌云赶走。如果这一年风调雨顺,没有下冰雹,人们就归功于冰

〔1〕西藏社会历史调查资料丛刊编辑组:《藏族社会历史调查》(6),拉萨,西藏人民出版社,1991年,第246页。

〔2〕转引自丹珠昂奔:《藏族文化志》,上海,上海人民出版社,1998年,第91页。

雹喇嘛"法术的高超"。倘若法术不"灵",冰雹喇嘛就推说这是人们的"命运",或者是地方上出了怀私生子的姑娘,或者有脏人入境。于是来瓦和百姓会进行一番深入"侦察",如果真抓住一个怀有非婚子的姑娘,或者是什么脏人,就将全部罪过加之于她(他)。

除了靠"冰雹喇嘛"的法力外,全体民众也要恪守规范,加入防雹活动。从下种到收割前,人们不能带着狼咬过的羊肉、陶器、牛毛帐篷以及迎娶的新娘经过庄稼地,否则会得罪神而招来冰雹;夏天时不能搬家,否则会招来冰雹;夏天生私生子,也会招致冰雹。在拉孜县境内的托吉谿卡,防冰雹的宗教仪式尤为隆重。为了驱逐冰雹,人们要在藏历六月十三举行一个叫做"江哥拉蒙觉"的仪式。届时,男男女女都要打扮得漂漂亮亮,往"强"(北方)地走去,在那里插上旗杆,挂上经旗,然后一起跳舞唱歌。回家后,还要按规定唱歌跳舞4次,一次献给喇嘛,一次献给谿卡领主,一次献给加雪桑巴神,一次献给庄园中有钱有势的大差巴。在冰雹开始落下时,要举行"布蒙卓汤卓"补救:请5个昂巴到大差巴家烧香、念经,然后跑到楼顶上,拿出一个三角形的"普巴",举在手中来回摇晃,再朝着一个土罐念咒、喷气,然后将土罐倒过来,脚踏在罐上,口中念念有词,脚不断地抖动,最后将土罐往冰雹来的方向抛去,象征把所有的冰雹及黑云驱走。

**宴会防霜**　藏历八月间,为了使地里庄稼不受霜冻的侵袭,托吉谿卡的农民要举行一种叫做"脱拉曲"的宗教仪式。届时,要请来两个冰雹喇嘛念咒念经,打鼓摇铃作法,所有的差巴都要参加,并拿出酥油、糌粑、奶酪等食物,在仪式后举行会餐。[1]

**喂饱害虫**　除以上顺势巫术外,农业生产中黑巫术的典型例子是"喂饱虫子"或"毒死虫子"。庄稼出现黄锈病时,杜素谿卡的农民认为这是天空的红云掉下来了。治病的办法,是请两个喇嘛先念五天经,然后将炒焦的青稞黑粉和一种叫"加贡"的白石头磨成的粉混合起来,对着粉念7天咒,然后所有的差巴和堆穷拿着刀枪,每人抓一点粉,一边

---

[1]西藏社会历史调查资料丛刊编辑组:《藏族社会历史调查》(6),拉萨,西藏人民出版社,1991年,第16-17页。

喊"黄锈滚蛋,虫子滚蛋",一边往田里撒粉。对付蝗虫,也是请8到10个喇嘛,每家制一些用糌粑做的小圆祭品,由喇嘛念经后,将祭品放入水中,再倒一些牛奶,然后浇洒在庄稼上;或是将沙子和白色石头磨成的粉拌在一起,请冰雹喇嘛面对这些粉末念经作法,然后让孩子们用投石器向地里抛掷,以驱赶害虫。[1]

**丰收谢神** "达热节"在拉萨附近被称为"转地头"的"望果节",是庆祝丰收的节日,早在吐蕃王朝时代就有。传说在布德叶杰时期,苯教教主曾经指导农人绕田转圈,求天保佑丰收。这个节日大约在立秋前一周,即"鸟王"大雁南飞的季节到来之前举行。届时,全体村民出

农妇收获粮食(亨利·海登　摄)

动,由捧着柱香和幡杆的人引路,巫师举着"达达"(缠绕哈达的木棒)和羊右腿领队,意为"收地气,求丰收"。农民们背负经籍,手执彩箭、鼓乐、香炉和谷穗,盛装结队,巡绕田间,绕完后,将谷穗插在谷物或神坐上,表示今年收成好。随后,全体村民在田间歌舞欢乐,节后便开始收获庄稼。

**新年驱鬼** 农业社会农时节日很多,每年藏历十二月一日的农民年,是豁卡一年里最大的节日。十一月二十九日晚,全家吃各种形状,里面以牛粪、青稞、辣椒、草棍等做馅料的面疙瘩。每种馅都有特定的

〔1〕西藏社会历史调查资料丛刊编辑组:《藏族社会历史调查》(6),拉萨,西藏人民出版社,1991年,第247页。

含义和预兆,如吃到辣椒的人,被认为爱吵嘴,吃到八角形面疙瘩的人,被认为惹不起。饭后,由一人拿着燃烧着的青稞秆穿过每个房间,一直走到大门口,名为"驱鬼"。三十日准备衣、食。十二月一日,各家均有一人起得最早到河边背水,男人要衣冠整齐,女人须盛装。据说哪一家去得最早,这家在新的一年里日子会最好。另一人要为全家人盛酒粥,中午吃糌粑包羊肚肉。新年要连续3天吃羊肉,喝酒,不进行任何劳动。

由以上一系列巫术活动可以看出,巫术对农民的影响主要表现在农业生产活动中。正如弗雷泽所说,这些活动的集体性和娱乐性,是农业社会最典型的顺势巫术的表现,也是农业文化的重要组成部分。

#### 1.2.3.2 繁缛的礼节

西藏农民重礼节、好宾客,互相往来,都要以茶、酒招待。每遇红白喜事或亲朋盖房、升迁,一定备礼物相送。小麦以祝幸福,盐以示生活香甜,哈达、糌粑以示贺意,羊肉以示吉祥,酒以示庆祝。礼品数量可多可少,但不能缺少其中的任何一种,唯酒要送单数。

农民重视礼节,与豁卡的社会结构组成有关。豁卡是一个相对封闭的小社会,每个人的切身利益和社会关系都被限定在一个狭小的范围内。送礼是认同自身和他人身份地位,维持稳定的社会关系必不可少的手段,也是人身依附制度对农民基本行为的要求。

每年秋末收获之前,农民要集合起来给领主献礼。第一天由差巴献,每户差巴要出一定数量的藏银和酥油,还要集体送3份青稞酒,一份给领主本人,一份给领主室内贴身用人,一份给领主的厨师。第二天由堆穷献。领主要给献礼的人一点茶喝,一些糌粑吃,以示还礼。在杜素豁卡,差巴要送冬礼和夏礼,礼物包括藏银、藏酒、酥油等。每年藏历一月一日,全体差巴给领主献冬礼时,领主给大家吃的东西要稍微多一点,每人一个油饼、一个芥麦粑和一点麦糊糊。在帕拉豁卡,每到藏历新年,各阶层农民都要换上整洁的衣服,放下发辫,手捧哈达,向领主拜年,以仪式的方式强调主仆关系和依附关系。[1]

---

[1]徐平,郑堆:《西藏农民的生活》,北京,中国藏学出版社,2000年,第30页。

1.2.3.3 最后的解脱

清朝松筠的《卫藏通志》记载，西藏有几种丧葬习俗同时存在：天葬、地藏、水葬、土葬和火葬，其中以天葬为西藏最具特点的葬俗。清朝驻藏官员常斥责天葬"无伦无理，残忍为甚"或"此等行事，下同畜类"等，[1]一度曾想禁止天葬，改革葬俗。现代学者基本认同藏人采用天葬模式是基于西藏自然条件限制和佛教文化中施舍和利他观念的影响，因为天葬在藏语里被称为"鸟施"(gra-kon)。平民中比较流行的天葬和水葬习俗，多少与这两种葬法的经济便利有关。晚清时期一位驻藏汉官回忆在拉萨期间，曾经看到拉萨河里不时漂过人类的肢体，深感恐怖，其后再未敢在拉萨吃过鱼。民国时期国民政府驻拉萨的官员李有义也说自己在拉萨河边散步时，"曾亲眼看见水中的尸体为群鱼争吮"。[2]

在西藏全境，只有达赖和班禅以及重要的转世活佛才有资格用塔葬，塔可以由金、银、铜、木、泥等材料制成；活佛和大贵族更多实行火葬，将骨灰撒于山顶。西藏是燃料缺乏地区，以牛粪作为燃料焚烧一具尸体很不容易，因此，农民大都采用天葬。

紧靠水边或没有钱天葬的乞丐和穷人实行水葬。《西藏风俗志》介绍，卫藏地区水葬的"大部分人是乞丐及鳏寡孤独等经济地位十分低下者"。[3] 水葬时，将死人背到河边，节节肢解，身上捆上石头，投入河里，也有裹上白布直接投入江中的。实行水葬的地区多为藏南深谷地区，那里鹰很少。在后藏拉孜宗的桑珠谿卡，葬法还与季节条件有关。夏天水流较大，尸体容易冲走，就进行水葬，其他季节则实行天葬。

西藏8岁以下的孩子夭折后，把尸体装入瓦罐，埋到地下，也有盖上盖子丢到河里的。在西藏，传染病人、强盗、犯人以及非正常死亡的人的尸体是不能天葬和水葬的，而是要深埋地下。《卫藏通志》中记载的那种将尸体捆绑在树上或柱子上，让狗撕咬的地葬习俗，在民国时

[1]《西藏研究》编辑部：《西藏志·卫藏通志》，拉萨，西藏人民出版社，1982年，第105页。
[2]李有义：《今日的西藏》，天津，天津知识出版社，1951年，第124页。
[3]赤列曲扎：《西藏风俗志》，拉萨，西藏人民出版社，1982年，第175页。

期已经很少被提及了。

农民丧礼路线(妥思妥耶夫　摄)

由于藏族人相信生命轮回,所以他们对待死亡的态度更坦然,对死者的丧葬与祭祀反映了藏族人寄希望于来生的愿望。在不同地区,纪念亲属的行为并不相同,但基本上都有49天的哀悼期。在桑珠谿卡,逝者的亲属49天内不洗脸,不挂经旗,一年内不粉刷墙壁。有的地方则要请僧人超度,超度完毕后,主人备饭菜款待客人,表示感谢。在死者去世周年的时候,还要举行纪念活动,因为藏族人相信,他们的亲属已经有更好的转世。

## 1.3　谿卡里的家庭

### 1.3.1　务实的婚姻类型

#### 1.3.1.1　兄弟共妻

西藏社会曾有多种婚姻形式并存:一夫一妻、一夫多妻、一妻多夫等。虽然一夫一妻婚占大多数,但是普通人,甚至学者,更关注的是多偶婚姻:姐妹共夫和兄弟共妻。所谓兄弟共妻,一般是两兄弟共妻,多兄弟共妻的现象并不很多。那么,兄弟共妻习俗何时兴起?是否古代群婚的残余?是否曾是西藏社会的普遍现象?哪些人群更多采取共妻的形式？

摩尔根把兄弟共妻或姐妹共夫归类为伙婚制或普那路亚家庭，是古代群婚制度的残余形式。有学者认为，除了生产力低下的原因之外，闭塞的地理环境是婚姻缺乏进化的原因。有学者则把更多关注投入到男性在多偶婚中的夫妻权利、在家庭中的政治和经济地位，甚至男性的整体社会地位上。

19世纪末到20世纪初，国内外很多有关西藏的书籍，把一妻多夫婚姻作为西藏的独特婚姻形态，对一妻多夫婚姻的数量，时常给予不恰当的夸大。到了20世纪30年代，对西藏一妻多夫婚姻的研究已经用到社会学统计方法。洪涤尘在《西藏史地大纲》中说："曾有达赖之书记某，加以调查并统计，谓在某一地方，二十家之内，有十五家为一夫一妻，两家为一夫多妻，三家为一妻多夫。在北部平原，其比例为七家一妻一夫，三家一夫多妻，十家一妻多夫。"[1]

中外学者经过从民族学、社会学、环境学等角度对西藏多偶婚姻，特别是共妻婚姻的深入研究，对其婚姻性质和社会功能有了正确认识，得出共妻婚姻是西藏农业庄园具有代表性的多偶制婚姻形态，其现象是人们对自然条件的适应和选择，也是对社会环境、社会发展水平的适应和选择的结论。某种程度上，可以说共妻婚姻是适应当时社会生产力发展水平的一种理想的家庭生产组合模式。通过对谿卡规模、谿卡各阶层农民的组成比例及婚姻形式所占比例等因素的分析，我们就会发现，谿卡农民中一夫一妻婚姻占绝大多数，一妻多夫婚姻仅存在于上、中等差巴家庭，并非西藏农业人口的婚姻特征，更不是西藏社会整体的婚姻特征。参考西藏政体与制度，农民的兄弟共妻婚姻，可以看做是务实的婚姻模式。

在《米拉日巴传》中，米拉日巴的父亲临死之前，曾把自己的妻子和孩子，以及所有财产都托付给了他的兄弟。米拉日巴的伯父想让寡妇弟媳嫁给自己的儿子，遭到拒绝，遂对米拉日巴母子进行迫害。米拉日巴在学会法术之后，降冰雹毁掉了其伯父和村里所有人的庄稼。这

[1]洪涤尘：《西藏史地大纲》，南京，正中书局，民国25年（1936年），第54页。

个故事传递给我们以下信息:(1)米拉日巴的父亲和伯父是拥有土地的农民;(2)米拉日巴引发地震,首先干掉了自己的婶子,暗示其母亲和婶子这两个妯娌之间矛盾很深;(3)米拉日巴的母亲不愿意嫁给自己的侄子,说明当时通行的是转房制度。米拉日巴的弟子热琼的母亲在其父死后,为其叔父做了填房。16世纪时的珠巴衮雷大师在其自传中也提到,他的叔父利用一次战争杀死了他的父亲,成为家族的继承人,他则由一个庄园的继承人沦为叔父的奴仆,母亲成了叔父的婆娘。由此我们可以推断,直到16世纪,兄弟共妻婚姻在农业区并不流行。

在西藏西部的拉达克,与西藏有相似的社会政体与制度。17世纪时,国家为制止住户的合并,规定当时每一份租借地,都必须由一名家长长期服务并交纳税务。如果一对夫妇有三个儿子,前两个儿子继承父亲的名字和财产,小儿子继承母亲的名字和财产。[1] 这说明在有财产和土地的家庭中,兄弟共妻可能并不盛行。拉达克曾经只允许长子结婚,其兄弟则成为喇嘛。只有在没有土地的家庭中,才可能存在"兄弟共妻"现象,因为穷人很少把儿子送去做喇嘛。

汉文典籍对西藏多夫婚姻的最早记载出现在17—18世纪的《卫藏通志》中:"故一家弟兄三四人,只娶一妻共之。如生子女,兄弟择而分之。其妇人能和三四弟兄同居者,人皆称美,以其能治家。"[2]民国初年陈观浔的《西藏志》记载,在里塘附近,"妇女一夫则冠银訾一枚,多夫则冠三四枚"[3]。

**兄弟共妻家庭结构** 兄弟共妻家庭,通常是长兄出面结婚,其他诸弟逐渐加入进来,没有两兄弟或几兄弟同时与一个新娘举行婚礼的。如果兄长尚在却由弟弟举行婚礼,一般是因为大哥分家另过,或做了喇嘛,或身体有残疾。

兄弟共妻家庭的家权一般由兄长掌握,妻子主持家务,兄弟外出支差。主妇一般能够对诸夫平等相待,兄弟间轮流过夜。如果兄弟较

---

〔1〕〔美〕皮德罗·卡拉斯科:《西藏的土地与政体》(陈永国译),拉萨,西藏社会科学院西藏学汉文文献编辑室,1985年,第26页。

〔2〕《西藏研究》编辑部:《西藏志·卫藏通志》,拉萨,西藏人民出版社,1982年,第28页。

〔3〕陈观浔:《西藏志》,成都,巴蜀书社,1988年,第209页。

多，妻子则独居一室，兄弟间先来者把自己的纽带或鞋挂在门上，以示有人。妻子对待诸夫的态度，能否使诸夫间和睦相处，是衡量妻子好坏的一个重要标准。

共妻家庭所生子女，不管他们的生父亲是父辈中的哪一个，一概称长兄为“爸爸”（a-pa），其他为“阿枯”（a-khya，叔叔），即使母亲知道孩子的生父是谁。有些家庭将孩子对分，第一个孩子归长兄，第二个孩子归弟弟，若孩子为单数，则由兄弟两人商量决定孩子归属。

**兄弟共妻产生背景** 19世纪末，美国藏学家洛克希尔（Rock Hill，也译作“柔克义”）在考察了东藏多夫制度后发现，多夫制度盛行于农民中，但不行于游牧民中。他从生产力发展水平的角度分析了其中原因：

> （西藏）可耕之地，范围绝小，且皆已耕种，故无论何人，欲增加田地，殊为困难，而所得生产物，照例仅能维持一小家庭。若家长死亡，产业即分于其子，设各子皆娶妻成家，则势不能维持生活。由全人类之所得经验，已明白显示，欲若干家庭合居一宅，决难和睦，不生纠纷。解决此问题之唯一办法，即使一家数子，合娶一妻，如此祖产得以不分，又能省下无数金钱。[1]

藏学家格西帕勒西对多夫制也有相似的解释，他进一步指出，在多夫制流行的地区，“多夫制因恐家庭分裂，家产分散而设，多夫制之盛行于藏省，实因为其地土壤，较卫省尤为贫瘠所致。藏省土地较为广大，需要多人照管，故多夫制度，特别适宜藏省”[2]。

还有国外学者认为，多夫制可能是控制人口增长的生物性选择。因为青藏高原环境恶劣，生产力发展水平低，人口承载能力低，多夫制是遏止人口膨胀的有效手段。事实上，从以上列举的豁卡努力阻止劳动力流失，保证劳动力数量的措施，以及藏族不歧视私生子的态度来看，西藏社会并没有刻意限制人口增长的概念以及相应的制度。

---

〔1〕Rock Hill, *The land of Lamas*, Longmans, Green, 1891，此处转引自〔英〕贝尔：《西藏志》，上海，商务印书馆，民国25年（1936年），第235页。

〔2〕此处转引自卡拉斯科：《西藏的土地与政体》（陈永国译），拉萨，西藏社会科学院西藏学汉文文献编辑室，1985年，第68页。

马长寿总结产生多夫制的根源为“地瘠财穷之环境，每家所受于统治者之耕地与牧场又皆有限，以及统治者或地主对之诛求无厌，层层剥削”〔1〕。洪涤尘进一步从社会制度方面分析了多夫制的原因。他认为：“西藏之行一妻多夫制者，而以农夫牧人为最普通，此种农夫牧人，因苦于徭役，故一家有三四兄弟者，常共娶一妻……避免县中加派门户差徭，一面又可使家中和睦，不致发生分家及妯娌之争。”〔2〕这里的“农夫牧人”，应该指以农业生产为主，兼以养畜为副业的半农半牧的农民。如果一妻多夫婚姻有利于维持家庭土地的完整，维持家庭财力的稳定，那么，多夫婚姻在农民中较在牧民中普遍，特别在富裕阶级中形成，应该是比较合理的解释。

20世纪50年代后期的社会调查数据支持了以上观点。兄弟共妻主要存在于谿卡富裕差巴之中，差巴土地传承的条件是差巴必须完成差赋的义务，而差赋是按照土地多少，以户为单位摊派的。如果每户只有一个主劳力，就很难应付层出不穷的乌拉差役。如果不分家而兄弟各自娶亲，难免家庭纠纷不断。兄弟各自娶妻，还会造成孩子多，家庭负担重。另外，兄弟分家要经谿本同意，要抽取1/10的家产税。所以，差巴户不愿意兄弟分家。为了减少差役负担，避免劳动力与财产分散，维持家庭势力，减少家庭负担，差巴家倾向给几个儿子娶一个媳妇。社会调查数据显示，谿卡中差巴的比例与兄弟共妻家庭的比例是相吻合的。表1-8为两个谿卡婚姻形式统计数据。

〔1〕马长寿：《康藏民族之分类体质种属及其社会组织》，见《马长寿民族学论文集》，北京，人民出版社，2002年，第245页。

〔2〕洪涤尘：《西藏史地大纲》，南京，正中书局，民国25年（1936年），第52页。

表 1－8(a)　柳谿卡婚姻形式统计(1958 年)[1]

| 婚姻类型 | 一夫一妻 | 兄弟共妻 | 异母兄弟共妻 | 父子共妻 | 义父子共妻 | 叔侄共妻 | 堂叔侄共妻 | 朋友共妻 | 姨甥共夫 | 姐妹共夫 | 当外室者 | 有外室者 |
|---|---|---|---|---|---|---|---|---|---|---|---|---|
| 对数 | 74 | 32 | 1 | 2 | 1 | 1 | 1 | 1 | 1 | 2 | 6 | 3 |
| 比例(%) | 61 | 25 | 0.8 | 1.6 | 0.8 | 0.8 | 0.8 | 0.8 | 0.8 | 1.6 | 5 | 2.4 |

表 1－8(b)　囊色林谿卡婚姻形式统计(1958 年)[2]

| 项目 对数 阶层 | | 总户数 | 无婚姻形式家庭数 | 婚姻总起数 | 各种婚姻形式 | | | | | | 备注 |
|---|---|---|---|---|---|---|---|---|---|---|---|
| | | | | | 一妻一夫 | 一妻多夫 | | | 一夫多妻 | | |
| | | | | | | 父子共妻 | 兄弟共妻 | 其他 | 姐妹共夫 | 其他 | |
| 差巴(包括玛岗) | 代理人 | 6 | | 6 | 2 | 1 | 2 | 1 | | | 一妻多夫的“其他”栏为姨表兄弟共妻 |
| | 富裕农奴 | 10 | | 12 | 5 | | 3 | | 3 | 1 | |
| | 中等农奴 | 28 | 4 | 28 | 26 | 1 | | | 1 | | |
| | 贫苦农奴 | 33 | 4 | 28 | 26 | 1 | | 1 | | | 一妻多夫的“其他”栏为藏兵合娶一妻 |
| | 小计 | 77 | 8 | 74 | 59 | 3 | 5 | 2 | 4 | 1 | |

[1]西藏社会历史调查资料丛刊编辑组:《藏族社会历史调查》(5),拉萨,西藏人民出版社,1989 年,第 317 页。

[2]西藏社会历史调查资料丛刊编辑组:《藏族社会历史调查》(2),拉萨,西藏人民出版社,1988 年,第 157 页。

续表 1-8(b)

| 项目 阶层 对数 | | | 总户数 | 无婚姻形式家庭数 | 婚姻总起数 | 各种婚姻形式 | | | | | | 备注 |
|---|---|---|---|---|---|---|---|---|---|---|---|---|
| | | | | | | 一妻一夫 | 一妻多夫 | | | 一夫多妻 | | |
| | | | | | | | 父子共妻 | 兄弟共妻 | 其他 | 姐妹共夫 | 其他 | |
| 堆穷、囊生 | 堆穷 | 代理人 | 1 | | 1 | 1 | | | | | | |
| | | 中等农奴 | 2 | | 2 | 2 | | | | | | |
| | | 贫苦农奴 | 34 | 15 | 19 | 18 | | | | 1 | | |
| | 囊生 | | 27 | 16 | 8 | 8 | | | | | | 囊生和差巴共79人 |
| | 小计 | | 64 | 31 | 30 | 29 | | | | 1 | | 共有非婚生子8人 |
| 合计 | | | 141 | 39 | 104 | 88 | 3 | 5 | 2 | 5 | 1 | 共有非婚生子23人 |

从以上统计数据来看，豁卡的主要婚姻形式是一夫一妻，大概占婚姻总数的80%，各种多偶制家庭占5%~10%，其中一妻多夫婚姻比一夫多妻婚姻的比例要高很多。在一妻多夫婚姻中，又以兄弟共妻为主要形式。在共妻家庭中，尤以中等和富裕农民为多。在囊色林豁卡，5户兄弟共妻家庭都在富裕差巴中，占差巴户的7%，占豁卡总户数的3%。[1]

**兄弟共妻的社会接纳程度** 在共妻婚姻中，除了兄弟共妻外，还存在表兄弟共妻、叔侄共妻，甚至同父异母兄弟共妻和父子共妻，以及朋友共妻等多种形式。社会上普遍认为，只有兄弟共妻最具优越性，这种家庭中没有妯娌之间的纠纷，容易家庭和睦。他们认为弟兄们本为一对父母所生，一起生长，婚姻又在一起，是一件幸事。家庭劳动力多，可以搞农牧交换、支应乌拉差、放牧，方便发展生产。因此，差巴中间有这样的说法："一夫一妻的是官和乞丐。"西藏还有这样的谚语和歌谣：

差巴家里的夫妻三人(两兄弟一妻)，

〔1〕依据《藏族社会历史调查》(1)-(6)资料整理。

就像喇嘛手里的三角令牌一样威风，

三角令牌能退鬼神，

夫妻三人能使家庭繁荣！

**兄弟共妻的社会后果**　虽然兄弟共妻对于家庭和睦与财产安全有一定保障，但其产生的社会后果也是显而易见的。最典型的现象是外室“素莫”(zur-mo)，意为“在一旁的女人”。如果兄弟共妻婚姻中的妻子对诸丈夫的情感厚此薄彼，兄弟中必然有人会另寻新欢；如果妻子冷落年纪大的丈夫，被冷落者可能另找外室寄托情感；如果幼弟长大加入婚姻关系时妻子已经年老色衰，年轻的丈夫就更愿意出去另结所欢。因此，社会上还流传这样的歌谣：

尽管怀内揣着一把刀子，

外面挂一把岂不更神气？

尽管家里娶下个媳妇，

外面也还需要一个知己。

什么样的妇女肯做共妻者的外室呢？一般说来，差巴家通婚总想门当户对，或攀上贵族，结果造成女儿不容易出嫁。假如差巴自家需要劳动力，又很可能会把女儿留在家里帮忙。女儿如果跟嫂子和家人处理不好关系，就只好到寺庙当尼姑，农忙时回家帮工，或者到贵族家当佣人。在相对宽容的修行环境和社会氛围里，尼姑们很难做到戒除情欲，兄弟共妻者自然就成为差巴女儿们的选择。

当外室的妇女经男方在她的巴珠(头饰)上戴了边玉，就算是公开承认其身份。社会对于外室和她生下的孩子以及孩子的财产继承权等事宜，没有任何歧视和限制。按传统规定，外室如果生下小孩，男孩属男方，女孩属女方。男孩长大之后可以参加兄弟共妻，可以当家长，甚至做总管、头人，入寺做喇嘛等，在社会上不受歧视。托吉谿卡的差巴增康尼玛有兄弟三人，他们共娶一妻，两个弟弟都是父亲的外室所生，弟弟的孩子们也都称其为爸爸。[1]

---

〔1〕西藏社会历史调查资料丛刊编辑组:《藏族社会历史调查》(5)，拉萨，西藏人民出版社，1989年，第601页。

不幸的是那些没有身份的外室"夏雪"(sha-shor)。一首歌谣中唱到:

情妇就像石头上的唾沫(一晒就干),
对她没啥可怜(弃之不足惜),
父母兄弟是没处找的。[1]

1.3.1.2 其他婚姻类型

除了引人注目的兄弟共妻外,谿卡里还存在其他婚姻形式,同样务实而且各取所需。

**一夫一妻** 一夫一妻婚姻通常有三种形式:第一为娶妻。谿卡里的堆穷一般为一夫一妻婚姻,因为堆穷没有土地,又少有生产工具,不具备发展生产的实力。其次,堆穷的差役负担比差巴轻很多,不需要专门的劳动力支差。另外,有些堆穷本身就是从共妻家庭里分家出来另过的,共妻经历使得他们对共妻生活有自己的看法,宁愿追求婚姻幸福而放弃财产和土地。因此还有这样的歌谣:"一个锅里若有两个勺,生活怎会有幸福。"与堆穷社会地位相当的手工业者,也多采取一夫一妻婚姻。他们的婚姻观更为现实:因为职业的流动性大,家庭收入不稳定,家大人多不便于移动和日常生活。

第二为入赘。此类婚姻也多见于差巴中,因女方家中无子,便招赘夫婿顶立门户,继承产业。在西藏,无论城市乡村,无论哪个等级,只要家庭有女无男,便可招赘。如果女方有姐妹数人,一般只有长女招赘,若姐姐去世或姐妹同意,妹妹也可以与姐夫同居,形成共夫家庭。

第三为男女双方各自离开原来的家庭,组成新家庭。

**姐妹共夫** 与兄弟共妻一样,姐妹共夫也多见于差巴家,谿卡农民中主要有姐妹共夫、表姐妹共夫和母女共夫三种形式。

一般来讲,如果差巴家里没有男丁或男丁幼小,家长会考虑为姐妹共同招赘,形成共夫家庭,待男孩长大后,将其入赘到其他人家。在姐妹共夫家庭中,为长者操持家务,为幼者管理农田事务。一般两个妻

[1]西藏社会历史调查资料丛刊编辑组:《藏族社会历史调查》(5),拉萨,西藏人民出版社,1989年,第593页。

子各居一室，丈夫轮流与其居住。姐妹所生的孩子，各自称生母为母亲。由于丈夫的宠爱程度决定两个妻子在家庭中的地位，姐妹共夫家庭多半不甚和睦。

较为少见的母女共夫有两种情况：一种是男子丧妻再娶，续妻携有适婚龄的女儿，只要母女二人同意，则名义上与其母结婚，实际上母女可共有一夫。另一种是续妻携有幼女，待幼女长大，母亲将妻位让与女儿。母女共夫家庭一般关系和睦，母亲愿意让女儿主导夫妻关系。通常是母亲料理家务，女儿管理田间农事。母女共夫家庭成员之间，母女与男人皆称夫妻，母亲所生子女称其女儿为“阿妈”（a-ma），女儿所生子女称其母为“莫拉”（mo-lag，姥姥）。

**罕有的共妻** 作为兄弟共妻婚姻的衍生，豁卡中还存在其他共妻形式。

（1）父子共妻：此类婚姻在西藏为数甚少，人们将这种关系叫做“半梁半椽”，山南地区称之为“脑浆与血液混起来”。父子共妻一般有两种情况：一是男人丧偶后，儿子正适婚龄，为了使祖业不致分成两份，家中有劳力支付乌拉差役，父子双方议妥，由儿子出面娶妻，形成父子共妻。父子各有一居室，妻子轮流与其居住。这类家庭以父亲为户主，儿子与妻之间是夫妻，所生的孩子称父为“波拉”（po-lag，爷爷），称儿子为“爸拉”（pa-lag，爸爸）。另一种是男人丧偶后，续娶年轻妻子，前妻留下之子长大成人后与父共妻。社会舆论对这样的婚姻普遍不认可，认为媳妇会在丈夫和公公面前卖乖装巧，挑拨父子关系，使彼此反目成仇。因此，有民歌讽刺说：

田水被人偷去，
不是左邻右舍是谁？
儿媳被人偷了，
不是公爹是谁？

（2）朋友共妻：藏语为“坡加”，意思是一个人骑在马鞍上，后面又骑上了另一个人。这种情况相当少见，也分两种：一是主人早有妻子，后来的人与主人的关系很好，造成共妻的事实。二是主人家里缺乏劳动力,愿意与朋友共妻,合并成一家,使后者在家庭中和社会上得到承认。参与共妻的朋友对家里的大小事情可以参与,甚至可以做家长,继承财产。在柳豁卡,从20世纪30年代到50年代初的20年间,出现过3起朋友共妻,其中之一是末代豁本旺秋加沃与九世班禅的弟弟"贡"夫妇合在一起。[1]

(3)表兄弟共妻、叔侄共妻、甥舅共妻:这样的情况多存在于作为家内仆役的囊生和贫苦堆穷中。由于生存状态不稳定,他们很少有正式的婚姻关系。

### 1.3.2 有序的婚礼习俗

#### 1.3.2.1 限制婚姻范围

藏族一直存在这样的理念:人的骨头是父亲传的,肉是母亲培育的,肉可以改变,骨头却永远不变。因此,在西藏大部分地区,严格实行血缘外婚制。反映在婚姻范围的限制上,不但同父系祖先的人绝对禁止通婚,禁止两性关系,否则要遭受舆论谴责、人格贬辱、严刑惩处,而且舅表、姨表、姑表之间也不准通婚,违反者也要受到谴责和惩处,甚至逐出豁卡。在有些地区,规定了九代、七代、五代的限制范围。

除了血缘外婚制以外,农奴主阶级还严格实行阶级内婚制,连被统治阶级中的各个阶层通婚,亦受门当户对的限制。一般来说,差巴子女只愿意和差巴或相同经济条件的人结婚,而不愿和来自堆穷、手工业者、铁匠、银匠、屠夫等家庭的子女结婚。

#### 1.3.2.2 恪守婚礼程序

豁卡农民各阶层的婚姻虽受封建等级制度约束,但与农奴主阶级相比,不甚严格。差巴由于经常在外出差,有机会接触外乡人,儿媳来自其他地方和等级的情况也很常见。但无论如何,豁卡农民的婚礼都要遵守如下程序。

**送彩礼** 差巴子女的婚姻,一般为媒人介绍。结婚年龄大约在18~20岁之间,一般男大于女。在日喀则地区,男女婚姻经媒人说合

[1]西藏社会历史调查资料丛刊编辑组:《藏族社会历史调查》(5),拉萨,西藏人民出版社,1989年,第320页。

后，还要请喇嘛算命，如果合适，男方家长就去女家求婚。求亲时要送哈达、青稞酒。如果女方家长同意，双方即选择吉日订婚。男方家长要给女方家长献哈达，酒粮，茶，并送来新娘的服装、首饰、鞋子等，作为订婚仪式。至于彩礼多少，视男方家产状况决定。在20世纪40年代，差巴家一般要送上150两藏银作为彩礼。结婚一般选在藏历的正月——一年中最吉利的月份。

堆穷的婚配多为自由婚姻，男女婚龄一般亦在18～20岁，女子年龄较男子大些亦无关系。结婚日期也不限。堆穷想要结婚，首先要向谿本送礼，取得同意。若婚姻双方分属于不同领主，还要先求得各自领主的允许。表1－9是两对不同阶层农民的结婚彩礼。

**表1－9　差巴、堆穷结婚彩礼（1956年）[1]**

| 差巴同康 | 堆穷巴珍和柳甫·多吉 |
|---|---|
| 1. 同康家<br>（1）同康本人：赠新娘皮衣1件，长背心1件，鞋1双，布裤1条，首饰若干，围裙1条。<br>（2）家庭成员：每人做新鞋1双，衬衣4件。米、茶叶若干，羊3头，牛1/4头，酥油10涅尕[2]，酒粮5克，做鞋工资4波，糖元、面粉、油若干。 | 新郎制新鞋1双，婆婆给新娘1件九成新的衣服和1双新鞋。<br>藏酒2波，羊1只，点心用粮5波，点心用油1斤，糌粑2波。 |
| 2. 伯父送礼：赠新郎和他的3个父亲每人1件衬衣。赠厨师以及新娘的2个父亲、舅舅和娘各1双鞋面。赠厨师、主妇、领唱者5元。羊2只，牛腿1条，酒粮3克，茶2块，酥油10涅尕，哈达45条。 | |

〔1〕根据《藏族社会历史调查》(5)资料制表。

〔2〕“涅尕”（nyag-ga）：羊毛、酥油的藏制计量单位，重6市斤半。

续表 1－9

| 差巴同康 | 堆穷巴珍和柳甫·多吉 |
|---|---|
| 3. 舅舅送礼：赠新娘围腰、裤子各 1 条。赠新郎鞋 1 双，衬衣 1 件。赠新郎的 3 位父亲、2 位祖父各 1 条裤子。赠新郎的 2 个妹妹和姑婆各 1 双鞋。赠新娘的 2 个父亲 1 个陪娘各 1 双鞋面。赠新郎的伯父母各 1 件衬衣。羊 3 只半，酒粮 1 克 12 哲，茶 2 块，酥油 7 涅尕，哈达 40 条。 | |

**迎亲**　西藏不同地区的婚礼习俗有很大不同，即便是同一地区，也有所差异。在日喀则地区的托吉豁卡，结婚喜日那天，男方派人到女家迎亲，新娘的父兄及舅父要陪同新娘到男家。按当地风俗，新娘的母亲参加婚礼不吉利。路程远的新娘骑马到男家，路近的徒步便可。婚礼开始时，一对新人首先要向特邀主持婚礼的喇嘛献哈达、敬酒，然后由喇嘛为新婚夫妇祈祷祝愿，亲邻好友也向新郎、新娘祝贺。男方须备丰盛的餐宴招待宾客，一般要热闹五六天。如差巴家资富裕，则须宴请宾客半个月或一个月。女方家送亲者要待宴请结束，方能还家。

农民婚庆酒（钱德拉·达斯　摄）

在同属日喀则地区的柳豁卡，结婚当天，也是由男方的父亲、叔叔和一两位男亲戚去迎亲，新娘这才被告知今天要出嫁。新娘知道后应该哭泣，以表示不愿意，否则会被认为很丢人。但入赘的女婿不能哭，哭了会被认为不吉利。女家由陪娘一人、父亲和男性亲戚数人骑马送亲。快到男方家时，新娘在男家事先搭好的帐篷里换上男家准备的新衣，戴上首饰（通常女方家事先看过首饰）。男方会在新娘巴珠的右上方安上翠玉。大家喝点喜酒，吃甜人参果饭后再往男家去。男家门口放着五袋牛粪，上面放一张小桌，桌上摆着青稞、麦子。新娘一到，送亲者要唱歌，在门口插上五色小旗，然后喝酒，吃人参果饭，再唱歌、插旗。门口仪式结束后，新郎、新娘进门上楼，互献哈达后并肩坐下，亲友们向他俩献哈达，并向双方家长献哈达。婚礼要持续3～7天，亲戚要拿着酒、肉、茶等来轮流祝贺并招待来宾。

在拉萨，新娘在离家的当天也要哭泣。上马之前，新娘头上还要蒙布。上马后，新娘被众多来自男家的骑手引去。女家的人在门口高呼“幸福转回来”，男家的人则回应“幸福随我们走”。到了男家，男家人向新娘投掷“密符标”，同时紧闭大门，待女家说了吉利颂词之后，才为其开门。

**戴玉** 藏族娶亲时，新郎要在新娘巴珠的右上角加几块翠玉，称为加“普玉”，有明媒正娶的意思，或称加“旦玉”，即永久性的意思。如果女方未婚怀孕，男方认可，也会给女方戴玉，称为加“差玉”，即为避免交私生子差而加的玉，不然女方得去外地生孩子。如果双方离婚，女方要把玉交还男方，表示断绝夫妇关系。还有一种“边玉”，或由于仓促结婚，或因为家中困难，暂时办不起婚事，就先给女方戴边玉，以示婚姻合法，同居一年内补行婚礼。

**离婚** 豁卡男女的分合有很大的自由度，尤其是贫苦差巴、堆穷之间的婚姻关系。一旦离婚，不用任何手续，不需要请中人或立字据，也不需要豁本出面审理。如果入赘的女婿和妻子不合，可以自行离去；如果嫁过来的姑娘和丈夫不合，也可以回娘家或另嫁他人。离婚时，男方可将全部财产携走，不负担女方的生活费用，男孩由父亲抚养，女孩由母亲抚养。若男孩年幼，暂由母亲养育，男方要供给小孩生活费，直至长大为止。

但如果嫁进或入赘到有钱的人家，情况就会有所不同。按规定，被遗弃者应由主家赔偿工资。计算方法是自结婚之日起，一天算两天，男的每年粮食30克，女的每年25克。如果被遗弃者有婚外情，则不发这笔工资。

由以上婚俗可以看出，在婚礼程序和仪式、婚姻关系的确定、离婚事宜的处理上，藏族依然保留了些许原始婚姻习俗，如氏族外婚、抢婚、舅权制、望门居、从妻居、赎买婚等。需要指出的是，藏族在离婚偿付问题上有较高程度的制度化和物质化，注重维护婚姻中的弱势一方或无过错一方的利益。这一点也十分明显地传递出原始婚姻关系中利益交换的遗存。

### 1.3.3 父系的家庭序列

#### 1.3.3.1 家长制度

西藏农民家庭多为由父母和若干子女组成的核心家庭，虽然也有几世同堂的父系扩展家庭存在，但很少有父母、儿子、儿媳、女儿、女婿组成的大家庭，基本上没有妯娌共居一家的现象。藏族农民家庭平均人口在4～5人之间，差巴家人口会比较多，堆穷和其他阶层人口较少。西藏和平解放后山南地区的社会调查数据表明：当地中上等差巴家庭平均人口在6人以上，贫苦堆穷在4人左右，手工业者、小商人家庭为4～5人，囊生多为单身。

豁卡家庭中的家长一般为男性，多由长子担任，妇女即使再能干，也不能做家长。在兄弟共妻家庭中，兄弟往往各司其职，有人专管对外应酬，有人专心务农，有人专门经商。凡是支差、议事、借债、买卖财物等事情，都由家长承担。在山南地区，人们把家长统称为一家人的"阿爸"，有"阿爸管全盘，阿妈管家务"之说。

#### 1.3.3.2 继嗣制度

20世纪初，有外国学者认为，西藏女子的地位比西方妇女理想，而招赘婚本身就是妇女地位崇高的表现。事实并非如此。受苯教信仰影响，藏族"尚左而贱右，故佛龛皆在左，薪粪皆在右。平时居家，夫妻二人平坐，男位在左，女位在右”[1]。在共妻家庭中，妻子作为家庭生活的核心，作用的确非常大，但这并不说明她们的家庭地位比男子高。柳谿卡的传统继承法，也许可以在一定程度上注解妇女的地位。

(1)如果父亲与儿子分家，差地、财产要均分。

(2)如果母亲与儿子分家，母亲得到一块填饥地(约2~4克中上等地)。

(3)如果夫妻离婚，没有孩子的年轻妇女要空手而去，年纪大的妇女可以得到填饥地。如有孩子，男的归父，女的归母。如果男孩较多，母亲也可以要一个，其分得的一份财产由母亲代管。

(4)如果女儿分出去另过，只能带上自己用的一只碗，其他什么也不能拿。

(5)如果入赘女婿要分家另过，不管是否带妻子，都要分一份财产。

(6)如果分家，除去家中妇女，所有男人，包括当天出生的男婴，都要平均分配财产。

(7)如果家中只有独生女，招来的女婿要分家时，女方可得一份家产。

(8)如果父亲去世，家中只有女儿，已出嫁者无继承权，未嫁者无财产权，招女婿的夫妇有继承权。

(9) 如果夫妇俩没有孩子，丈夫死后妻子有继承权，该女子再嫁后如果分家，她可得后夫的一半财产，如与后夫生有男孩，则平均分财产。

(10)如果父亲早死，由祖父当家。祖父死后，家业归孙子。

(11)已出嫁的妇女离婚后，如果父兄不许她回娘家，她不能提出任何要求。

(12)妇女的丈夫死后，财产由儿子继承。如家中仅有母女俩，家产对半分。如分家之前招进女婿，母亲能得到一块活命地。

(13)非正式配偶无继承权。

〔1〕马长寿:《康藏民族之分类体质种属及其社会组织》,《马长寿民族学论文集》,北京,人民出版社,2002年,第267页。

(14)私生子如果在父亲生前与父亲共同生活,便有继承权,否则便没有。母亲带来的私生子或其前夫的孩子无继承权。

(15)从小收养的养子无继承权。

(16)绝户的财产由亲属关系最近的亲戚继承,首先是叔叔、舅舅。如果没有叔叔,只有姑姑和舅舅,则要由与死者生前亲近的继承。

(17)如男子和一对夫妇同居,妇人的正式丈夫死了,又没有儿子,则后来者可以继承财产。[1]

#### 1.3.3.3 亲属称谓

人类学家认为,通过对一个社会亲属制度的研究,不但可以了解其社会结构、家庭结构,也可以从中看出该社会的发展状态和文明进程。美国人类学家莫多克曾经在摩尔根的研究基础上,把亲属称谓分为六类:夏威夷式、爱斯基摩式、易洛魁式、克罗式、奥马哈式和苏丹式。西藏农业庄园婚姻家庭,除了比较严格的婚姻限制外,西藏社会还存在比较严格的说明性亲属制度,类似对各种关系区分极为细致的苏丹式。表1-10为用柳方言记录的日喀则附近柳豁卡的亲属称谓。

**表1-10 柳豁卡亲属称谓表**[2]

| 汉语称谓 | 藏语称谓(拉丁转写) | 备注 |
|---|---|---|
| 父亲 | pa-lag, pae-lag, la-lag, a-pa | 兄弟共妻,孩子称最长者为父亲,其他的为叔叔 |
| 母亲 | a-ma-lag, va-lag, va-ma | 尼姑的私生子女称母亲为姑姑(a-nis) |
| 儿子 | bu | |
| 女儿 | bu-mo | |
| 伯父 | a-khu-lag, a-vu-lag | |
| 叔叔 | a-khu-lag/a-tshu-lag, a-khu-tshu-pa | 没有伯父的同伯父,有伯父的称 a-tshu-lag, a-khu-tshu-pa |

[1]西藏社会历史调查资料丛刊编辑组:《藏族社会历史调查》(5),拉萨,西藏人民出版社,1989年,第326页。

[2]根据《藏族社会历史调查》(5)第326-327页内容制表。

续表 1－10

| 汉语称谓 | 藏语称谓(拉丁转写) | 备注 |
| --- | --- | --- |
| 姑姑 | a-nis-lag | |
| 舅舅 | a-zhang-lag，zhang-po-lag | |
| 舅母 | a-che-lag，a-che | 后面加名字 |
| 姨夫 | a-cho-lag， | 年长者称 a-cho-lag,年轻者叫名字 |
| 姨母 | su-mo-lag，su-lag | 姨母多就在后面加名字 |
| 哥哥 | a-chogs-lag | 哥哥多就在后面加名字 |
| 嫂子 | pad-kil-lag | 小弟弟称嫂子为 pe-pe |
| 姐姐 | a-ce，ce-ce | 夫称妻在名字前加 |
| 姐夫 | a-chogs-lag | 与哥哥同 |
| 堂姐妹 | a -ce | 或叫名字 |
| 堂姐夫、堂妹夫 | a-chogs-lag | 与哥哥同 |
| 堂兄弟 | a-chogs-lag | 与哥哥同 |
| 堂嫂 | a-ce，ce-ce | 与姐姐同 |
| 表姐妹 | su-chyng-lag | 或叫名字 |
| 表姐夫、表妹夫 | a-chogs-lag | 与哥哥同 |
| 妹妹、妹夫、弟弟 | | 叫名字 |
| 弟媳 | pad-kar-lag | 或叫名字 |
| 祖母 | mo-lag，mo-vo，mo-tshan-mo-lag | |
| 祖父 | po-lag，po-vo，po-chen-po-lag | |

续表 1－10

| 汉语称谓 | 藏语称谓(拉丁转写) | 备注 |
| --- | --- | --- |
| 叔祖父、叔祖母 | | 与祖父母称呼相同,后面可加上他们的名字 |
| 姑婆、姨婆 | mo-vo, mo-tshan-mo-lag | |
| 公公(姑婆、姨婆之夫) | a-cog | 后面加名字 |
| 后祖父 | a-cog | 后面加名字 |
| 父亲之妾 | a-ce | 后面加名字 |
| 后父、继父 | pa-la-gsa | 或加名字 |
| 后母 | a-ma-lag, a-ce | 或加名字 |
| 异母弟(私生子)叫哥哥 | a-zhang-chu-lag | |

从表 1－10 可以看出,藏族的亲属称谓中对各种亲属关系的区别比较细致,类似汉族的亲属称谓制度。与母系亲属称谓相比,藏族更重视父权,对父系亲属的区分更仔细,如“父亲”与“叔父”、“继父”称谓均不同,“祖父”与“后祖父”不同,同父异母兄弟的称谓也不同。藏族对母系亲属的称谓划分不太细致,如“父亲的妾”、“后母”、“堂姐妹”、“堂嫂”竟然都与“姐姐”的称谓相同,“姐姐”甚至可以是丈夫对妻子的称呼,或许暗示以上提到的这些女性可能指同一人,如父亲的妾、后母可能成为父子共妻的对象,而堂姐妹或堂嫂也可能成为自己的妻子。

在与山南地区的亲属称谓进行比较之后,笔者发现,山南地区亲属称谓中,也存在对不同亲属使用同一称谓的现象,其中某些称谓包含了非常深刻的社会人类学含义。

表 1-11　山南地区亲属称谓中的相同称谓举例[1]

| 汉语称谓 | 藏语称谓(拉丁转写) | 备注 |
| --- | --- | --- |
| 曾祖父、祖父、曾伯祖父、叔祖父、曾叔祖父、岳祖父 | po, a-mes | 也是对一般老大爷的通称 |
| 父亲、岳父 | a-pa | |
| 曾祖母、祖母、曾伯祖母、叔祖母、曾叔祖母、岳祖母 | mo, a-cho, ao-she | 也是对一般老大娘的通称 |
| 伯伯、叔叔 | a-ku | 也是对一般中年男子的通称 |
| 伯母、婶婶、嫂子、姐姐、表姐、妻子 | a-ce | 也是对一般中年女子的通称 |
| 儿子、孙子、曾孙子、弟弟、侄子 | bu, kru-gu | 也是对一般男孩的通称 |
| 女儿、孙女、曾孙女、妹妹、侄女、姨表姐妹 | pu-mo | 也是对一般女孩的通称 |
| 哥哥、姐夫、表哥、丈夫、妻兄 | jo-jo, a-po | 也是对一般中年男子的通称 |
| 姑母、姑表姐妹、表嫂 | a-ni | 与尼姑同 |
| 舅舅 | a-shung, shung-po | 喇嘛都被称为“享果”或“阿享” |

在藏语称谓中,常用“叔叔”、“伯母”表示对某一类人的尊称,与汉语中使用“大妈”、“大爷”、“大姐”等称谓类似。值得注意的是,在表1-10中,没有“伯父”的称谓,在表1-11中,“伯父”的称谓仅限于尊称;在上两表格中,“舅舅”一词是相同的。但在山南地区,“享果”或“阿享”还是对喇嘛的尊称,尼姑与姑表姐妹、姑母、表嫂的称谓也相同。在柳方言中,尼姑的私生子就称其母为“姑姑”。对比两个地区的亲属称谓,“姑姑”和“舅舅”这两个典型的称谓,除了可以让我们看出

〔1〕根据《藏族社会历史调查》(2)第100-103页内容制表。

藏族对出家人的尊重之外,或许也可以佐证藏族家庭结构的某些特点:(1) 父亲的妹妹一般来说不是出了嫁,就是出了家。因此,“姑姑”多半为尼姑。(2)因为西藏有私生子归女方家抚养的习俗,收养人应为女方的兄弟或父亲,所以出家尼姑所生孩子也称其母为“姑姑”。(3)“舅舅”与“喇嘛”的称谓相同,但“叔叔”和“喇嘛”的称谓是不同的。在西藏,出家男子很多,其中必定有生物学意义上的“舅舅”和“叔叔”。那么,“舅舅”一词的含义就比较宽泛,可以是亲属意义上的,也可以是社会关系意义上的。如果某个人的叔叔出家为僧,不可能用“舅舅”来称呼。反观“叔叔”的含义,就只能是父系血缘关系中的定义,是父权制或父系继承制的一种标志。在共妻家庭中,孩子们把共妻婚姻中的大哥称为父亲,而将其他兄弟——尽管里面有其生物学父亲——称为叔叔。这一点或许可以说明,虽然舅舅在家庭事务中影响力很大,但毕竟不是家庭成员;而“叔叔”,其深层含义有可能是“父亲”。

硕大之牦牛与无数羊群，从容咬嚼于牧场上，形如黑蜘蛛之帐幕，立于草原之中，二三巨獒狺狺而吠，寂静之空间，时闻悠然之歌声，与铁铃叮咚声相应和，此典型牧场之景色也。[1]

——钟秀生《藏族平民生活鸟瞰》

# 2 迁徙的脚步
## ——游牧部落民的社会生活状态

与农业生产一样，西藏的畜牧业也有悠久的历史。据林芝、昌都等地区的出土文物考证，早在4 600年前，生活在这里的藏族先民已经在生产实践中发展了养殖业。当时的牧民主要从事牦牛养殖，饲养方式以放牧为主。6世纪后半期，在藏南河谷及日喀则东部，发展了储草过冬的驯饲方法，出现了牦牛与黄牛、马与驴的种间杂交，产生了犏牛和骡子。1900年以前，藏族已经驯养黄牛，半舍饲半放牧的方法沿用至今。[2]

西藏草地资源十分丰富，主体为高寒草地，占全区草地总面积的90%以上，主要牲畜有牦牛、黄牛、犏牛、水牛、马、驴、骡、绵羊、山羊等十多种。1951年之前，西藏主要有三大牧业区：(1)藏北草原：大致在聂荣—那曲—当雄—萨嘎以西及藏北的广大地区，这里是西藏牧业资源集中配置的地区；(2)藏东、藏南半农半牧区：大致在索县—比如—嘉黎以东和藏南部分地区；(3)藏东南林区：大致在错那—郎县—工布江达—波密—察隅以南地区。在这三大牧区之外，藏南农业区也有一部分属于西藏地方政府和贵族的草场，大致在雅鲁藏布江、年楚河、拉

〔1〕钟秀生：《藏族平民生活鸟瞰》，《旅行杂志》，1943年第17卷第5期，第57页。
〔2〕安七一：《中国西部概览——西藏》，北京，民族出版社，2000年，第44页。

萨河、尼洋河流域以及江孜等地，如山南地区的根扎草场、江孜的拉鲁草场等。

有学者认为，西藏有完全意义上的牧区和牧民，却没有纯粹意义上的农耕者，因为几乎没有不染指牧业的农户。因此，卡拉斯科说："西藏各地几乎都是农牧紧密联系的地区，山谷用于农业，附近的大山则为牛羊提供了牧场。农民与牧民紧密联系，他们往往是同一地区的人，居住在同一村庄，甚至是同一家庭成员。"[1] 为了强调纯粹意义上的游牧民的社会生活形态，本章的牧民特指那些以部落为生产和生活单位，在一定程度上逐水草季节性迁徙的部落牧民，不涉及农业区半农半牧的牧业人口。谭·戈伦夫（T Grandfeld）认为，在西藏阶级构成中，贵族占5%，僧侣占15%，牧民占20%，农民占60%。[2] 按照20世纪30年代国民政府官员所说有80万左右来计算，西藏纯粹从事牧业生产的人口应该不超过15万。李有义根据西藏和平解放前销往西藏的茶叶数量，以每人每年6斤计算，认为阿里地区约有5万人，藏北草原约有5万人（其中包括蒙古族3000人）。[3]

牧民男子（斯潘塞·查普曼 摄）

牧民女子（斯潘塞·查普曼 摄）

〔1〕〔美〕卡拉斯科：《西藏的土地与政体》（陈永国译），拉萨，西藏社会科学院西藏学汉文文献编辑室，1985年，第72页。

〔2〕T Grunfeld, *The Making of Modern Tibet*, New York, East Gate Book, 1987, p. 13.

〔3〕格勒，张江华：《李有义与藏学研究》，北京，中国藏学出版社，2003年，第326页。

“部落”，在人类学和社会学范畴里，通常指在人类发展早期，即国家产生之前的一种原始社会组织形式。在藏语中，可以被对译成汉语“部落”的词大概超过 30 个，如“村庄”（shogs-ga）、“寨子”（ta-pa）、“族”（tshung）等。本章所指的游牧部落，实际上是国家行政管理之下，带有一定封建性质、地域性质的社会行政组织。这种部落组织与西藏农业区的“谿卡”在本质上相同，都属于西藏地方政府，在管理机制上，分属于大小贵族和寺院。由于西藏社会内部发展不平衡，游牧部落保留了某些古老的传统和较原始的社会组织结构，如血缘部落、地域部落、部落联盟等。

在西藏典型牧业区藏北草原，生活着羌日、那仓和霍尔这 3 个西藏最古老的游牧部落。其中羌日部落又包括了霍尔巴达、安多、买玛、雄索、格尔曲、桑雄等 6 个小部落，因此被称为羌日六部。那仓部落是由本雄、达处嘎松、桑秋塞松、拉本文松、贡那和卓贝等 6 个小部落组成的。霍尔则指 15 世纪后陆续由青海迁入，由蒙古先民组成的霍尔 39 部。除此之外，藏北还有郎如、当雄、辛格尔等若干游牧部落。民主改革之前，从来没有过对西藏牲畜量的统计，也没有对牧民人口的大概统计。1989 年公布的统计资料显示，1952 年时，西藏大概有 970 万头（只）牲畜，其中牦牛 225 万头，绵羊 470 万只，山羊 250 万只。[1]

牧民老人（妥思妥耶夫　摄）

长久以来，西藏畜牧业处于靠天养畜的原始状态，牧民过着游牧和半游牧生活。牲畜既是他们的生产资料，又是他们赖以生存的生活

〔1〕西藏自治区统计局：《西藏社会经济统计年鉴》（1989 年），北京，中国统计出版社，第 211 页。

资料。牧民吃的是牛羊肉，穿的是牛羊皮，烧的是牛羊粪，住的是用畜毛编制的帐篷。与农民不同，牧民的生产、生活用品并不全部取自牲畜以及畜产品，很多生活必需品必须通过与外部的交换获得。因此，善于交际和变通是游牧民的重要性格特征。与农民将拥有土地的多少和房屋的大小作为衡量贫富差别的尺度不同，牧民的财富是在不停的迁徙和流动中积累起来的。在牧民眼中，拥有牲畜的数量，男女主人特别是女主人的穿戴和首饰多少以及贵重程度，是财富水平的体现。只要有可供牛羊啃咬的草场，牧民便永远停不下迁徙的脚步。

## 2.1 部落的生存

### 2.1.1 牧民的分层

在旧西藏，僧俗人等被分为三级九等。在这些等级中间，并没有规定牧人的位置。或许因为除了少数手工业者外，普通劳动者都被纳入了农民群体，法国人类学家勒华拉杜里认为，那些在农业社会里居无定所、到处流动的牧人团体，可以视作农村中的半无产者。[1] 或许因为牧民群体对西藏社会政治、经济发展和社会生活的影响力不足以使其作为一个阶层独立存在。或许因为游牧部落的生存环境相对闭塞，缺乏与主流社会的沟通，造成了牧民群体的边缘化。又或许因为牧民部落的社会组织结构特征和生存方式，使得牧民与主体社会相互不接受。因此，直到民主改革以前，西藏主流社会的等级制度还没有完全渗透到部落内部，部落成员之间的社会地位差别也不很明显，部落头人的产生沿用民主选举、世袭和任命3种形式，其中任命以前2种形式为基础，由高一级组织或活佛对部落头人资格进行认可。尽管部落的生产资料所有制形式决定了部落成员间政治和经济地位的差别比农民要小，但在一些靠近农业区的部落中，随着社会发展，土地私人占有现象和私人在公有土地上的作用已经比较突出，部落头人侵占公有地、

〔1〕〔法〕勒华拉杜里：《蒙塔尤》第四章，此处转引自刘景华：《文化社会人类学卷》，广州，花城出版社，2003年，第370页。

侵占部落成员牲畜或雇用部落成员的现象逐渐增多,部落内部的分化逐渐明显。

**“甲本”**(brgya - dpon)　即“头人”。民主改革之前,部落中一直保持着较为完整的头人制度。头人分为4个等级:族长、小部落头人、大部落头人和部落联盟酋长。族长是部落基层单位的负责人,由民众推举或由部落头人指定,不能世袭。族长的工作是组织和协调本族的生产和宗教活动,调解族内家庭问题等。小部落头人类似于村庄的首领,也多为选举产生。他的主要工作是协助大部落头人,负责本部落草场的分配和管理,组织宗教活动和处理部落内部的一般性治安案件。大部落头人领导由若干小部落组成的独立单位,如“那仓六部”下辖6个小部落,共4 100多户,近21 000人。民国时期,大部落头人需要西藏地方政府的册封。[1] 但部落联盟首领并不属于世俗贵族,也没有进入地方政府为官的权利。

**“差巴”**(khral -pa)　与农业区一样,牧民中也有“支差纳税的人”,并且大多数是按牲畜数量支应差役的差巴。一般来说,经济基础优厚的差巴有一定的社会地位,他们有权参加部落召集的会议,对部落的大小公事参与并发表意见,有些差巴本身就是族长或小头人。在那曲桑雄的阿巴部落,支差最多的人被叫做“贾果阿妈”(kya -mgo -a -ma),意思是支差人的母亲。贾果阿妈相当于农业区的大差巴户,他在部落里拥有最多的牛羊,有较高的社会地位,在聚会或社交时往往被推举为上座,在支应差役方面还可以得到相应的照顾。[2] 但是,牧民中差巴的地位不很稳定,他们既有可能因为本人的才能、生产技能以及牲畜数量和财富的积累成为大部落头人,也可能因为各种人事纠纷、天灾而失去财产和地位,落入部落的下层。牧民中有这样一句谚语:“无法的僧侣争佛教声誉,没财的男儿争部落权威”,以讽刺那些没有自知之明的部落成员,可见部落的政治权力与经济条件有很大关系。

[1]陈庆英:《藏族部落制度研究》,北京,中国藏学出版社,2002年,第179页。

[2]西藏社会历史调查资料丛刊编辑组:《藏族社会历史调查》(3),拉萨,西藏人民出版社,1988年,第97页。

**“约伙”**(gyo-kho) “约伙”的藏语意思为“被使唤者”,是部落中的特殊阶层。有全家为主人进行生产劳动的奴户“约仓”(gyo-cang),也有在主人家中劳动的家奴“过约”(mgo-gyo)。在那曲阿巴部落,“约伙”被称为“米让岗差”(me-rung-kung-grav),意思为只支应人役差。因为他们牲畜很少,甚至没有牲畜,就靠出卖劳动过活,其地位相当于庄园的“堆穷”,被称为“部落的用人”。

**“米波”**(me-pogs) 某些部落里还有被称为“米波”的阶层,这些人因故离开原住地出外谋生,每年只需向领主交纳一定的钱和实物,或者称为“人头税”,以表示人身依附关系。“米波”多半是屠夫或猎手,一般没有牲畜,人们视其为乞丐。因为打猎杀生,“米波”被认为罪大恶极。在阿巴部落,“米波”不能和差巴同吃、同坐,不能用差巴的碗,甚至不能进差巴的帐篷。

**“囊生”**(nang-gzan) 与农业庄园类似,部落中也有家仆“囊生”,或称“牧工”。他们多半无所依靠,没有牲畜,受雇于牧主或寺院。男的为主人在外放牧,女的承担家庭劳动。不像庄园的囊生与主人居住在同一个院子,牧民“囊生”有单独的帐篷,地位也与庄园囊生有很大差别。在牧民生产禁忌中,对女牧工有特别多的规定,如不许到锅灶后边,不许进主人帐篷,因为害怕她偷东西,不许摸主人的神牛,因为害怕她会招致祸端。

### 2.1.2 牧民的劳作

#### 2.1.2.1 不得已的迁徙

旧西藏人身依附制度的特征之一,便是人们有非常强的地域和领域观念,以及领属观念。西藏牧民根据生存环境特点、社会组织结构特点,以及部落土地所有制特点,逐渐形成了定居和半定居放牧的方式,季节性的全部游牧者很少。《西藏游牧》中说,安多藏区牧民的冬季宿营地是永久居住点。宿营地建有坚固的小房子,周围有畜栏,每家都有住房和专供自家使用的干草田。在青海的吴梅,牧民还在住房的附近

播种燕麦,成熟之前就收割,用作冬季饲料。[1] 俞湘文的《西北游牧藏区之社会调查》中描述:

> 游牧藏区中的人家,并不是散漫零落,而是聚居在一起的,各家的帐房都驻扎在同一地带,及至一地的草食已尽后,再选定日期,在"郭哇"的领导下,全部落的居民,一齐拔帐迁移。在相隔一二日路程以外草料丰茂的地方,靠水立帐,又住下来。统计各部落每年迁移十次左右,平均月余迁移一次。每次迁移,全部落的人民至少有三天的忙碌。[2]

集体游牧是在社会生产力低下,自然环境相对封闭的条件下迫不得已的选择,因为部落成员一旦离开组织,生存就可能受到威胁。部落成员必须紧紧依靠部落组织,而部落也以草场使用和土地分配制度将部落成员凝聚在一起。

在阿巴部落所在的桑雄草场,通常是几家牧民聚在一起,成为一个居民点,每年冬季都驻扎在那里。居民点选址在山沟或平坝,避风临水,周围有茂盛的可放牧幼畜的"那哇"草。每到春夏青黄不接的时候,由于驻地附近的枯草已被吃光,新草又未长出来,大约会有1/3的牧户开始搬迁牧场,其实也就是距离原驻地3~5公里以外的地方。大牧户牲畜多,有些要连着搬迁两次,但主要是与生产有关的人跟去,家里仍留一两个人看守。小牧户因为在经济上或生产上依赖大户,家庭人口少,没有多余的帐篷,就全家跟随大户迁徙。在外放牧的时间,最长为3个月左右。[3]

在拉萨北面的当雄,霍尔部落为蒙古人后裔,但他们也多为定居放牧。1943年以后,草地上土房增多,逐渐代替了牛毛帐篷。因为水草很好,气候适宜,这里没有固定的放牧路线,也不分冬夏牧场,只有少



〔1〕〔德〕马修斯·赫曼(M Herman):《西藏游牧》,维也纳,赫罗尔德,1949年,第224页。

〔2〕俞湘文:《西北游牧藏区之社会调查》,上海,商务印书馆,民国36年(1947年),第27页。

〔3〕西藏社会历史调查资料丛刊编辑组:《藏族社会历史调查》(3),拉萨,西藏人民出版社,1988年,第23页。

数牧民会带着帐篷在藏历一月到四月间到山后放牧。[1] 罗马让学部落一般也为驻地放牧。他们定居在牛毛帐篷里,早出晚归,等到附近的草被吃光了,放牧者就带上粮食,赶上畜群,到水草好的地方,撑一个小帐篷,放牧一段时间后回到家里。但是在藏历一至四月份,他们也要带着牲畜搬迁到有草地的地方。

#### 2.1.2.2 靠天养畜的艰辛

西藏特有的畜种是藏牦牛,旧时也称猪声牛、马尾牛等。洪涤尘的《西藏史地大纲》中这样描述牦牛:

> 牦牛毛色黧黑,其长委地,容貌虽丑,然筋肉结实,能耐劳苦,为西藏土人生命所系。牦牛乳质浓厚,多滋养,其肉可食,其毛可织天幕,其骨可制家具,其粪可供燃料,为用甚大,又遇积雪载道之时,旅行者每使牦牛先行,其用其奇大之足趾与顶角,排除积雪,打开道路,且每小时能行四五十里,故旅行西藏者每用牦牛作先锋也。[2]

**牧民的牦牛(查尔斯·贝尔 摄)**

---

〔1〕西藏社会历史调查资料丛刊编辑组:《藏族社会历史调查》(3),拉萨,西藏人民出版社,1988年,第296页。

〔2〕洪涤尘:《西藏史地大纲》,南京,正中书局,民国25年(1936年),第30页。

藏绵羊也是西藏分布最广和数量最多的畜种，放牧海拔与牦牛相似，在4 500米以上的高寒牧区。在藏北草原，藏绵羊还可以作驮羊，每只羊可以负重7～10公斤，日行7.5～10公里。藏绵羊毛质优良，是编织长毛绒毯和地毯的上等原料。洪涤尘这样描述西藏的羊：

> 西藏之羊，不但可供食用，且亦可供运输，毛色有黑白二种。西藏绵羊品质甚佳，土人能织毛为毡，但甚拙劣。羊毛为出口之大宗，其产于拉萨以西者，多经大吉岭而输往印度。山羊产于西部，其外毛下所生之软毛，输往印度克什米尔，用织上等披肩，颇为珍贵。[1]

西藏气候条件恶劣，牧场工作非常艰苦，常年要与狂风、暴雨、冰雹、兽害作抗争，与牲畜伴宿，餐风受寒，但是牧人却有着非常开朗与乐观的性格。钟秀生这样描写牧人的工作：

> 牧人家庭，能实行分工合作，壮年男子，多牧牦牛，青年或儿童——性别不拘，多牧羊，皆须自己随身携带午餐。午餐后，壮年男子，或乘马驰骋，或携枪打猎，儿童多喜欢数人相聚，以讲故事、下棋、唱歌曲、练习甩石绳及各种有趣游戏自娱。女子常携羊毛，纺纱，亦有加入儿童游戏者。在家中工作者，多为妇女、幼童及老

**羌塘牧民家庭(妥思妥耶夫　摄)**

---

〔1〕洪涤尘:《西藏史地大纲》，南京，正中书局，民国25年(1936年)，第30页。

人，其工作为做羊毛绳、缝纫、制酥油、[制]乳酪等。当其工作时，非喃喃诵祷文，即高唱歌曲，鲜有默不出声者。[1]

**牲畜饲养** 即便是在现代社会，畜牧经济也十分脆弱。在旧西藏，牧民几乎完全靠天吃饭，即使是好年景，成畜死亡率也在10%左右，加上自食、出售的占10%，只有牲畜中生产的母畜占40%~60%，受胎率为80%，存活率为80%，才能保证年增加10%。[2] 如果遇上冬春季节刮大风，下大雪，牲畜就会大幅度掉膘，体弱多病，甚至大批死亡。放牧时还需要精心管理，稍有疏忽，还可能造成牲畜溺水、掉崖等事故。

牧民必须在部落的地域内放牧，不得越界，也不得擅自到部落头人的私人草场内放牧。牧民一般都要走出驻地三五公里，在一个相对固定的范围内放牧。夏季尽量上山，因为山上有羊吃的“榜杂”草和野蒜，可以防止羊拉肚子。另外，牛羊也喜欢山上凉爽的气候。

放牧者的劳动工具很简单，他们经常使用两种工具：“乌多”(vo-to)和鞭子。“乌多”属于投石器，是一条四五尺长的毛绳，小指粗细，其中段织一小兜，兜内可放小石块。使用时抓住毛绳两端在空中回旋，然后松开毛绳一端将石头抛出去，并不随便掷在牲畜身上。鞭子是在一根二三尺长的木棍上扎几尺皮绳，用鞭梢甩出的声音驱赶附近的牲畜。

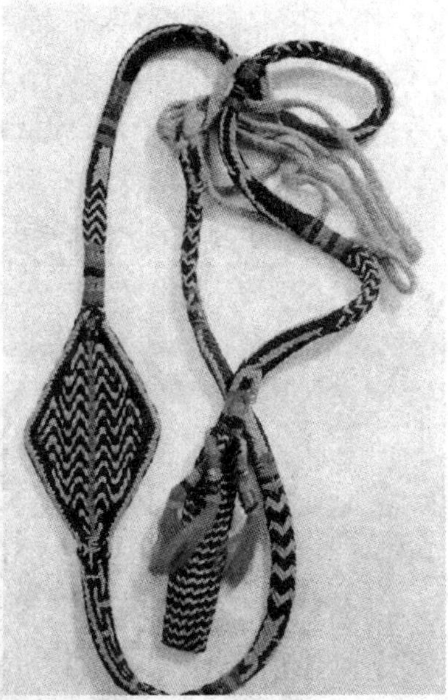

放牧的乌多(张天锁 摄)

定居放牧时比较安全，因为牲畜在住宅附近，牧民在帐篷前面的草场上钉许多小木桩，木桩之间，沿地界拴牛绒绳。夜晚时，把牛拴在绳上，羊不拴，但要在畜群中睡一个人看守。马

[1]钟秀生：《藏族平民生活鸟瞰》，《旅行杂志》，1943年第17卷第5期，第58页。

[2]陈庆英：《藏族部落制度研究》，北京，中国藏学出版社，2002年，第304页。

群在圈栏出口处睡一个人。马少时,用五六寸长的绒绳套扣住马的前足或后足,次晨再解开。一般的牧民在帐篷的一侧设围栏,以防野兽入侵;富裕户帐篷左右侧都有高六七尺的围栏;部落头人则在院落周围建墙围,在围墙内分出不同畜类的饲养区域。

**幼雏繁育** 相对于农业生产而言,畜牧业生产的技术含量要高一些。为提高牲畜的产出,牧民发展了不少科学放牧方式,如分群放牧,即畜类分群、公母分群、大小分群等。公母分群是为了掌握配种和抓膘,如果公母一起放,常会互相追逐,扰乱食草,容易掉膘。到了牛羊发情的季节,牧民还要在雄性牲畜生殖器官上挂一块布来禁配。之所以要大小分群,是因为怕小畜过多消耗母畜奶水,或小畜吃奶过多胀死,混在大牲畜中又易受伤。

除了讲究放牧方式外,牧民对牲畜的选种、配种、接幼、阉割等繁育方式也非常重视。羊选壮大和毛长的;牛选壮大和毛色为主人喜欢的;马选壮大,身段、毛色和走法好的。到了配种期,才在母畜群里放进种畜,100 只羊放种羊 1 ~ 2 只即可,100 头牛放种牛 5 ~ 6 头,30 匹母马中放种马 2 ~ 3 匹。牛的配种需要人工辅助。马在受孕四五个月后,便不乘骑驮运,以保护胎驹。

**草原天灾** 西藏牧区海拔多在 3 000 米以上,气温低,灾害多,主要的自然灾害有雪灾、兽害和瘟疫等。

雪灾是对牧业生产威胁最大的灾害。如果 9 月、10 月藏北高原连续降雪,就会酿成重灾,轻则牲畜死亡过半,重则死亡殆尽,导致牧户破产。土鼠年(1828 年)的大雪使桑雄地区牧户无力为噶厦支差,噶厦不得不从阿里调拨一批牧户来补充。火兔年(1927 年)的大雪同样使很多牧户破产,噶厦被迫重新规定差役,并投放了一批"其美"牛。1956 年到 1957 年的大雪一直持续到次年的 3 月份还没有化,牲畜死亡率高达 30% 到 50% 。[1]

兽害,特别是狼害,也是牧区自然灾害之一。被狼咬死、咬伤、吃掉

〔1〕西藏社会历史调查资料丛刊编辑组:《藏族社会历史调查》(3),拉萨,西藏人民出版社,1988 年,第 72 页。

的牲畜数目很大。特别是在雪灾时,狼没有食物,羊也体衰,很容易遭狼侵害。牧民受宗教观念影响,不打猎杀生,相信“狼吃了牲畜,就是天狗吃牲畜”,“狼是天狗,杀了狼就是杀了天狗”等说法,加之藏政府规定不准打狼,防范狼的办法只有在山上多插经旗和养狗。由此,藏獒一直作为牧民最好的帮手在草原上护牧。遍布草原的鼠穴又是一害,不仅破坏草地,妨碍牧草生长,而且牛羊会时常陷入鼠洞致伤致残。

瘟疫也是严重威胁牲畜的自然灾害,牧区主要流行病有牛瘟、肺炎、脑包虫、口蹄疫、炭疽、羊虱等疫病。由于没有兽医,牧民都是根据多年放牧实践防治瘟疫的。如用麝香治绦虫;用放水的办法治脑包虫;夏天让绵羊多吃一些野蒜,防止肠炎;把牲畜赶到含硫黄的温泉里洗澡杀菌,治疗寄生虫病、皮肤病;将瘟死母牛的胎牛晒干碾碎,灌喂好牛,预防牛瘟和痢疾。为了防止人畜交叉传染,牧民们通常把死牲畜煮沸后送到远处掩埋,也会将死牲畜煮熟后食用。虽然病害严重时牧民也请喇嘛念经,但牧区没有像农业区的“冰雹喇嘛”那样专职的农业宗教人员,也不组织集体宗教活动祈求丰产。

比较牧民和农民的自然灾害防治措施,我们可以看出,宗教在牧业生产上所起的作用比在农业生产上要小得多。究其原因,可能有以下几点:(1)较之农业生产,牧业生产成本投入小。虽然放牧比耕种土地付出的劳动时间和精力要多一些,但放牧的生产资料成本较低,基本上没有种子和农具等固定支出,也不需要农田基本维护和引水灌溉等常规生产活动。(2)较之农业生产,牧业生产的人力资源成本投入也较低。一个强劳动力可以放牧六七百只羊、上百头牛,在没有牧工的中等家庭,家中仅一个劳动力也可以放养马2匹、牛31头、羊122只,[1]而且妇女、儿童都可以参与放牧。(3)牧业生产的回报率较农业生产高,是低成本高回报产业。即使雪灾中牲畜有1/3的损失,只要第二年幼畜的成活率为30%以上,就能有所赢利。(4)牧业生产以个体或家庭为单位,虽然牧户间也有协作放牧,但毕竟牧区人员居住分散,

---

〔1〕西藏社会历史调查资料丛刊编辑组:《藏族社会历史调查》(3),拉萨,西藏人民出版社,1988年,第283页。

不易形成集体宗教活动。

2.1.2.3　牧民的负担

**差役**　与农业区一样,部落各阶层也要为政府和部落支应一定数量的差役,其中差巴支应的差役最多。需要指出的是,仅从牧民差巴所负担的内外差役数量上讲,牧民负担的差役比农民要少很多,几乎没有与牧业生产有关的内差,给噶厦和寺院支应的外差项目也很少。这也许说明:(1)由于农业经济在西藏社会发展中的核心作用,西藏各级地方政府对农业庄园的行政管理系统更为成熟和制度化。(2)西藏地方政府不重视发展牧业经济。因为长期以来,西藏统治阶级歧视藏北牧民,拉萨的贵族甚至说牧民是"帽子下面没有脑子,腰带下面没有肚子"的笨蛋。在各级地方政府中,部落头人很少有担任宗一级职务的。这样的情况不但造成了农牧地区间的经济发展差异,也造成了政府行政管理的难度和行政能力不强的问题。表2-1是那曲阿巴部落的差巴在近代支过的差役项目。

**表2-1　那曲阿巴部落差巴支应差役一览表**[1]

| 外差 | 内差 |
|---|---|
| 1.劳役:(1)每年到西宁买马<br>(2)为功德林送酥油 | 1.劳役:(1)鞣皮差 |
| 2.实物:(3)肉差<br>(4)请求法律裁判<br>(5)新任百户拜见宗本<br>(6)修寺庙 | 2.实物:(2)牛毛绳差<br>(3)酥油包装差<br>(4)鞍垫差 |
| 3.货币:(7)耳朵差<br>(8)购武器 | 3.货币:(5)建金塔 |
| 4.混合:(9)藏北总管上任<br>(10)信使的伙食和骑畜<br>(11)岗哨差<br>(12)地方兵 | 4.其他:(6)喇嘛差 |

〔1〕根据《藏族社会历史调查》(3)资料制表。

续表 2-1

| 外差 | 内差 |
|---|---|
| 5. 其他:(13)赔偿差<br>(14)保证过路官员骡马安全差<br>(15)吃空额差<br>(16)马费 | |

**“其美”**(che-mem)　“其美”的意思是不生不死,是一种牲畜租佃形式,即把牲畜租给牧民代牧,即使牲畜死了也要按定额照常交租。“其美”分为政府“其美”和部落“其美”两部分。政府“其美”是从1828年开始投放的。1930年,噶厦对全藏进行了一次调查,把牲畜分成两类:支差的牲畜和不支差的牲畜。对有属民、有土地的“协主”,每25头“协牛”政府征收1头,作为放“其美”之用;对没有属民和土地的“协主”,如僧侣和商人,见五抽一。从此,草场的占有者便强迫在其草地上放牧的牧民承租“其美”,派交实物,派劳役,进行二次剥削。贵族帕拉家当时共有羊2万头,放牧地点在距离江孜25公里内的各处草地上。帕拉家规定:雇佣的牧工必须每年使3头羊中产出1头小羊,超过此比例的盈余,牧工可据为己有,不足者,须按数补足。牧工的工资和羊群所需要的盐由帕拉家供给。贝尔将这种租佃方式归结为:“牧主规定每年应产牦牛和酥油的数目,如有盈余,概归仆役,如欲截留羊毛,则须交纳‘每羊一锁’(合两便士半)之代价以为报酬。如果羊有增殖归牧夫,若有短少,则须补足。”[1]

### 2.1.2.4　牧场上的副业

除了放牧之外,畜产品加工也是牧民重要的日常工作,且男女分工明确,奶制品制作以妇女为主,牲畜皮毛加工归属男子。

挤奶和奶制品加工是牧区妇女的主要生产劳动,也是评价妇女德行的标准和牧民择偶的基本条件。牧民姑娘一般14岁之前就学会了挤奶、打酥油。在产奶旺季,一个妇女能管理20~25头奶牛,每天挤3

〔1〕〔英〕查尔斯·贝尔:《西藏志》(董之学,傅勤家译),上海,商务印书馆,民国25年(1936年),第31页。

次奶,每次约3分钟。挤羊奶时,把成百头母羊头对头地拴起来,有秩序地排开。家里只要有劳动能力的妇女,都参加挤奶。虽然羊奶含油量比牛奶多,出酥油也比牛奶多,但牧人很少食用。贝尔的解释是:

> 牧人不大饮羊乳或山羊乳,惟以之制成酥酪。酥酪可以饲养牧夫及仆役,可以交付于"宗"以作课税。诸宗又复缴解一部分酥酪于寺院,以为点灯供神之用。……羊酥仅为贫民所消费。绅士与富人,所食之酥为牦牛与普通牛所生之间种所出者。普通牦牛所出之酥,土人认为较前两种为劣……至于羊乳与山羊乳,即贫穷人也鲜有尝试者。[1]

与世界上其他牧区一样,剪毛和抓绒是男人的工作。剪毛的时间绵羊在藏历七月,山羊在五月,牛在六月。剪羊毛的工具并不是剪子,而是刀,确切地说是割羊毛。西藏和平解放之后,政府曾经给牧民提供过羊毛剪刀,但牧民不习惯用,依然用刀割。剪毛时间多为两三天,家里人手不够时,会请雇工帮助,工价是剪20只羊,给1只羊的毛,还提供饭食。通常,1只羊出3~5斤羊毛,顶好的劳动力一天能剪近百只羊,一般劳动力也能剪四五十只。

抓绒和剪毛是相继完成的,牛绒和羊绒都用手抓。牛绒产量少,所以不出卖,平均每头牛每年只产绒1斤左右。牛绒用来做绳子,捆扎和制作帐篷,用牛绒搓成臂粗的毛绳,需要3个人同时操作,每捆绳子重约二十七八斤。

皮毛一般自用,多余的才出售。皮毛加工虽然种类多,做工细,但工具、工序却很简单。鞣皮的工具有"如"(rum,木质鞣皮工具)和刮皮刀两种。鞣羊皮是用水把羊皮泡过,晾半干后用脚踩,再用水泡,然后把皮子背面刮平,用"如"揉搓,质量不好的皮子还要加一点酥油。大约到了20世纪40年代,牧民学会了在泡羊皮的水里加盐,增加皮子的柔软度和白度。

在牧区,纺织并非妇女独有的工作,男子也普遍会做毡毯。做毡毯

---

[1]〔英〕查尔斯·贝尔:《西藏志》(董之学,傅勤家译),上海,商务印书馆,民国25年(1936年),第31-32页。

非常简单，只需要将羊毛撕松，铺匀，加热水，搓揉约1小时，就可以制成一块3尺见方的毛毡。妇女的纺织品有毛口袋、毛单子、羊毛被子、毛衣毛裤、牛毛帐篷等，但纺织工具却相当原始。到了20世纪30年代之后，由于羊毛大量出口印度，羊毛价格日趋上涨，牧民便很少自己编织口袋和缝制衣服，连穿的氆氇也是卖了羊毛之后从农业区购买的。

在藏北草原，采集人参果（蕨麻）也是一项重要的副业收入。野生人参果是藏族逢年过节送礼、招待客人的珍品。20世纪50年代以前，1克人参果在拉萨市场可以交换1克青稞。在每年8月中旬到9月间，人参果成熟，土拨鼠开始忙碌地将人参果搬运到洞里准备过冬，牧民就寻着土拨鼠的地洞采集人参果。由于缺乏铁质工具，牧民用野羊角挖土拨鼠的洞。每个收获季节，人均可挖到上百斤人参果，是一笔不小的收入。

那曲当雄宗牧民的副业还有酿造马奶酒。当雄牧民的祖先为蒙古族，一直有制作马奶酒的传统，当雄是西藏唯一用马奶造酒的地方。这里每年藏历五至七月是挤马奶的时间，一天可以挤3次奶，先把马奶打成酥油，再把剩下的塔热煮沸，所溅出来的水滴就是马奶酒。马奶酒在拉萨市场上非常受欢迎，价格很高，一瓶可以卖到25两藏银。[1]

#### 2.1.2.5 流动中的交易

从牧民家庭副业类型可以看出，因为牧民的很多生活必需品依靠与农民交换得来，所以牧民的商品意识比农民要强。贵族夏扎·甘丹班觉回忆说，在每年的藏历十月二十五日之前，他家所属的藏北烂如三部落的霍日巴百姓会赶着驮运酥油和羊毛等的牦牛和羊到拉萨来交租。驮子还没有卸完，拉萨的屠夫就赶来看牲畜的膘情，进行牛羊交易。霍日巴人在拉萨滞留十多天，在夏扎家的院子里支起帐篷。白天会有拉萨的女二道贩子背着背斗来做零售生意，以物换物。她们带来的商品有冰糖、红糖、玻璃珠、化学染料、小镜子、棉线、做靴子的呢料等。牧民不喜欢把畜产品拿到街上的商店换日用品，更喜欢与人就近

〔1〕西藏社会历史调查资料丛刊编辑组：《藏族社会历史调查》（3），拉萨，西藏人民出版社，1988年，第297页。

直接交换。因此,上当受骗,被贪财的屠夫以假藏钞蒙混的事也时有发生。[1]

贝尔的《西藏志》中较为详细地描述了牧民在城镇中的活动:

每年牧人降至低地一次,以变卖其出品,与购买所需之货品。尤其在初冬时,牧人即驱策其载重牦牛群,徐徐进至拉萨及其他较大中心地点。牧人出卖盐、羊毛、曹达、(为调茶用)酥油、绵羊、牦牛、牦牛尾……牧人逗留城市须两月时光。其携带回家,为大麦、小麦、茶,及小量之豌豆、毛布。牧人又复于归途中,在离开农业地域以前,采买干萝卜与芜菁。[2]

查普曼的《圣城拉萨》中也描述了初冬季节到拉萨交换的牧人:

在天冷时,拉萨市里有牧人从俄洛、阿木多、俄尔、张塘等处中藏高风带下来。他们的牦牛驮着羊毛,在拉萨北面的盐湖里采集盐和硼砂,在用货物的一部分缴付政府一年的税款之后,其余的换取大麦。并在拉萨市场购买砖茶,一些零星物件如针、火柴、镜子以及珠宝,大约在5月返回。[3]

**农牧交换** 并不是所有的牧人都到拉萨进行交易,更多的是农牧间的长期交易。旧时,牧区没有固定的商业集市,也没有开店设铺和纯粹经营商业的坐商,牧民把副产品、畜产品或单独驮运,或集体驮运,或请人携带运往农区,换回他们所需的粮食和其他什物。牧民在一个地点完成第一次交换后,通常会在当地找一个农民做房东,以后两家一直保持来往,甚至两三代人继续不断,成为世交。如果牧民有交换不出去的东西,还可以存放在农民家里,第二年再来卖。房东不一定是交换对象,但牧民依然可以通过房东向农民赊一些粮食,来年用牲畜送还。

20世纪50年代以前,阿巴部落牧民主要的交换地方有:(1)硕盘

[1]西藏自治区政协文史资料研究委员会:《西藏文史资料选辑》(15),北京,民族出版社,1998年,第129页。

[2][英]查尔斯·贝尔:《西藏志》(董之学,傅勤家译),上海,商务印书馆,民国25年(1936年),第30页。

[3][英]斯潘塞·查普曼(Spencer Chapman):《圣城拉萨》(向红笳,凌小菲译),北京,中国藏学出版社,2004年,第153页。

多,往返一次要30~40天,如果牧民在当地帮助农民打场,则要60天以上。(2)拉萨附近的墨竹工卡或堆龙德庆宗,往返一次需要50天。(3)泽当,往返一次要70~90天。一般每年有两个交换季节:藏历八月底到十一月中旬主要是运盐和羊毛、奶渣;春季除运盐之外,还驮运牛羊肉、干肉和一部分酥油、牛皮等,兼到拉萨采买。交换的主要物品为青稞、小麦、豌豆和萝卜,还有氆氇、背筐、陶器、铁锅、铜锅、铝锅等家居用品。四、五十年代,牧民开始使用藏币购买针、线、木碗、刀等生活用品。表2-2是1958年阿巴部落农牧交换情况。

**表2-2 阿巴部落农牧交换调查表(1958年)**[1]

| 运往农区的畜产品 | 从农区交换的农产品 | 农牧交换比价 | 备注 |
| --- | --- | --- | --- |
| 酥油、羊毛、奶渣、羊腔肉、牛肉、盐、碱 | 青稞、小麦、萝卜 | 1克青稞 = 0.5克酥油<br>1克青稞 = 1克白奶渣<br>1克青稞 = 0.5克绿奶渣<br>1克青稞 = 1克盐<br>1克青稞 = 2克碱<br>1克青稞 = 2张山羊皮<br>1克青稞 = 0.5只羊肉(秋)<br>1.5克青稞 = 1张绵羊皮<br>2.5克青稞 = 1捆羊毛<br>1袋青稞 = 1袋牛绒 | 春天1只羊肉换3克青稞<br>1捆羊毛约3克 |

**部落商业** 牧区并没有专门从事商品生产的人,个别的手艺人也只是在有需求的情况下才兼做些副业。虽然牧民生活中商业成分重,部落中却很少有专职经商的人。

从20世纪20年代起,西方大量向西藏市场倾销劣质商品,并低价换取西藏土特产品,西藏羊毛的输出量急剧增长了将近10倍,羊毛价

[1]根据《藏族社会历史调查》(3)资料整理制表。

格也趋上涨,商业迅速发展,定期到部落收购羊毛的商人出现了。桑苏·群培从17岁起就在藏北经营皮毛生意。据他回忆,在与牧民初次做生意时,当地牧民有“勾指起誓”以结成“夏波”(盟友)的习俗,不需要立契约或找担保人,有看未来而非今日,着眼于今后的生意,建立彼此绝对信赖关系的含义,并有“盟友勾指会更亲近,亲缘勾指会疏远”的说法。[1] 商人此后便可以“留后”,比如年头向牧民分发货物,来年才收取所要交换的畜产品。商人在每年的藏历四、五月间从拉萨运来茶叶、大米、布匹、红糖等,卖给或者赊给牧民,等到秋后剪羊毛、产酥油的旺季过后,再来收走定好的羊毛和酥油,到拉萨去贩卖。阿巴部落的牧主索如唐桑在做了热振寺的商官之后,成为部落商人,每年都要收购将近1 000包羊毛。他在当地的收购价只有拉萨价格的一半。从拉萨运来的商品,卖给部落牧民的价格却高出拉萨一倍以上。[2]

**集市贸易** 除少数部落商人把持固定的农牧交换,往来于草场和城镇之间以外,给牧民带来日用商品的主要是拉萨商人和西康商人。20世纪初期,拉萨商人的商品主要有花布、绸缎、藏靴、铝锅等;西康商人的商品主要有茶叶、哈达、瓷碗、布匹和绸缎等。在孔马部落,每年藏历四月,西康商人都把茶叶运到部落放给牧民,到了七月时再换回羊毛。每块重1斤4两的西康砖茶可以换1克羊毛,或以25~30两藏银的价格收购1克羊毛。1910年以后,由于到牧区收购羊毛和土产品的商人增加,进入牧区的外国商品也逐年增多。到和平解放之前,在距离城镇较近的牧区,外国商品,如服装、日用品、食品等已经进入了各家各户。卡尔果是上部阿里地区的重要贸易中心,每年卡尔果集市交易在藏历的六至七月进行。据1951年时在卡尔果征收工商税的洛卓曲金介绍,每到交易季节,来自阿里南北地区、卫藏、康区和印度等地,操不同语言的几千名商人和近万匹骡马都汇集此地,商人们临时搭建的帐篷有五六百顶之多。印度商人经营的商品主要有布匹、呢料、水果、冰



---

[1]桑苏·群培:《解放前我在藏北经商情况》,《西藏文史资料选辑》(21),北京,民族出版社,2004年,第81页。

[2]西藏社会历史调查资料丛刊编辑组:《藏族社会历史调查》(3),拉萨,西藏人民出版社,1988年,第191页。

糖、米片、面粉、炒米，以及铝、铜制品等日常用品和木香、象黄、藏红花等药品。阿里地区的牧民以及寺院的僧人则以食盐、硼砂、羊毛、牦牛尾、牛绒、牛毛、皮张来交换。廓尔喀的勒密瓦人主要用木碗来交换。孜恰列空（rtsis-phyag-las-khungs，税收局）和卫藏贵族世家的商人们主要从事茶叶、氆氇、藏毯、皮靴、马具、丝绸、藏香等贸易。[1] 表 2－3 是桑雄地区 40 年间出现的外国商品的种类。

**表 2－3　桑雄地区外国商品种类表（部分）[2]**

<table>
<tr><th>年代</th><th>商品种类</th><th>备注</th></tr>
<tr><td>1915—1930</td><td>团茶、棉布、礼帽、棉织品、烟叶、铝制品、铁锅、马镫、马掌、铁钉</td><td rowspan="3">团茶的口味不如砖茶，但价钱是砖茶的 1/30。<br>20 年代，铝锅价格为 12 两藏银，到 1930 年，降为 2.5 两藏银。</td></tr>
<tr><td>1930—1945</td><td>棉线、棉花、布伞、棉线袜、毛巾、皮靴、肥皂、镜子、蜡烛、火柴、铁箱、锁、化学梳子、煤油、香烟、大米、面粉、日本枪、美国枪</td></tr>
<tr><td>1945—1959</td><td>被面、人造丝、绒布、毛织品、牙膏、牙刷、胭脂、化学装饰品、脸盆、搪瓷碗、玻璃杯、暖水瓶、筷子、鞋油、手电筒、墨水、钢笔、练习本</td></tr>
</table>

从以上外国商品的种类和进入部落的时期看，最初进入牧区的商品只是牧民的生活必需品，但随着羊毛贸易的增加和西方经济入侵的加剧，牧民的生活用品不断丰富，甚至出现高级消费品和化妆品。

## 2.2　牧场上的家

### 2.2.1　彰显天性的帐篷

#### 2.2.1.1　又黑又大的蜘蛛

帐篷是游牧人的生存必需品，也是游牧生活的典型标志。因为牧人的生活方式贴近自然，距离所谓的现代文明更远，保持了更多神秘色彩。

> 牧人帐幕以毛为之，为牧人自身与家属所制作。帐幕为长方

〔1〕洛卓曲金：《阿里地区部分传统集市贸易见闻》，《西藏文史资料选辑》（12），北京，民族出版社，1990 年，第 81 页。

〔2〕根据《藏族社会历史调查》（3）资料整理制表。

**藏北牧民帐篷(杨克林　摄)**

形,可长20尺,但有时亦有长至50尺者。幕顶中间开一孔,可2尺,炊烟即由此处透出。幕下有一横梁,两端各以一柱撑持。帐顶用绳张紧,而绳则以一端紧系帐边,他一端经过帐旁短柱,钉于地下。幕帐之下缘,以铁钉或兽角紧紧钉在地上。19世纪中叶有神甫曰胡克者,谓西藏帐幕,颇类似一只黑色长足蜘蛛,伏于地上。更于帐幕四周,建立石或干粪短墙一座,以避风雪。在帐幕中央或门口,置大石泥炉一座。……沿旁墙边,或于壁上,另拓凹处,牧人日用品,即支至此。其日用品中,有烹饪器、水桶、搅乳器、毡毯、马鞍,及盛粮之皮袋等。寻常帐幕,足容一家五口,但亦有较此为巨大者。[1]

贝尔描述的大概是当时牧区最典型的居住方式和内部陈设。每户牧民不论人口多少,无论贫富,都合居一顶帐篷。帐篷用牦牛毛织成的帐篷料缝制,每块料子7寸多宽,5庹左右长。帐篷基本上可以挡风遮雨,但需要隔年换补上五六幅新篷料。牧主家的帐篷很大,长宽各有9庹,可睡下60人,坐下100多人。除了帐篷,有些牧主还建有漂亮的土房,甚至建起了与农区一样的三层碉房。如阿巴部落的牧主奔仓,家中有十四五间土房,包括经堂、卧室、厨房、仓库。卧具中有进口毛毯和气枕等高档生活用品。富裕户的帐篷由七八十幅篷料组成,可睡下30

---

[1]〔英〕查尔斯·贝尔:《西藏志》(董之学,傅勤家译),上海,商务印书馆,民国25年(1936年),第24页。

个人。帐篷里砌有矮墙，炉灶抹上光滑的黑色灰面，地面也像水泥地一样光洁。富裕人家也建有土房作为经堂和仓库使用。富人卧具中会有农区织的羊毛栽绒被子。中等大小的帐篷约需要150斤牛毛，二三十幅篷料，可睡下十来个人。一般牧民的卧具很简单：家中除去一两只像样的垫子外，只有毛毡、薄垫子、旧皮衣等晚上铺盖。

牧主豹皮帐篷(陈宗烈　摄)

除了黑色牛毛帐篷之外，牧民往往还有白布帐篷，这种人字形的小型帐篷便于驮运，在夏季搬牧场、参加赛马会或出外驮运支差时携带。小帐篷只能住人，锅灶要支在帐篷外边。

帐篷一般都搭建在避风、向阳、防涝、地势较高而且平坦、依山傍水的地方。与农业庄园以领主正宅为中心的建筑布局有所不同，部落头人不与牧民混住，他们的帐篷在帐篷圈的最上位，水的上游。头人帐篷外还要立一根铜顶的“麻尼杆”，上面绷上经文布，普通牧民则把麻尼布挂在帐篷的绳子上。

2.2.1.2　不安分的天性

与农业庄园的封闭与压抑相比，帐篷是非永久性和开放性的，既

夏季帐篷(陈宗烈 摄)

是牧民的生活场所,也是牧民流动的交叉点,牧民的社交单位不受地域与建筑物控制。正是帐篷的可移动性与开放性,成就了游牧民自由的天性,这也许是西藏牧民较之农民更热衷于到各宗教圣地朝圣的原因之一。但这种由流动和随意的天性所引发的社会问题,游牧生活本身的不安全,以及游牧民给西藏社会稳定带来的隐忧,使牧民成为社会不安定因素的代名词。

人类学研究表明,处于部落社会的游牧民,多少带有原始部落民的特征:"进行抢掠在他们看来是比进行创造性的劳动容易甚至更荣耀的事情。"[1]在康区,牧民一直有这样的习俗,每年夏季,青壮年男子若不能向敌方部落进行一次抢掠,就会被讥笑为"灶前老妪"。如果一个人平静、自然地死在床垫上,人们会认为他是一个无用、软弱的人。如果他杀过很多人,最后被刀剑所杀,反而会得到人们的尊重。因此,他们每年固定要去劫掠仇家部落。假如附近确实没有可以劫掠的冤家,他们就去距离较远且不熟悉的地方实施抢劫。阿曼德·沙(Ahmad shah)描述说:

有一部分来自羌塘的牧民被称为强盗,他们靠在草原上抢掠

〔1〕《马克思恩格斯选集》第4卷,北京,人民出版社,1978年,第88页。

其他游牧民而过着舒适的生活。这些强盗使用的方法很简单。因为游牧民住在帐房里，羌塘人半夜袭击没有看守的帐房时，首先砍断绳子，使帐房倒下，当帐房里的人向外逃时，羌塘人再将他们砍倒。〔1〕

《藏人言藏》中也提到，果洛人拥有大量的俄国来复枪，每年都会有一两百户人家，约300～700人聚在一起，商量进行一年一度的“罗嘉格”，即抢劫冒险活动。能够骑马的青壮年男女都出门抢劫约一个月左右，仅留下老人和孩子。留下的人可能会遭到其他部落的抢劫，但即使两支抢劫的队伍在路上相遇，彼此也不互相打扰。抢劫的成果会分给出了力的家庭。〔2〕在青海果洛地区，部落的定期大规模与零星小规模抢劫活动，丝毫不会顾忌被抢对象是藏政府高级官员、贵族公子或者是外国人。1980年，英国地理学会会员布鲁克试图从西藏北面入藏，在果洛地方遭到抢劫，连身上的穿戴都所剩无几，达到目的地时，衣着就如同典型的果洛人。

一般来说，部落成员在本部落内部都安分守己，在部落外却剽悍异常，杀人越货，无所不为。抢劫风俗也许是远古部落战争的遗存，因为部落民严酷的生存环境迫使他们保持尚武、强悍的风尚，抢劫是对这种生存技能的最好磨炼手段。不可否认的是，部落民的抢劫更多是出于生存的需要。从游牧民抢劫成果的分配形式来看，则反映了古代共食习俗的遗存。

由于西藏农民的顺从和温良与游牧民的不羁和骁勇所形成的极大反差，居住在帐篷中的康巴和羌巴牧民的剽悍，并没有给他们带来太好的名声。

### 2.2.2 炫耀财富的衣裳

#### 2.2.2.1 毛皮装点

牧民服饰，特别是妇女服饰，是藏族服饰文化的典型代表。牧民多

---

〔1〕Ahmad Shah: *Four Years in Tibet*, New Delhi, Gian Publishing House, 1906, p.45。

〔2〕〔英〕孔贝：《藏人言藏》（邓小咏译），北京，中国社会科学出版社，成都，四川民族出版社，2000年，第93页。

生活在海拔高、风沙大、气候高寒地区，虽然服饰因为地域不同而有所差异，皮袍却是典型的游牧民服饰。无论冬夏，无论男女，都穿右襟、宽领、毛在内面的羊皮长袍，男人内着挽腰或两片开裆的粗氆氇裤子。牧民不论男女，腰间均束一根两三庹长的腰带，男人皮袍下摆提到膝盖；妇女则盖住脚面。查普曼这样描述他在拉萨街头看见的部落民：

> 被称为卓巴的游牧民男子留着披散的短发，不戴耳环。他们身披羊皮长袍，袍襟拉至双膝，靴子的造型与拉萨靴子不同。妇女穿着长长的羊皮袍，袍襟里衬着毛皮。她们常常把一只胳膊或肩膀露在长袍外边，所以可以清楚地看出，她们里面什么也没有穿。……有时羊皮袍的下摆和袖口都滚着黑色、绿色和猩红色的边，效果极佳。[1]

与农民一样，牧民中穷人和富人的服装样式并没有差别，只是衣料的质量和做工，特别是装饰上有很大不同。一件成年人皮袍需要用8张羊皮，小孩皮袍也要3～6张。皮袍袖子宽敞，肩膀可以伸缩自如，夜里解带宽衣就可作铺盖。白天工作或天热时，牧民均袒右臂，有时也会褪掉两袖，束于腰间，尽显牧民的豁达风度。

**牧民男子服饰(查尔斯·贝尔　摄)**

牧民服装的华丽和张扬，突出表现在皮袍和帽子边缘的兽皮装饰上。牧主皮衣的缝隙和大襟上，镶有各种颜色的料子。在袖口和领口上，还镶有水獭和狐狸皮。他们冬季穿挂布面的羊皮袄，夏季穿羊羔皮或细氆氇袍子。牧主家妇女的皮袍也镶水獭皮边，节日里穿缎子或毛哔叽面的皮袄或呢子长袍。有的牧主日

〔1〕〔英〕查普曼：《圣城拉萨》(向红笳，凌小菲译)，北京，中国藏学出版社，2004年，第152页。

常穿着的皮袍就值30品藏银,合大洋100元,节日穿的皮袍值120品藏银。20世纪50年代初,阿巴部落牧主奔仓穿毛哔叽和缎子面的羔皮袄、狐皮袍,毛呢和细氆氇长袍,有4双进口皮靴。夫人秋高有5件皮袍,其中两件是缎子面的,镶有半尺宽的水獭皮边。她还有4条镶金丝绣边的"帮单"和4件绸衬衫。[1]

富裕牧民男子穿粗呢料制成的白色衬衣,袖长,领高,身短。女子穿各色棉布衬衣。男人有羊羔皮布面裤子,女人有从拉萨买来的"帮单"和布衬裙。常出门的男人或头人穿马靴,或前端尖、带鼻梁的皮靴、绒布靴子。他们平时戴的狐狸皮帽子用绸缎做面,色彩艳丽。冬季戴羊羔皮半桶状帽,或者有翻沿的狐皮帽。

一般牧户也有新旧两件皮袍。平常穿不挂面的绵羊皮袍,每两三年才添置一件新衣。男人外出时要穿镶黑边或挂布面的皮袄。常出门的成年男人都有一两件从锡金进口,用野蚕丝织成的"布热"料的衬衫。妇女夏季穿氆氇长袍或羊羔皮袄,节日穿的皮袍多镶有红、绿、蓝、黄几色配成的宽布边作为装饰。妇女平时穿布衬衫,节日穿粉红或红色的绸衬衫和自织的衬裙。

牧民女子服饰(斯潘塞·查普曼　摄)

虽说穷人四季只有一件羊皮袄,但一年攒下的几张羊皮也够全家

[1]西藏社会历史调查资料丛刊编辑组:《藏族社会历史调查》(3),拉萨,西藏人民出版社,1988年,第194页。

人两三年添一件新皮袍。他们将每年替别人割羊毛时得到的羊毛攒起来,两三年便可以给女人织一件氆氇袍子。穷人的新皮袍一般值150两藏银左右,他们也常常花百十两藏银买一件旧衣服。

进入20世纪,牧民开始戴进口的洪堡式毡帽(顶中间凹进)。为了防雨,每家还有一两件防雨毡衣,式样分套头式短衣和连帽的斗篷两种,前者放牧时穿,后者挤奶时穿。

#### 2.2.2.2 珠宝配饰

牧区妇女的饰品名目繁多,而且主要集中于头部,颇为贵重。达斯说:"她们的头饰垂下了那么多玻璃珠、珊瑚、琥珀、绿松石,把脸都遮得快看不见了。"[1]查普曼的描述更为仔细:

> 游牧妇女的头饰令人眼花缭乱,样式复杂。一位妇女把头发编成无数小发辫,每根辫子比遮帘线还要细。它们被分成两束,拢在腰上。一尺见方的布上装饰着贝壳和骨质白扣,从头发上悬垂下来搭在颈背上。她们的前额有一块盘子大小的圆花饰,上面镶着蓝色、白色和红色的珠子。[2]

**牧民少女头饰(查尔斯·贝尔　摄)**

---

〔1〕〔印〕萨拉特·钱德拉·达斯(Sarat Chandra Das):《拉萨及西藏中部旅行记》(陈观胜,李培茱译),北京,中国藏学出版社,2004年,第68页。

〔2〕〔英〕查普曼:《圣城拉萨》(向红笳,凌小菲译),北京,中国藏学出版社,2004年,第152页。

牧人妇女的头发一般梳起80条小辫,末梢用细毛绳连结起来,拉于肩背再加发饰。发饰主要有“栋久”、“脱久”、“达久”和“连久”四种。“栋久”是从两鬓发际垂下的二尺多长的两串饰物;“脱久”是从耳上两侧垂下;“达久”是比“栋久”稍大的两串饰物;“连久”是从发辫联结处垂下的假发辫上的饰物,简单的“连久”只是在假辫上串上几颗玛瑙,繁杂的则把银饰缀到一条三四寸宽的布上,再附于发辫上,富裕户妇女的“连久”可以从后脑一直垂至臀部。在小发辫联结处佩戴的缀有饰品的横布称为“乔乔”。以上饰品主要是用玛瑙、珊瑚串成的,最大的一对可值四五头牛。“连久”和“乔乔”上面缀银子雕镂的饰品。腰部饰品主要有“罗松”和三四寸宽的由五六节组成的银腰带。其他饰品是“噶乌”、手镯和戒指等。每逢节日,妇女满头都是玛瑙、珊瑚、雕银饰品。一个普通女人的饰品就可值五六百品藏银。牧主家女人的饰品更为名贵,有时一条镶金丝的银腰带就可值100品藏银,她们还有镶金的银“噶乌”和银“罗松”,镶玉的金耳环、金戒指,大珊瑚玛瑙和瑞士高级手表。[1]

牧民女子服饰背后(查尔斯·贝尔　摄)

[1]西藏社会历史调查资料丛刊编辑组:《藏族社会历史调查》(3),拉萨,西藏人民出版社,1988年,第198页。

与妇女繁复而华丽的配饰相比，牧区男子的饰物比较简单，一般只是手上戴一两个银戒指，腰带上挂镶有银饰的火链、刀子、针线盒等，少数人佩戴“罗松”[1]、“达久”[2]和耳环[3]。因为牧民男子腰间多有长短枪，他们便把镶银的子弹盒也作为装饰品悬在腰带上。富裕户男人的饰品也不多，但其中一两件会很值钱，比如一个松耳石耳坠便可以换40只羊。

牧民男子子弹夹装饰（张天锁　摄）

对于牧民酷爱装饰，社会学家勒华拉杜里认为：“典型的游牧民是不受约束、消息灵通、不拘形式，而且乐于社交的人。尽管他们有时过着富足的生活，他们依然把自己看成穷人。他们可能有许多金钱和羊只，但在物质上却一贫如洗。他们喜欢财富，也享受财富，但不依恋财富。他们喜欢生活得快乐、充实、有意思，使财富满足自己的需要。”[4]

牧民极尽所能地用服饰装饰自己和他们的女人，也可能出于以下原因：(1)引人羡慕，以提高自己的地位。人类学理论认为，人类穿衣

[1]“罗松”：圆形或桃形的银饰品，上雕有花纹，佩带于臀部两侧，男女均可佩带。

[2]“达久”：头顶前端之饰品，男子是先穿在辫穗上，再盘于头顶；妇女将头发分为两边，贴挂在头顶，一般是由三四个小玛瑙做成的。

[3]男子佩戴的大耳环，称“阿龙”，银制圆环状，大小不等，穿于右耳。

[4][法]勒华拉杜里：《蒙塔尤》第四章，此处转引自刘景华：《文化社会人类学卷》，广州，花城出版社，2003年，第372页。

服和装饰自己的目的之一，就是引人羡慕，以提升自己的地位。在西藏社会，牧民是被边缘化的社会群体，他们不入社会的主流，整体社会地位很低。因此，他们向农民或其他牧人展示财富的最好方式可能就是华丽的服饰和妇女的佩饰。藏族男女有戴手镯的习俗，“在拉萨，一般人的手镯是白贝壳串成的，而牧民的手镯则多为金银制成”[1]。(2)使财富安全和保值。牧民居住在并不安全的帐篷里，并长期处于迁徙状态，生活不稳定。置办过多的生活用品会给旅行带来不便，旅行路途也不便于物品的安全保存。因此，把财富都戴在身上，特别是妇女身上，既可以做到人在财富在，又可以在所需要的任何场合用身上的饰品换取食物或生活必需品。(3)适应生存环境的审美需要。牧民鲜艳而华丽的服饰是适应生存环境的产物。游牧民生存环境多是无边的草场，周围景物相对单调，生活中缺乏与他人的交流，色彩鲜艳的服装和繁多的饰品多少可以为环境增加色彩，以满足牧人的审美需求。

### 2.2.3 略显单一的食物

#### 2.2.3.1 以肉为主

与农民的饮食结构相似，牧民也以糌粑为主食，虽然奶制品、牛羊肉要比农民多一些，但牧民很少能够吃到大米、蔬菜，几乎没有水果。某些国外研究者认为，由于没有吃水果的习惯，很多牧民即使吃一点水果，胃也吃不消。阿曼德·沙说：“游牧人依靠肉和畜产品为生，面粉和干果对他们来说是少见的奢侈品。”[2]

牧民主要靠肉食来满足人体对热量、蛋白质和脂肪的需要。每年藏历十月冬季宰杀牲畜后，直到次年二月，一般牧民每天都有一顿有肉食。肉的吃法主要是煮“手抓”，煮至八成熟以后捞出，用刀削着吃，也有生食肉者。但三月以后和整个夏季，除病死的畜肉外，牧民很少有肉吃，只能以糌粑为主食。

富裕户一年四季都用小麦粉熬“图巴”，常吃进口面粉和大米。由

〔1〕〔英〕孔贝：《藏人言藏》（邓小咏译），北京，中国社会科学出版社，成都，四川民族出版社，2000年，第103页。

〔2〕Ahmad Shah: *Four Years in Tibet*, New Delhi, Gian Publishing House, 1906, p.45.

于牲畜多，他们每天都有酸奶吃，即使在食物缺乏的春季，每天也有一顿肉或者干肉吃。除正餐外，富裕牧户还常吃一种用半发酵的奶汁煮成的奶制品"拉拉"、加糖的奶渣糕等零食，还有进口的饼干、水果糖。阿巴部落牧主下午饭的食谱如下：酥油拌米饭，肉熬粉条，黄蘑菇煮"图巴"，肉馅或用奶渣、酥油、糖混合做馅的包子，羊油饼和肉馅饼，大米加肉的稀饭，粉条蘑菇炖肉，盖浇饭，酥油熬面糊糊，融炼的酥油浇酸奶子等。牧主的零食有红糖、白碗糖、白砂糖、水果糖、冰糖、饼干、葡萄干、枣干、桃干、柿干、水果罐头、核桃等。[1]

因为西藏春、夏两季天长，中等牧户家每天吃4顿饭。早晨吃"粑角"[2]；中午和傍晚吃"粑"[3]；晚上吃"图巴"[4]。从藏历四月开始，牧民每天中午和晚上喝酸奶，以酸奶代替"粑"和"图巴"。秋、冬季天短，酸奶逐渐减少，就吃3顿饭。

春天对穷人来说是最难熬的季节。整个春天里，他们每个月有20天处于半饥半饱状态。夏天算是"最好的时光"，如果替富户鞣皮子，还可以得几"赤"糌粑。隔一天早上可吃一次"粑角"；中午有湿奶渣和"塔拉"，隔几天可以吃一次酸奶；晚上吃"图巴"或"塔拉"。秋季也可以吃到奶渣和"塔拉"，还可以挖人参果熬"图巴"。秋后，穷人为富户杀羊，可得些内脏回来。冬天则又陷入困境。奶渣吃光后，他们会杀几只羊，留下一两只和一些内脏，再把一两头驮牛托人捎去农区，换回几克青稞。有时向富户承揽些捻毛线的零活，也可以得几"赤"糌粑、奶渣或死畜肉。实在困难，就得吃自家死的羊羔、死牛犊或放牛血，或者到路上拣过往商队扔下的死畜。

#### 2.2.3.2 茶不可缺

茶是藏族日常生活中不可缺少的饮料。藏区的主食牛羊肉和糌粑属酸性，大量饮茶可以维持体内的酸碱平衡，茶中的芳香油还能溶

---

[1]西藏社会历史调查资料丛刊编辑组：《藏族社会历史调查》(3)，拉萨，西藏人民出版社，1988年，第197页。

[2]在盛好糌粑、奶渣、酥油的碗内冲茶水，边倒茶，边吃喝。

[3]在糌粑、酥油、奶渣中加茶汁，揉匀成团食用。

[4]是糌粑或小麦面煮的粥，可加奶渣、动物油、元根等。

解脂肪，消食解腻，帮助消化，因此，茶对牧民来说更是不可缺少。

牧民习惯在饭前喝茶。茶在牧区非常昂贵，大多数贫苦牧民喝不起茶，隔几天才能打一次酥油茶，有时只能把野生灌木叶子当茶用。正像有些牧人所说，在他们家里，酥油和茶是很难团圆的，有酥油时没茶叶，有茶叶时没酥油。在贫苦牧民家里，只有男人偶尔喝点清茶，大部分时间喝“白茶”，即开水中加少量奶汁和盐；中等牧户的男人们可以每天喝点酥油茶，女人只能喝“白茶”；牧主家男人可以随时喝酥油茶，茶内酥油很多，茶叶要用砖茶，特别是大砖茶，而不用沱茶，他们认为沱茶对身体不好。20世纪30年代以后，富人开始尝试喝用进口红茶做的甜茶。[1]

实际上，茶在牧区除了供饮用外，早已经延伸为商人牟利和部落头人放债的工具。在那曲宗孔马部落，放债的方式多半是以茶为债本，过后用羊毛抵债。羊毛与砖茶的比价是1∶1。1955年，一块1斤4两重的云南砖茶能够换1.5克羊毛。如果在当年的年初，部落头人放出15驮茶叶，1驮2包，每包40斤，那么半年之后，1包茶叶就可收96克羊毛。[2] 短短半年时间，一块砖茶就多赚取近2克羊毛，利润翻了1倍还多。宗政府也一样以茶放贷。1944年，黑河宗政府以5个云南沱茶（约5斤）算1头奶牛的比价放贷给牧民。1947年，那曲宗宗本以1包云南沱茶（40斤）算12头牛的比价强迫牧户借贷。[3] 如此一来，茶变成了暴力剥削贫苦牧民的工具，从一种普通的生活消费品，被赋予了复杂的经济功能，也有了更深刻的社会内涵。表2-4为各阶层牧民的茶叶消费情况。

---

〔1〕陈庆英：《藏族部落制度研究》，北京，中国藏学出版社，2002年，第198页。

〔2〕西藏社会历史调查资料丛刊编辑组：《藏族社会历史调查》（3），拉萨，西藏人民出版社，1988年，第14页。

〔3〕西藏社会历史调查资料丛刊编辑组：《藏族社会历史调查》（3），拉萨，西藏人民出版社，1988年，第15页。

**表 2－4　牧民茶叶消费信息表**[1]

| 牧民阶层 | | 家庭人口 | 家庭总收入 | 粮食支出（青稞） | 茶叶支出 | 家庭总支出 | 备注 |
|---|---|---|---|---|---|---|---|
| 富裕户 | 孔马部落江森罗布（1957 年） | 7 | 11 027 元 | 1 170 元（133 克） | 512 元（砖茶 96 块，圆茶 72 块） | 5 266 元 | |
| | 果查部落当曲尼玛（1958 年） | 2 | 10 799 元 | 522 元（60 克） | 64 元（砖茶 24 块） | 3 862 元 | 此户雇佣 3 个用人、2 个临时工 |
| | 果查部落更堆（1958 年） | 8 | 9 438 元 | 1 147 元（132 克） | 85 元（砖茶 32 块） | 5 910 元 | 此户为商人，雇佣 3 个用人 |
| 中等户 | 罗马让学部落索南（1958 年） | 7 | 1 300 元 | 340 元（40 克） | 126 元（砖茶 36 块，圆茶 24 块） | 1 200 元 | |
| 中等户 | 果查部落多折（1958 年） | 2 | 1 522 元 | 309 元（36 克） | 58 元（小砖茶 40 块） | 1 195 元 | 此户户主已经 78 岁，雇佣 1 个用人 |
| | 果查部落兰珠（1958 年） | 5 | 2 422 元 | 852 元（70 克） | 75 元（沱茶 50 块） | 2 296 元 | |
| 贫困户 | 孔马部落洛三（1957 年） | 6 | 681 元 | 400 元（30 克） | 70 元 | 916 元 | |
| | 孔马部落司秋（1957 年） | 5 | 607.5 元 | 435 元（50 克） | 32 元（砖茶 12 块） | 601.5 元 | |
| | 果查部落央地（1958 年） | 3 | 411 元 | 103 元（12 克） | 14 元 | 460 元 | |

〔1〕根据《藏族社会历史调查》（3）中家庭收入调查资料整理制表。

### 2.2.4 呈现古韵的礼俗

#### 2.2.4.1 原生态信仰

由于牧业生产更多依靠大自然的赐予，牧民对宗教信仰的虔诚态度在日常生活中有很突出的体现。除了藏传佛教的影响外，苯教和自然崇拜、鬼神崇拜、巫术等原始宗教依然十分流行。低矮的土房、黑色的帐篷与金碧辉煌的寺庙形成的巨大反差，毫无疑问是古朴的草原信仰最直观的反映。

**自然崇拜** 牧民因为常年在草原上生产、生活，离大自然更近，所以对大自然的体会和依赖也比农民要大，直接表现为牧民对日月星辰等天体的敬畏。部落里很多牧民的名字直接取自天体的名称，如尼玛（太阳）、尼玛才让，达娃（月亮），噶玛（星星）、噶玛扎西等。部落成员之间为取得相互信任，往往会采用某一种神圣物或神灵作为誓词，太阳是他们发誓时较为常用的神圣物，比如："如果你不信，太阳就是假的。"在偏远部落，还一直流行拜日月的祭礼。在发生日食或月食现象时，整个部落都会行动起来，击鼓鸣器，呼唤奔走，试图驱赶吞噬太阳或月亮的恶兽，直到太阳或月亮逐渐复原为止。

**图腾崇拜** 在藏族创世传说中，藏族是猕猴和罗刹女的后代，传说山南泽当的猕猴洞，是猕猴因种植粮食而变为人的地方。猴子洞里有一尊一尺高的猕猴像，那里的土被称为神土，据说挖取这块地方的土带回去，便可以聚宝发财。因此，不少农民在春播前，会不辞劳苦，赶来神地取土，以祈求丰收。这个故事告诉我们，猕猴是农民的保护神，是农民的图腾，西藏是农业社会。

牧民也相信自己是猕猴的后代，但他们把牦牛作为崇拜的图腾。不知是受到南亚牛崇拜信仰的影响，还是因为牦牛在牧民生产、生活中的特殊作用，牦牛被赋予了神性。在很多牧民家中，都养一头耳朵上缀着红缨，作为神牛的牦牛。这头牛在牛群里有特殊地位，不能杀，直到它自然老死为止。在部落禁忌中，有除女主人外，其他妇女不许动神牛的说法。在桑雄地区的生产禁忌中，还有不许妇女走进别人家的牛圈、不许迈过拴牛绳，牛生病时不许外人走进帐篷，生头胎的母牛一定要由女主人给挤奶等诸多跟牛有关的内容。

**苯教信仰** 苯教最初产生于阿里一带，在佛教传入后，苯教吸收了佛教的某些成分，形成了较为系统的教义经典，有了分工明确的诸神偶像，以及完整的仪式与仪轨，但基本思想依然没有脱离自然崇拜、鬼魂崇拜等。苯教信仰主要集中在波密、工布、甘孜、巴底、打箭炉，以及大、小金川等地。由于苯教的原始宗教色彩，法术、咒术、占卜等是牧民生活中的重要内容，也是牧民节庆活动的引发点。每年藏历新年、喜庆节日，甚至赛马会上，部落都要举行大规模的煨桑、活烧牲畜祭祀。

苯教巫师在很多地区是世代相传的。他们不穿袈裟，不住寺院，日常生产活动与部落成员没有差别，日常的宗教活动为主持结婚、避灾、为死者祈祷等仪式，在有重大事件或部落间产生纷争时，巫师也会作为部落头人的助手，出面主持敬神仪式，处理内外事务或帮助调解纠纷。

**藏传佛教信仰** 虽然牧民崇尚鬼神，但占统治地位的还是藏传佛教信仰。在牧区，牧民遇到婚姻、疾病、丧葬等大事，都要请喇嘛打卦和念经。如果得到了活佛摸顶的荣幸，人们至少也要送一头牛、一只羊和若干钱财。在罗马让学部落，除了乞丐外，每户每年都至少要请喇嘛念一次祈祷经，富裕户还要念“功德经”。每年藏历六月，全部落要请喇嘛念4天“祈祷人畜兴旺地方平安经”。除了管喇嘛吃喝之外，还要送酥油、奶渣甚至数十只羊作为布施。到了过年时，要插经旗，念经时烧香、点神灯，向寺院布施。当雄部落是色拉寺的施主，部落牧户索朗因为家中有人相继亡故，便向色拉寺布施了260头牛，约值20 000大洋，约占其所有牲畜的60%。[1]

### 2.2.4.2 敬鬼神禁忌

由于浓重的自然崇拜和巫术习俗，牧民生活中要敬拜名目繁多的神灵，遵守的生产、生活禁忌可能要比农民多一些。在有关生产、生活的禁忌中，最突出的特点是牧民妇女的地位具有双重性。一方面，妇女

〔1〕西藏社会历史调查资料丛刊编辑组：《藏族社会历史调查》(3)，拉萨，西藏人民出版社，1988年，第206页。

是牧业生产，特别是家庭副业中的主要劳动力，其工作地位比较高；另一方面，在日常生活，特别是宗教生活方面，妇女的参与权、人权，甚至生存权都得不到最基本的保障和尊重。牧民禁忌的另一特点，是牧民居所——帐篷具有不可侵犯性，这说明牧民具有强烈的个人领域观念和不安全感。表2-5为游牧部落生产生活禁忌举例。

**表2-5 游牧部落生产生活禁忌举例[1]**

| 部落名称 | 孔马部落 | 罗马让学部落 | 阿巴部落 |
| --- | --- | --- | --- |
| 生产禁忌 | | (1)挤奶不能用黑锅。(2)放酸奶的家具和酥油桶上不能放碗。(3)接羔时羊群中不能有外人。(4)不能从织毛布上面跳过。(5)磨糌粑盘不能倒转。 | (1)妇女不许走进别家的牛圈，不许迈过拴牛绳。(2)牲畜生病时，外人不许走进帐篷。(3)阉割牲畜后，三天内不许外人进帐篷。(4)女主人给生头胎的母牛挤第一次奶。(5)人吃剩的东西，不许倒入酥油桶。(6)除女主人外，不许其他妇女动神牛。(7)新酥油桶先由女主人打酥油。 |
| 生活禁忌 | (1)亲朋互访，不准荷枪携锅进入帐篷。(2)非家里的妇女和病人，不能进入帐篷。(3)不留宿没有三年工龄的女用人。(4)怀孕女用不能在家里生育，只能在河坝的草丛中生产。(5)客人不能在帐篷里抬头东张西望，忌讳客人把脚伸到灶台或放碗的地方。 | (1)非亲戚关系的女人不能进别人家的帐篷。(2)黑锅、生肉不能带到别人家去。(3)有重病人时，不许别人进屋。(4)炉台上不能烤脚，不能跳过锅碗或杀羊剥皮的地方。(5)不能用杯子舀水，不能把鱼、鸡蛋、猪肉倒进碗里。(6)拴牲畜的地方不能解手。(7)不能在帐篷内生孩子。(8)不能打食尸鸟和乌鸦。 | (1)非亲戚关系的女人不能进别人家的帐篷。(2)家中有病人时，不许客人进帐篷。(3)不许妇女傍晚时高声叫喊。(4)女牧工刚来时，天晚后不许进主人的帐篷。(5)家里以外的女人不许去帐篷后面挂经旗的地方。(6)客人不许带有锅烟的东西进帐篷。(7)孕妇不得到邻居家，妇女不许在帐篷里生孩子，产妇不能摸炉灶。 |

〔1〕根据《藏族社会历史调查》(3)资料整理制表。

续表 2-5

| 部落名称 | 孔马部落 | 罗马让学部落 | 阿巴部落 |
| --- | --- | --- | --- |
| 其他禁忌 | | (1)念宝贝经期间,家里的东西不许外拿,外人不许进家。(2)藏历六月十五日至七月十一日,女人不许进寺庙。(3)死人后 50 天内不许唱歌、跳舞、说笑,不许谈死人的名字。(4)过年时不许打小孩。(5)父母兄弟在时,不许谈情说爱。 | |

2.2.4.3　随意的丧礼

与农业区相同,牧区也以天葬为主,只有因传染病死的人才土葬和水葬。与农业区不同的是,牧区部落没有专门的司葬人。

在藏北牧区,人死后也要请喇嘛来念经,喇嘛把死者的衣服脱下,把尸体的头和脚绑到一起,用白氆氇衣服包裹,外面用白绳缚好,原地放置,帐篷内要挂上氆氇单子,把放尸体的地方隔开。妇女不能摸尸体。停丧的时间长短不一,送葬的日期由喇嘛或其他会看日子的人根据死者的属相、死亡的日子,观看天上代表死人的星星,再查历书决定。停放尸体期间,每天要在尸体前放一碗茶,点一盏灯,在尸体头前烧香。送葬往往是天不亮出发,由死者的后代背到家门口,再请司葬人将尸体用马或牛驮到天葬场。除了喇嘛和烧茶人外,亲属不去送葬。死者生前用的碗可以保存,衣服送给司葬者或喇嘛。另外,司葬者还可得一只羊作为工钱。发丧后每天依然要烧香点灯,中等户点 49 天,大户点一年。

丧葬期间除不能杀羊外,家里其他一切可照常。亲友听到信息,可携带礼物前来吊唁,除无酒和茶叶外,其他礼物与婚礼相同。与农业区相同,死者亲属在 49 天内不洗手脸,也不能婚配,不能当着死者家属提死者的名字。邻居家有丧事,也不能唱歌跳舞。

2.2.4.4　欢腾的草原

与农业区节日多与农时有关,强调目的与功利性,宗教色彩浓厚不同，牧区节日更看重聚会与快乐。由于居住分散，缺乏社交，加上草原平时多寂静，牧民的节日更充满动感与快乐。与牧民的豪放与粗犷最相契合的，便是赛马会。寂静的草原与欢腾的赛马会，是草原最激动人心，也是最能展现牧民英雄气概的独特风景。

**朝佛** 牧区宗教的庆祝形式基本与农业区相同。逢宗教吉日和节日，深信佛教者不食肉，但多数牧民不讲究。每年藏历一月十五日传大昭期间，各部落要请喇嘛念经一天，并在传大召期间点酥油灯。在五月十五日，要在有神的地方挂经旗，烧香，求天神使一年顺利，人和牲畜都不生病，雨水好。届时，各家各户要准备较好的食物，进行小型赛马会，唱歌、跳舞。

**过年** 由于牧民居住相对分散，年节是牧区最重要的聚会日。在农业区，农民要在家摆上“切玛”（一种装有糌粑、炒麦等食物的五谷斗），还有一个用酥油塑成的羊头。在牧区，藏历新年前一个月，牧民就在房内种一撮青稞，到过年时，青稞约长到2寸高，代表来年丰收，这可以看做是西藏半农半牧经济特征的体现。牧民也要摆“切玛”，但装饰用真正的羊头，并在羊角上抹酥油，表示好年成。此外还要烧香、点灯、供茶、献酒及摆上炸油饼等。初一当天，部落举行念经活动，牧民吃人参果、大米，喝茶，互相问吉祥如意。初二继续跳舞、唱歌等娱乐活动。初三每户有一人到部落西边的山上烧香，挂经旗，供山神。初四开始串亲访友，不拿礼品，庆祝持续约七八天时间。[1]

桑雄地区的新年从藏历十二月二十九日开始。这天，每家都用白灰在帐篷上画各种图案，在前面画太阳，东面画月亮、牛、羊、挤奶桶、酥油箱、驮鞍等图形，以祈求丰收。晚上做用大米、羊油、人参果、小麦、元根、豌豆、核桃仁等9种东西混合熬成的粥，粥里还有面做的各种模型，如太阳、月亮、4个牛乳头、2个羊乳头、拴马桩、牛鼻圈、帽子、垫子、拴羊绳、茶壶等，还有包着肉、茶叶等东西的小面团，有吃到什么就有什么命运的说法。吃粥前要盛一碗敬神，并给不在家的人留出一份，还要盛

---

〔1〕西藏社会历史调查资料丛刊编辑组:《藏族社会历史调查》(3)，拉萨，西藏人民出版社，1988年，第51页。

一碗给鬼，并对鬼说："没有眼睛的不要说没有看到，没有耳朵的不要说没有听到，拐子不要说没有来到，都来喝粥。"大年三十做上供用的"切玛"、"卡塞"，煮肉和准备各种待客的食品，还要挂经旗，打扫帐篷、家具和驻地四周，在牲畜圈和围墙上摆冰块，象征牲畜发展，并准备过年的衣服。大年初一很早起床，据说吉祥天女要出来看谁家起得早，就降给谁家吉祥。起身后洗手、洗脸，喝茶，摆羊头和各种食物供奉，有喇嘛的人家还要念经，然后吃饭。在太阳刚出来时，各家就相互拜访，并致吉祥。几天内还轮流到各家做客一天，年轻人聚在一起跳舞、唱歌、赛马、射击，也有的打牌九、掷骰子，老年人则在一起闲谈。[1]

**放假**　在牧区，所有的节日都是快乐的集会。在罗马让学部落，每年七月里举行"牧羊节"，祈求牲畜平安，免遭灾害。这一天也是牧工的假日。部落牧工和牧羊人三五成群地赶着牛马，集中在一起到草山上去玩耍，由牧主提供酥油、糌粑和肉类，还可以得到几块平日根本不能尝到的奶渣糕，饱餐一顿，在没有牧主监督的草地上歌唱聊天，享受一年中唯一的公休假期。

**赛马**　赛马会又称"亚基"(yar-kyee)，意思为夏季欢乐，是部落牧民最盛大的娱乐活动，据说在松赞干布时期就已经存在，但是在西藏各地流行，应该是15世纪之后。各地赛马会时间可能有所不同，但多集中在藏历六、七月间。这时候水草最好，马匹强壮。赛马会一般持续7～15天，目的是庆祝畜牧丰收，祈祷来年人畜兴旺。届时，牧民穿上新衣，马头上也扎起小辫，挂上彩色布条和雁翎，骑手身着绸缎服装，头戴插着雁翎、缀着太阳和月亮的尖顶毡帽。喇嘛被请来念甘珠尔经，部落里开会算差，商贾和小贩带来各式货物进行交易，青年男女也借此机会选择配偶。从形式到内容，赛马会都与蒙古族的"那达慕"以及西南民族的"赶圩"、"三月三"极为相似。

当雄草原的赛马会非常热闹，一般持续4天，节目有打枪、射箭、拣哈达和赛马。赛马场在部落东面的草坝上，赛程约有十多里路程，优胜

[1]西藏社会历史调查资料丛刊编辑组：《藏族社会历史调查》(3)，拉萨，西藏人民出版社，1988年，第203页。

青年牧民(妥思妥耶夫　摄)

者得藏银5两,前五名均有奖,每年奖品为20两藏银,未得奖者亦有一条哈达。参加者是9~13岁的男孩,有马户必出一匹马,还必须是公马。[1] 孔马部落参加赛马的骑手也都是十三四岁到十七八岁的青少年。参赛的马要以豌豆、青稞作饲料。赛马当天,几十匹马站成一条横线,两个根布(管事)在马前拉一条牛毛绳作为起点,马的胸部紧贴于绳上,根布大吼一声,把绳往地上一放,群马即一跃而出。比赛距离约3华里,甲本和部落的男女老少均在终点喝彩。第一名可得羊几只、各色彩布五六十尺、哈达一条;第二名到第五名均有奖。赛马后的第二天,还有射击和马技表演,但无锦标,其他部落的人也可以参加。

## 2.3 牧人的婚姻

### 2.3.1 “骨系”与等级

“骨系”(rigs - rus)在藏语里称为“锐巴”(ris-pa),含义为族系、种姓和血缘传承。“骨系”指同一祖先的血缘系统,以人身上从顶骨到踝骨的骨头计算,每一块骨头的名字,即是一个血缘系统。许多“骨系”本身就是藏族的姓氏,类似汉族的宗族。至于“骨系”的来历,牧民有这样一种说法:在人类形成初期,一个仙人把自己身上的骨头分给人们,要人们以此作为自己的骨名,表示各自的血统关系。[2] “骨系”的高低,要看某一骨系所属的骨头在身体上的位置。比如顶骨要比踝骨、

〔1〕西藏社会历史调查资料丛刊编辑组:《藏族社会历史调查》(3),拉萨,西藏人民出版社,1988年,第51页。

〔2〕中华文化通志编委会:《藏族文化志》,上海,上海人民出版社,1998年,第127页。

脚掌骨的位置高，是高贵的骨头；肋骨是官骨，也是高贵的骨头。西藏社会把人分成各个等级，各等级之间不与通婚，在很大程度上与“骨系”说有很大关系。首先，“骨系”规定了高贵骨头的部位以及产生高贵骨头的地方。比如在阿巴部落的“骨系”表中，最高贵的骨头产生在“古格”(gu-ge)，这个“骨系”的祖先来自阿里，一直统治阿巴部落，曾经在政治上和经济上势力强大。其次，“骨系”的确定维系了部落的发展与部落内部的团结。

2.3.1.1 “骨系”与婚姻限制

既然“骨系”最早是作为亲属确认制度存在的，它必定在人们的婚姻中起重要作用。“骨系”制度保留了氏族公社时期禁止血缘婚、氏族内婚的某些特点，无论相隔十代八代，同一“骨系”的人严禁通婚，也不允许发生性关系。在阿巴部落，如果同一“骨系”男女因情爱而逃亡，牧民会上报宗政府抓捕逃犯，如果逮到，要在其面额上盖“狗”字火印，然后逐出部落。[1] 这样严格的限制，如果只用原始婚姻遗存或者等级观念解释，恐怕已不全面，还可能与保持健康基因的观念有关。西方研究者一向把西藏牧民作为最强健、最纯粹的人群，称之为西藏的“斯巴达”人。贝尔的《西藏志》“牧人”一章开篇说：“在西藏荒野牧羊之男女，系西藏种族中最纯粹之分子。”[2]

“骨系”制度不但限制社会等级，对姑表、舅表、姨表姻亲也有较为严格的限制。在牧区，一直流行所谓九代、七代或五代不婚的说法。所谓七代不婚的算法为：第一辈从心开始，第二辈是肩关节，第三辈是肘关节，第四辈是腕关节，第五辈是手指与手掌相连的关节，第六辈是手指的第二道关节，第七辈是手指的最后一道关节。七代以后，彼此的相同点消失，便可以婚配。[3] 就世界范围内讲，对结婚范围有如此严格限制的民族是比较少的，只有某些美洲印第安人采用过在他们所承认的一切亲属之间禁止结婚的制度。

〔1〕中华文化通志编委会：《藏族文化志》，上海，上海人民出版社，1998年，第129页。

〔2〕〔英〕查尔斯·贝尔：《西藏志》(董之学，傅勤家译)，上海，商务印书馆，民国25年(1936年)，第24页。

〔3〕中华文化通志编委会：《藏族文化志》，上海，上海人民出版社，1998年，第129页。

2.3.1.2 “骨系”与继嗣确认

“骨系”既然是为了确定亲属关系，就一定会有特定的继嗣确认制度。在西藏游牧部落，以“骨系”确认继嗣权有以下两种方法。

**随父传承** 藏族认为，子女是由父亲的“骨”和母亲的“肉”组成的。怀孕时只是骨头，后来由母亲添加血和肉形成。因此，子女要按父亲的“骨系”计算。与农业区一样，在部落中，养子、女婿和私生子虽然并不受歧视，在家庭中的地位也平等，甚至有财产继承权，女婿还可以改变户名，但他的“骨系”不能改变。即便同一个家庭里的同母异父兄弟，也要按各自的“骨系”传承。其中的理由是：如果让他人顶替了“骨系”，就会脏了骨头，是后人对祖先的大不敬。这样的规定，应该是从母系社会到父系社会过渡时期，父亲对子女确认方式的遗存。在对阿巴部落的126个“骨系”1032人的调查数据中，随父传承的有男223人，女206人，占部落人数的38%。[1]

**男随父，女随母传承** 社会调查还发现，同样在阿巴部落，还有男孩随父系，女孩随母系继承“骨系”的情况，但几乎没有男孩随母系继承。以这种方式继承“骨系”的有男126人，女153人，占部落人口的27%。对于女孩随母亲传承的理由，人们并不清楚，可能是母系氏族子女确认方式的遗存。至于有少数男子随母亲“骨系”，情况通常是这样的：孩子是私生子，不知道自己的父亲是谁，只能使用母亲的“骨系”。

2.3.1.3 “骨系”制度的社会学意义

西藏游牧部落是由氏族、小部落、大部落和部落联盟组成的。小部落中可能只有一个“骨系”，大部落可能是几个主要“骨系”共同构成的小部落联盟。由于小“骨系”部落不参加某一部落联盟就无法生存，这时，血缘关系更多地演变为地域组织。

首先，“骨系”是维系部落组织凝聚力的基础。同一个“骨系”的人是同一祖先的后代，相互之间较为亲近。部落内部的婚丧嫁娶或其他重要事情，都要同一“骨系”的人相互照顾。即使不在同一部落，或彼

〔1〕西藏社会历史调查资料丛刊编辑组：《藏族社会历史调查》(3)，拉萨，西藏人民出版社，1988年，第215页。

此是陌生人,只要得知属同一“骨系”,也能够相互信任,彼此帮助,否则会遭人唾弃。

其次,“骨系”是表现部落等级权威的形式。在部落内部,同一“骨系”的人因为出于对骨系观念的坚持,进而发展成为对等级制度的认同和对个人命运的宿命观点的接受。这在部落的统治权归属上表现为,部落首领一般都由“高骨头”担任。如阿巴部落的总管一直由所谓“古格骨系”的人担任,已经传承130多年。附近森巴部落的头人,也是“古格骨系”。[1] 在社交场合,低骨系人对部落里“高贵的骨头”也表现出一定的尊重。例如,阿巴部落属于“古格骨系”的贵族奔仓在1943年因故被藏政府取消了世袭爵位,但部落里的人对他依然非常尊敬,在公共场合让他上座,部落的重大决策也请他参加,牧民在路上遇到他时,仍然要用弯腰、吐舌、搔耳等一套礼节以示敬畏。[2] 对于那些卑微的“骨系”,人们都极力贬低,使他们在众人面前极其自卑,说话时都浑身颤抖。

### 2.3.2 婚姻与家庭

#### 2.3.2.1 婚姻形式

罗维在《初民社会》一书中说:“一妻多夫制最盛行的地方要推西藏和南印度。……西藏人之实行多夫制者恰又不是游牧的一部,而是农耕的一部。”[3] 孔贝则认为,在康区,兄弟共妻婚姻相当普遍,但在游牧部落中,却没有一妻多夫婚姻,一夫多妻婚姻形式也极为罕见。[4] 事实上,这样的说法也过于绝对。与农业区差巴特有的一妻多夫婚姻相似,在牧区富裕牧民家庭,同样存在少量的多偶婚姻现象,只是牧民中的多偶婚更少,不具备典型性。从部落头人修建永久性住房的事实,

---

〔1〕西藏社会历史调查资料丛刊编辑组:《藏族社会历史调查》(3),拉萨,西藏人民出版社,1988年,第214页。

〔2〕西藏社会历史调查资料丛刊编辑组:《藏族社会历史调查》(3),拉萨,西藏人民出版社,1988年,第92页。

〔3〕〔美〕罗维:《初民社会》,此处转引自安德烈·比尔基埃等:《家庭史》(袁树仁等译),北京,三联书店,1997年,第50页。

〔4〕〔英〕孔贝:《藏人言藏》(邓小咏译),北京,中国社会科学出版社,成都,四川民族出版社,2000年,第65页。

就不难推断牧民中存在多偶婚姻的可能性。表2-6为游牧部落婚姻形式。

表2-6 牧民部落婚姻形式调查表(部分)[1]

| 部落名称 | 户数 | 人数 | 性别比例男/女 | 婚姻家庭形式 | | | | 备注 |
|---|---|---|---|---|---|---|---|---|
| | | | | 一夫一妻 | 一夫多妻 | 一妻多夫 | 其他 | |
| 孔马 | 127 | 620 | 293/326 | 121 | | 2 | 4 | 部落头人和富裕户兄弟共妻;4家为没有父亲的单亲家庭。 |
| 罗马让学 | 54 | 236 | | 50 | 3 | 1 | | 兄弟共妻。 |
| 阿巴 | 230 | 1 090 | 532/558 | 226 | 13 | 28 | | 兄弟共妻13对,朋友共妻11对,表兄弟共妻2对,叔侄共妻2对。姐妹共夫5对,母女共夫3对,其他5对。 |

**一夫一妻** 一夫一妻婚姻在牧区的主导地位与牧业生产特点和游牧生活特点相吻合。首先,劳动分工决定了牧区适合一夫一妻婚姻。在西藏农业区,农业生产基本上是男人的工作,外出支差,如修水利、修寺庙、运输等公共活动都由男人负担,有些家庭还需要劳力放牧牲畜;妇女则主要从事家庭劳动和副业,如做饭和纺织等。这样的劳动分工就决定了一个农业家庭最好有两个以上的男性劳动力。但是在牧区,除了到较远的地方放牧一般由男性承担外,女性也参与放牧。许多家庭副业,如纺线、编牛毛绳等,都由男女共同承担。进行季节性的迁徙时,通常是举家一起行动,对夫妻家庭生活并没有太多影响。

其次,牧区的差役主要以牲畜"其美"形式出现,不需要单独的劳动力长时间离开家庭在外面支差。

第三,牧民的居住形式决定了多偶婚姻不被接受。帐房空间狭小,缺乏多偶夫妻独处的条件。

---

〔1〕根据《藏族社会历史调查》(3)资料整理制表。

**兄弟共妻** 与农业区一样，牧区多偶婚姻形式也多为兄弟共妻。在藏北牧区和川西北，以及青海南部的玉树和果洛一带，曾经流行过多夫婚姻。多偶婚姻的形成必定有其特定背景与条件。1952 年四川阿坝的社会调查表明，在红原唐克部落的 63 户牧民中，共妻家庭有 7 户，占 10% 左右。因为这里出产盐和碱，需要定期搞农牧交换，如果一个家庭里除了有人放牧以外，还有专人挖盐、搞交换，就比较容易致富。"牧人每年赴高原取盐，以自给或出售他人，以此每人娶妇生子，当感不便。"[1]

家庭缺少劳动力也是产生一妻多夫婚姻的动因。阿巴部落的富裕户阿旺桑批 69 岁，丧失了劳动能力，其妻子松措 43 岁，他们有一个 20 岁的儿子。为巩固家庭财产，阿旺桑批让其牧工阿妥布加入，与自己形成共妻家庭，当时阿妥布只有 25 岁。在这个家庭中，阿旺桑批的儿子专门负责放牧，阿妥布则负责做生意和挖盐。[2] 还是在阿巴部落，牧民扎西 64 岁，其妻 49 岁，夫妻俩没有子嗣，他们雇用了一个年轻的牧工诺坦，并把诺坦收养为家人，后来也形成共妻家庭。[3]

**姐妹共夫** 除了共妻婚姻之外，部落还存在极少数的共夫婚姻。牧区的一夫多妻一般有两种情况：(1)富裕户牲畜多，劳动力少，为增加劳力，希望能够多生儿育女。(2)在缺乏男性继承人和劳动力的家庭，先由姐姐招赘，然后妹妹加入，形成共夫家庭。在唐克部落的 63 户人家中，有 2 户多妻婚姻，都为姐妹共夫。阿巴部落 230 户 267 对婚姻中有 13 对多妻婚，其中姐妹共夫 5 对。一般来说，姐妹共夫一定为招赘婚，但招赘则未必都共夫。表 2-7 为阿巴部落婚姻形式统计。

---

[1] 马长寿：《康藏民族之分类体质种属及其社会组织》，《马长寿民族学论集》，北京，人民出版社，2002 年，第 262 页。

[2] 西藏社会历史调查资料丛刊编辑组：《藏族社会历史调查》(3)，拉萨，西藏人民出版社，1988 年，第 231 页。

[3] 西藏社会历史调查资料丛刊编辑组：《藏族社会历史调查》(3)，拉萨，西藏人民出版社，1988 年，第 222 页。

表 2－7 (a)　阿巴部落婚姻形式统计[1]

| 婚姻种类 / 婚姻形式 | 入赘 | 娶妻 | 自立帐篷 | 备注 |
|---|---|---|---|---|
| 一夫一妻 | 77 | 88 | 61 | 自立帐篷指男女双方各带一部分财产从家里分出，自立为新户。 |
| 一夫多妻 | 4 | 6 | 3 | |
| 一妻多夫 | 5 | 19 | 4 | |
| 总计 | 86 | 113 | 68 | |

表 2－7(b)　阿巴部落各阶层婚姻状况

| 婚姻种类 / 牧民阶层 | 入赘婚 | 娶妻 | 自立帐篷 |
|---|---|---|---|
| 代理人 | 2 | 3 | |
| 牧主 | | 1 | |
| 富裕牧户 | 11 | 10 | 2 |
| 中等牧户 | 16 | 18 | 2 |
| 贫苦牧户 | 57 | 81 | 64 |
| 总计 | 86 | 113 | 68 |

### 2.3.2.2　家庭结构

家庭是建立在婚姻和血缘关系基础上亲密合作、共同生活、共同劳动的最基本的社会组织或社会细胞。藏族牧民把一个帐篷认作一个家庭，称为“钦姆”(chen-mu)，指一个共同居住的亲属单位。[2]

社会调查数据表明，牧区以核心家庭为主，家庭人口数在4.5～4.8之间，女性人口略多于男性，婚姻形式基本上是一夫一妻，其他婚姻形式很少。基本不存在几世同堂的扩展家庭，也没有妯娌共处的大家庭。1891年，柔克义调查了52户安多牧民家庭，其中23%的家庭为父系扩展家庭，38%为核心家庭，21%为没有丈夫的核心家庭，14%为母系扩展家庭，4%为没有妻子的核心家庭。[3] 李安宅对德格的调查发现：“……单个男性独自生活当然是不常有的，在农耕者中比游牧者中

[1]根据《西藏社会历史调查》(3)资料整理制表。

[2]陈庆英：《藏族部落制度研究》，北京，中国藏学出版社，2002年，第413页。

[3][美]柔克义：《西藏民族札记》，1893年美国民族博物馆的报告，第724页。

有更多的单身男子,定居生活使得农民男子比游牧民更易于独自生活。"[1]

畜牧业生产流动性大,需要分散经营。因自然条件限制,牧人生活不很稳定,大家庭不便于迁徙和应对自然灾害,分家成为必然。牧区富裕户家庭规模较农业区富裕户要小,主要与牧区生产方式有关。

首先,小家庭容易规避风险。虽然牧业生产可能发展迅速,但一有自然灾害发生,家庭财产损失便很大。因此,小家庭分散经营不但利于频繁迁徙的生活,也可以规避自然灾害给一个家族带来的集中风险,即所谓的分散投资。

其次,分散经营利于组建新家庭。牧业生产对基本生产资料,如土地、工具、人力资本的要求不高,几头牲畜就可赖以生活,放牧牲畜没有必要全家在一起劳动,因此,兄弟姐妹各自搭一间帐篷,就可以组成新家庭。

再次,差役负担决定牧民以小规模家庭为主。比较西藏牧民与农民的差役负担,可以发现,虽然牧民差役也以户为支应单位,但牧民主要负担的"其美"是按照牲畜的数量制定的,家庭规模与承担"其美"的数量关系并不大。

最后,家庭关系简化。在部落牧民的亲属称谓中,没有"妯娌"这个称谓。在罗马让学部落,"嫂嫂"和"弟媳"的称谓与姐姐相同,为"a-cegs"加上名字。在农业区,"嫂子"和"弟媳"与"姐姐"有时是两个不同词汇。如在柳豁卡亲属称谓中,"嫂子"和"弟媳"为"bad-kar-lag",姐姐为"a-ce",或"ce-ce"。由此可以推断,牧民亲属关系要简单一些。没有"妯娌"这个称谓,只用"姐姐"一词,可能说明因为各兄弟不在一起生活,妯娌间矛盾很少,彼此之间关系更为亲近,以"姐妹"相称。

### 2.3.3 恋爱与确认

#### 2.3.3.1 "戴天头"

牧民的恋爱、婚姻习俗中,一直保留着藏族原始婚姻习俗的某些

[1]李安宅:《德格:西藏人口研究》,《西南人类学杂志》,1943年第3、4卷,第279页。

特点。"戴天头"是曾经流行于安多牧区的一种少女成年礼。女孩子长到十五六岁时,父母会选择吉日为其举办无配偶的单婚仪式,指天为配,故为"戴天头"。在有些地方,"戴天头"仪式的隆重程度几乎与婚礼相同,除了要杀牛宰羊、准备酒宴外,亲朋好友还会携带礼物前来祝贺。"戴天头"仪式的重要部分是梳头换辫套,由女性亲属中的长辈将姑娘的发辫编成成人的发辫,并在姑娘背上挂上缀有银饰和珊瑚饰品的"玛尔敦",以示成年。女眷们要拥着姑娘在帐篷中心行跪拜礼,唱《拜天地歌》。歌词大意是:一拜天地天眼开,二拜祖宗赐福来,三拜父母恩情重,四拜情人早些来。[1]

与"戴天头"异曲同工的是"戴帮典"习俗。在西藏,未婚姑娘通常不戴"帮典"。姑娘到了十五六岁,要选择吉日举行"戴帮典"仪式。戴了"帮典",表示成人,女孩子就可以自由接触男性,谈婚论嫁了。藏族认为,已婚女人如果不戴"帮典",将对丈夫不利,也许会克死丈夫或使其染上疾病。

在我国西南少数民族中,也存在用服装或特定仪式宣布女子成人的习俗,如纳西族的少女穿裙子仪式。这种针对女孩子的成人仪式,被认为是由古代群婚向对偶婚过渡的妇女"赎身"习俗的遗存。"戴天头"或"戴帮典"除了赎身意义之外,应该有非常实际的社交功能,是家长向社交圈发出邀请,推销待嫁女孩的一种有效的方式。牧区人口分散,男女交往不便,这种成人仪式是正式向适龄男青年发出的求偶信号。正如欧美社会女孩子的第一次社交舞会,由父亲或年长的男性亲属陪伴,与女孩跳第一支舞,以此宣布该女子正式进入社交界。

#### 2.3.3.2 送"女儿价"

游牧部落的男婚女嫁多半由父母双方直接商定,或者请媒人说和。牧区青年一般 18 至 20 岁结婚,如果家庭缺乏劳动力,也有十三四岁结婚的。每年部落赛马会上,男女双方会相互观察,女选男是打听对方财产、年龄、家庭以及劳动能力,男选女则以制奶的好坏为主要条件。男方在选定几个对象后,再请喇嘛按生辰年月算卦。命相相合,就由男

[1]陈庆英:《藏族部落制度研究》,北京,中国藏学出版社,2002 年,第 420 页。

方父母或媒妁携一条哈达前去求婚。女方父母如不愿意,便不收哈达,收下哈达就算是订婚,从此双方不得违约。然后双方要商定女儿的价银和陪嫁物,即“女儿价”。结婚仪式举行前两三个月时要送“女儿价”,同时送女方母亲一头奶牛作为“奶价”,送女方兄弟一头牛。至于“女儿价”的多少,并没有规定,多者10至30头牛,贫穷户也可以不送。一般来说,“女儿价”要比女方的陪嫁少。

2.3.3.3 “打狗”恋

藏北牧区青年男女中还流行一种“打狗”恋。男子大约到十七八岁,女子到十六七岁时开始“打狗”。小伙子去姑娘家时要带上一块肉,扔给狗吃,以免狗叫惊动姑娘的家人,因而得名。“打狗”的方式有两种:一种是男女事先约定,晚上男子骑马到女家去,有的女子就睡在帐篷外面守羊群,等待男子的到来;另一种是在接羔育幼期间,姑娘睡在帐篷外守护牛羊,小伙子临时骑马去找姑娘“打狗”。

部落男女青年交往即使深夜不归,家人也不加责怪。他们认为交往愈多,成为夫妻的可能性愈大。如果男女两厢情愿,即告知各自的父母,父母一般都会尊重他们的意愿。父母同意后,男女双方会经常到对方家里帮忙干活,有时也带些礼物。双方父母的相互拜访则带有订婚性质。在举行婚礼之前,还要请喇嘛看手相或属相,如果属相不合,也不能结婚。

这种较为开放的婚前性活动,势必导致非婚生子女的产生。在牧区,非婚生子女不但不受社会歧视,女方父母还会为家里增添新丁而喜庆。有非婚生子女的女子在正式结婚时将子女带到夫家,孩子亦不受歧视。但多数非婚生子女由女家父母代养或由舅舅供养,成为母亲家族成员。在青海唐克部落63户家庭中,有22个妇女有私生子。这22人中,有3人连续两代都是私生子。在索格藏寺所属部落的69个妇女中,20人有私生子。[1] 恩格斯曾说:这种“使文明人感到奇怪的

〔1〕李志纯等:《草地藏族调查材料》,转引自陈庆英:《藏族部落制度研究》,北京,中国藏学出版社,2002年,第116页。

事情，按照母权制和群婚制却是一种通例”[1]。这种习俗得以延续，恐怕与部落人口稀少，人们希望增加家庭劳动力数量，保证种的繁衍有很大关系。

2.3.3.4　入赘

入赘是西藏社会的普遍习俗：如果一家有三个儿子，大儿子娶亲，二儿子入寺为僧人，三儿子离家做女婿；有些有儿有女的家庭还会让儿子上门入赘，为女儿招婿。招赘需要托媒说亲，履行订婚手续。有的地方在结婚当天，新郎穿上盛装，佩带枪支，骑马邀同伴一起前往女方家，由女方家办喜酒。在有些地方，入赘男子要给部落头人送礼，请求头人承认他们的婚姻以及对女方家财产的继承权。在藏北牧区，女婿入赘的前一天，由女方的舅舅到新郎家去送礼并接新郎。礼物通常是一块砖茶、一坨酥油以及新郎服装。第二天，新女婿由女方的舅舅和自己的叔叔陪同到女方家。在入赘仪式上，要把男方送给女方兄弟的一头牛送给其舅舅。招待一天宾客后，新娘新郎共同到男方家回门，但要当天回来。在青海藏区，父母还要为即将入赘的儿子举行告别酒会，儿子要唱《拜别祖先歌》。

我是祖先的命根子，
我是父母的心头肉；
哺育我的是故土，
养我成人的是父母！
今日拜别先祖，
心上有多深的苦楚！[2]

这种形式上的难以割舍和不得已情绪，恰好表现了父系社会男子对从妻居习俗的对抗。

2.3.3.5　抢婚

如果说入赘仪式重温了远古从妻居习俗的话，抢婚则是古代抢婚

〔1〕恩格斯：《家庭、私有制和国家的起源》，《马克思恩格斯选集》第4卷，北京，人民出版社，1978年，第47页。

〔2〕陈庆英：《藏族部落制度研究》，北京，中国藏学出版社，2002年，第433页。

习俗在行为上的实践，是部落男子剽悍性格和英武精神的表演。西藏和平解放之前，真正意义上的抢婚已经很少见了，抢婚多出于以下理由：首先，藏族姑娘在婚前很自由，结交的男性越多，说明姑娘越出色。因此，象征性的抢婚可以显示姑娘身价不凡。其次，如果男女双方满意，但女方父母不同意，或女方的"女儿价"太高，男方便可以在女方默许的情况下实施抢婚，逼迫女方家长认亲。再次，如果一个姑娘同时被两个或多个男子看上，其中的一个小伙子会伙同朋友，策划先把姑娘抢到自己的帐篷，以打破求婚者对峙的僵局。通常在这种情况下，其他追求者会主动放弃，但如果女方不情愿，抢婚者也不强留。

假如真正采用掠夺的办法娶亲，往往会演变成一场部落间的血拼。如当一男子与女子约会遭到女子父亲的反对时，此男子会纠集朋党，荷枪持矛，骑马前来，劫夺女子而去，顺便劫去准岳父家的牛马。女子的父亲则率领一班人马随后追来，杀死男子，夺回女儿和牲畜。而后，死者的兄弟和甥侄等纠集在一起，再回来寻仇。倘若被劫持的女子为有夫之妇，被丈夫抢回来后，也要被断发削鼻，逐出部落。[1]

从人类学角度看，有狩猎行为的民族通常会在婚姻习俗中适量保存抢婚习俗。我国保留抢婚习俗的民族如鄂温克族、苗族、瑶族、彝族、布朗族、傈僳族等，都曾经以狩猎为生，且有比较强烈的争斗意识。

[1]马长寿：《康藏民族之分类体质种属及其社会组织》，《马长寿民族学论集》，北京，人民出版社，2002年，第275页。

> 拉萨为西藏政教之中心，亦为工商业之要区，其地当前藏拉萨河之北十五里，位于山谷中之平壤，四山环拱，一水中流，藏风聚气，温暖宜人，时际春夏，田畴相望，青葱满目，桃红柳绿，百卉争艳，山明水秀，气淑景丽，故有四方极乐世界之称。[1]
>
> ——洪涤尘《西藏史地大纲》

# 3 喧闹的街市

## ——城市平民社会生活状态

20世纪前50年，西藏经历了城市发展的黄金时期。19世纪末到20世纪初，拉萨和日喀则作为前后藏政治、经济以及文化中心，城市功能逐渐得到加强；江孜和亚东因为通关以及英印在此派驻贸易代办处，成为西藏重要商埠。除此之外，前藏的德庆、墨竹工卡、泽当、曲水、白地、旁多等传统市镇，因靠近拉萨河、雅鲁藏布江，也形成了规模较大的城镇。后藏的帕里、干坝、拉孜、聂拉木、定日等地，为出入境商旅必经之地或贸易集散地，但是并未发展成具有初步城市功能的市镇。宣统三年出版的《西藏新志》都会一节，列出拉萨、札什伦布、甘托克、类乌齐、硕般多、泽当、察木多、墨竹工卡、洛隆宗、嘉裕桥、江孜、聂拉木、济咙、定日、亚东、萨喀、定结、干坝、萨迦、宗喀等20个地方为西藏都会。[2] 民国初年陈观浔的《西藏志》"西藏都邑考"一节，列出了14个西藏都邑，不包括甘托克、江孜、萨喀、定结、干坝和宗喀。[3] 民国25

---

〔1〕洪涤尘：《西藏史地大纲》，南京，正中书局，民国25年(1936年)，第42－43页。
〔2〕许光世，彭晋成：《西藏新志》，上海，上海自治编辑社，宣统三年(1911年)，第24－29页。
〔3〕陈观浔：《西藏志》，成都，巴蜀书社，1986年，第87－90页。

年出版的《西藏史地大纲》，把拉萨作为西藏的首府，把日喀则、甘托克、亚东、江孜作为重要商埠，前藏的城市包括德庆、墨竹工卡、泽当、曲水、白地、旁多，后藏的城市有帕里、干坝、拉孜、萨喀、聂拉木、济咙、定日，阿里地区有罗多克和诺和等。[1] 从西藏各城镇地位的改变可以看出，随着英国侵略军打开西藏大门，西藏成为西方列强倾销商品的市场和原料供应地，靠近贸易通道的边境城镇，如亚东、江孜的地位逐渐上升，拉萨作为西藏经济和商业中心的地位也更加突出。十三世达赖喇嘛实行的“新政”，也为拉萨城市功能的发展提供了政策上的支持。第二次世界大战期间，西藏曾是中国内地物资供给的通道，这使拉萨商业空前繁荣，为城市发展提供了物质平台。随着日喀则在西藏政治生活中的相对弱势，拉萨几乎成为西藏城市的唯一代表，拉萨市民的生活也就成为西藏城市平民生活的缩影。本章集中关注拉萨城市平民的社会生活状态，因为他们是西藏这个农业社会中最早脱离了土地的农民，其中还有极少数西藏最早的产业工人。但拉萨市民不是先进生产力的代表，更不是先进文化的代表，他们只是一群脱离了土地束缚，却摆脱不了人身依附制度的农奴。喧闹的街市所展示的不是物质生产的发达，而是由外部刺激带来的畸形繁荣。

## 3.1 初级的城市

### 3.1.1 拉萨面貌

#### 3.1.1.1 城市格局

拉萨地处雅鲁藏布江北岸，是一座具有 1300 年历史的城市。拉萨四周高山环绕，当中的拉萨盆地东西长 70 多公里，南北宽 20 多公里，拉萨河从它的南部经过。拉萨在古代汉文典籍中称“罗萨”，亦曰“罗些”，从唐代起就为吐蕃都城，有唐代碑文为证。相传松赞干布大约在公元 582 年由亚伦扎堆迁都到拉萨，在红山上修筑宫殿（为今日的布达拉宫），并娶尼泊尔尺尊公主为妻，为其携带的释迦牟尼 8 岁等身像建

[1]洪涤尘：《西藏史地大纲》，南京，正中书局，民国 25 年（1936 年），第 42 – 49 页。

造神殿，以供奉之，即今天的大昭寺。该寺庙原址为湖沼，由山羊驮土填平，故得名。由于“藏王具有权威，人民安居乐业，宗教繁盛，犹如仙境移至人间”，故更名为“拉萨”，藏语意思为“神圣地”。大昭寺可能是拉萨最早的城市建筑，在大昭寺周围，那些为建设寺庙和宫殿而招募的各种工匠及其家属修建了住宅，自发形成了集市，成为拉萨最初的市民。

拉萨街市（刘曼卿 摄）

松赞干布在修建大昭寺、小昭寺的同时，又在红山之上兴建了宫室布达拉宫。在此后的1300年间，历代西藏地方统治者不断经营，在拉萨河谷形成了以宫殿、佛堂、民居为主体的核心城区。五世达赖时期，拉萨最终成为蒙藏两族信仰中心，礼拜熬茶者络绎不绝，为香客提供各项服务的设施随之建立，为寺院提供生活用品的手工业者也聚拢拉萨。他们多是些行走在庄园之间的手艺人和因破产而失去土地的农民。随着为朝圣者携带货物提供交易方便的市场逐渐形成，并被置于政府管理机构之下，在大昭寺附近，市民们按照各自的族属、职业或身份建立起了暂时或永久的聚落。他们的居所与大昭寺的距离，通常与他们的职业、社会地位有很大关系。

拉萨城在历史上很不安宁，屡次遭到兵火劫掠，寺庙也多次被毁。

进入20世纪,特别是从十三世达赖喇嘛返藏到50年代,拉萨进入了一个相对稳定,并逐步向近代化城市发展的时期。民主改革之前,拉萨的人口规模非常小,生产人口与消费人口的比例极不平衡,可以说是一个消费性城市。1934年,负责接待黄慕松的僧官木朱说“拉萨人口不及万户”[1]。《蒙藏新志》认为:“(拉萨)有居民一万五至二万,三大寺的喇嘛共一万六千五百人。内地在拉萨的有三百余家,约一二千人,此外还有尼泊尔商人千余,在拉萨经商,颇占重要地位,尚有千余蒙古、不丹人在拉萨当喇嘛或经商。但到节日或朝佛时,前来拉萨的人增至十万左右。”[2]

与欧洲城市多以教堂为中心,向四周辐射延伸的城市格局相似,拉萨城是围绕大昭寺建立的。20世纪50年代以前,拉萨城的范围很小,东至“敏珠桥”,南至“惹木钦”(今天的小昭寺一带),西邻布达拉宫的“雪”(zhol,监狱),北邻“雄卡林卡”。城市由“四素”、“四岗”、“四部”和“四林”组成。“四素(su)”即八廓街的四条通道;“四岗(kgang)”即“莎坡岗”、“恰才岗”、“铁蚌岗”和“吉朋岗”;“四部(pu)”为“稳堆部”、“索热部”、“明珠部”和“露部”;“四林(ling)”为“功德林”、“策墨林”、“答波林”和“丹杰林”,还有所谓的四口井、四座桥、四棵树,都是城市的地标,都包围在林廓路(ling-kor)以里,使拉萨城形成以大昭寺为圆点的椭圆饼形城市格局。这样的布局既符合一般初级城市发展规律,又体现了藏族圆满为上的文化特征。

[1]黄慕松:《使藏纪程》,北京,全国图书馆文献微缩复制中心,1981年,第280页。

[2]黄奋生:《蒙藏新志》,上海,中华书局,民国25年(1936年),第69页。

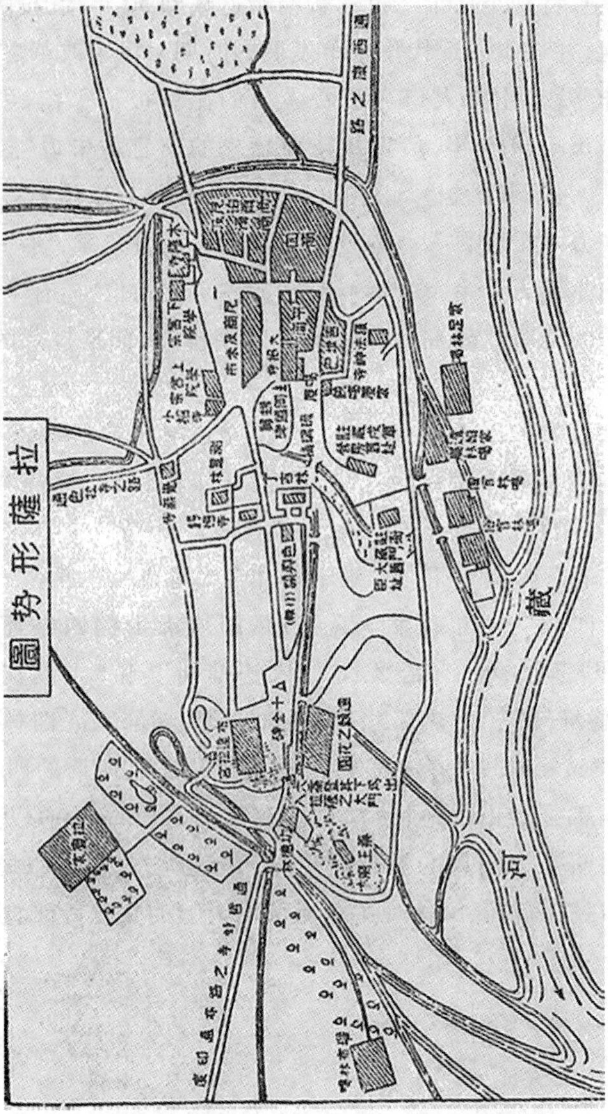


图 3-1　拉萨城市布局示意图[1]

〔1〕朱少逸:《拉萨见闻记》,北京,全国图书馆文献微缩复制中心,1981年,第308页。

大昭寺不仅是百姓的信仰崇拜中心,也是拉萨的经济生活中心,几乎所有的商店都围绕中转经道“八廓”开设。大昭寺周围设有专门的交易场所“冲赛康”(市场)。西藏政治中心噶厦,以及拉萨市政管理机构朗子厦也在周围,目的是方便市场管理。距离大昭寺最近的居民,是为朝圣者提供服务的生意人,如北平商人、尼泊尔商人和回族商人等,其次是藏族手工业者。不少拉萨贵族的住宅也建在大昭寺附近,例如夏扎家、多仁家。宇妥家在城市的西端,十三世达赖喇嘛兄弟的宅子在拉萨城南。[1] 其他贵族宅邸也相邻较近。值得注意的是,拉鲁家族的住宅距离拉萨城区最远。

拉萨河也称“吉曲”,意思是“幸福之河”,拉萨市区距离河床也就一里之遥。河堤的背后是佛塔和坟墓,处在社会最底层的天葬师就住在这里。城市的东北角是屠夫们的住宅。制革匠和流浪汉们也住在拉萨河与拉萨城交界的地方。拉萨东区是康巴商人居住区。

城市周边是为城市提供服务,或依托城市生存的边缘人群,如屠夫、背尸者和乞丐的住地。对西藏政治生活起着举足轻重作用的拉萨三大寺,分别建在城市的西、北和东三面,呈鼎足之势,反映出三大寺各自为政和各成势力的特点。

#### 3.1.1.2 市政管理

拉萨街道多为南北和东西走向,但因为缺乏规划,加上城市围绕大昭寺发展,大多数街道弯曲、狭窄而且肮脏,很多中外书籍将拉萨描述为不益于健康的地方。这种状况在200年内几乎没有得到改观。17世纪末,托马斯·曼宁这样描写拉萨:

> 这里看上去没有吸引人的东西,没有使人赏心悦目的情景。这里的人身上满是污垢尘土,满街都是狗,有的在狂叫,啃咬遍地都是的兽皮,这些碎皮散发出来的气味就像是停尸房所散发的气味一样。[2]

---

[1] [俄]崔比科夫:《佛教香客在圣地西藏》(王献军译),拉萨,西藏人民出版社,1993年,第206页。

[2] [英]托马斯·曼宁(Thomas Maning):《拉萨之行纪实》(*Travel to Lhasa*)(张皓等译),北京,中国社会科学出版社,2000年,第420页。

**拉萨街道(查尔斯·贝尔　摄)**

两百多年之后的1904年,当英国远征军进入拉萨时,随行记者钱德勒(Chandele)这样描述拉萨市容:

……这座城市脏得无法形容,没有下水道,路面也没有铺砌石块。没有一栋房子看上去清洁干净或经常有人打扫。下雨之后,街道就成了一洼洼的死水塘,猪狗则跑到这些地方来寻找废物渣滓。甚至在望不到金顶的近处看大昭寺时,它也显得很肮脏,令人产生不舒服之感。[1]

同一时期的日本人河口慧海对拉萨的肮脏也有专门描述:

拉萨市内的路况是再糟糕不过了。城市的正中央有一条很深的沟,那个沟就是妇女和旅行者的厕所,沟边堆满了粪便。冬天臭味还不算严重,夏天可就不得了,如果再下雨,泥水加粪水满街流。[2]

20世纪20年代,曾经在1904年随英国远征军到过拉萨的地理学家亨利·海登说:

〔1〕[英]艾德蒙·钱德勒(E Chandele):《拉萨真面目》(*Unveiling of Lhasa*)(尹建新等译),拉萨,西藏人民出版社,1989年,第170页。

〔2〕[日]河口慧海:《西藏秘行》(孙沈清译),乌鲁木齐,新疆人民出版社,1998年,第249页。

> 拉萨的卫生状况与18年前并无二致。……拉萨最独特的现象之一，就是大街小巷以及一切露天地上，到处都充斥着成群结队的显然是无主的流浪狗。在城中不多的露天地上，经常可以看见一群群的少说也有二三十只野狗吵闹着将一小块腐肉争来抢去。这些流浪狗以及相当数量的猪，事实上担当着拉萨清洁工的职责。[1]

民主改革前，拉萨的市政管理由朗子厦列空(snang-shag-las-kungs)负责，朗子厦所管辖的区域为拉萨的林廓路以内，以宇妥桥铁环为界，铁环以西由雪巴列空管辖。朗子厦的责任范围是维护社会治安，进行卫生巡逻，检查市场计量器是否合乎规范，以及维修拉萨河上游河堤等。另外，朗子厦还负责组织达赖喇嘛外出时的歌舞表演，监视拉萨居民和移居拉萨的蒙古人的行动等。该机构对拉萨市政建设的监管权限十分有限。

**编制** 朗子厦有2名米本(mi-dpon)，即拉萨市长，一为僧人，一为俗人五品官。直到和平解放前，这一职务一直由曾经到英国留学的吉普担任。1名文书由拉萨居民选派，米本各自任命管家2名，另有警察连长1名、房管员1名、清道夫1名、监狱看守1名、巡逻员30名、杂役30名，这些人多半是乞丐和负尸者。

**职能** 由于拉萨各行业会有独立司法权，可以惩罚成员的违法犯罪行为，虽然十三世达赖喇嘛决定，拉萨一切司法事宜都应交给朗子厦处理，朗子厦又兼有法院的职能，但其权限也十分有限，主要的工作有：

发布宵禁令。过去，拉萨每天都实行宵禁，晚上9点钟，朗子厦前要鸣炮发夜归令，在外面游荡者如果不能证实其居所，就要被带回军营扣押，待天明后接受朗子厦的审理。这样的措施主要是为了防止盗匪。有居民回忆，在拉萨，除非有仆人做伴或身上带一把利剑或一支手枪，否则他们晚上不敢出门。

---

〔1〕〔英〕亨利·海登，西泽·考森：《在西藏高原的狩猎与旅游——西藏地质探险日志》(周国炎，邵鸿译)，北京，中国社会科学出版社，成都，四川民族出版社，2000年，第96页。

朗子厦官员(查尔斯·贝尔　摄)

市场管理。噶厦规定,农牧民来拉萨贩卖酥油、奶渣、糌粑和进行粮食交换时,要使用经政府检查并打印记的秤斗。朗子厦的工作就包括检查量器的准确与否。但市场上依然普遍存在没有经过检查的秤斗,特别是贵族、寺院和大户人家,多用私秤私斗。

拉萨市场粮食买卖(妥思妥耶夫　摄)

房建管理。20世纪50年代之前，任何人如果要在市内修建房屋，按例要带上晋见礼物，通常为哈达一条、银币一章噶[1]，到朗子厦的房建管理机构请求批准。房建部门会派两个巡房员前去察看是否影响下水道、道路及他人住房的光线等，再决定是否允许修建。但修建房屋的人通常通过贿赂巡房员，随意在市区占地造屋，有时甚至堵塞水渠和城市其他基础设施，致使拉萨的市容和市貌一直得不到改观。当时，拉萨城里和城外有众多排水渠，夏天雨水多时，由于排水不畅，水会溢出水渠，在城中的广场或者居民院子里形成大大小小的水洼，街道也会变成湍急的小溪。

**差人** 拉萨曾经流传这样的歌谣："拉萨的盗贼和身上的跳蚤一样多；土匪是经常性的瘟疫。"这与拉萨警察有名无实，不履行职责有很大关系。在拉萨出现俗人警察之前，哲蚌寺的铁棒喇嘛在某种程度上也负责拉萨的治安，特别是每年的年庆前后。段克兴对僧侣警察有这样的描述：

> 每日下午，哲蚌寺的武官督办都率领临时帮办两名，总务长一人，卫队二十一名，下役二十一名，游行全市一次。正督办及帮办各手持四尺长，八寸见方之镀金空铁杆，头戴黄色鸡冠行僧帽，身着大黄金丝缎坎肩，披大红色氆氇偏衫，足蹬金丝缎官靴。其总务长衣服亦如正督办，手持大茶碗口粗细，约丈八尺长之杉木一根。其二十一个善仆各手持碗口粗之约四尺二长之柳木棍，腰间斜插三尺长之宝剑一柄，以黑锅烟和酥油涂面，黑中透亮，雄武之极。二十一名下役各手持小柳条于游街时大喊"摘帽子"、"边方去"等等口号。此时，无论大小官佐，照例皆须回避，沿街之民人，例须严净街道，分别用黄白粉子在门前撒画花草玩物等以示尊敬，表示欢迎。[2]

1921年，英国人莱登拉在藏军执教时，制定了拉萨警察条例，拉萨

[1]银币之一，重约4.3克，直径26.1毫米，厚1毫米。面值为白银1钱5分，含银75%左右。

[2]段克兴：《西藏奇异志》，上海，商务印书馆，民国24年（1935年），第12－13页。

开始有了俗人警察，警察部队的长官由米本担任。拉萨的警察大多是城市里的乞丐和负尸者，官方给他们一些糌粑作为工资，只有进行正式活动时才发给他们制服，事后再收回，因此，警察平时并没有统一着装。除了维持地面秩序、递送市区内的重要通知外，警察还被分成若干班，轮流在所辖地段日夜值勤和巡逻。警察总部留一名连长值班，当班巡逻员向连长报告该地段情况后，连长再向朗子厦报告各值勤点的情况。1936年，查普曼写到：

罪犯（妥思妥耶夫　摄）

> （在拉萨城西门边）有一个木制岗亭，一个警察正坐在那里，一会儿纳羊毛靴底，一会儿数念珠。……他身穿一件褴褛的旧式卡其布上衣，戴着一顶破旧的太阳盔，下身穿着褴褛的裤子和靴子，脸脏得出奇。[1]

段克兴则描述拉萨俗人警察：“穷人为多，衣服破烂不堪，每日坐在岗位室里，除了打毛线，做靴底外，并无所谓警务，警章等。有时他们代岗位临近的居民做些杂事，藉以换点饮食，补助生活费用之不足。入夜，便睡在岗位室里，很为苦痛。”[2]

还有人认为，警察到了晚上自己就成了盗贼。因为西藏曾经有这样一条法律：允许官员在抓住罪犯之后，将赃物自己留下。

**清洁工**　朗子厦的日常工作还包括拉萨市区的清洁卫生，由朗子厦管家和仲译（秘书）负责。每年藏历十二月二十五日燃灯节时，为纪

---

〔1〕〔英〕查普曼：《圣城拉萨》（向红笳，凌小菲译），北京，中国藏学出版社，2004年，第142页。

〔2〕段克兴：《西藏奇异志》，上海，商务印书馆，民国24年（1935年），第13页。

念宗喀巴圆寂日，布达拉宫各佛殿要上供品，向诸佛像洒净水，两位市长也进行一次例行卫生巡逻。他们带领警察、巡逻员到八廓街重要地段检查卫生。因为大昭寺的下水道经常堵塞，平常也会经常命清洁工修补八廓街的菩提道。因为财力投入不够，全拉萨市只有一名由负尸者承担的清洁工。

1938 年（土虎年），为加强拉萨市政管理，噶厦成立了名为"德细勒空"（de-xig-las-kungs）的市政管理机构。这一机构的主要职能是管理拉萨的社会秩序，监督市场斗升秤两有无作假，并提出发展各项社会事业的良策等。[1] 这个机构还处理官员内部、官民之间的紧急诉讼事宜。如果拉萨市区出现了紧急情况，通常也由德细勒空调查处理。时任德细勒空官员的拉鲁·次旺多吉回忆说，1941 年，由于拉萨雨水太多，造成车仁家和察珠昌两家的院墙倒塌，两家便挖沟排水，结果又导致下游江东昌住宅内积水，造成纠纷，只好由德细勒空出面调解才平息了纷争。[2] 目前，还没有非常确切的资料说明朗子厦与德细勒空的行政隶属关系，但德细勒空的权限似乎要大于朗子厦，因为德细勒空官员拉鲁·次旺多吉为四品官。

### 3.1.2 拉萨市民

#### 3.1.2.1 洋货充斥的市场

19 世纪末到 20 世纪初，随着不丹、锡金、尼泊尔、拉达克等周边国家和地区相继落入英国势力范围，以及西藏商埠被迫开通，西藏与英、印之间贸易量迅速增长。据亚东海关统计，1889—1894 年，外国输入西藏的商品总价值为 2 359 359 卢比，1895—1902 年为 5 559 278 卢比。不到 10 年，贸易额增加了一倍多。从 1897 年到 1950 年间，西藏对外贸易额增加了 15 倍。[3] 商业快速发展的直接表现，就是洋货迅速占领了西藏市场，甚至在地处偏远的藏北草原，也很容易在牧民的帐篷

[1] 西藏自治区政协文史资料研究委员会：《西藏文史资料选辑》（16），北京，民族出版社，1995 年，第 70 页。

[2] 西藏自治区政协文史资料研究委员会：《西藏文史资料选辑》（16），北京，民族出版社，1995 年，第 71 页。

[3] 俞允贵，文德明，金巴杨培：《西藏产业论》，北京，中国藏学出版社，1994 年，第 68 页。

里看到一两件进口商品。1887年左右,印度人达斯还这样描写拉萨的商业:"街道两旁全是本地人和汉人开的商店。丝绸、瓷器、砖茶都摆出来卖。"[1]1900年到1903年间,河口慧海已经把拉萨的八廓街比作东京的银座:

那里出售很多日用品、衣服和食品。商品大部分是西藏本地的产品,但是也有从印度的加尔各答和孟买等地进口的。有趣的是这里竟大量地卖着日本火柴,九谷窑制造的日本陶器,也能在贵族家看到。[2]

1904年,英国人兰顿(Perceval Landon)以记者的敏锐视角对拉萨早市作了生动描述:

……在这个市场上,食物占主要地位,肉和面粉都是德布(不丹首都)商店的地窖里供应的,调味料和其他奢侈品构成主要商品。……早上8点,咖喱粉、萝卜、核桃等货物构成了喧闹的市场,有白色和黄色的糖球,无处不在的佩德罗牌香烟……印度煎饼,又酸又青的桃子。……当地产的蜡烛用竹节做模子,样子像是又短又粗的炮仗。还有包装好的布料、白菜、装满凉糕的红陶锅、藏式鞋子、芹菜、罐装的炼乳、胡萝卜、洋葱、成千上万的鸡蛋,未上釉的器皿里还盛着牛奶。[3]

与兰顿同在拉萨的记者艾德蒙·钱德勒还在拉萨发现了几件西方文物。他在大昭寺内发现了一个铜铃铛,上面刻着"TEDEUMLAUNAMUS";在拉萨郊外,发现了一辆没有轮胎的自行车和一部英国伯明翰制造的香肠机。[4]

1912年,日本人青木文教这样描述拉萨的商店:"拉萨等处连轩的商店,都以零卖为本业,那批发店不过两三处罢了。买卖最盛的商店,

---

[1][印]达斯:《拉萨及西藏中部旅行记》(陈观胜,李培茱译),北京,中国藏学出版社,2004年,第150页。

[2][日]河口慧海:《西藏秘行》(孙沈清译),乌鲁木齐,新疆人民出版社,1998年,第222页。

[3]Perceval Landon: *The Opening of Tibet*, New York, Doubleday, 1906, p. 370.

[4][英]艾德蒙·钱德勒:《拉萨真面目》(尹建新译),拉萨,西藏人民出版社,1989年,第186页。

一日间卖出额,平均起来,是不足一千元以上的。可是主要的货物,就是舶来的布帛类,洋呢是英国品,占大部分。”[1]

20世纪20年代初期,法国女学者大卫·妮尔注意到拉萨市场上“最为引人注目的是铝炊具,其次是产自印度、英国、日本和其他欧洲国家的进口劣等货。我在其他任何地方都未曾见过像在拉萨市场上那样低劣的棉织品和更为粗糙的瓷器”[2]。

30年代初,国民政府官员黄慕松说:“(拉萨)市场则环绕大昭寺,以北街较为稠密,店主多尼泊尔人,并无华人商店,各店前均设货摊,大都为次等洋货,日本货尤充斥。”[3]黄奋生的《蒙藏新志》中描述:“惟近年来,拉萨市场,以日货占第一位,英货次之,尼泊尔及欧美各国又次之。除佛教用品,及官僚服饰外,华产货物几不可见。”[4]

40年代,德国人海因里希·哈里(Heinrich Harrer)看到八廓街的杂货铺里陈列着美国的碎牛肉、澳大利亚的奶酪、苏格兰威士忌、伊丽莎白式点心、美国套鞋、欧式礼帽。拉萨的大街小巷,满是大大小小、颜色各异的阳伞,而阳伞的最大主顾,竟然是喇嘛,因为他们的光头怕晒。在贵族家里,有从印度订购的收音机、留声机,连达赖喇嘛也有望远镜、钟表、电话等时髦玩意。[5]

到了50年代初期,拉萨商店里的很多商品几乎与国际市场同步面市,商品的丰富程度远高于内地很多城市,价格也更有竞争力。1955年,英国记者温宁顿(Alan Winnington)说在拉萨市场上可以买到任何牦牛和骆驼可驮运的商品。尼泊尔商店里的“兰羚”牌自行车和羊毛放在一起,还有瑞士手表、干酪、照相机和法国香水;帽子店里有西式礼帽和藏式毛边帽,只是没有西装;市场上有澳大利亚奶油,也有从上海和印度来的丝绸和棉布,以及香港产的手电筒等。[6]

---

〔1〕〔日〕青木文教:《西藏游记》(唐开斌译),上海,商务印书馆,1931年,第121页。

〔2〕〔日〕青木文教:《西藏游记》(唐开斌译),上海,商务印书馆,1931年,第279页。

〔3〕黄慕松:《使藏纪程》,北京,全国图书馆文献微缩复制中心,1991年,第281页。

〔4〕黄奋生:《蒙藏新志》,上海,中萃书局,民国25年(1936年),第890页。

〔5〕Heinrich Harrer: *Seven Years in Tibet*, New York, Rupert Hart-Davis, 1966, p. 195.

〔6〕Alan Winnington: *Tibet – Record of Journey*, London, Lawrence & Wishart, 1957, p. 85.

3.1.2.2 洋货影响下的市民

1920年前后，拉萨街头曾流行这样的歌谣："坐在茶馆喝甜茶，表明你无处栖身。头戴金花礼帽，说明你没钱做头饰。涂脂抹粉好打扮，只会使你更难看。常吃松软的锅盔，表明你没有糌粑。"[1]"松软的锅盔"指的大概是西式面包。这首歌谣所反映的正是拉萨市民的传统价值观念与流行时尚的冲突。吃面包、泡茶馆、喝甜茶、涂脂抹粉、戴礼帽、不戴妇女传统头饰虽然有悖于西藏传统价值观念，但西方生活方式已经在城市中出现。拉萨还流行过这样一首歌谣："在有权有势的领主的逼迫下，我被招进了仲扎代本团；我的美如花朵的头发，已被剪得像一株柳树。"[2]这首歌唱的是擦绒任藏军司令期间，西藏地方政府效法西方改组藏军，不但用先进的武器装备部队，连制服、肩章、帽徽都从印度订购，仲扎代本团还要求官兵必须剪短发的激进行为。朱少逸描写1939年拉萨藏军和警察列队欢迎吴忠信时，军警半着英式服装，半着藏式服装。其军乐队所奏乐曲，竟然是英国国歌《天佑吾王》。[3] 戈尔斯坦的《喇嘛王国的覆灭》(*The Demise of the Lamist State*)中，也用一定篇幅描写了少壮派藏军代本们平日喜欢着西装、打领带，享受西方生活方式的情景。当时的藏军仲扎代本团的军服专门从加尔各答订

拉萨市民母女(妥思妥耶夫　摄)

[1] [美]梅·戈尔斯坦:《喇嘛王国的覆灭》(杜永彬译)，北京，时事出版社，1994年，第94页。

[2] [美]梅·戈尔斯坦:《喇嘛王国的覆灭》(杜永彬译)，北京，时事出版社，1994年，第155页。

[3] 朱少逸:《拉萨见闻记》，北京，全国图书馆文献微缩复制中心，1991年，第44页。

购，军官和军士们的肩章和帽徽都是纯金的。他们不但在服装上模仿英式军服，连操典、队形、口令都为英式，一直到了达扎摄政时期，才请著名学者更顿群培把英语口令翻译成藏语，但藏军练兵依然按照英军方法。在第一代藏军代本中，有20人曾经在印度受训。宇妥和泽仁都是藏军中的贵族少壮派，他们西装革履，行握手礼，打网球和马球，俨然西方贵族做派。[1]

藏军代本(梅·戈尔斯坦《喇嘛王国的覆灭》)

**服饰** 洋货的影响不仅限于贵族和藏军士兵，平民百姓的物质生活也在日益增长且便宜的洋货面前有所改变。青木文教这样描写1912年时拉萨市民的服装："衣类以本地呢或外国呢，以及中国各种绢物类为主，最常用的是杂缎缎子、绉纱、纺绸、锦缎等，棉布用的很少。……冠和帽子形态，由中国和蒙古输入的最多，近来才流行中折帽(西式呢帽之中间凹者)。"[2]由此可以看出，虽然洋货已经开始进入西藏，但内地商品依然占主要地位。在洋货大规模进入西藏后，各色棉毛织

〔1〕〔英〕查尔斯·贝尔：《十三世达赖喇嘛传》(冯其友等译)，拉萨，西藏社会科学院西藏学汉文文献编辑室，1985年，第193页。

〔2〕〔日〕青木文教：《西藏游记》(唐开斌译)，上海，商务印书馆，民国20年(1931年)，第195页。

物占进口总值的2/3以上。内地纺织品市场份额,除绸缎之外,大部分被英印产品占领。

19世纪末,英国依然是世界上的纺织品出口大国,生产的大量细呢、细绒、灯草绒、喜绒、斜纹布等经过印度出口西藏。其中的细绒,又称为藏绒,是英国专门为开发西藏市场生产的,因其经久耐用而流行于全藏。在藏区最受欢迎的纺织品还有法兰绒和白色斜纹布。洋货以低廉的价格大量倾销,不久就在普通阶层中普及。虽然藏族服装的式样并没有太大改变,但面料和加工手段却有了很大不同。二次大战时期和战后,印度成品服装大量出口西藏,其价格比同类西藏手工服装要便宜一半。如一件普通的藏装,印度成衣价格为藏银150两,而手工缝制的同类藏装要300两;印度产的一顶帽子为50两藏银,西藏产品则为100两。[1] 由于原料、技术、贸易政策等多方原因,进口商品不仅占领了西藏市场,引领了西藏城市的消费潮流,也使得本来就为数不多的手工业者生存困难,以至于破产沦为乞丐。

**时尚** 随着西方商品进入西藏的还有物质生活方式。20世纪20年代,日本人多田等观说:"……在拉萨,很少有人在建造房屋时使用玻璃,擦绒却用了很多大玻璃建房。另外,他自己还使用钟表和咖啡用具。"[2]贝尔也说,达赖从印度回西藏后,带回了西方的一些生活方式。他到拉萨旅行时,途中偶尔看见有骡马驮着铅锌制的澡盆和浴桶到拉萨。这时的西藏贵族已经开始效仿西方的卫生习惯,洗热水澡。40年代,拉萨还开张了一家大众浴室。[3] 曾任亚东贸易官员的麦克唐纳描述拉萨贵妇:"近来使用从印度进口的护肤霜。早上洗手、洗脸后涂更多的面霜和粉,并用从加尔各答进口的法国腮红。"[4]

西藏害雪盲症的人很多,在墨镜没有引进之前,他们是用把眼睑涂黑或戴眼罩的方法,20世纪20年代以后,便宜而且有效的墨镜被引

〔1〕中国社会科学院民族研究所,中国藏学研究中心社会经济所:《西藏的商业与手工业调查研究》,北京,中国藏学出版社,2000年,第212页。

〔2〕〔日〕多田等观:《西藏纪行》(钟美珠译),郑州,中州古籍出版社,1987年,第31页。

〔3〕Heinrich Harrer:*Seven Years in Tibet*,New York, Rupert Hart-Davis,1966, p.201.

〔4〕D Macdonald:*Cultural Heritage of Tibet*,New Delhi, Light-Life Publishers, 1963,p.137.

入西藏。40 年代后期,拉萨市场见得最多的是美国货,"从美军的口粮到好莱坞的化妆品应有尽有。在拉萨,请客时如果没有白马牌威士忌酒,就算不上讲究"〔1〕。

**外来语** 文化人类学理论认为:以物质产品为代表的外来文化会给本土社会生活模式带来冲击,这种冲击的表现之一就是对本土语言的影响。藏语中的英语词汇,也可以作为西藏社会对西方物质生活方式普遍接受的佐证。表 3-1 中辑录了藏语中的英语借词。

**表 3-1 藏语中英语借词的分类(部分)〔2〕**

| 借词的分类 | 英语 | 藏语 | 汉语 |
|---|---|---|---|
| 日常生活用品 | spring mattress | ཨིསྤིརིང་གི་ཉལ་གདན༑ | 弹簧床垫 |
| | rocking-chair | རོག་ཀིང་ཀྲུབ་སྐྱེག་ཆ | 摇椅 |
| | match | ཀྱུ་ཟི | 火柴 |
| | glass | ག་ལ་སི | 玻璃杯 |
| | cup | ཁར་ཚོར་ | 杯子 |
| 服装 | wellington | ཝེ་ལིང་ཊན་གྱི་འཇུར་མཐན་ཡུ་རིང༑ | 惠灵顿长靴 |
| | poplin | ཕོ་པ་ལིན | 府绸 |
| | jacket | ཇེ་ཀེ་ཊ | 上衣 |
| | gabardine | ག་བ་ཏན | 华达呢 |
| | coat | ཀོཊ། | 外套 |
| | cashmere | ཀཤྨིར | 开司米 |
| | breaches | ཇུང་ཕིར་ཚེ་ཚུ | 马裤 |
| | jean | ཇིན | 帆布 |
| | silk | སིལ་ཀ། | 丝绸 |

〔1〕李有义:《今日的西藏》,天津,天津知识出版社,1951 年,第 82 页。

〔2〕以上例词均选自扎西次仁:《英藏汉对照词典》,北京,民族出版社,1988 年。

续表 3－1

| 借词的分类 | 英语 | 藏语 | 汉语 |
| --- | --- | --- | --- |
| 食品 | whiskey | ཧྭིསིཀིཞིམ | 威士忌 |
| | turkey | ཊརཀི | 火鸡 |
| | tomato | ཊོམཊོ | 西红柿 |
| | biscuit | བྷིསིཀུཊི | 饼干 |
| | soda | སོཊརྭ | 苏打 |
| | salad | སལ་ལར་ | 色拉 |
| | ketchup | ཀེཔ་དམ་ནང་གི་ཊོ་མ་ཊོ | 番茄酱 |
| | jam | ཛེམས | 果酱 |
| | cigar | སིག་རས | 雪茄 |
| | gin | ཇིན་ཨར་རག | 杜松子酒 |
| | coffee | ཀྥི | 咖啡 |
| | chocolate | ཅོག་ལེཊ་སྡེ | 巧克力 |
| | beer | བིཡར་རམ | 啤酒 |
| | brandy | བེརནགྲི | 白兰地 |
| | champagne | ཤམ་པེན | 香槟 |
| 计量 | quart | ཀོར་ཊ | 夸脱 |
| | pound | པོམ | 磅 |
| | pint | པིན་ཊ | 品脱 |
| | kilo | ཀྱི་ལོ | 公里 |
| | gallon | གལོན | 加仑 |
| | gram | གེརེམ | 克 |
| 奢侈品 | vaseline | ཝཱསེལིན | 凡士林 |
| 娱乐 | tennis | ཊེནིསསྐྱེ | 网球 |
| | racket | རཁེཀེཊ | 球拍 |
| | hockey | ཧོགཀེཁེ | 曲棍球 |
| 文化 | violin | ཝོལ་ལིན | 小提琴 |
| | piper | པེགཔར་ | 风笛手 |
| | baboo | འབབའ་འབུ | 先生（印度） |
| | pencil | པེ་སིན | 铅笔 |
| 法律 | police | པུལིསིའི | 警察 |
| | police station | པུལིསིའི་ཚོ་ཁང | 警察局 |

续表 3 – 1

| 借词的分类 | 英语 | 藏语 | 汉语 |
|---|---|---|---|
| 交通 | ticket<br>pass<br>motor<br>brake<br>jeep<br>car | ཊི་ཀེཊ<br>སྤསེ<br>མོཊར་<br>བྲེརིག<br>མོཊར་ཛིཔ<br>མོཊར་ | 车票<br>出入证<br>汽车<br>自行车闸<br>吉普车<br>小轿车 |
| 金融 | shilling<br>rupee<br>anna<br>pound<br>penny<br>label | ཤིལིང<br>རུའུ་ཕིའི<br>ཨན<br>པོམ<br>པེནནི<br>ལན་པར་ | 先令<br>卢比<br>安纳(印度)<br>镑<br>便士<br>标签 |
| 外交 | passport<br>Oxford<br>England<br>consul | ཕ་སེ་པོར་ཊ།<br>ཨོག་སེ་ཕོར་ཊ<br>དབྱིན་ཇི་རྒྱལ་ཁབ<br>སྐུ་ཚབ | 护照<br>牛津<br>英国<br>领事 |
| 军事 | pistol | པི་སི་ཏོལ | 手枪 |
| 技术 | watt<br>hertz<br>engine<br>ampere | ཝཊ<br>ཧར་ཊེ་སི<br>ཨིན་ཇིན<br>ཨམ་པི་ཡར་ | 瓦特<br>赫兹<br>引擎<br>安培 |

分析以上藏语中英语借词的范围和数量,可以得出这样的结论:(1)西藏社会文化生活的某些方面在一定程度上受到了英印文化的影响,西方的某些体育项目,如网球(tennis)、英式足球(rugby)和板球(hockey)已经进入了西藏社会,而这几种体育项目正好是英国人和印度人喜爱的体育运动。20 世纪 40 年代,拉萨曾经组建过一支由藏人和穆斯林组成的足球队,曾经在拉萨避难的奥地利人哈里还在拉萨开办过网球训练班,专门教贵族子弟打网球。(2)国际贸易形式和计量单位随着西方商品进入了西藏,“汇票”(money order)一词的使用,足以说明当时存在的贸易形式和付款方式。拉萨商人在印度北部噶伦

堡设有很多办事机构，20年代，西藏铺设电报线之后，很多的生意都是通过电报联系的。西藏地方政府向印度购买军火以及军事物资，也都是通过在印度的商人办理的。(3)现代科学技术在西藏的应用范围十分有限，只在实用技术领域有几个外来词汇。和平解放之前，西藏没有进行基础科学教育的机构，虽然有藏人远赴欧洲或者印度留学，掌握了一定的科学知识，却很少能够将所学应用到实践中。(4)西方商品和文化的进入对西藏的政治制度和宗教观念几乎没有触动。在藏语借入的有关英语词汇中，除了"警察"、"通行证"之外，没有其他有关政治和宗教的词汇，也没有任何关于教育和自然科学的词汇，这也许可以佐证西藏社会政治上的保守势力和宗教势力对外来文化和先进思想的抵制态度。(5)外国商品没有对西藏近代工业起步作任何贡献。由于十三世达赖喇嘛的新政并没有贯彻到底，西藏始终没有发展起来现代工业。(6)西方生活商品大量涌入，在客观上阻止了本来就处于幼稚阶段的西藏手工业的发展。

拉萨足球队(海因里希·哈里　摄)

#### 3.1.2.3　提升城市功能的尝试

虽然拉萨市容在20世纪上半叶没有多大变化，但十三世达赖喇嘛实施"新政"以及后续政策，的确给拉萨的城市功能带来了一些进步，给市政设施方面带来了某些改变，使得拉萨从根本上区别于其他西藏城市，当之无愧地成为西藏唯一的经济、文化、商业中心。拉萨近代化城市功能的构建，可能要数最早从海外留学回来的几个青年人的努力以及擦绒主持的几个市政工程。

**西藏第一条电缆**　1922年，在印度工程师主持和藏族技术员协助下，从江孜到拉萨的电报线路开通。其时，恰逢英国人海登在拉萨停留，他有幸成为第一个从拉萨发电报到印度的人。当时协助印度工程师金先生工作的是曾经在英国接受过 4 年教育,又在印度学习过发报技术的西藏年轻人。[1] 从时间上判断,这个人可能就是后来的拉萨米本吉普。只有他从英国学习回来之后,又被派到孟加拉学习电报。此后,吉普并没有得到地方政府重用,赋闲在家一段时间之后,被任命为朗子厦米本。

**西藏第一座电站** 1924 年,在英国学习水电工程的仁冈主持修建拉萨夺底电站,电站于 1928 年开始发电。1931 年 11 月 8 日,十三世达赖喇嘛命名其为"无限美妙智慧宝库扎溪电机厂"。这是西藏历史上第一个现代化工业。1936 年,在给布达拉宫和罗布林卡送电之后,大昭寺、小昭寺和住在八廓街上的贵族家和商家也装上了电灯,并以每个 15 瓦的灯泡收取 7 分钱电费的方式运作。[2] 从时间跨度上看,拉萨基础设施建设进展十分缓慢,从经营方式上看,也不能保证电站赢利,但拉萨的夜空毕竟第一次被现代化照亮了。

**西藏第一座钢筋水泥桥** 1937 年,当时的摄政热振活佛派擦绒修建被洪水冲垮的"赤桑桥"。架桥所需的钢筋和水泥都是从印度购进的,大桥历时 3 年完工,这是西藏历史上第一座现代化钢筋水泥桥。1940 年,擦绒又主持修建了拉萨引水渠工程。他让当时在他家居住的两个奥地利人负责水渠的规划和修建。竣工后的水渠既能够排涝又能够灌溉树林。水渠后来被称为"嘉尔曼水渠"(德国水渠)。[3]

1948 年,拉萨、昌都之间建立起了无线电话。这种电话利用收音机接听,用话筒讲话,每分钟 5 两藏银,极大地方便了商人做生意。商人们用藏文发电报,由在锡金、噶伦堡出生的藏族青年翻译和发报。[4]

---

〔1〕〔英〕亨利·海登,西泽·考森:《在西藏高原的狩猎与旅游——西藏地质探险日志》(周国炎,邵鸿译),北京,中国社会科学出版社,成都,四川民族出版社,2000 年,第 97 页。

〔2〕强维巴·多吉欧珠:《先父点燃了西藏第一盏电灯》,《西藏文史资料选辑》(14),北京,民族出版社,1995 年,第 58 页。

〔3〕Heinrich Harrer: *Seven Years in Tibet*, New York, Rupert Hart-Davis, 1966, p. 237.

〔4〕西藏自治区政协文史资料研究委员会:《西藏文史资料选辑》(16),北京,民族出版社,1995 年,第 107 页。

## 3.2 精明的商人

### 3.2.1 喧闹的市肆

#### 3.2.1.1 鳞次栉比的商铺

中外研究者对西藏近代商业的关注,多表现在对西藏边贸以及拉萨商业构成的研究上。对拉萨市场的描述,多少能揭示出20世纪前50年,西藏商业在西方经济入侵下的畸形繁荣。20年代,西方人在拉萨市场所见的日用品已经和欧洲市场出售的劣等大陆货相差无几。贝尔不但用很多篇幅叙述了西藏纵横交错的商路、繁多的商品、运输的方式以及西藏的特产,也描写了西藏商人的经营方式:

> 在拉萨,货物求售,或罗列于摊担上,或铺陈于店前地面上。……市场中央为弹药,药旁为马勒和马镫,右旁为食物与食具,中有一茶壶,茶杯,篮内为大麦粉。摊主坐于弹药后,以白毯为坐褥。[1]

贝尔感慨,欣赏这一和平景象,可与在伦敦牛津街浏览商店的华美橱窗同日而语。据说,当时大昭寺周围的商铺一般早晨5点即开始营业,且诚信极好。

长途贩运商品的商队,照例在每年的12月到达拉萨,卸货后,开始采购所需的物品,在次年3月冰雪融化之前离开。因此,每年的11月到次年的2、3月,是拉萨商品交易最活跃的时段。

至于拉萨的商家户数,1947年时,文汉调查说:"(拉萨)有北平商店7家,各具资本数十万元,经营绸缎及瓷器等物,尼泊尔商店150家,多属小资本。此外尚有来自各地的流动商人及当地小贩,类似路边临时设摊交易,数亦可观。"[2]

据1952年西藏贸易公司估计,当时拉萨有商店1 297家,其中坐

---

〔1〕〔英〕查尔斯·贝尔:《西藏志》(董之学,傅勤家译),上海,商务印书馆,民国25年(1936年),第153页。

〔2〕文汉:《拉萨之经济生活》,《边地通讯》,1947年第2期,第11页。

市场上的商品(妥思妥耶夫　摄)

商 1 147 家,摊贩 120 家,行商 30 家。西藏商业厅档案中有 1953 年时拉萨商业户数的统计,计为 610 家,其中百货店 244 家,茶叶店 39 家,布店 65 家,裁缝店 50 家,饮食店 72 家,糖果店 9 家,金银首饰店 14 家,铁匠铺 15 家,皮革店 25 家,理发店 6 家,藏香店 5 家,鸦片馆和赌场 7 家,还有其他商店 59 家。[1] 1961 年,拉萨商业局填写的《商业基本调查表》提供的信息为,截至 1950 年年底,拉萨商户为 575 家,其中藏族 523 家,回族 40 家,汉族 12 家,另有外商 49 家,其中尼商 28 家,尼藏混血的后裔卡塞尔 21 家。[2] 由于以上几种资料数据出入太大,很难对拉萨商铺数量作出比较准确的估计。

至于拉萨商业的资金规模,1952 年,西藏贸易公司估计为 770 万银圆,但不包括功德林、大金寺、三大寺这三大僧商。1953 年的商业厅档案对拉萨商业资金的估计为:百货 1 770 万元;茶叶 7.8 万元;布匹 427 万元;饮食 1.5 万元;糖果 5.2 万元;藏香 0.05 万元;鸦片及赌场

〔1〕中国社会科学院民族研究所,中国藏学研究中心社会经济所:《西藏的商业与手工业调查研究》,北京,中国藏学出版社,2000 年,第 22 页。

〔2〕中国社会科学院民族研究所,中国藏学研究中心社会经济所:《西藏的商业与手工业调查研究》,北京,中国藏学出版社,2000 年,第 22 页。

0.175万元。1955年的《西藏商业调查》估计，西藏私商的资金总计1 600多万元；1959年的《西藏地区市场资料》统计，西藏和平解放前西藏私人商业资金为1 200多万元。[1] 但以上数据的准确性也值得怀疑。表3－2是1952年西藏贸易公司制作的拉萨商户资本流动表以及1961年拉萨商业基本情况调查表。

**表3－2(a)　1952年西藏贸易公司之拉萨商户资本流动表[2]**

| 行业 | 1951年 | | 1952年 | |
|---|---|---|---|---|
| | 户数 | 流动资金(大洋/元) | 户数 | 流动资金(大洋/元) |
| 茶叶 | 50 | 266 660 | 52 | 2 674 660 |
| 百货 | 400 | 266 000 | 406 | 418 250 |
| 糖果 | 9 | 6 000 | 9 | 9 200 |
| 皮毛 | 530 | 2 200 000 | 530 | 2 200 000 |
| 药材 | 8 | 1 100 | 8 | 1 700 |
| 肉类 | 80 | 3 000 | 80 | 5 000 |
| 布匹 | 70 | 2 310 000 | 70 | 2 450 000 |
| 摊贩 | 120 | 9000 | 415 | 124 500 |
| 行商 | 30 | 240 000 | 250 | 3 750 000 |
| 合计 | 1 297 | 5 301 760 | 1 820 | 11 633 310 |

〔1〕中国社会科学院民族研究所，中国藏学研究中心社会经济所：《西藏的商业与手工业调查研究》，北京，中国藏学出版社，2000年，第40页。

〔2〕《西藏商业厅档案室档案》1952年1－2卷，此处引自《西藏的商业与手工业调查研究》，北京，中国藏学出版社，2000年，第27页。

表 3-2(b)　拉萨市商业基本情况调查表[1]

| 商户构成 | 商户数 | 其中 | | | | | | |
|---|---|---|---|---|---|---|---|---|
| | 合计 | 藏族 | 回族 | 汉族 | 白族 | 蒙古 | 尼泊尔 | 卡塞尔 |
| 1950 年年末以前开业 | 624 | 523 | 40 | 12 | | | 28 | 21 |
| 1951 年年初到 1959 年 2 月开业 | 347 | 307 | 10 | 18 | | 1 | 4 | 7 |
| 1959 年 3 月以后开业 | 298 | 262 | 13 | 7 | 1 | 1 | 2 | 12 |
| 合计 | 1 269 | 1 092 | 63 | 37 | 1 | 2 | 34 | 40 |
| 按经营行业分组 | | | | | | | | |
| 百货 | 139 | 85 | 1 | 9 | | | 26 | 18 |
| 杂货 | 720 | 672 | 24 | 6 | | 1 | 7 | 11 |
| 服务 | 12 | 5 | | 7 | | | | |
| 饮食 | 290 | 245 | 33 | 6 | 1 | | | 5 |
| 修理 | 19 | 5 | 3 | 9 | | 1 | | |
| 寄卖 | 44 | 43 | 1 | | | | | |
| 其他 | 45 | 37 | 1 | | | | 1 | 6 |

### 3.2.1.2　善于经营的藏商

旧时介绍西藏的书籍中,都提到藏族是善于经商的民族。贝尔则干脆将藏人分成 3 种——贵族、农民和商人。“全藏人民皆不时从事商业。西藏人实天赋有商人之才能。”[2]

可以说,拉萨是一个小生意的国度,小商人占拉萨总商户的 65%,主要经营土产和百货。他们多半是手工业者、贵族的用人、农民、喇嘛、尼姑、政府小职员等,资本在一万元以下。还有些小商贩靠在拉萨附近的乡下来回贩运小商品为生。在西藏,上至达赖喇嘛,下至手工业者和

〔1〕根据《西藏的商业与手工业调查研究》编制。

〔2〕〔英〕查尔斯·贝尔:《西藏志》(董之学,傅勤家译),上海,商务印书馆,民国 25 年(1936 年),第 153 页。

流民乞丐,很少有不涉足商业的。康巴商人将茶叶运进西藏,把虫草、贝母等药材输入内地,甚至运到广州出售。1942年,上海一家报纸的广告版上,竟用整个版面介绍拉萨藏药的种种神奇疗效。尤其值得一提的是藏族妇女商人,麦克唐纳说:

> 西藏妇女在家庭生活和商业上都很有影响力。商人的妻子有能力在丈夫出去跑生意时照顾买卖,她们可以记账。在西藏的小摊和市场上,妇女的周围摆满货物,身边还有一把大伞遮挡太阳和雨水。她们像男人一样讨价还价,甚至比男人做得还好。[1]

在拉萨,资本在10万元以下1万元以上的算中等商户,他们多为手工业者、贵族和寺院,也以零售业为主。多数商户在亚东采购,实力比较强的商户经营进口货。他们派人到印度进货,宝石从加尔各答采购,其余商品多采购自噶伦堡。

真正财大气粗的是那些与藏政府和寺院有密切关系的批发商,他们多数本身就是贵族兼政府官员或是大寺院。20世纪50年代之前,拉萨资本较大的41户藏族批发商中,贵族、土司、头人占23户,寺院占9户。他们有权向达赖内库借款,可以免费使用乌拉差马运输货物,有些商家还使用政府电报系统了解国外商业情报。诸多优惠政策使拉萨世俗官吏很少有不涉及商业贸易的。因此,拉萨有"大官做大生意,小官做小生意"之说。

20世纪前半期,拉萨商业持续繁荣,参与商业活动的中小贵族和城市平民人数不断增加,也造就了不少的"官商"和"买办",带来了社会财富的再分配。一方面,社会资源更加集中于财力雄厚的官僚世家和寺院手中;另一方面,少数暴富的平民由社会边缘进入了西藏地方政府权力中心。商人邦达昌、桑多昌和擦珠昌起先并不是贵族,古老世家拒绝接受他们,但财富使他们跻身贵族行列,他们的名字被列在了噶厦官员名单上,他们的子女也得以与世俗贵族结为秦晋。

以桑多昌为例。桑多昌是噶伦堡最大的藏商,桑多仁钦是桑多昌的七公子,在噶伦堡和大吉岭接受西方教育。他从坎布里奇高中毕业,

---

〔1〕D Macdonald: *Cultural Heritage of Tibet*, New Delhi, Light-Life Publishers, 1963, p. 134.

会说汉语、藏语、英语、印地语和尼泊尔语。1947 年,摄政热振活佛被捕后,桑多家遭到怀疑,不得不逃往印度。他家在拉萨、帕里和其他地方的房产均遭到查封,他们举家在噶伦堡流放时,还遭到过抢劫。后来,对桑多家的怀疑得到澄清,桑多仁钦被赐予了五品官职位,作为对其家庭损失的补偿。

西康商人邦达家族,更是平民商人跃升为西藏地方政府官商和买办的典型。邦达昌老主人宜江是今四川江卡县人。“邦达”是其房名,“昌”是藏语“商号”之意,因此称邦达昌。宜江原本在印度经营小本生意,十三世达赖喇嘛出走印度时,宜江竭力供奉。达赖喇嘛返藏后,便向邦达昌注入资本,并给予邦达昌特许,让其垄断西藏对印度的羊毛出口 3 年,收入与达赖分成,使其一跃成为西藏首富。邦达昌很会经营,他在藏北谢通门设立代理人,从事羊毛收购,价格是一驮羊毛 50 ~ 60 两藏银。因为担心零售欠账和赊账多,不容易获利,他家只经营出口及汇兑,不办入口业务。据黄慕松了解:“邦达昌为达赖代办羊毛捆商之赢利,双方各一半,一年后改定达赖得三分之二,邦达昌得三分之一,共经营三年。自民国十九年至二十一年,达赖所得约 40 余万。”[1]

因为与达赖喇嘛的特殊关系,邦达昌家族的政治影响也随之膨胀。据说,在邦达昌垄断羊毛专营权时,达赖喇嘛的心腹,当时的藏军司令擦绒,曾经私自偷运羊毛到印度出口。邦达宜江即向达赖投诉,经过噶厦四噶伦讨论,邦达宜江获胜,进一步巩固了他的羊毛独家经营权。在 1921 年的“朗色林事件”中,藏政府和三大寺关系异常紧张,冲突一触即发。因为邦达昌是三大寺最大的施主,宜江便主动前往哲蚌寺,为双方调解纠纷,让达赖喇嘛在兵不血刃的前提下,迫使拉萨三大寺作出让步。因为宜江功不可没,其家族势力逐渐达到鼎盛。

宜江不幸遭暗杀之后,其二子尼玛成为邦达家族的家长,并被十三世达赖喇嘛封为贵族。尼玛的长兄邦达养壁作为藏政府官员,曾任亚东总管 13 年,政绩很突出,但是他本人却很少在任上,差事多交由管家办理;尼玛的弟弟邦达多杰出任川边藏军代本。40 年代,邦达家族

---

〔1〕黄慕松:《使藏纪程》,北京,全国图书馆文献微缩复制中心,1991 年,第 279 页。

的另一个儿子邦达饶嘎与贵族公子江乐金、原达赖喇嘛侍从土登贡培一道,在印度噶伦堡成立了所谓的“西藏革命党”,其理想是效法孙中山,对西藏社会进行变革,并与国民政府来往密切。后来,邦达饶嘎还在南京蒙藏委员会任职。

这些所谓的“官商”和“私商”,大都在印度的噶伦堡、大吉岭,或者加尔各答设有商务代办处,在内地大城市,如北京、南京等地也设立办事机构,一方面便利贸易,一方面作为西藏对外关系的非官方联络处。他们以商人独特的处事方式,巧妙周旋于各种复杂的政治势力之间,并以其为靠山,为自己谋取更多的商业利益和更高的社会地位。依然以邦达昌为例。邦达家族不仅是达赖喇嘛的红人和西藏贵族圈子里的常客,同时也是国民政府的座上宾。1934年,土登贡培事件[1]发生后,与土登贡培关系密切的邦达家族受到了牵连。远在康区的多杰听到谣传,说哥哥养壁遭到藏政府的逮捕,就在康区发动了反对藏政府的叛乱,并率其部投靠了国民政府。身在拉萨的邦达养壁因为多杰叛乱,遭到藏政府查办。多亏三大寺极力请愿,加上邦达家族向赤门噶伦行贿,邦达昌才免于惩罚。

1940年,西藏地方政府以邦达昌名义向印度购买武器,让其在噶伦堡以现金形式支付军火款项,以赔偿当年邦达多杰连人带武器投靠国民政府给西藏带来的损失。[2]1950年,噶厦命令帕里宗本雪康·索朗达吉到锡金接收这批从印度购买的军火。从锡金运到亚东的1万英镑运费,由驻噶伦堡的拉萨商人擦珠仓之子汇兑。武器运到亚东之后,移交邦达代理人负责运送到拉萨。[3]

### 3.2.2 拉萨的外族

#### 3.2.2.1 逆境求生的汉商

1934年,民国政府官员黄慕松被告知:“拉萨汉民数目,川帮二百

---

[1]达赖喇嘛圆寂后,西藏地方政府追究达赖喇嘛晚年的心腹侍从土登贡培的责任,并将其流放。

[2]L/PS/12/2/75,1939年5月26日锡金政治官员致印政府外交部信函No.3(3)。

[3]《西藏文史资料选辑》(15),北京,民族出版社,1998年,第146页。

余家，滇帮三十余家，陕帮二十余家，尚有其他各省来者，巨商亦不少。”[1] 1939年，随吴忠信进藏的官员朱少逸对拉萨汉商的生存境遇有更加详细的了解：

> ……目前拉萨汉人，连同土生者在内，约有二千人之谱，分为四帮：即北平商人，……约五六十人，业绸缎、瓷器及北平玩物，资本雄厚，生意鼎盛，店房既极堂皇，店友服饰亦甚整洁。拉萨世家官吏，乐与往来……为汉人中之最漂亮者。……再次为滇帮，约百余人，以贩运滇茶为主要营业，有资本达数十万者，惟精神较散漫。再次为川帮，人数最多，在一千以上，但其生活亦最苦，屠牛、收尸无所不有。彼等多系清末驻藏戍军之流落藏境者……在中央与西藏关系恶劣时，彼等至不敢自承为汉人……多已娶土妇，生子女，其子女且不懂汉语矣。[2]

**拉萨汉人社区（邢肃芝　摄）**

事实上，崔比科夫在其1902年入藏时已经发现，拉萨真正的汉族非常少，“多数是藏族母亲生下的汉人后裔。这些藏汉混血儿身着汉装，但是对汉语一窍不通。……大部分汉人是当地驻防军人，领有军饷，有些人从事批发贸易，还有少数是手艺人。手艺人中大多数是理发

---

[1]黄慕松：《使藏纪程》，北京，全国图书馆文献微缩复制中心，1991年，第220页。
[2]朱少逸：《拉萨见闻记》，北京，全国图书馆文献微缩复制中心，1991年，第125－126页。

师和木匠,少许人开茶馆和牲畜屠宰场。但是后两种行业是通过当地的工人和伙计来经营"[1]。

崔比科夫所说的汉人士兵,基本上是四川人。据说他们都是清朝时衙门里的人,或是赵尔丰的部下。这些人住在河坝林和鲁布一带,以种菜、做豆腐、理发、开烟馆和甜茶馆为生。朱少逸说:"拉萨最感缺乏者,为庖人、理发师及成衣匠人。藏人服食习惯,均与内地不同,剪发更所罕见,业此者为数甚少,且类为川人或土生之混血汉人,其活动范围,亦至有限。"[2]

朱少逸认为,在拉萨最有势力的汉族群体是北平商人。北平商人在拉萨经商有上百年历史。最初来拉萨的北平商人称为"外管",即从外蒙大库仑转过来的商人。他们都是河北香河、武清、深县、束鹿、冀县等地人士。起初他们在北平的老板将其派至拉萨做小生意,约有十多人,并没有开设铺面,各家商号合在一起,吃住都在八廓街的"果芒康沙"楼上。因为当时货源很少,他们只做些批发零售生意,有时还做些铜器活出售,补贴生活。到了30年代,北平商人陆续在八廓街开了六七家商号。据说最早在拉萨设商号的是解文会。他最早自己做生意,后来给札萨柳霞土丹塔巴当管家,积累了些资本,于是投资"文发隆"、"兴记"等商号,成为东家,并和一位藏族妇女结了婚,他的儿子也在柳霞家做过管家。1945年前后,因为有柳霞投资,"兴记"和"文发隆"颇为兴旺。表3-3是西藏和平解放前后北平商帮经营情况。

北平商号叶增隆老板与经理(邢肃芝　摄)

〔1〕〔俄〕崔比科夫:《佛教香客在圣地西藏》(王献军译),拉萨,西藏人民出版社,1993年,第108页。

〔2〕朱少逸:《拉萨见闻记》,北京,全国图书馆文献微缩复制中心,1991年,第88页。

表 3－3　北平商帮经营情况(1945 年)[1]

| 店名 | 经理名 | 资本(大洋/万元) | 经营方式 |
|---|---|---|---|
| 兴记 | 梁子质 | 6.7 | 出售:绸缎、瓷器、玉器、铜器、丝线、小手工艺品、果品杂货。<br>收购:麝香、熊胆、狐皮、豹皮、水獭皮、虫草、贝母。 |
| 裕盛永 | 刘万荣 | 3.4 | |
| 易生昌 | 孟登召 | 3.4 | |
| 德藏永 | 张奇英 | 3 | |
| 玉记 | 张春台 | 3 | |
| 大东 | 李富良 | 2 | |
| 振泰兴 | 姚世林 | 2 | |
| 兴合盛 | | 5000～6000 品藏银 | |
| 广益兴 | | 5000～6000 品藏银 | |

据当时在拉萨“文发隆”当伙计的韩修君回忆,在拉萨的北平商号加在一起,人员也不过 20 多人,另有一部分人在印度加尔各答、噶伦堡以及帕里驻守,负责转运货物。各家的掌柜都在北平办货,伙计在拉萨坐庄营业。货物从天津上船,经香港、加尔各答到噶伦堡后,再用骡马、牦牛、毛驴等驮运到拉萨,一趟要走 3 个月左右。一年大致进两三次货,约 300 驮,价值大约 6 万余元。冬货夏天办,夏货冬天办。大宗货物的利润在 20% 左右,瓷器为 40%,其他商品在 20% ～40% 之间。[2]

为保证商业利益,各商店的价格都一样,避免恶性竞争,以保证利润最大化。北平商人经营非常诚信,不以拉萨地处偏僻而在商品质量上有所疏忽,或倾销劣质商品,所经销的绸缎是苏杭产品,丝线是山东邹县产品,瓷器到景德镇办货。其中花绸缎销路最好,因为寺庙里做佛衣、供品神伞、画轴、顶棚都用绸缎。铜器也有不错的销路,如唢呐、曼遮、净水壶、提炉等。丝线的销路也很好,因为藏族男女老少都留辫子,扎辫结。

[1]根据《西藏文史资料选辑》(3)资料整理。

[2]郭翠琴:《北京商人在拉萨经商略记》,《西藏文史资料选辑》(3),北京,民族出版社,1984 年,第 93 页。

北平商人也多和当地的藏族妇女结婚，建立了家庭。兴记的总经理梁子质，在生意做大之后，就在香港开了一间分店，由一个叫乔景新的经理负责。他本人娶了藏族女子为妻，把家安在了噶伦堡，并不住在拉萨。

因为能灵活处理与当地各色人等的关系，平商一直与藏政府和其他藏商如邦达昌、噶雪巴、贵桑子、柳霞、帕拉等维持良好关系，逢年节或红白喜事，都互相请客送礼，汉人送绸缎，藏族送鸡蛋、氆氇、油炸果子等。藏政府官员的太太、小姐、少爷是商店的常客，大家聚在一起听唱片、打麻将，有什么新鲜货色都让他们先挑选。由于与当地贵族和官员的良好关系，汉商还可以通过关系向藏政府借款。即使1949年发生“驱汉事件”时，他们的生意和个人财产也没有受到多少影响。

云南商人及其藏族妻子（刘曼卿　摄）

拉萨除了北平商人以外，还有来自云南、青海、四川等地的商人，最多时有三十来家，到和平解放时剩下十多家。他们主要经营茶叶、铜器和食品，以沱茶最多。1903年，河口慧海结识了在拉萨开药铺的云南人李之楫。李经营一家叫“天和堂”的中药铺，有藏族妻子和两个孩子。[1] 拉萨资格最老的滇商是“铸记”，主人夏洛土丹的爷爷马世元1944年97岁时，还在拉萨办了一次很风光的百年大寿。“铸记”资本估计在10万大洋左右，除了茶叶、首饰，还兼营羊毛。此外，“马连元”、“留富堂”、“张小周”、“恒盛公”、“洪记”等商号也比较有名，这些商号主

〔1〕〔日〕河口慧海：《西藏秘行》（孙沈清译），拉萨，西藏人民出版社，1999年，第216页。

人中的一些人也和藏族妇女结了婚。抗日战争后期,因为海路不通,云南和西藏的商业往来得到加强,曾经从云南来了很多商人。他们抽大烟、嫖娼、赌博,还做非法生意,将鸦片倒卖到拉萨,脱手后换成布匹或一些违禁品,如洋酒、化妆品和纸烟等,再运到内地,获利十分丰厚。[1]

拉萨汉族与内地的政治联系与地位随着国民政府对藏政策的变化而有所改变。1934 年,黄慕松入藏致祭十三世达赖喇嘛,并与西藏噶厦协商在拉萨设立了蒙藏委员会驻拉萨办事处、交通部拉萨无线电台、中央气象测侯局以及国立拉萨小学。1939 年,吴忠信入藏主持十四世达赖喇嘛坐床典礼,朱少逸描写他们初到拉萨时,有汉民数百人聚集在拉萨东里许的一个空场上,持红绿纸旗,高呼欢迎,并设帐篷,备茶点,殷勤招待,后面又有拉萨小学数百学生身着黑色制服,列队欢迎。[2] 1945 年日寇投降的消息传来,国民党驻藏办事处活跃起来,拉萨的汉人都提着灯笼上街游行,庆祝抗战胜利。大家借用邦达昌的院子演出两天节目,有京戏、滇剧和魔术等,办事处还邀请噶厦政府官员前来观看。司伦朗顿以及噶伦然巴、索康、噶雪巴、彭康等都在楼上搭的帐篷里就座,高级官员及其家属也在二楼看戏。

在拉萨的汉族一直都以积极的方式融入西藏社会。除了商铺以外,拉萨小学也是汉藏文化交流的积极尝试。1938 年夏末,拉萨小学在十分困难的条件下招收了五六十名学生,其中一部分是原来回民学校中年龄较大的学生。学科有藏文、国语、算术、历史、地理、公民、常识、音乐、图画、习字、体操及回文。学校最初设在龙厦以前的宅邸,即后来的国民政府驻藏办事处二楼。到学校就读的主要是回族子弟,也有西藏上层人士的子弟,如十四世达赖喇嘛的哥哥,贵族夏扎、夏格巴、阿沛家的孩子以及擦珠活佛家的孩子等。学生中还有尼泊尔官员和商人的子弟。英国驻拉萨代表曾经在报告中详细描述了他们到拉萨小学参观的情况,并记录了学校开设的课程。到 1946 年时,在校学生已经有近 300 名,还增设了幼稚班和特别班。学校也有了较大的活动

---

〔1〕李有义:《今日的西藏》,天津,天津知识出版社,1951 年,第 81 页。
〔2〕朱少逸:《拉萨见闻记》,北京,全国图书馆文献微缩复制中心,1991 年,第 85 页。

拉萨小学部分学生(邢肃芝　摄)

场地,组织过很多文体活动,如篮球、排球、乒乓球运动等,还为学生放电影、组织家长会、排演话剧。到拉萨采访的国民党中央社记者评价说:"学校办得有生气,学生课业比内地好,一般品行良好,有礼貌,尊敬师长。"〔1〕不幸的是,学校在1949年发生"驱汉事件"后被迫停办。

3.2.2.2　处事通达的穆斯林商人

《中国回民大辞典》中载:"据传,公元十一世纪左右,即有穆斯林入藏。"《拉萨文物志》载:"拉萨大清真寺建于康熙五十五年,最初规模不大,只有二百多平方米。"后来清真寺得到扩建,上有匾额"咸尊正教",立匾的年代是乾隆三十一年。在拉萨回族墓碑中,最早的碑文是乾隆四十九年(1784年)立的,说明当时已经有不少汉地穆斯林入藏。乾隆时期的《西藏志》"市肆"一节中,已经提到西藏市场中有回族商人:

> 西藏习俗,贸易经营,男女皆为……至市中货物商贾,有缠头回民贩卖珠宝,其布匹、绸缎、绫锦等项,皆贩自内地。有白布回民

〔1〕常希武:《国民党在拉萨办学简介》,《西藏文史资料选辑》(5),北京,民族出版社,1985年,第91页。

贩卖氆氇、藏锦、卡其缎、布等类，皆贩自布鲁克巴、巴勒布、天竺等处。[1]

这里的缠头回民和白布回民，指来自克什米尔和拉达克的穆斯林。藏族最早把来自克什米尔的穆斯林称作“拉达克什”，把汉地回民称作“甲”，后来统称他们为“甲克什”。

19世纪中叶之后，以拉萨为中心，藏族与克什米尔和甘青一带的穆斯林在商业上的交往日渐频繁。1905年，英国军医瓦德尔（Waddell）出版的《拉萨及其神秘》（*Lhasa and its Mystery*）一书中有一幅拉萨全图，在西部中央标有一个汉地穆斯林饭庄，再往西标有一座克什米尔人的清真寺。瓦德尔说，在街上到处可见来自拉达克、克什米尔及鞑靼（中国西北部）的缠白头的穆斯林商人和突厥人（土耳其斯坦、阿富汗和新疆一带的人）。瓦德尔给7个穆斯林拍了照片，其中缠白头的是拉萨的穆斯林领事，即西藏穆斯林代表，家就在离清真寺不远的市场大街上。照片上还有3个缠白头的、2个戴白帽的，还有1个戴蓝帽或黑帽的，均为拉达克商人。尼泊尔驻拉萨领事告诉他，拉萨有200名左右的穆斯林商人，都是从拉达克和中国西部来的。

**克什米尔穆斯林**　古伯察曾经描述1845年时他对拉萨“克什”的观察：“他们头上有缠头，留着大胡子，步子沉稳而庄重，长得仪表堂堂，一副有学问的样子。服饰整洁，质地昂贵，当地西藏人对他们的一切均十分钦佩。”[2]据房建昌考证，这些穆斯林在拉萨世代相传，已有几个世纪了，他们最初是为了逃避克什米尔帕夏的虐政逃来此地的，大概有70多户。他们建有一座印度式清真寺，规模虽不如川滇两省回民所建的那所大，但在建筑风格上极尽小巧美观之能事。[3]陈观浔的《西藏志》中还将其列入西藏重要寺庙：“（喀契园）在布达拉西五里许劳湖柳林内，缠头回回教徒之礼拜所也。有鱼池、经堂、礼拜处。花

[1]《西藏研究》编辑部：《西藏志·卫藏通志》，拉萨，西藏人民出版社，1982年，第31－32页。

[2]房建昌：《西藏的回族及其清真寺考略》，《西藏研究》，1988年第4期，第108页。

[3]房建昌：《西藏的回族及其清真寺考略》，《西藏研究》，1988年第4期，第106页。

草芳菲,风致可爱。”[1]当时,拉萨最富有的商人就是这些穆斯林。他们往来于加尔各答与拉萨之间,经营布匹及刀剪铁器,也买卖金银,还与北京方面进行转手贸易。藏政府允许他们自由出入境,护照由达赖签发,并由藏兵护送至喜马拉雅山脚。

克什米尔穆斯林很关注与藏政府以及各政治集团的关系。1934年,黄慕松在拉萨逗留期间,克什米尔穆斯林代表前来拜见,除了献上礼物之外,还当面奉承黄慕松诸如一年前在新疆慰问的劳苦,深受当地回民爱戴等客套话。[2]这说明这些回民可以读到报纸,对时局也很关注。1936年,英国人察普曼说他们一行前往拉萨时,名叫古兰姆·麦丁·穆罕默德和阿萨吐拉·穆罕默德的穆斯林代表前来拜会。他们都是商人,住在拉萨城的东南角。虽然身着藏装,但都缠着头。在拉萨的英国人还同拉达克穆斯林进行了足球比赛。从察普曼拍的照片上看,队员都戴尼泊尔式黑筒帽,只有一人留胡须,相貌明显带有印度人特征。

**汉地穆斯林** 拉萨汉式清真寺里有3块匾额,分别挂于乾隆三十一年(1766年)、乾隆四十六年(1781年)和道光十五年(1835年),制匾者均有官衔,如守备哈国祥、把总单应举、千总马大雄、建武营外委密万秀等,他们的姓氏都是回民中的大姓。这说明清代派驻西藏的清军中,有不少回民士兵存在,他们应该是西藏汉地穆斯林的主要来源。汉地穆斯林多居住在河坝林、小昭寺、八郎学和丹巴4处。

朱少逸说:“回教商人,约二三百人,多经营杂货业,亦有在藏政府内任事者,如热振之翻译马宝轩及噶厦之翻译马和堂。是因宗教关系,团结颇坚。然多数尚不能免除差役。”1945年,到过拉萨的回民马建业讲,当时拉萨有回民120多户,其中以四川籍占多数,藏人称之为“回回”。[3]拉萨汉式清真寺聘了一位宁夏籍的阿訇任教长,该阿訇学识渊博,经验丰富,曾游历新疆及近东伊斯兰教国家,是在回国途中被挽

[1]黄慕松:《使藏纪程》,北京,全国图书馆文献微缩复制中心,1991年,第277页。
[2]朱少逸:《拉萨见闻记》,北京,全国图书馆文献微缩复制中心,1991年,第126页。
[3]朱少逸:《拉萨见闻记》,北京,全国图书馆文献微缩复制中心,1991年,第126页。

留在拉萨的。

河坝林的回民专门经营牛羊肉买卖，因为从不出售死牛肉，而且宰杀干净，他们中间的两户受到十三世达赖喇嘛的特许，可以世代供应达赖和噶厦官员食用牛肉。1950 年时，拉萨大概有回商 40 个。他们说自己是青海回民，18 世纪末随福康安入藏，击败廓尔喀人入侵后留居在此。这些汉地穆斯林和被称为"克什"的教胞之间关系十分融洽。

拉萨和西藏其他地方的穆斯林均属逊尼派，对教义非常信守，每日做 5 次礼拜，财力充裕的家庭还赴麦加朝觐。克什米尔的穆斯林遵循印度生活方式，汉地穆斯林则入乡随俗，衣食住行在很大程度上已经藏化。因为初入拉萨的汉地穆斯林多娶藏族妇女为妻，所以除老人还能操川、滇汉语外，年轻人只讲藏语，生活习惯受母亲影响较大。在服饰方面，妇女尤为藏化。男子虽穿汉式长袍，但腰间系藏式腰带。饮食方面，他们多食奶茶及糌粑，偶尔吃米和面食。住宅及内部布置全按藏族习惯，"多住双层楼房，地面以石灰筑成，光滑如水泥地。四面墙壁，少则一壁，多则两壁，全镶玻璃，室内明亮，显得十分宽敞。室内无床，皆席地而睡。出门多骑骡马"。[1]

也许是受藏族影响，回商摊头也多由妇女张罗。到了忠孝节、开斋节等伊斯兰教庆典，拉萨的教胞要休息庆贺。每逢节日的三四天内，穆斯林商店和摊头都要停业，几乎造成整个拉萨市面的瘫痪。[2]

基于民族传统，拉萨回民非常重视子女的教育。早在 1910 年前后，一个叫马俊良的阿訇就和另一个阿訇各自在家里开办了回民私塾，教授回民子弟阿拉伯文和乌尔都文，学习《古兰经》。1914 年左右，清真寺的执事把私塾里的学生集中到清真寺里学习，当时学生共有 20 多名，其中 10 多名是汉地回民子弟，10 名为克什米尔子弟。学生按程度被分成 3 个班，采用教师单独授课的方法。学生以自学为主，老师检查合格后，再布置新的读写内容。学完《古兰经》30 本需要六七年时

[1]朱少逸：《拉萨见闻记》，北京，全国图书馆文献微缩复制中心，1991 年，第 127 页。
[2]房建昌：《西藏的回族及其清真寺考略》，《西藏研究》，1988 年第 4 期，第 110 页。

间。大约在民国20年,清真寺的执事建议设立一个半日学堂,半日读阿拉伯文,半日读藏汉文。学生分成甲、乙、丙3组。教学内容有《幼学》、《论语》、《三字经》、民国教材《平民千字》等。教学以背诵课文为主,对水平较高的学生还要求写作文。1938年,国民政府拉萨小学成立后,回民半日学堂和清真寺回民学校的学生都转入国立拉萨小学。1949年"驱汉事件"后,学生又回到了清真寺学堂。那时学生有140人,还有一个女生班。[1]

3.2.2.3　身份特殊的尼泊尔商人

从古至今,尼泊尔一直与西藏保持密切的文化与贸易联系。《卫藏通志》中有大学士福康安会奏:"……向来贸易商民,全系巴勒布、克什米尔两种……藏内一切食用物件,全赖外番,一旦严禁商贩,实于藏番不便。且藏中贸易,俱由巴勒布商夥自行贩货零卖……"[2]

巴勒布即指尼泊尔。尼泊尔传统上向西藏出口大米、小麦、酥油、纸张、铁以及铜制品,还有香料、烟草、辣椒、花生和宝石等;从西藏进口的商品有盐、硼砂、金粉、羊毛制品、牦牛尾等。1788年和1791年,清朝政府两次打败廓尔喀入侵之后,福康安等大臣建议加强对尼泊尔商人的管理,在江孜和定日新派官兵驻扎,查明当时在藏从事贸易的巴勒布商民40名,其中商头3名,克什米尔商民197名,商头3名。《钦定藏内善后章程二十九条》中规定,允许尼泊尔商人每年来藏3次,克什米尔商人每年1次,但商人无论前往何地,必须由驻藏大臣衙门签发路证,对边界居民与尼泊尔的零星贸易,则不加限制。"至边界番民与接壤居住之巴勒布番民就近换盐米,至多不过数包,少至升合,未便定以次数限制。"[3]

晚清时的许世光、蔡晋成在《西藏新志》中说:

> 自尼泊尔、不丹等移住拉萨之民,专业金银铜锡玉石及妇女

---

[1]常希武:《国民党在拉萨办学简介》,《西藏文史资料选辑》(5),北京,民族出版社,1985年,第85页。

[2]《西藏研究》编辑部:《西藏志·卫藏通志》,拉萨,西藏人民出版社,1982年,第330页。

[3]《西藏研究》编辑部:《西藏志·卫藏通志》,拉萨,西藏人民出版社,1982年,第229－230页。

首饰等细工。制作极精巧，至于花卉，雕镂逼真，惟其习尚稍异，然普通礼节，无异藏人。[1]

1904年，艾德蒙·钱德勒在《拉萨真面目》中这样描写八廓街上的尼瓦尔人：

商店门口站着脸色惨白的尼瓦尔人，他们的祖先来自尼泊尔，若干世纪以前就在拉萨定居了。他们头戴平顶棕帽，身上的赤褐色长袍比喇嘛袍的颜色更深一些。[2]

**尼商定居拉萨的原因** 乔治·波格尔认为，1768年廓尔喀人统治尼泊尔后，为了维持庞大的军队，采取了对贸易征收重税的政策。商人没有贸易自由，也得不到利益，只好离开尼泊尔。[3] 尼里拉系列丛书《驯服西藏》(*The Taming of Tibet*)较详细地列举了尼泊尔商人在本国经商必须经受的政府剥削。如一般的商人每年要交尼政府1卢比，从帕里过关到西藏经商要交40卡拉，从江孜和日喀则到拉萨运货要交1卢比，甚至流动的商人也要交税。[4] 在整个19世纪，尼泊尔依据其与西藏相邻的地理便利和在尼藏战争中取得的优势地位，一直是对藏贸易和转口贸易的垄断者。

首先，藏政府对尼泊尔商品不征税，进入西藏的商品价格低，销售量大增。1856年，西藏地方政府与尼泊尔缔结条约，不但每年给予尼泊尔大量金钱补偿，后者还享有治外法权，其中一条是："自今以往，西藏对尼泊尔商人或其他尼泊尔人，不得征收通商税。"

其次，尼泊尔处于便利的贩运位置。沿西藏与尼泊尔交界的喜马拉雅山一线，有至少18个山口为贸易路线，其中4个最重要的山口一年四季都可以通行，其他地方只有暖和的季节才可以使用。

第三，1904年之前，西藏与印度之间没有直接贸易，尼泊尔是西藏

[1]许世光，蔡晋成：《西藏新志》，上海，上海自治编辑社，宣统三年(1911年)，第49页。

[2][英]艾德蒙·钱德勒：《拉萨真面目》(尹建新等译)，拉萨，西藏人民出版社，1989年，第186页。

[3][英]克莱门茨·R. 马克姆：《叩响雪域高原的门扉》(张皓等译)，北京，中国社会科学出版社，2002年，第286页。

[4]Nirala Series -16, *The Taming of Tibet*, New Delhi, Rutana Pashtak, 1998, p. 218.

与印度贸易的中间人,也是印度商品进入西藏的唯一通道。西藏与印度直接贸易之后,尼泊尔的贸易地位虽然有所下降,但尼泊尔商人依然是西藏对外贸易的重要桥梁。

20世纪30年代后期到40年代末,在拉萨的尼泊尔商人数量和经营规模都有所增加。吴忠信在《西藏纪要》中说:"……拉萨市有尼泊尔人千余,均业杂货商,商店共约150家,资本百余万,此外江孜、日喀则等各大埠,均有尼泊尔人经商,全藏尼人总数,约在三千之谱。"〔1〕朱少逸的《拉萨见闻记》中说:"侨居在西藏的尼泊尔人约三千,散处拉萨、江孜及日喀则、歌达克一带,以拉萨人数最多,占全体三分之二,多经营洋货,拉萨一带有尼泊尔商店一百五十家,每年贸易额约一百万卢比。"〔2〕

李坚尚在关于拉萨尼泊尔商人的研究中说:"在1940年前后,尼泊尔商人的总数可能为50多户,到和平解放时期,增加到了90多户,1956年为130户,1961年为74户。"〔3〕表3-4为西藏档案馆在藏尼商资料。

**表3-4　20世纪50—60年代在藏尼商统计〔4〕**

| 地点 | 年份 | 商户总数 | 尼商户数 |
|---|---|---|---|
| 拉萨 | 1961 | 1195 | 74(其中卡塞尔40户) |
| 江孜 | 1954 | 99 | 3 |
| 泽当 | 1954 | 15 | 1 |
| 亚东 | 1955 | 30 | 2 |
| 阿里 | 1960 | 718 | 没有定居尼商 |
| 聂拉木 | 1960 | 67 | 17 |
| 充堆 | 1960 | 34 | 18 |
| 岗嘎 | 1959年前 | 58 | 18 |

18世纪后期,在西藏固定经商的尼泊尔人并不多,在册登记的只

〔1〕吴忠信:《西藏纪要》,上海,商务印书馆,民国31年(1942年),第113页。

〔2〕朱少逸:《拉萨见闻记》,北京,全国图书馆文献缩微复制中心,1991年,第27页。

〔3〕李坚尚:《西藏商业概述》,《西藏的商业及手工业调查研究》,北京,中国藏学出版社,1999年,第180页。

〔4〕摘自《西藏的商业及手工业调查研究》。

有40人;但到了20世纪初,仅拉萨就有尼泊尔人800人;到50年代,商户有100多间,经历了一个很快的发展阶段,总资本达266万元。其中的原因可能是在二战期间,西藏成为战略物资到中国内地的转运站,刺激了对尼贸易在西藏的发展。当时英国政府规定,所有从印度进入西藏的商品,都由尼泊尔的商贸集团公司统一管理。公司把各种商品优先分配给西藏的贵族商人和尼泊尔商人,尼商从印度运来的商品,再由在拉萨的康巴商人、汉商转运到内地,即便是大金寺和邦达昌,也从尼商手中采购。

**尼商经营方式** 1904年以前,英属印度的商品要进入西藏,都从尼泊尔中转。尼泊尔商人进行转口贸易的方式为:将从西藏进口的牦牛尾转口到印度,再将布匹、糖、小刀、眼镜、香料、烟草等从印度转手到西藏。

拉萨的尼泊尔商人中有2家财力雄厚的批发商,批零兼营的中等商户有13家,其余为零售商。他们大都经营百货,也有少量经营饮食业。大商号的经营模式是:有专人在印度组织货源,在加尔各答或噶伦堡设采购部,联系进货,待货物到达帕里之后,由商号的马帮运回拉萨。例如拉萨大尼商夏木嘎布有100多头骡子的运输队,他从印度进货,再批发给零售商,平均利润在80%以上,高档奢侈品的利润甚至达到200%。大商户招徕零售商的策略,是向小零售商赊销日杂用品1到3个月,以此形成较为固定的销售网络。尼商收购藏地的土特产品,利润通常为20%左右,但有时会因印度市场的变化而下跌。如果收购黄金,一般要通过中间人进行。约什和罗斯的研究指出:

> 加德满都的富足与它在传统上跨越喜马拉雅山贸易中的地位有很大关系。从16到17世纪,北印度和西藏中部贸易的很大份额是以加德满都谷地为通道的。西藏的喇嘛教统治者,加德满都谷地的尼瓦尔商户以及在北印度的印度和穆斯林商人,联合组成了一个复杂的但获利丰厚的贸易系统。[1]

---

〔1〕Nirala Series -16, *The Taming of Tibet*, New Delhi, Rutana Pushtak, 1998, p. 216.

**表 3-5　在藏尼商的主要进出口项目**

| 从印度进口的商品 | 产地 | 销往 | 西藏出口的土特产品 | 销往 |
|---|---|---|---|---|
| 茶叶 | 印度 | 西藏 | 羊毛、牛毛、猪鬃、氆氇、狐皮、麝香、牦牛尾、硼砂、药材、藏香、藏毯、奶渣 | 印度、中国内地及欧洲等地 |
| 丝绸 | 中国内地 | | | |
| 地毡 | 中国天津 | | | |
| 手表、钢笔 | 瑞士 | | | |
| 照相机 | 德国 | | | |
| 皮鞋、日用品 | 印度 | | | |
| 首饰 | 伊朗 | | | |
| 食品(糖、面、米) | 锡金、不丹 | | | |

尼泊尔商人也热衷文物走私,据说由于他们大肆贩卖真假古董到印度的加尔各答或噶伦堡,还成就了中国内地和日本生产的景泰蓝、仿古瓷器等到拉萨售卖生意的红火。

**尼商社会地位**　尼泊尔人在西藏享有治外法权,在拉萨的社会地位较为优越。尼泊尔在拉萨设代表1人,是武官,其手下有2名助理,30名卫兵。办事处大约设立于1760年之后,大门就开在八廓街上。西藏地方政府对尼商很宽容,尼商经常向藏政府、寺院借钱,政府不收抵押品。西藏贵族和大商人也与尼商保持密切的生意往来。大藏商给尼商放账,利息每品藏银年息6~7两。

虽然尼藏关系受到政府的多方维护,但双方摩擦依然不断,有时甚至危及尼藏关系和西藏官员的政治命运。噶雪·曲吉尼玛曾任地方政府四品官,他回忆说,1920年4月的一天,他在为十三世达赖喇嘛出巡静街的时候,因尼泊尔驻藏代表噶布旦及其侍从不下马表示致敬,随与其发生冲突。1926年,噶厦制定了禁止进口和使用烟草的规定,尼泊尔人因为不能从事烟草贸易而转入黑市交易。1928年,藏政府逮捕了贩卖私酒的尼泊尔富商杰波夏巴。杰波夏巴本应受到治外法权的保护,但时任藏军司令的强硬派人物龙夏对此置之不理。1929年9月,杰波夏巴越狱,到尼泊尔驻拉萨办事处避难,龙夏派人强行把人带走,并严厉鞭笞逃犯,导致其两天后死亡。尼泊尔方面要求西藏地方政府道歉,遭到拒绝,便以战争相威胁。1930年,经过中央政府从中调停,战争得以避免,但龙夏因此被免去了藏军总司令的职务。[1]

政府间摩擦不断,尼泊尔人与藏人的民间关系也并不融洽。虽然有尼泊尔人与藏人结婚,定居拉萨,但尼泊尔人与藏人"并不和睦,相互嫉妒"[2]。河口慧海在《西藏秘行》中,记录了1900年他听一个尼泊尔士兵讲述的故事。大约在19世纪末,一个拉萨妇女到尼泊尔人的商店买东西,被指控偷了一颗珊瑚珠,遭到了搜身和侮辱。色拉寺的喇嘛听说此事,便纠集人抢劫了商店,使尼泊尔人损失惨重。后来西藏地方政府赔偿了损失,并同意尼泊尔政府派25名士兵进驻拉萨。[3]

从拉萨人对尼泊尔人的称呼上,我们也可以看出西藏人对尼泊尔人的态度。在拉萨,藏族人称汉族商人为"色古学"(sas-ku-shods),意思是少爷;称回族商人为"白衣拉",即白帽人;称尼泊尔商人为"索达拉",即货物的主人。

## 3.3 艰辛的工匠

### 3.3.1 散落城市角落的手艺人

#### 3.3.1.1 手工业者的地位

旧西藏对某个具体职业的等级有严格规定,手工业者属于第三等级。在这个等级中,服役于家庭的仆人以及被雇佣者属于第三等级中的上层;居无定所者、有妾而无妇者、贫民、无赖属于中层;屠夫、清道夫、天葬师以及铁匠等五金工人属于下层。其他手工业者,如木匠、石匠、裁缝、靴匠等的地位,并没有被单独列出,可能因为在实行等级划分的时候,社会分工还没有那么细致,或没有出现专门行业。这一点,可以从木匠、石匠平时务农,闲时为人帮工的劳动特点证明。西藏城市手

[1][美]梅·戈尔斯坦:《喇嘛王国的覆灭》(杜永彬译),北京,时事出版社,1994年,第165页。

[2][英]查尔斯·贝尔:《西藏志》(董之学,傅勤家译),上海,商务印书馆,民国25年(1936年),第145页。

[3][日]河口慧海:《西藏秘行》(孙沈清译),拉萨,西藏人民出版社,1998年,第198-199页。

工业者形成的时间不会很早，因为在《格萨尔王》中，巫师召集祈祷时并没有提到为手工业者祝福。据说，松赞干布为了修建大昭寺、小昭寺，从西藏各地召集了有不同技艺的工匠到拉萨，其中有金、银、铜、铁、石、木、泥、画、缝纫等各种匠人，拉萨因此成为脱离了土地的手工业者聚集的地方。到了五世达赖时期，为了解决大昭寺、布达拉宫塑造佛像和修缮所需的技术人员问题，藏政府将惹玛岗地方铜匠大师傅公夏带领的一部分手工业者组织起来，建立了一个叫“多白”（to-bas）的组织。“多白”的藏语意思是“能修建一切享受物品者”。[1]

从“多白”的名称和成因，我们就可以看出，西藏手工业者大体是为满足社会上三个方面的需求而存在的：首先是寺院和僧侣的需求；其次是贵族等上层人士的需求；最后才是百姓生产、生活的需求。由于拉萨手工业者是最早脱离土地的农民，在以农民为主体和以人身依附制度为特征的西藏社会，手工业者因为没有土地，缺乏人身归属和相对稳定的生活来源而受到社会的歧视是必然的。到了近代，在大量品质好、价格低的外国商品进入西藏之后，劳动工具落后，以纯手工制作为主的西藏手工业，因为在价格和质量上都缺乏竞争力而陷入尴尬的境地，对客户依赖强的手工业者或濒临破产，或季节性、间歇性地沦为城市流民和乞丐。

在“多白”成立之初，官方认可的手工业者有9个类别：(1)铜匠；(2)镂刻；(3)铸造；(4)内胎；(5)镶嵌；(6)画工；(7)旋工；(8)木工；(9)铁匠。到了20世纪20年代，十三世达赖喇嘛时期重新整顿了行会，在已有行规的基础上，又设立了内部等级制度。

3.3.1.2 手工业者的数量

1959年的西藏地区市场资料显示，当时拉萨有26个行业，共1 950户，5 661人。另据拉萨市档案馆拉萨各阶层人口情况调查资料，1959年时，拉萨有居民8 263户，总人口31 592人，其中手工业者1 662户，

[1] 扎西次仁：《西藏地方政府手工业局的建立及其编制》，《西藏文史资料选辑》(15)，北京，民族出版社，1998年，第136页。

4 526人。[1] 表3－6是1959年拉萨手工业人口的分布情况。

表3－6 拉萨手工业人口分布(1959年)[2]

| 行业 | 户数 | 人数 | 行业 | 户数 | 人数 |
|---|---|---|---|---|---|
| 鞋匠 | 180 | 387 | 画匠 | 91 | 247 |
| 裁缝 | 589 | 1 411 | 油漆 | 5 | 11 |
| 纺织 | 130 | 522 | 皮匠 | 65 | 251 |
| 织氆氇 | 52 | 70 | 金匠 | 46 | 195 |
| 梳羊毛 | 2 | 7 | 银匠 | 19 | 52 |
| 织毛衣、袜 | 104 | 146 | 锡匠 | 1 | 1 |
| 染色 | 4 | 6 | 铁匠 | 50 | 189 |
| 铜匠 | 20 | 45 | 制香 | 15 | 47 |
| 木匠 | 158 | 528 | 雕刻 | 1 | 2 |
| 泥瓦匠 | 23 | 75 | 印刷 | 11 | 27 |
| 陶工 | 9 | 18 | 做粉条 | 1 | 1 |
| 造纸 | 1 | 4 | 屠夫 | 36 | 176 |
| 塑像 | 1 | 2 | 其他 | 48 | 106 |

以上数据显示，拉萨手工业者中人数比较多的是缝纫、鞋帽、纺织等劳动密集型行业，其中以裁缝人数最多，占手工业者总数的48.2%左右。其次是木匠、画匠、金属匠和泥瓦匠。人数较少的是造纸、塑像、锡匠和做粉条的。这与藏民生活习惯有很大关系。首先，与人民日常生活密切相关的是劳动密集型产业和利润较大的行业，如为寺院和贵族制作窗帘、门帘，生产各种宗教用品，以及服装、鞋帽。第二，从业人员多的行业是区域内发展比较成熟、社会需求量比较大、与社会生产力水平相适应的行业，如皮匠和铁匠。第三，行业人数还与行业的垄断情况有关，塑像、造纸、雕刻、制香等行业多为寺院垄断经营，因为寺院有专门从事雕刻、造纸、制香、绘画的喇嘛画师，从事这些行业的平民便

[1]根据《西藏的商业及手工业调查研究》资料整理。

[2]李坚尚:《西藏手工业的历史考察》,《西藏的商业及手工业调查研究》,北京,中国藏学出版社,1999年,第210页。

纺织的妇女(杜兰　摄)

很少。

3.3.1.3　手工业者的经营方式

拉萨手工业者的经营方式主要有4种:(1)木匠、石匠、画匠和雕刻师以来料加工为主;(2)铁匠、鞋匠、皮匠等实行自产自销,他们以销售成品为主,有时也进行来料加工;(3)纺织业因为带有家庭副业性质,并不是手工业者的主要收入来源;(4)从事制帽和金银首饰加工的手工业者多兼营商业,他们到印度购买商品,回拉萨销售。

贩卖陶器的小贩(邢肃芝　摄)

表 3-7 拉萨手工业者的主要产品(1959 年)[1]

| 行业 | 主要产品 |
| --- | --- |
| 石匠 | 石磨、石磙、石碾、石槽、石盘等 5 种,并参与建房 |
| 铁匠 | 镰刀、犁、钉耙、铁锹、剪刀、锁、铁锅、铁盆、菜刀、剥皮刀等 31 种 |
| 木匠 | 桌子、板凳、木箱、木柜、货架、酥油桶、筛面箱、水桶、床、神台等 12 种 |
| 铜匠 | 铜灯、铜壶、铜锁、铜喇叭、铜盒、铜神像、铜盘、铜墨盒等 13 种 |
| 皮匠 | 马背套、马笼头、马肚带、枪套、子弹带、皮带等 16 种 |
| 鞋匠 | 藏长靴、短靴、喇嘛靴、氆氇靴、棉鞋等 8 种 |
| 帽匠 | 各种帽子以及喇嘛、藏官帽 10 种 |
| 陶工 | 烧饭罐、酥油茶壶、藏酒壶、火盆、花盘、背水罐、尿壶、药罐等 11 种 |
| 缝纫匠 | 藏式衣裤、窗帘、门帘等 45 种 |
| 地毯匠 | 地毯、床毯、马鞍垫等 5 种 |
| 氆氇匠 | 氆氇、藏被、帮典、垫子等 6 种 |
| 金银匠 | 金银首饰、银盘、银壶等 13 种 |
| 其他 | 藏香、木碗、藏纸等 20 种 |

#### 3.3.1.4 手工业者的管理机构

20 世纪初,西藏地方政府手工业管理机构在“多白”的基础上成立了手工业局,办公机构设在布达拉宫下面的“雪”。手工业局有两名主管,为由十三世达赖喇嘛任命的孜仲,有关的经济和人事问题,都由孜仲和铜匠大师傅、錾花大师傅共同协商解决。手工业局的主要工作是打制佛像、制作供品。拉萨地区各寺院、商人和贵族如要制作或修缮佛像,都要事先经过手工业局批准。如果工匠私自制作佛像,要遭到逮捕、没收工具和判罪的处罚。[2]

资料显示,这个机构中有注册的工匠和助手共 99 名,其中有铜匠 27 名、錾花匠 6 名、铸匠 12 名、泥塑匠 6 名、画工 3 名、雕刻工 3 名、钻石镶嵌工 6 名、铁匠 6 名、木工 2 名以及助手 28 名;此外,还有 8 名妇

[1] 根据《西藏的商业与手工业调查研究》资料编制。

[2] 扎西次仁:《西藏地方政府手工业局的建立及其编制》,《西藏文史资料选辑》(15),北京,民族出版社,1998 年,第 137 页。

女专门负责擦拭铜器，为铜活镀银、抛光。

在手工业局注册的工匠相当于政府的工人，虽然是以支差形式被征调到手工业局的，但待遇相当不错，普通工匠还可以利用闲暇时间干一些私活。工匠每人每年的固定工资为藏银12两，还能够领到12克糌粑，每月1斤酥油、2块沱茶，冬夏工作装各1套。每年夏天，手工业局都要举行隆重的夏宴游园会招待工匠。

五世达赖恩赐的永久铁卷中规定：手工业局可以设监狱，可备马鞭、脚镣、手铐、连头长枷等刑具。如果手工业局所属人员在前后藏、康区发生命案，只能将犯人送交手工业局审理，如果在手工业局内部发生违法行为，手工业局有权将肇事者收监，进行鞭笞，或施以其他刑罚，但没有处死刑的权力。[1] 这是达赖喇嘛赐予手工业局的特殊法权，规定看似严厉，但因为是在机构内部执行，反而在很大程度上维护了工匠的利益。

### 3.3.2 手艺人的差别待遇

#### 3.3.2.1 裁缝

和平解放前，裁缝是拉萨最具代表性的手工业者。拉萨有5个独立行会，这些行会不同于欧洲中世纪那些维护手工业者权益的群众组织，而是政府管理、控制手工业者的机构，是西藏社会人身依附制度的执行者。缝纫行会为其中最大，其主要职能就是给藏政府、贵族和寺院提供服务。拉萨从事缝纫的手工业者人数众多，是由藏族特有的社会生活状态决定的。因为拉萨寺院众多，宗教装饰品以及僧人的服饰需求很大，加上藏族十分讲究着装品位，不但政府官员要严格遵守不同季节、不同场合、不同等级的衣着规范，老百姓也必须恪守着装的等级规定，不许穿着超过本阶层档次的服装，缝纫也就成为一个非常严肃并有着严格规定的行业。在没有机器生产的年代，手工缝制藏装非常耗时。

**裁缝的分类** 拉萨裁缝分为两类，一类是加入行会的政府工人，

〔1〕扎西次仁：《西藏地方政府手工业局的建立及其编制》，《西藏文史资料选辑》(15)，北京，民族出版社，1998年，137页。

一类是未加入行会的民间工人。行会的裁缝是固定的,要支付劳役差直到 60 岁。未加入行会的裁缝则要给行会交纳货币差。即使是行会的裁缝,也依据技术和资金情况,有比较严格的专业化分工:(1)做金花帽的裁缝;(2)做衬衣、裤子的裁缝;(3)做藏装的裁缝;(4)上门做活的裁缝;(5)贵族私人裁缝。

事实上,政府的裁缝除不能做靴子之外,可以加工各式藏装、衬衣、裤子、喇嘛袈裟、寺庙的装饰品、垫子等。拉萨地区的毡帽很有名,一个裁缝一天至少可以做一顶帽子,利润最少有 70 两藏银;做一件衬衣或者裤子,加工费为 6~7 两藏银;藏装的加工费是 70~80 两藏银;如果是上门为贵族做衣服,一天的工钱是 4~5 两藏银,有雇主管饭;如果常年给贵族支差,贵族每个月给他们饭食,闲时他们也可以接其他活。[1]

只有行会会员才有资格给贵族官员做衣服。他们还因技术高低分为钦莫、仲多、乌钦、乌穷和基巴几个等级。20 世纪初,俗官服装的面料主要是 3 种高级缎子:上有莲花、龙、云图案的料子"户昆"产自蒙古;有龙、凤、山水图案的料子"杰西"产自内地;"吾如苏"产自苏联。由于面料很贵,对缝纫的技术要求非常高。负责划线的一般是钦莫(chen-mo,主管),负责裁剪的是仲多,熨烫由乌钦担任。这样,缝制一件高级藏装大概需要 6~8 人协同完成。

裁缝的主要工具是绳尺、粉笔、木尺和装木炭的熨斗,多产自印度。藏族裁缝为全手工缝制,没有缝纫机。据社会调查资料,1935 年前后,整个拉萨有缝纫机 6 台;到 1950 年时,有缝纫机 13 台,所有缝纫机都是回民裁缝的。

**裁缝的社交** 按规定,行会的裁缝每年有 50~70 天时间为达赖和噶厦支差。在支差期间,由政府发给糌粑和清茶,每天付给工资,每年可以从政府领取 13 品藏银的工资。如果政府需要的人手多,还会临时组成服装加工厂"索扎",每天发给裁缝 4 两银子和一定的酥油。行会裁缝在支差期间不能旷工,否则要遭到严厉处罚;如果给官员做衣服

[1]诺布旺丹:《西藏手工业及其行会》,《西藏的商业及手工业调查研究》,北京,中国藏学出版社,1999 年,第 249 页。

时一天不去，要罚款40两；如果裁缝私自到乡下招揽生意，要罚款50两。[1]

由于是给雇主贴身工作，裁缝都为人圆滑，比其他匠人更势利和有心计。一般来说，雇主对上门做活的裁缝很热情，管饭、酒和茶，裁缝也卖力做工。因为有与上流社会接触的机会，裁缝的子女在婚姻上有较大的选择范围，与贵族攀亲也不足为奇。但裁缝的子女一般在工匠圈子里结婚，石匠、木匠和裁缝之间的婚姻最为常见。有条件的裁缝会送子女接受教育，希望有朝一日子女进入上层社会。

裁缝去世后，行会会给死者家属相当数额的"点酥油灯"费，死者家属也会通过多次纪念活动强化社会关系之间的联系。

3.3.2.2　五金匠

西藏五金匠人，特别是铁匠的地位很低。既然五金匠人和他们的产品在宗教事务和社会生产、生活中必不可少，他们为什么会遭到如此歧视呢？学者对此有诸如"种姓"说、"骨系"说、"杀生"说等解释。至于铁匠受到特别歧视，可能还有两个原因：

首先，铁匠是最早离开土地，到处流浪寻找营生的农民。在以封建土地所有制和人身依附为特点的西藏社会，铁匠到处游走对保持庄园劳动力数量很不利，对人身依附制度的稳定也是一种威胁和动摇。因此，他们的行为不受统治阶级的认可和鼓励。要阻止劳动力随意流动，让这些流动人口受到社会的孤立和歧视当然是一个最好的办法。

第二，流浪的铁匠是社会上的一种不安定因素。由于收入不稳定，在生活无着的时候，他们有铤而走险的可能性。他们能够打制武器，如果聚集在一起，再纠合民众，对社会甚至政府的危害则更严重。因此，统治阶级需要增大普通人与铁匠在心理上和空间上的距离。要达到这个目的，只能将铁匠低贱化，使他们变得不可接触。

歧视铁匠的严重社会后果，是西藏直到近代也没有发展起初级工业体系。由于没有成规模的手工业作坊，沿袭以个体或家庭经营为主的制造方式，生产工具处于原始状态，五金工人的社会地位极其低下，

---

[1]拉萨市城关区1959年档案资料。

藏政府即使有意发展近代工业，也根本没有必要的社会基础、经济基础和技术基础。

**匠人的分类**　拉萨五金行会里有浮雕工、锻打工、铸工、塑像师、铁匠、铜匠、画师、木匠、金匠、车工、守门员、清洁工等12个工种。五金匠还分为世袭匠人、拜师求学型匠人、经验型匠人和速成型匠人等几类。一般来说，五金匠的产品都是由师傅和徒弟共同完成的，徒弟从事协助性工作。但是在近代，西藏寺院的金属塑像依然主要是尼泊尔工匠的作品，西藏的五金匠一般都受雇于尼泊尔人、康巴人、贵族和寺院。他们技艺不甚精湛，很少加工金银饰品，只能为农牧民加工一些生活必需品。

五金匠人的生产工具十分简陋，一个生产单位可能只有一套工具，如黑河地区有一对铁匠父子，他们的工具只有一把钳子、一把铁锤、一个铁砧、一把锉刀、一把截铁刀和一只羊皮箱，以及零碎小工具，加起来只值2品藏银。直到20世纪60年代，绝大多数铁匠还使用皮质风箱，用木炭作为燃料。表3－8是五金匠人的部分产品及日产量情况表。

**表3－8　拉萨五金匠人的部分产品及日产量情况表**[1]

| 行业 | 产品 | 产量(只) | 工时(天) | 备注 |
|---|---|---|---|---|
| 铁匠 | 铧犁 | 12 | 1 | 1. 来料加工<br>2. 学徒帮忙完成 |
| | 刀(包括刀鞘) | 1 | 2 | |
| 金匠 | 戒指 | 2～3 | 1 | |
| 银匠 | 聚宝盆 | 1 | 1 | |
| 铜匠 | 铜锅(小) | 1 | 3 | |

**铁匠的卑微**　五金匠也分阶层，其中金匠、银匠和铜匠被称为“噶索”(bkav-so)，意思为“白匠”，铁匠被称为“那索”(na-so)，意思为“黑匠”。“那索”与屠夫、背尸者一起，处在西藏三等九级中的最底层。

令人不解的是，最歧视铁匠的一条规矩竟然来自提倡众生平等的寺院，即不准铁匠子弟入寺为僧。西藏地方政府派僧尼差的通知上特

〔1〕根据《西藏的商业与手工业调查研究》资料制表。

别注明:屠夫、铁匠、陶匠等“贱人”均不得派入寺院为僧尼。[1] 寺院在僧尼出家受戒时,还专门问当事人:“你是铁匠、屠夫、天葬师的儿子/女儿吗?”这一规定可能是造成对五金匠人歧视的精神根源,是对这些人脱离土地,背离人身依附制度的一种惩罚,以此显示当权者对正常社会秩序的维护。

铁匠大多以流浪打铁为主,没有固定的居所。如铁匠普布次仁原来是贵族雪康庄园的堆穷,因为没有土地,流浪到拉萨,在寺院租了两间房子,光租金就要花掉一年收入的一半。[2] 虽然如此,铁匠的物质生活状况也要比庄园里的农民好得多,手艺好的匠人生活还比较富裕,但其“低贱”的身份却无法改变。拉萨举行任何宗教和庆祝仪式,从不让铁匠参加,一般人也不让铁匠到家里去。铁匠只能与同类人在一起吃饭,他们会在怀里揣一个吃饭碗,目的是在某些场合不使自己和他人尴尬。铁匠的子女只能当铁匠,他们的婚姻实行内婚制。如果与普通人联姻,普通人也会沦为“下贱人”。

具有讽刺意味的是,这些在卫藏社会地位最低下的群体,是拉萨,乃至西藏最早、最具象征意义的产业工人。1913年,达赖喇嘛封克什米尔技师额斯玛拉为列参巴(勒空官员),令其在扎西塘旧址建立一所机械厂,制造枪支弹药。这里是西藏最早的兵工厂。工厂刚成立时,仅有木制机器一部,后来由印度购置了新机器,每天可以生产子弹3 000粒,平均每个工人6个月可以制造出一支步枪。[3] 后来,兵工厂改为造币厂和印刷厂,铸造西藏流通的银币、铜币,印制纸币和邮票。

1931年,西藏唯一带有现代化性质的工厂在拉萨北郊开业。这个工厂占地35亩,有房屋300间,工厂里还有一座林卡。工厂分发电厂和造币厂两部分,由曾经到英国留学的强欧巴·仁增多吉修建的水电站提供动力。

---

〔1〕《西藏概况》编委会:《西藏概况》,拉萨,西藏人民出版社,1987年,第177页。

〔2〕扎嘎:《西藏五金行业的调查研究》,《西藏的商业及手工业调查研究》,北京,中国藏学出版社,1999年,第278页。

〔3〕《黄慕松奉使入藏册封并致祭达赖大师报告书(下)》,《西藏历史资料汇编》(第10册),第19页。

贝尔曾描述："余曾参观拉萨附近一金子造币厂，见炉中正融化金属物，女工在旁拉风箱。"1930 年，国民政府女特使刘曼卿由龙夏夫人陪同去参观过这个工厂，当时工厂还制造枪械。1933 年，锡金政治官员威廉森受贡培拉之邀，也参观了夺底工厂。威廉森夫人描述了工厂的车间和工人工作的情景："银币被切割、打磨和印制。这里印刷纸币，给枪支装弹药。工人们坐成一排，用手工工具进行最后一道工序，他们一边工作，一边快乐地唱歌。"[1]

据拉萨市城关区 1959 年档案记载，在拉萨铁匠中，有 30 多人曾在拉萨造币厂工作。翻砂车间有男工 8 名，女工 15 名；铸币车间有男工 15 名，女工 10 名，还有 7 名小工。造币工人每天工作 8 小时，每月逢 15 日休息半天，30 日休息一天，每年有 2 个月的假期，必要时要加班。技术好的工人每个月发青稞 4 克，藏银 100 两；一般工人发青稞 3 克，藏银 40 ~ 50 两；官员发青稞 5 ~ 6 克，藏银 200 两。1952 年时发电厂有男女工人各 8 名，男工均为铁匠。

## 3.4 困顿的游民

### 3.4.1 飞鸟般自由的乞丐

#### 3.4.1.1 拉萨乞丐源流

游民，通常是指那些游离于正常社会生活以外的人，即所谓"平日居民有不农、不商、不工、不庸者"。乞丐是所有社会共同存在的现象，而拉萨的乞丐群体又因其特殊性，成为西藏社会中引人注目的部分。贝尔认为："西藏乞丐，专以乞食为生，其祖若父，世世业此，是乞丐已成为世袭也。其间或有若干工人，因丧失一腿，沦为残疾，不能谋生，不得不从事于乞食者，仅为少数中之少数，其大部分，仍出世袭而来。"[2]

旧西藏生产力水平低下，百姓对自然灾害的抵抗能力很弱，加上

---

〔1〕Margaret D Williamson, *Memoirs of a Political Officer's Wife in Tibet, Sikkim and Bhutan*, London, Wisdom Publications, 1987, p. 125.

〔2〕〔英〕查尔斯·贝尔：《西藏志》（董之学，傅勤家译），上海，商务印书馆，民国 25 年（1936 年），第 164 页。

深重的差役,很多农民不堪重负而破产,因此,乞丐中不乏破产的差巴和逃亡的堆穷。这些人没有土地,没有房产,不从事生产劳动,也不承担差役。在西藏,犯罪被抓到,会被遣送回原籍,但如果无法查明此人的来历,就把他交给丐帮首领。[1]

由于雪灾、水灾和地震等自然灾害而外出流浪的牧民也不在少数。段克兴说:

西藏俗人乞丐,多属于康藏草原牧牲之人,藏地天气无常,有时五六月间降冰雹,一旦有雪灾,牛羊均被冻死,只有扶老携幼,到别处乞讨,不过这样的人也多有火枪,成年作浮游子,不得已时,也要抢劫行人。在民国十八年,大雪灾后,有三千多人同到拉萨乞讨,经过藏政府资助后遣返。[2]

西藏社会乞丐数量庞大,与宗教信仰密不可分。其中有化缘的僧侣,也有为寺院化缘的俗人。在佛教基本教义中,布施是百姓信仰中最基本的行为。首先,百姓对佛法僧三宝的供养,是善念和善行的表示,是通过积累功德求得佛祖的荫泽。人们向僧侣布施,是相信僧侣有特殊的法力,可以超度众生,为人们去祸消灾,应该得到报酬。其二,在寺院夏安居时期,僧人因为害怕伤害生灵,连出门都不被允许,在寺庙里的一切生活都由政府和百姓施舍。夏安居结束后,僧侣们便外出朝圣,或找地方自修。这时,僧侣多执长杖沿门求乞。

《灾异志》中记载有一则噶厦向全藏信徒和行善好施者发出的知照,为潘朴桑珠林寺放化缘路照。寺庙的呈文称:“该寺前辈活佛,在政教首领达赖五世启程前往北京时,曾随行并忠心效力,获得嘉奖。……因土鼠年发生地震,佛堂和僧房几乎全部倒塌,由政府所拨救济粮,仅资用于新建佛殿和诵经堂180柱屋宇及院坝等开支。……为此请求批准云游各地,乞讨化缘。”噶厦对呈文的批复是:“僧俗官员、百姓可依据自己之心愿予以捐助,并顺次签名。乞讨者不得从中牟利,所

[1][印]达斯:《拉萨及西藏中部旅行记》(陈观胜,李培茱译),北京,中国藏学出版社,2004年,第164页。

[2]段克兴:《西藏奇异志》,上海,商务印书馆,民国20年(1931年),第31页。

得钱物,必须用于适当之处。对前去化缘僧众,应在乘船、过桥、居住、救险等方面提供方便,亦不准化缘者有不轨之举。"[1]

除了僧俗因宗教原因、农牧民因经济原因外出乞讨之外,有些曾经的上等人也会因家庭变故沦为乞丐。法国藏学家大卫·妮尔(D Neil)在拉萨期间结识了居住旧客栈的破落贵族,此人被称作"少校",曾经是藏军军官,因为赌博和酗酒而破产。"即使当了乞丐,却依然摆出贵族老爷的姿态。他每天清晨喝过茶后,就挎着一个帆布包和一个褡裢,提着一根棍子出门,以满不在乎的神态向人们索要东西,他的妻子和两个孩子,每天都以他晚上带回来的东西为食。"[2]

3.4.1.2　拉萨乞丐营生

在世界范围内,城市的教堂和寺庙周围都是乞丐聚集的地方。在拉萨,进香地点多有乞丐光顾,转经路常被乞丐包围,大路上也是乞丐聚集的地方。达斯描述小昭寺附近三五成群的流浪汉,向每一个外地香客要布施。如果遭拒绝,他们就将肮脏的帽子扔到外来人脸上,并辱骂他们。如果外来人生气,他们就回答说:"老爷,我们并无恶意,只是向你致敬而已。"[3]亨利·海登说:"城市东边马路上的乞丐占城市乞丐总量的四分之一。"[4]

贝尔描述乞丐乞讨时,除了伸舌头外,还举两手拇指,意思为被恭维的人是一等人物,应该给予金钱布施。拉萨乞丐常说:"请先生大发慈悲","请赐小小礼物";春丕谷的乞丐则说:"达官佛祖请赐一点礼物。"[5]贝尔在拉萨时,常看见通往布达拉宫的吉楚河桥上有3个乞丐,妇人坐在中间,两边是两个男人,一个半瞎,一个全瞎,他们手里都

[1]西藏自治区科学技术委员会,西藏自治区档案馆:《西藏地震史料汇编》,拉萨,西藏人民出版社,1982,第267页。

[2][法]大卫·妮尔:《一个巴黎女子的拉萨历险记》(耿昇译),北京,东方出版社,1982年,第277页。

[3][印]达斯:《拉萨及西藏中部旅行记》(陈观胜,李培茱译),北京,中国藏学出版社,2004年,第164页。

[4][英]亨利·海登,西泽·考森:《在西藏高原的狩猎与旅游——西藏地质探险日志》(周国炎,邵鸿译),北京,中国社会科学出版社,成都,四川民族出版社,2000年,第100页。

[5][英]查尔斯·贝尔:《西藏志》(董之学,傅勤家译),上海,商务印书馆,民国25年(1936年),第161页。

拉萨乞丐(亨利·海登 摄)

数着佛珠,还有一条大狗陪伴。如果有人骑着骡子过来,他们就吐舌举指。[1]

其实,乞丐也并非总是低三下四地乞讨,用恐吓与威胁性的言语或聚集性的活动到某贵族家强行索取,也是乞丐惯用的手法。每到节令宴会,乞丐们也会聚集到贵族家。贵族得到升迁,他们也同样前往。假如所求不遂,他们就狂喊不休,还用"在回家以前身死"、"尸体必将受辱"诅咒。因为这些人中很多是天葬师,他们的意思是"要在吝啬鬼死后好好惩罚一下他们的尸体"。[2] 贵族夏扎·甘丹班觉回忆说,在藏历新年和节日,都会有许多男女痞子到他家的院子里呼求赏赐,一直呼到满意为止。当要求得到满足后,他们就用特殊的声调呼喊三声"愿善神得胜",然后道谢离去。如不经他们的呼喊,家人要忌讳。他们来呼赏时,贵族们的赏赐有所区别,女性是男性的一半,送尸人又是女性的一半。[3]

1939年,国民政府派官员到拉萨参加十四世达赖喇嘛坐床典礼,每当国民政府吴忠信外出,他的轿前轿后,就会集聚数百乞丐,只好由一个勤务兵手执满袋子铜板,随行向地下撒铜板让他们拾。乞丐们争夺搅嚷,通常跟着轿子走数十分钟。元旦的第二天,还有乞丐数十人到

[1][英]查尔斯·贝尔:《西藏志》(董之学,傅勤家译),上海,商务印书馆,民国25年(1936年),第164页。

[2][俄]崔比科夫:《佛教香客在圣地西藏》(王献军译),拉萨,西藏人民出版社,1993年,第195页。

[3]西藏自治区政协文史资料研究委员会:《西藏文史资料选辑》(15),北京,民族出版社,1998年,第120页。

吉堆巴(国民政府代表团驻地)去贺年,吴忠信又赏给他们30两藏银,将他们打发。但是,随行官员朱少逸还写到:

据熟悉内幕者云,下等藏人及服役于世家中之贫民,均有临时冒充乞丐之可能;真正乞丐,不过数百人,彼等多为精壮男女,非无工作能力,但决少从事觅取工作者,日惟聚集路旁,依墙假寐,遇人过,伸手索钱,常追随里许不休,不达目的不止。拉萨乞丐有组织,亦有例规,初来拉萨者,只要定期对全体乞丐作一总布施,其后外出时,乞丐便不再穷追,追时,以已布施告之,亦可解围。乞丐的消息很灵通,如果遇到贵族家有喜事或远行归来,就纠集数十人,到庭院里呼叫不休,谓之道喜,只有如数给他们希望得到的赏钱才肯离去。[1]

在拉萨,有些乞丐还有固定的营生和生存的手艺。"却世加若"(固定乞丐户)通常借住在别人屋里,依靠卖酒、织袜、辫头发、当裁缝等零活为生,生意不好时才兼做乞丐。有些乞丐生活比较小康,甚至"戴着盘子形的帽子和贵重的耳环"[2]。由于乞丐在城里到处分布,他们还充当政府的眼线,为政府侦察逃到拉萨的游民和盗贼。

西藏民间有一种叫"米那羌姆"的舞蹈,拉萨人称为"噶玛厦羌姆",即俗人跳神,是一种具有世俗娱乐性的祭祀和民间歌舞,每年在固定时间举行。届时,朗子厦会吩咐丐帮组织"日角巴"(kyabs-ljug-ba)率领天葬师和处理特殊尸体(麻风病人、乞丐、犯人和被杀者的尸体)的人,以及被释放的犯人前去跳舞。[3] 达斯1901年游历拉萨时,当时的"日角巴"头目阿布拉50多岁,每天穿着鲜艳的袍子,戴着黄色头巾,没人知道他有多少财富。[4]

在拉萨街头,还有弹琴卖唱的歌手和唆使孩子跳舞行乞的乞丐。

[1]朱少逸:《拉萨见闻记》,北京,全国图书馆文献缩微复制中心,1991年,第125页。

[2][英]查普曼:《拉萨的素描》(彭国元译),《边政公论》,1940年第1卷第2期。

[3]刘志群:《藏戏与藏俗》,拉萨,西藏人民出版社,石家庄,河北少年儿童出版社,2000年,第93页。

[4][印]达斯:《拉萨及西藏中部旅行记》(陈观胜,李培茱译),北京,中国藏学出版社,2004年,第165页。

俗人羌姆舞蹈(杜兰　摄)

有时候,乞丐背后会跟着两三个卖艺的孩子。操琴的乞丐拉着凄凉的曲子,令孩子跳舞,并令孩子们请求施舍。[1] 贝尔在尼羊河谷看到过一个乞丐和三个孩子。小孩子跳舞的时候,乞丐在背后操琴,看到小孩子有所倦怠,就用脚踢他们。[2] 这类乞丐还带着小孩出现在宴会、市场或热闹的地点,戴上假面具跳"白鬼舞"。乞丐扮作"白鬼"使人们开心,口中言道:"我在远方,参谒佛祖宫阙,特来赐福于你。"在西藏,"白鬼"通常意味着财富和权势。

3.4.1.3　拉萨乞丐社区

拉萨乞丐大都住在拉萨西门附近,那里是杂役、流浪汉和天葬师的社区。古伯察对乞丐住所早有描写:

> 在拉萨郊外的一个小区,那里的房屋全部是用牛角和羊角建造的。那些古怪的建筑物非常结实,还很好看。牛角很光滑,略微发白。羊角则相反,粗糙,呈黑色。这些奇怪的建筑材料可以和各种东西配合使用,因此可以在墙壁上形成各种各样的图案,角与角

[1]〔英〕钱德勒:《拉萨真面目》(尹建新译),拉萨,西藏人民出版社,1989年,第185页。

[2]〔英〕查尔斯·贝尔:《西藏志》(董之学,傅勤家译),上海,商务印书馆,民国25年(1936年),第166页。

是灰泥粘结，惟有这种房子是不用石灰刷白的。[1]

拉萨西门（妥思妥耶夫　摄）

20世纪20年代，大卫·妮尔在拉萨期间，曾住在一个下等人居住的客栈隐藏身份。在这里，她看到了拉萨乞丐的生活景象：

十几个顾客睡在屋檐下，所有的人衣衫褴褛，浑身积满污垢，他们的食物也很粗糙，始终不稳定，也不太丰富。……所有的人都不从事任何技艺，而且也不想这样做，他们都以飞鸟的生活方式，以他们每天在城市中或沿大道上所能觅得的一切为生。[2]

查普曼在《圣城拉萨》中描述：

沿着摄政王府的夏宫的高墙前进，路的左边就是拉萨社会最下层的茅棚子，一群做清洁工作的乞丐的住处……在小径的旁边，一位年老枯瘦的妇人从她睡着保暖的铺缀着羊皮囊里抬起身子来，发出微弱的声音要钱。她住在一个狗窝似的草棚里，大小刚好容纳她的身子。小孩子赤着身子在路上跑。无数瘦瘠的生疥疮

〔1〕古伯察（R E Huc）：《鞑靼西藏旅行记》（耿昇译），北京，中国藏学出版社，2006年，第254页。

〔2〕〔法〕大卫·妮尔：《一个巴黎女子的拉萨历险记》（耿昇译），北京，东方出版社，1982年，第292页。

的狗，在生人走过的时候，也没有力气叫一声。[1]

拉萨近郊曾经有若干个乞丐聚落。普通的乞丐住宅有约三四尺高的石砌围墙，里面有一顶陈旧的牦牛尾帐篷，境遇较好的乞丐可能有半新的牦牛帐篷，乞丐的土坯房墙上，还镶嵌着一排像嵌花一样的牦牛角。这样的乞丐聚落大都在城市的东南部。崔比科夫看到乞丐们用在欧洲非常珍贵的牛角垒砌猪圈围墙，非常不解，并推断藏人除了用牛角做鼻烟壶外，不知道牛角还有其他用途。

牦牛角装饰的房子似乎是天葬师或者屠户的象征。乞丐的住处为什么要镶嵌牦牛角？天葬师和屠户的房子外墙用牦牛角镶嵌最初可能是一种职业标志，就像是酒幌子和理发店的标志一样。堆砌牦牛角很可能是为了方便有需要的人找到天葬师。堆积的牦牛角多，也许说明屠夫手艺高超，从业时间长。最早从事丧葬业的人一定是屠夫或牧人，或是制造铁质工具的匠人。在牧区，牦牛角是被当做挖土的工具使用的，根据牦牛角的硬度和利度，它曾经被用做切割工具也说不定。

屠夫的帐篷（斯潘塞·查普曼　摄）

〔1〕〔英〕查普曼：《拉萨的素描》（彭国元译），《边政公论》，1940年第1卷第2期。

### 3.4.2 不停奔波的藏戏艺人

#### 3.4.2.1 艺人的出处

过去,外国旅行者在西藏城乡间的道路上时常看见藏戏剧团奔波其间,有些剧团还跨越国界到邻国不丹、尼泊尔和锡金等地的藏人社区巡回演出,就像是往返于欧洲各城市之间的巡回马戏团。藏戏表演多伴随节庆、庙会、集市、募捐等民俗活动,采取广场演出的方式,在集镇、乡村和庄园里进行。在拉萨、日喀则、山南等人口稠密地区,藏戏是人们生活中不可或缺的娱乐形式。

严格说来,藏戏艺人并不是市民,他们在城市没有固定的住所,也没有固定的演出场所,主要受众也不是市民。他们往来于城市和乡村之间,其社会影响力的突出体现是在一年一度的“雪顿节”上。因此,他们只不过是生活在流动状态下的城市娱乐业者。

藏戏起源很早,是多种藏族民间艺术形式的融合,但藏族更多地将藏戏的初创归功于汤东杰布。汤东杰布是14—15世纪噶举派高僧,以善于修建铁桥而著称。据说汤东杰布为了筹集在后藏修桥的钱物,在“温巴”舞的演出中,加入了甲鲁舞蹈,并将有一定戏剧形态的宗教跳神融合进来,穿插生动的情节和佛经故事,使之戏剧化。17世纪时,五世达赖将其从跳神仪式中分离,成立了职业藏戏剧团,让艺人们专门表演经过艺术加工的民间故事和佛教故事。

西藏最早的藏戏剧团是山南地区的“宾顿雪巴”,近代最有名望的藏戏剧团是拉萨的“觉木隆”剧团。专业藏戏演出团体,特别是有名的藏戏剧团,都属于噶厦的孜恰列空管理。十三世达赖喇嘛时期,每年的雪顿节期间,全藏有固定的12个著名藏戏班子和表演团体在各自的头人、贵族或寺院活佛的支持和赞助下集中到拉萨,在罗布林卡为达赖喇嘛和噶厦官员演出。这既是藏戏艺人的荣誉,也是他们必须负担的差役。

藏戏艺人多半来自贫苦人家,如觉木隆剧团的女班主阿佳唐桑,出生在泽当一个农民家庭;著名的唱腔大师米玛强村,其父亲是贩卖清油的生意人;戏师扎西顿珠,也被叫做“霞廓扎西”,他来自西藏最下贱的屠夫阶层；著名的藏戏女角阿玛巴拉，还曾经是拉孜街头流浪的孤儿；西藏和平解放后任西藏藏剧团副团长的阿妈次仁，是后藏的一般差巴户。

藏戏艺人（麦克唐纳　摄）

当然，藏戏艺人中也有热爱藏戏的贵族票友。20 世纪初，摄政宠臣珠布·土登杰布是孜恰列空的官员，专门负责审查进拉萨演出的藏戏班，他本身就是藏戏的高级票友，经常客串演出，曾经给十三世达赖喇嘛表演，也很受热振摄政的喜爱。40 年代，英国驻拉萨使团专门为珠布和他母亲灌制了两张藏戏唱片。50—60 年代，在西藏各地，甚至远在印度，都流传他的唱片。[1]

3.4.2.2　艺人的生存

一般的藏戏剧团是半职业性质的，有政府册封的差地。每年藏历七月雪顿节演出结束之后，演员们就回到家乡，从事农业生产劳动。到了初冬时节，有些剧团还会解散一段时间，由艺人自己谋生。但直属于政府的戏班，如拉萨觉木隆剧团，则常年以流浪卖艺为生。雪顿节过后，他们就到拉萨远郊各县和山南、日喀则、林芝、工布等地巡回演出，或者到尼泊尔、噶伦堡、不丹等有藏族聚居的地方演出。

〔1〕刘志群：《藏戏与藏俗》，拉萨，西藏人民出版社，石家庄，河北少年儿童出版社，2000 年，第 437 页。

藏戏艺人每年只需要支一次戏差，就是在雪顿节期间聚集到拉萨，给达赖喇嘛和贵族们唱戏。他们平时没有其他差役，也没有土地的束缚，因此，人们也称其为“自由的人”。但是，藏戏班因为到处游走，有时被称为“乞丐戏班”。

城市艺人（钱德拉·达斯　摄）

藏戏班多依靠贵族施主或寺院僧人扶持起班，戏班人数为20到40人，由戏师负责。戏师既是主要演员，又是教戏、排戏的导演，还是组织管理的班主。业余藏戏艺人的收入主要靠演出，专业演出团体则可以得到政府或贵族、寺院一定数量的资助。以拉萨觉木隆剧团为例，在唐桑做班主时期，剧团先是在觉木隆寺附近搭了几个帐篷，后来剧团逐渐繁盛，才把驻地搬到了拉萨市区。因为戏班的条件十分艰苦，演出收入均留作公用，艺人们过集体生活。到了米玛强村做班主时期，制定了新的分配制度，戏师得收入的三成，两个主演“甲鲁”得两成，其余的演员不分水平高低，男女老幼各分一成。1956年，孜恰列空发给觉木隆剧团每个演员每月2克青稞、1斤砖茶和盐巴、碱、酥油等，折合藏银42两。剧团在罗布林卡演出一天，可以得到12袋粮食（每袋约84

斤)和15品藏银。[1]

藏戏的受众是西藏各阶层人士,尤其是下层百姓。除了娱乐大众之外,藏戏剧团要给贵族和寺院唱堂会。在节日或贵族庄园招待宾客时,请藏戏班助兴必不可少,很多贵族家的院子里还搭建进行藏戏表演的戏台。不过,每年最重要的演出季节是雪顿节。

雪顿节到来前一天,剧团首先到孜恰列空报到,进行简单的仪式表演后,再到罗布林卡向达赖致意,当晚赶到哲蚌寺,因为第二天是哲蚌寺雪顿节,要演出一天。藏历七月一日,拉萨、日喀则、穷吉、堆龙德庆、尼木等地的4个剧团、6个"扎西雪巴"戏班、1个牦牛剧团和1个打鼓舞剧团在罗布林卡联合演出。七月二日到五日,由江孜、昂仁、南木林、拉萨等4个地方的剧团轮流各演一天广场戏。从七月六日到十五日,各藏剧团进入拉萨大贵族家演出。据夏扎·甘丹班觉回忆,每年从藏历七月一日起,就有大小藏戏班子到他家的大院里献唱。他家属地的藏戏班子来演出时,他家给戏班的报酬是凭条子从庄园的仓库里支取青稞。对其他班子的赏赐,有5斗谷、1壶茶、粮食若干包,还要给每个演员赏赐1条哈达和1碗青稞酒。[2] 七月十五日、十六日两天,剧团到各林卡和拉萨近郊演出。觉木隆剧团阿妈次仁说,每年剧团参加雪顿节演出,都是疲于奔命。当时拉萨没有任何公共交通工具,演员奔波往返于各演出点之间,非常辛苦。[3]

由于演出收入不稳定,剧团在巡回演出的路上,也顺便做点杂货生意作为补贴。收入不好时,他们中的有些人也会暂时去做乞丐。有这样一段歌词描写藏戏艺人的处境:"有幸时被国王邀进宫殿去唱,无福时在羊皮风箱前也要唱。"西藏民间还流传着这样一首歌谣:"白玛丹增(著名藏戏艺人)不是国王,如果是,不会去要饭。"

---

〔1〕阿妈次仁:《西藏的藏剧与觉木隆剧团》,《西藏文史资料选辑》(3),北京,民族出版社,1984年,第55页。

〔2〕西藏自治区政协文史资料研究委员会:《西藏文史资料选辑》(15),北京,民族出版社,1998年,第119页。

〔3〕阿妈次仁:《西藏的藏剧与觉木隆剧团》,《西藏文史资料选辑》(3),北京,民族出版社,1984年,第53-54页。

### 3.4.3 身份暧昧的娱乐业者

#### 3.4.3.1 劝酒侍女

20世纪初，日本人青木文教惊奇地发现，在拉萨富人的宴会上，每每会有功能类似于日本艺妓的陪酒侍女。与艺妓不同的是，这些陪酒女不似艺妓那样多才多艺。贝尔则对陪酒女的出身、工作性质、工作目标，以及所获得的报酬有较为详细的介绍：

> 西藏有一奇异风俗，即女子地位较好者，称为金桑玛，即装饰美好之女子。在宴会时为上宾敬酒。余在拉萨总司令家进餐时，有属于中上阶级之年青女子二人，时来桌前劝酒。二女留室外，间时入内劝酒。若辈衣服华丽，并饰以蓝玉、珊瑚与珍珠，益增娇媚。余以此事叩之一青年友人，答语如下："若辈因所处阶级地位与性别而被雇佣。若辈能强劝宾客饮酒，此仆从所不能者，又因其女性，与宾客言欢，能强迫客人饮酒，为任何男子所不及……如宾客沉醉不起，即以哈达绕其颈，以示敬意……为酬此等女子劝酒之劳，主人即赠以礼物，或酬以银钱，但所赠以衣服为多，例如衬衫一件或围裙一条。"[1]

朱少逸在贵族然巴家也遭遇了美女的劝酒。"宴会上有敬酒的酒妓，似乎为清末官僚场中遗留之风气，其情形与内地召妓侑酒殊相近似。本日酒妓共三人，均着极华贵之西藏服装，头戴三角板形之饰物，径可一尺，其上满镶珠玉玛瑙。据云，精致者，价可数万金。……酒妓殷勤劝酒，但不孟浪。"[2]

查普曼对于贵族宴会上敬酒姑娘出身的说法，与前面提到的几位有所不同："她们是拉萨上层家庭的仆人，但她们有时也听命于西藏地方政府。她们的职责是倒青稞酒，看看客人是否能喝干。她们的装饰与当地上层妇女的服饰别无两样。"[3]

---

[1]〔英〕查尔斯·贝尔：《西藏志》（董之学，傅勤家译），上海，商务印书馆，民国25年（1936年），第190－191页。

[2]朱少逸：《拉萨见闻记》，北京，全国图书馆文献缩微复制中心，1991年，第125－126页。

[3]〔英〕查普曼：《圣城拉萨》（向红笳，凌小非译），北京，中国藏学出版社，2004年，第109页。

从酒妓或劝酒侍者的装束和行为看,她们不是类似艺妓的角色。这些少女既不像是青木文教所说的上层贵族家的女公子们,也不应该如查普曼所说,是富人家里的仆人,而更像贝尔所说,是中上阶级家的女儿。

拉萨陪酒女(斯潘塞·查普曼 摄)

除了专门的贵族宴会陪酒女之外,青木文教还描写了所谓的拉萨艺妓群体。"那艺妓是由平民中采用,她的位置,比酌妇低,可以表演歌舞,热闹于宴会上。"[1]贝尔也描述过这一类娱乐业者:

> 更有若干女子奉进大麦酒于宾客。客若有操胡琴、吹笛者,则诸少女与宾共同唱歌……有时,亦于夜晚举行游艺,招致男女多人,表演跳舞,至午夜始告停。……在寻常游艺宴会,只有男女各两三人,以备歌舞,游艺毕,男女各得赏银一先令或两先令。仆役有能歌舞者,亦加入助兴。[2]

黄慕松入藏致祭达赖喇嘛期间,其摄影随员曾经"召集歌姬7人,弦师3人,演唱歌跳,摄制活动电影"[3]。

从以上描述,我们可以看出,这些歌舞者不是贵族家中的仆役,也不是中等阶层的子弟,而是类似藏戏艺人的歌舞艺人。不过对于这些人的具体身份,很少有可供研究的文献资料。

---

[1]279[日]青木文教:《西藏游记》(唐开斌译),上海,商务印书馆,民国20年(1931年),第250页。

[2][英]查尔斯·贝尔:《西藏志》(董之学,傅勤家译),上海,商务印书馆,民国25年(1936年),第192页。

[3]黄慕松:《使藏纪程》,北京,全国图书馆文献微缩复制中心,1991年,第337页。

3.4.3.2　娼妓

20 世纪初介绍西藏的中外书籍中,曾提到西藏梅毒、性病很流行,却很少提及西藏城市中是否有娼妓的存在、娼妓的工作地点和生存方式。《西藏风俗志》(又译作《西藏之社会生活及其风俗》)的作者伦琴拉木断然否认西藏存在娼妓:"藏固有无耻男妇,一如尔国,第少数耳,若以皮肉生涯为业,如尔国中者,在藏无有焉。"[1]20 世纪初,崔比科夫在《佛教香客在圣地拉萨》中说:"即使像拉萨这样人口较多的城市,也没有像其他国家所见到的那种专门卖淫的场所,甚至专门卖淫的单身妇女也见不到。"[2]但崔比科夫认为:"这样的事完全都是静悄悄地进行,妇女们既不因此招摇过市,也不放弃自己的日常职业。"[3]

麦克唐纳认为,在西藏做娼妓的妇女,多是客栈里的仆人。客栈的主要收入来自卖酒,仆人的工作则主要是为客人倒酒,唱歌跳舞,当然也包括向客人卖淫增加个人收入。[4]

但是在 20 世纪 30 年代初,刘曼卿在《康藏轺征》中提到,"藏中娼妓之盛行亦与内地相若"。她提及拉萨娼妓的名字很特别,多以在拉萨流行的各类绸缎命名,如"金丝缎"、"银丝缎",或"北京缎"、"上海缎"等。[5] 但她也没有提到娼妓的工作场所。

## 3.5　功利的庆典

### 3.5.1　世俗娱乐

藏族虔诚于宗教,人们可以用一生的时间,倾其所有供奉和膜拜,像自虐的苦行者那样在漫漫长路上跋涉,一路磕长头到圣地朝佛。但

---

[1]伦琴拉木:《西藏之社会生活及其风俗》(胡求真译),北平,西北书局,民国 22 年(1933 年),第 95 页。

[2][俄]崔比科夫:《佛教香客在圣地西藏》(王献军译),拉萨,西藏人民出版社,1993 年,第 205 页。

[3][俄]崔比科夫:《佛教香客在圣地西藏》(王献军译),拉萨,西藏人民出版社,1993 年,第 205 页。

[4]D Macdonald: *Cultural Heritage of Tibet*, New Delhi, Light-Life Publishers, 1963, p. 245.

[5]刘曼卿:《康藏轺征》,北京,民族出版社,1998 年,第 105 页。

与此同时，藏族又是讲究享乐、尽情宣泄快乐的民族。名目繁多的节日庆典和众多供人娱乐的“林卡”，无不显现出市民追求享乐的风尚。

也许因为地理和气候条件恶劣，人们的户外活动受到限制，也许因为人口密度小，庄园活动范围有限，或者因为牧区人们的分散生活特点，藏族对群体性活动似乎更加热情，这既是地域特征，也是藏族原始生活状态的遗存。最能够反映西藏俗人生活观的便是他们的娱乐方式。在牧区，最流行的娱乐是赛马会；在农业区和城镇，最普遍的娱乐形式是逛“林卡”。

“林卡”(gling-ka)的藏语意思是树茂草盛、风景优美的地方，即园林、花园或者公园。因为拉萨多植柳树，旧时汉文典籍将拉萨市区的公共绿地称为“柳林”，将市民在“林卡”进行的娱乐活动称为“耍柳林子”或者“郊宴”，藏语为“赞林吉桑”。普通市民在河边的柳树林里，或者是郊外的草地上，搭起白色的帐篷，烧茶野炊，或者弹琴歌舞，尽情玩乐，到傍晚时分踏歌而归，有时还用马驮着帐篷和食品到郊外的树林或草地野营数日。贝尔说：

> 西藏游牧之民，酷爱露天生活，此其天性也。城镇中人，每当夏季，大举郊宴，拉萨居民尤甚。其地邻近多杨柳，白杨之树林，周围有石或砖之墙垣，长冬一过，青春复始，居民纷纷而来。在日喀则、江孜四周之小镇，举行郊宴者不多。但不论是私人还是政府所有，人们都可以携茶点前来，消遣时光，还有人就地设帐幕。[1]

逛林卡在一定程度上是农业社会重视节令的表现。洪涤尘说：“……住平原者，每年秋收后或结队朝山，或聚资诵经，或往柳林观剧，或往郊外赛马，至于平时，遇有喜庆及迎神赛会，男女老幼，皆盛服参加，大啖大饮，夜以继晷。又男子皆喜赌博，最通行者，为掷骰、双骨牌两种，近年更有以叉麻雀为娱乐者，此乃已染内地之风矣。”[2]

英国人查普曼的描述也印证了藏族爱好娱乐的性格特征。“我们

[1]〔英〕查尔斯·贝尔：《西藏志》（董之学，傅勤家译），上海，商务印书馆，民国25年(1936年)，第318页。

[2]洪涤尘：《西藏史地大纲》，南京，正中书局，民国25年(1936年)，第66－69页。

骑马穿过公园时,见到一伙人围成圆圈坐在地上掷骰子,喝青稞酒。……到傍晚,男女主人和仆人手挽着手以保证过量饮酒后的平稳,他们高唱歌曲,嗓音尖利而刺耳。……贫困的人常常更加放荡,偶尔可以看见有人在路边的阴沟里酣睡。医生认为,逛林卡的季节里他的病人数量会激增。"[1]

逛林卡之所以在拉萨这样的大城市中流行,当然与城市居民经济生活状况较好、城市生活较为丰富多样有关。更为重要的是,城市居民较远离农牧业生存状态,在心理上依然有保留原始生活状态的需要。

### 3.5.2 俗人赎罪

#### 3.5.2.1 二月驱鬼

在世界范围内,驱除邪魔仪式在很多民族中流行,人们希望通过驱除精灵和魔鬼,摆脱大部分苦恼。集体打鬼习俗在世界各地的城镇里流行,与城市居民的功利主义心态有很大关系。英国人类学家弗雷泽(Freezer)认为:"公众从整个社会中驱除积累的邪恶的做法,依据邪恶是非物质的、不可见的和附身物质形体的或有替罪物的。前者可以被称为直接的或非代表物的驱邪,后者可以被称为间接的或代表物驱邪,或替罪羊驱邪。"[2]

遍及全藏的新年"驱鬼"习俗,是公众驱邪与"替罪羊"(scapegoat)驱邪的结合,也是定期的"驱邪"习俗演变为节日庆典的例证。根据桑耶寺中上演降魔伏怪内容的藏戏的时间推测,西藏"驱鬼"的历史至少从莲花生时代就开始了。[3]

拉萨的"二月驱鬼",便是俗人用娱乐方式求得解脱的典型案例,是集娱乐和严肃为一身的原始宗教活动。

**炮轰牛魔王** 《西藏图考》卷5载:"牛魔山在卫南,约高三百余

[1]〔英〕查普曼:《圣城拉萨》(向红笳,凌小菲译),北京,中国藏学出版社,2004年,第112页。

[2]〔英〕J.G.弗雷泽:《金枝》(徐育新等译),北京,大众文艺出版社,1998年,第776-777页。

[3]转引自刘志群:《藏戏与藏俗》,拉萨,西藏人民出版社,石家庄,河北少年儿童出版社,2000年,第77页。

丈。每岁正月，达赖排驾下山，诣大昭寺遏佛登台，集各寺喇嘛三万六千众，或三千六百众，讽诵皇经二十日。事竣，迎神逐鬼，点放大炮，似内地驱疫。其炮上铸‘威剿除叛贼’五字，诸炮各装大子，于琉璃桥下河滩打过牛魔山，为打牛魔王以宁地方。”[1]

传大昭驱鬼(陈宗烈 摄)

《三十年游藏记》卷3载：正月三十日至二月初三日为牛王节，一名打牛魔王。系一人伪作达赖，一人伪作牛魔王，面目狰狞。与达赖盘道，法力相矜。各出骰子一枚，其大如核头。达赖三掷皆六，魔王三掷皆幺，盖六面皆各一色也。魔王俱[惧]而逃之，僧俗人等荷戈齐追。魔王渡江偃于牛魔山麓，群众用炮轰之。盖演先在此山洞以为魔王逃逸之处，人民供给饮食，数月而返。名曰避牛瘟。[2]

20世纪初，崔比科夫在拉萨亲历了所谓的打牛魔王仪式。崔氏讲：“藏族认为这座山上有邪恶赞普朗达玛的墓穴。这座山一点点地向卫河逼近，目的是将河水逼向右岸，将河水引入拉萨，淹没拉萨及其圣迹。为了制止这个灾难的发生，每年都要在藏历正月二十四日这一天向山上轰击，使之退回原来的位置。轰击用的铜炮在布达拉宫的地

〔1〕转引自刘志群：《藏戏与藏俗》，拉萨，西藏人民出版社，石家庄，河北少年儿童出版社，2000年，第77页。

〔2〕转引自刘志群：《藏戏与藏俗》，拉萨，西藏人民出版社，石家庄，河北少年儿童出版社，2000年，第75页。

下，轰击的目标是一顶黑色的帐篷，据说帐篷里还有一头公山羊。”[1]

**“措由”驱鬼** 拉萨“二月法会”是清康熙年间第巴·桑杰嘉措为纪念五世达赖圆寂而建立的，为期10天。宣统三年(1911年)出版的《西藏新志》中有二月二十九日送瘟神的记载：“相传西藏是瘟神地方，经达赖坐床后驱逐之。故历年予雇一人，扮演瘟神，受雇者于数日前向各番民及街市店铺内敛钱如己。蛮家亦各乐输。每年不下千金。一切应用，皆山上支付。自大昭寺逐出，即行起解，营官护送，悉以王爷称之。”[2]这里的所谓王爷，即替罪羊老工甲布。

老工夹(甲)布是牛魔，
要夺灵山佛子窝。
再睹投骰均是黑，
万声驱逐过恒河。[3]

弗雷泽和大卫·妮尔的著作中对“老工甲布”都有描写。1923年，大卫·妮尔在拉萨还亲历了送鬼仪式：

人群开始聚结在大昭寺周围……“老工甲布”(替罪羊)穿一种滑稽可笑的服装，它是以山羊皮制成的，此人的面部被一种滑稽的假面具掩饰，模拟了一种半白半黑的面庞；头上竖起了高高的蓬乱头发，这是以一条巨大的黑色牦牛尾制成的；其手则如同他过去所做的那样，仍执一条同一种牲畜的尾巴样的拂尘。他现在应与一名喇嘛掷一场骰子。该喇嘛象征着善行、宗教、守护神，即世人可以想象出的一切仁慈善良和有利于正直西藏人之幸福的内容。如果“老工甲布”输了，那么喇嘛将允许驱逐他；如果他赢了，这一以所有形式出现的邪恶之代表人物仍将被当场驱逐。那些作为仪轨祭司的喇嘛就如同历史上的“大祭司亚伦”一样，以诅咒让这一“羊头”来承担整个民族的所有罪行、错误、不净、身体

〔1〕〔俄〕崔比科夫：《佛教香客在圣地西藏》(王献军译)，拉萨，西藏人民出版社，1993年，第220页。

〔2〕许光世，蔡晋成：《西藏新志》，上海，上海自治编辑社，宣统三年(1911年)，第60页。

〔3〕才让：《藏传佛教民俗与信仰》，北京，民族出版社，1999年，第243页。

和精神疾病等，最终他们还是把他驱逐到桑耶寺的沙滩中了。[1]

3.5.2.2 驱鬼中的替罪羊

替罪羊（大卫·妮尔 摄）

至于老工甲布的身份，《雪域西藏风情录》中说，拉萨二月抓鬼时，西藏地方政府先后派出两个背鬼的人，一个人把鬼送到山南桑耶寺赞玛热护法神殿，关进充满恐怖意味的黑房子“伍康”（气室），交由西藏最威猛的护法神赞玛热处置。这个送鬼人由乞丐或者囚犯充当。另一个人把鬼送到拉萨北部彭波地区的乌金豁卡。据说该豁卡里有个黑洞，可以把鬼从这里赶回地狱。背鬼人父死子继，代代世袭，被视为贱民中的贱民。他在被驱赶前说的话，表达了他是一切众生的“替罪羊”，而并非仅仅是为宗教领袖或某些特殊群体服务的：“哎啧啧！我输了！我失败了！我再也没有脸在拉萨这块土地上待下去了！我再也没有脸在西藏这个神域待下去了！我要回到地狱里去了！我要逃到鬼的家乡去了！让西藏所有的灾难和疾病都跟着我去吧！让达赖佛爷的一切不吉祥都跟着我去吧！让雪域众生的一切不幸都跟着我去吧！”[2]

由于“老工甲布”负担着统治者以及民众的一切不公正行为和罪

〔1〕〔法〕大卫·妮尔：《一个巴黎女子的拉萨历险记》（耿昇译），北京，东方出版社，2000年，第308页。

〔2〕才让：《藏传佛教民俗与信仰》，北京，民族出版社，1999年，第244页。

恶，作为对他的“替罪羊”行为的补偿，在仪轨举行的前两星期，“老工甲布”被允许手执一根黑色牦牛尾化缘。他所乞求的绝不是布施，每个看到他的人都必须付给他银钱和财物，这种强迫性的礼物是由个人财产的多少、买卖行业的盈亏和社会地位的高低决定的，施主便以这种方式与替罪羊产生了联系。如果某个人讨价还价，或拒绝奉献礼品，那么替罪羊就在这个人头上摇动牛尾。这种举动是一种诅咒。藏人认为，这种诅咒会导致最可怕的后果。

“老工甲布”被赶出城时，会受到人群的喊叫和追随，人们向他抛撒的金钱和各种物品如同倾盆大雨一般，因为人们都怀有特殊的目的和愿望，即把某些劣行、折磨他们的疾病或不幸转移到他身上，让他统统带向远方。

3.5.2.3 “驱鬼”的社会学功能

弗雷泽在《金枝》中说：“整个民族积累起来的不幸和罪过有时都会一起堆在将死的神身上；据信他可以把所有的不幸和痛苦转嫁给别人，让人们清白无罪，幸福快乐。把自己的罪孽和痛苦转嫁给别人，让别人替自己承担一切，是野蛮人头脑中熟悉的观念。”[1]其实，把罪孽和痛苦转嫁给别人并不是野蛮民族专有的，直到现代社会，人们依然在某种程度上保留这种习俗，只不过这样的习俗已经演变为某种节日或文化活动，其中的娱乐成分多于宗教成分而已。在藏族分布的大部分地区，不但流行“驱鬼”习俗，许多与生产、生活有关的活动也充满了巫术色彩。这些巫术行为不但涉及社会各阶层的物质利益，也构成了西藏社会精神文化的重要方面。反映原始宗教和巫术遗存的风俗，从程序到仪轨，再到参与者，可以说是藏族社会宗教信仰与世俗理念结合的产物，也是藏族传统文化的精华所在。

意大利藏学家图齐认为，西藏的宗教“一方面惧怕变幻莫测的精灵，另一方面又确信人们有力量控制这些黑暗的、要人们向它赎罪的、有复仇心理的势力。魔法、仪式、虔诚的行为，对于寺院的经师的慷慨

[1]［英］J. G. 弗雷泽：《金枝》（徐育新等译），北京，大众文艺出版社，1998年，第764页。

施舍，驱除妖魔和祈祷仪式，都是为了帮助人们镇住上述黑暗势力"[1]。从现有资料看，在西藏牧区，大规模的驱鬼习俗并不流行，只有在经济比较发达、人口相对集中、阶级成分相对复杂的城镇，才有"替罪羊"出现。由此可以看出，随着经济的发展和人们私有财产的增加，人们才有能力和意向用金钱换取对私有财产和人身安全的保护。因此，某些原始宗教遗存不是在偏远地方，而是在城市里得以加强和放大，是因为它的宗教功能被物质化了。

[1] [意]约瑟夫·图齐：《白雪覆盖的西藏大地》，转引自[加]谭·戈伦夫：《现代西藏的诞生》（武昆明等译），北京，中国藏学出版社，1990年，第26页。

西藏家族延续的基本因素似乎是土地和庄园，而不是血统。[1]

——〔意〕毕达克（Petech）《西藏的贵族与政府》

# 4 飘逝的记忆
## ——世俗贵族社会生活状态

在藏语中，贵族是“古扎”（sku-drag）。早在松赞干布时代，吐蕃已经出现了诸如“尚伦”、“公伦”、“齐伦”等享有特权的阶层，但严格意义上的西藏贵族阶层出现于17世纪后期。直到1751年，格鲁派在清朝政权的扶持下，建立起了政教合一的政权——“甘丹颇章”（dga-ldan-pho-brang），西藏之后通过封授官爵，在300年间，逐渐形成了作为达赖喇嘛政治合伙人的世俗贵族群体。僧侣与贵族的伙伴关系，使得西藏整体政治架构处于相对稳定的状态，以达到世俗权力内部的协调和平衡。僧侣和贵族之间官职分配的严格规定，避免了政体两大组成部分的冲突。西藏社会以牺牲政治革新和社会进步为代价，维持这种权力平衡一直到民主改革之前。

西藏的“古扎”为数甚多，但他们在社会地位与权势、对社会财富的占有、缔结婚姻的范围、在交际场合所享有的待遇，甚至服饰等级方面都有很大差别。贵族群体的构成就像是一个漩涡，那些处于漩涡边缘，远离权力中心，甚至连名字都被遗忘了的是地方性小贵族。即便是处于西藏地方政府权力中心的拉萨贵族，也因为历史渊源、权势大小、财富状况被分为若干层次。处于达赖权力中心，维持一定势力的大贵

[1]〔意〕毕达克（Petech）：《西藏的贵族和政府》（沈卫荣，宋黎明译），北京，中国藏学出版社，1990年，第16页。

族,数量不过二三十家。据说,历史上封授的贵族世家有400家,到和平解放时,只有197家贵族存在,也有说超过200家的[1]。学者一般认为,西藏至少有175个贵族世家,这样的统计数字来自噶厦俗官的数目。噶厦规定,世家贵族有为政府服务的责任和义务,每家应有一男性继承人为政府服务,而当时的地方政府机构是由175名俗官和175名僧官组成的。

西藏地方政府是贵族的大本营,一个家族政治势力的标志就是其家族成员在噶厦中的地位。从严格意义上来讲,西藏所有的贵族都属于农民范畴,他们的权力以他们被赐予的农业庄园的数量来体现。

作为西藏社会的特殊阶层,贵族在相当长的历史阶段内,与寺院一起,不但垄断社会财富,还占有政府、法律、文化、教育、商业、贸易等一切社会资源,享受着达赖喇嘛赋予他们的绝对权力。贵族和平民根本生活在两个不同的世界里,他们的锦衣玉食建立在广大农牧民在生存边缘的挣扎之上。过去西方人眼里所谓的"香格里拉"——"人们能够享有希望得到的一切——有足够的时间自由自在地过着悠闲的生活"[2]的"世外桃源",只不过是贵族对曾经拥有的生活方式经过粉饰的记忆而已。

## 4.1 作为社会栋梁的世俗贵族

### 4.1.1 贵族承担的社会责任

#### 4.1.1.1 贵族的渊源

意大利藏学家毕达克(Petech)在《西藏的贵族与政府》中提出,"(西藏)家族延续的基本因素似乎是土地和庄园,而不是血统"[3]。

[1]《西藏自治区概况》编写组:《西藏自治区概况》,拉萨,西藏人民出版社,1984年,第135页。

[2]土登诺布:《西藏传统的社会和经济结构》,霍夫曼编辑《西藏手册》(Hoffman, Helmut, etc.: Tibet: A Handbook),布鲁明顿,1976年,第175页。

[3][意]毕达克:《西藏的贵族和政府》(沈卫荣,宋黎明译),北京,中国藏学出版社,1990年,第16页。

这样的说法不无道理，因为贵族的称号通常是以他们的庄园命名的。贵族世家的延续，并非以血统是否纯正为主要依据。虽然在噶厦的席位和财富似乎是衡量贵族世家地位的主要因素，但历史渊源才是决定因素。西藏贵族世家的渊源大概有 4 个，即贵族的 4 个等级。

**“第巴”**（sde-pa）　他们是历代藏王的后代，在政府中最有权势。这样的家庭共有 5 户：噶锡（或称多仁）、吞巴（或称拉章宁巴）、多噶（或称饶噶厦）、帕拉和后藏的拉加里。饶噶厦和拉加里家族在松赞干布统治之前就是古代藏王后裔。拉加里的祖上是第一世藏王光明王（O-Sel），饶噶厦是藏王鸟王后裔。每当这两家的家长去世，政府都要为他们修建灵塔，在里面装上银子，如同达赖喇嘛的金制灵塔一般。[1] 吞巴家族的祖先是松赞干布的大臣，创造了藏文的吞米桑布扎。多仁家族是莲花生大师的后裔。帕拉家族的祖先是 17 世纪时进入西藏地方政府的不丹喇嘛。

毕达克认为，拉加里家族应被置于“第巴”家族以外。因为大约从 12 世纪起，拉加里就是“绒”地的统治者，在政治上独立于西藏地方政府。直到十三世达赖喇嘛时期，西藏地方政府才在拉加里设置了类似“宗”一级的行政单位，并授予拉加里赤钦金印。据说，拉加里赤钦一年一度到拉萨朝拜达赖喇嘛时，噶厦要派礼宾官 8 人到渡口迎接。拉加里赤钦拜见达赖喇嘛时不需要下跪，只是欠身。虽然如此，但因为拉加里家族并没有在政府担任过什么实职，该家族权势较之在职的噶伦要逊色许多。十四世达赖喇嘛亲政后，拉加里家族通过贿赂手段被授予三品闲职的札萨头衔，成为政府官员。但与此同时，该家族那些曾经拥有的优待也随之被取消。因此，有人讽刺拉加里是“下马骑驴”。不过，在朝见达赖喇嘛的座位安排上，拉加里还是要高于噶伦。[2]

**“雅豁”**（yab-gzhi）　也称为“新世袭家族”。他们是历代达赖喇嘛的家属，是随着达赖喇嘛转世灵童的认定而产生的家族。在过去的

〔1〕〔美〕卡拉斯科：《西藏的土地与政体》（陈永国等译），拉萨，西藏社会科学院西藏学汉文文献编辑室，1985 年，134 页。

〔2〕西藏社会历史调查资料丛刊编辑组：《藏族社会历史调查》（2），拉萨，西藏人民出版社，1988 年，第 5 页。

300年间，西藏出现了6个“雅谿”家族：七世达赖“桑珠颇章”、十世达赖“宇妥”、十一世达赖“彭康”、八世和十二世达赖“拉鲁”、十三世达赖“朗顿”以及现在的十四世达赖“达蔡”。从七世达赖喇嘛开始，每个达赖喇嘛的父亲和兄弟都会受封，成为新贵族，取名饶西萨巴，并接受公爵头衔，从此名声显赫。达赖喇嘛故去后，其家庭要另取名字。过去，达赖喇嘛的父兄皆不准做官，只是在政府中担任有名无实的闲职。但是到了近代，这样的规定已经不起作用。十三世达赖喇嘛的侄子尧杧冷清公爵不但担任司伦，还曾兼任藏军司令（马基）。可见达赖喇嘛亲属的权力和地位，与在任达赖喇嘛的能力有很大关系。

**“米扎”**（mi-drag）　这些家族通常在历史上为政府建立过丰功伟绩，其家族成员曾为噶伦以上官吏。这样的家族大概有30个，其中最有实力的家族是夏扎、索康、霍康和擦绒。他们与饶噶厦、多仁、宇妥、桑颇、朗顿、彭康、拉鲁等第一等级家族之间通过婚姻结成了特定的网络系统，共同构成了19世纪到20世纪之间西藏最具影响力的家族，几乎每一家都有人出任过噶伦之职。

**“居玛”**（jo-ma）　也称为普通贵族，占贵族世家的大多数。有些“居玛”是小康之家，有些也许还很贫穷，有些则是经政府特许成为贵族的富商。近代就有3个家财万贯的商人因家族财富进入了贵族名单，他们是康区商人邦达昌、噶伦堡大藏商三多昌和擦珠昌。

在贵族集团形成初期，噶厦的权力集中在第巴和米扎等级的老贵族手中，如多喀、噶锡、帕拉、夏扎等。到了第二阶段，即19世纪中期以后，古老家族已经无法占据政府中的绝对优势，萨迴、阿沛、擦绒、宇妥等家族也开始分享老贵族们的政治利益。表4－1、表4－2为朱少逸和毕达克分别列出的西藏主要贵族世家以及他们在政府中的地位。

**表 4-1　西藏贵族世家一览表(部分)**[1]

| 名称 | 等级 | 渊源 | 现职/姓名 | 备注 |
|---|---|---|---|---|
| 吞巴/拉章宁巴 (bla-brang-rning-pa) | 一 | 祖先为创造藏文字母之吞巴桑布扎 | 资仲/乃兴巴 | |
| 多仁/噶须娃 (也译噶锡, rdo-ring) | 一 | 第五辈达赖时，因军功得世家地位 | 台吉 | 卒业于江孜英文学校 |
| 托哈娃/饶噶厦 (rag-kha-shag) | 一 | 第五辈达赖时，因军功得世家地位 | 札萨/彭错热布结 | 一门曾出噶伦10位 |
| 帕拉/仲子娃 (pha-lha) | 一 | 系原始酋长 | 台吉 | 一说其祖先为不丹僧侣 |
| 桑珠坡章 (也译桑珠颇章, bsam-grub-pho-brang) | 二 | 第七辈达赖家属 | 台吉/策旺仁则 | 解放后曾担任西藏军区副司令员 |
| 拉鲁 (lha-klu) | 二 | 第八及第十二辈达赖家属 | 卓尼尔/拉鲁公子 | 为朗顿公爵私生子，1920年左右去世 |
| 姜乐见 (也译姜乐金、姜乐坚, lcang-lo-can) | 二 | 第九辈达赖家属，后藏一流家族 | 因与热震不睦，被流放至大吉岭 | 卒业于江孜英文学校 |
| 虞多 (也译宇妥, gyu-thog) | 二 | 第十辈达赖家属 | 台吉/札喜敦珠 | 曾赴印度留学炮科 |
| 彭康 (phun-khang) | 二 | 第十一辈达赖家属 | 噶伦/札喜多吉 | 长子为江孜宗本，娶锡金大君长女 |
| 郎敦 (也译朗顿, glang-mdun) | 二 | 第十三辈达赖家属 | 司伦/博敦运噶汪曲 | 十三世达赖喇嘛的侄子 |

[1]朱少逸:《拉萨见闻记》，北京，全国图书馆文献缩微复制中心，1991年，第98-101页。

续表 4-1

| 名称 | 等级 | 渊源 | 现职/姓名 | 备注 |
| --- | --- | --- | --- | --- |
| 霞札（也译夏扎，bshad-sgar） | 三 | 先辈曾任噶伦以上官吏 | 霞札公子 | 时年 16 岁 |
| 詹东（bkras-mthong） | | | 詹东公子 | 17 岁 |
| 火尔康撒（也译霍尔康萨，hor-khang-gsar） | | | 札萨 | |
| 然巴（ram-pa） | | 曾为后藏军事世家之一 | 仲译青布/图丹贡赞 | |
| 古桑子（也译贡桑孜，ka-shod） | | | 商卓特巴 | |
| 索康（zur-khang） | | 据称为四世达赖的亲族后裔 | 札萨/索康 | |
| 学冈（zhol-khang ） | | | 台吉 | |

**表 4-2　贵族世家在噶厦占据的席位（1728—1959 年）**[1]

| 家族 | 1728—1844 席位 | 1844—1959 席位 |
| --- | --- | --- |
| 多喀（mdo-mkhar） | 3 | 3 |
| 噶锡（dgav-bzhi） | 4 | 1 |
| 帕拉（pha-lha） | 3 | 2 |
| 夏扎（bshad-sgra） | 3 | 2 |
| 索康（zur-khang） | 3 | 2 |
| 桑珠颇章（bsam-grub-pho-brang） | 3 | 2 |
| 通巴（也译吞巴，thon） | 3 | 0 |

---

〔1〕〔意〕毕达克：《西藏的贵族和政府》（沈卫荣，宋黎明译），北京，中国藏学出版社，1990年，第 18 页。

续表 4-2

| 家族 | 1728—1844 席位 | 1844—1959 席位 |
|---|---|---|
| 萨炯(gsar-byung) | 0 | 3 |
| 赤门(khri-somn) | 1 | 1 |
| 阿沛(nga-phod) | 0 | 2 |
| 擦绒(tsha-rong) | 0 | 2 |
| 宇妥(gyu-thog) | 0 | 2 |
| 霍尔康萨(hor-khang-gsar) | 1 | 1 |
| 拉鲁(lha-klu) | 0 | 2 |
| 布隆赞(vbrong-stse) | 1 | 0 |
| 拉定(lha-sding) | 1 | 0 |
| 二十一家族 | 0 | 各1名 |

#### 4.1.1.2 贵族的义务

从 1900 年到 1959 年间,噶厦总共产生过 41 名噶伦,其中 12 名为僧官,29 名为俗官。有 21 名俗官噶伦来自上层贵族,占 72%,其余 8 名俗官噶伦中,来自非常富有的家族和普通家族的各占一半。在 12 名僧官中,来自贵族家庭、富裕家庭以及普通家庭的各占 33%。[1] 西藏地方政府还有这样的规定:当某一个家族不能为政府提供官员时,就必须向政府缴纳一定的税费,直到空缺补上为止。但是这个税费是象征性的,额度只有 8 英镑。[2]

出任政府官员可以说是一种义务,所以贵族官员们为政府当差并不能从中得到优厚的薪俸,而且薪资多以粮食支付,有些官员甚至根本不领工资,因为他们的庄园已经有可观的收入。贝尔估计,“内阁成员每年的工资为 250 英镑,总理的工资为 80 英镑,财政官只有 20 英

[1]〔美〕梅·戈尔斯坦:《喇嘛王国的覆灭》(杜永彬译),北京,时事出版社,1994 年,第 18 页。

[2]〔英〕查尔斯·贝尔:《西藏志》(董之学,傅勤家译),上海,商务印书馆,民国 25 年(1936 年),第 83 页。

镑"[1]。河口慧海则估计,西藏内阁总理(噶伦)的工资为每年600考古(克)或4 000升青稞,首席财政官(孜本)的工资为360考古(克)青稞。[2] 为此,贝尔为担任噶伦的贵族索康工作如此繁重,薪俸却如此微薄而感到不公平。其实,即使没有正式的薪水,贵族也会因为做政府官员可以享受到各种特权而极力争取在政府中任职。因为当官就"有权进行大量的敲诈勒索"[3],也可以在某种程度上免费使用差役,更可以为家族庄园减免税赋。因此,每当政府职位有空缺时,贵族还需要上下打点,疏通关系,甚至使用下作的手段,才可能谋到所期望的职位。

那么世俗贵族何以为生呢?他们的收入主要依靠两种资产:一是世袭的宅邸,但如果有反叛行为,政府可以没收宅子;另一种是政府赐予的庄园,作为其家族为政府服务的酬劳,同时也是政府税收的主要来源。理论上讲,贵族的收入与其官职之间没有多大联系。拥有最大庄园的贵族官职可能很小,但庄园的收入却很可观;而某些官职很高却只有小块封地的贵族,收入相对少很多。即便如此,贵族仅靠经营农业庄园就相当有利可图。一个小庄园一般也会养几千只羊,1 000头牦牛,拥有数量不等的牧民和超过200名从事农业生产的农奴,每年的粮食产量有36 000公斤,羊毛1 800多公斤,酥油500公斤。[4]

对某些贵族来说,要完成政府的税收任务并不轻而易举。西藏地方政府规定,受封者无权出卖、出租政府封赐的庄园。如果想在完成政府税收之后有所赢利,就需要用心去经营,因为受封庄园不仅是他们的饭碗,还是他们负责经营的政府产业。据贝尔估计,帕拉家族庄园每年的总收入有5 000英镑,其中2 200英镑要交付政府,包括150镑现金、9 999克粮食。除此之外,还有一些惯常的运输差役,偶尔交一些特

[1]〔美〕卡拉斯科:《西藏的土地与政体》(陈永国等译),拉萨,西藏社会科学院西藏学汉文文献编辑室,1985年,第139页。

[2]〔美〕卡拉斯科:《西藏的土地与政体》(陈永国等译),拉萨,西藏社会科学院西藏学汉文文献编辑室,1985年,第139页。

[3]〔英〕大卫·麦克唐纳:《旅藏20年》(孙梅生,黄次书译),上海,商务印书馆,民国24年(1935年),第141页。

[4]仁钦卓玛(D R Taring):《西藏的女儿》(*The Daughter of Tibet*),London,John Morry,1970,p.102.

别税。[1] 也是在20世纪20年代左右，拉鲁庄园的年收入可能有2万英镑，有40到50个庄园代理人，每个代理人平均上缴15 000克青稞，还有酥油、奶酪、藏毯和现金，总价值有300英镑。拉鲁贵族还有40到50个牧民头人负责收税，每个牧民头人要上缴价值60英镑的酥油、奶酪、牦牛尾和牦牛毛。[2] 因为贵族是地方政府税收的主要提供者，他们的主要责任就是使自己的庄园能够上缴政府所规定的税收，同时尽量积累财富。因此，多数官员对政府日常公务不甚用心，而是更多投入到如何增加庄园的收入上，尽量为家族增加财富，是可以理解的。

与农民一样，贵族也抱怨政府赋税太重，也有贵族因庄园经营不善，大量欠债而破产。这样的情况在大贵族中绝少发生，因为大贵族要么可以请求减免税赋，要么还从事商业经营。[3] 但有些贵族犯了过失，政府会用增加庄园税收的方式作为惩罚，使其因交不起赋税而请求政府另寻他人托管庄园。

贵族的社会责任不仅表现在处理政府机构的公务和保障政府的财政收入上，维持西藏固有的土地所有制和社会形态，也是贵族应尽的社会义务。因此，贵族还被允许在庄园内行使有限的司法权。庄园主有权给属民戴枷锁，鞭打和处罚属民，并判属民短期徒刑等。不但如此，庄园主还有限制属民人身自由的权力。他们可以限制属民的结婚范围，追索逃跑的属民，也可以处罚逃跑者的家属。赋予他们这些权力可以协助政府减少劳动力流动，稳定劳动力规模。

#### 4.1.1.3 贵族的升迁

西藏地方政府规定，各级政府官吏必须于世家子弟中遴员充任。“于是西藏政治活动，乃不出世家之范围，故西藏之政治，实为贵族所垄断也。”[4] 很多贵族公子在非常年轻的时候，甚至未及成年，就已经

---

〔1〕［英］查尔斯·贝尔：《西藏志》（董之学，傅勤家译），上海，商务印书馆，民国25年（1936年），第83页。

〔2〕［英］查尔斯·贝尔：《西藏志》（董之学，傅勤家译），上海，商务印书馆，民国25年（1936年），第85页。

〔3〕［印］达斯：《拉萨及西藏中部旅行记》（陈观胜，李培茱译），北京，中国藏学出版社，2004年，第184页。

〔4〕吴忠信：《西藏纪要》，上海，商务印书馆，民国31年（1942年），第83－84页。

担任政府官职。1939年，担任吴忠信一行接待的詹东公子17岁，夏扎公子16岁，已经列为四品官。拉鲁·次旺多吉、夏扎·班觉多吉都是14岁就进入孜康。色新巴家的洛桑顿珠12岁时就被嘎厦任命为七品俗官，14岁时成为噶厦文书处文书，他担任国民政府致祭达赖喇嘛代表团的联络员时，只有16岁。[1]

**招赘保家族名号** 无论任何社会，联姻都是提高门第和编织势力网络最便捷和有效的手段。贵族为扩大家族势力，多通过与更强势贵族的联姻，巩固其在政府中的地位。在西藏列于前20位的主要贵族世家，他们之间的婚姻关系是非常错综复杂的，其中"玛巴"（mag-pa，入赘）也许是延续和加强贵族势力最有效的手段。对于世俗贵族来说，如果某家族男性继承人空缺，家族势力和地位势必受到影响。因此，通过玛巴入赘，可以使家族得以延续。即便家族并不缺乏男性继承人，玛巴的存在实际上也是对家族势力的加强。在西藏近代历史上，贵族世家招赘或收养子的例子很多。例如，阿沛家族只有一个女儿，就从勒龙家招了一个男子入赘。擦绒家族父子被杀后，平民出身的达桑占堆奉达赖喇嘛之命入赘到了擦绒家，成为家族继承人。

**联姻稳固家族权势** 贵族家庭一般是培养长子在政府担任公职，让次子出家，或出任僧官，或专门负责管理家族庄园。家庭继承和管理是动态的。如此一来，家族里的长子既是政府官员，又是庄园主，还可能是某僧官的兄弟、某大臣的女婿，多重身份使他更便于利用其社会资源为家族获得利益。西藏近代史上，多仁家族与擦绒家族的联姻很能够说明问题。多仁家先祖为锡金人，普美·丹增诺布（英文名詹米）是多仁家族唯一的儿子，其父在英藏冲突时入藏，由前驻藏大臣准入藏籍。多仁12岁入噶伦堡的圣保罗学校学习6年，并在江孜接受军事训练，任后藏藏军代本、台吉。他与擦绒的妻妹次仁央宗（英文名玛丽[2]）结婚，成为擦绒家的女婿。虽然曾经因谋反政府被剥夺了台吉

---

[1]西藏自治区政协文史资料研究委员会：《西藏文史资料选辑》（12），北京，民族出版社，1990年，第37页。

[2]《西藏的女儿》的作者。

的头衔，官宦生涯几起几落，但最终因擦绒家声势很盛，他得以保全地位，使其家族没有远离权力中心，复杂的婚姻网络在其中起关键作用。

**聚居拉萨靠近权力核心** 无论贵族们的封赐庄园在哪里，世俗贵族多居住在拉萨，因为拉萨和日喀则"是大城市，生活愉快，食物充分，所见也多"[1]。拉萨自五世达赖喇嘛执政起，就成为西藏政教权力中心。聚居拉萨，才能靠近权力中心，这大概是吸引贵族的真正原因。近代西藏近200家贵族中，庄园被封在拉萨附近的并不多，大概只有多仁、饶噶厦等，但大贵族都在拉萨建有宅邸，他们在西藏各处的庄园则由代理人和他们的亲属管理和经营。如帕拉家的主庄园在江孜的班觉伦布村，在政府中担任仲尼钦莫（mgron-gnyer-chen-mo，达赖喇嘛总管）的僧官帕拉·土登为登是家族长，他与做藏军代本的弟弟多吉旺久常年住拉萨，庄园实际由曾经出家为僧的弟弟扎西旺久主持。虽然扎西旺久不是政府官员，但因其家族势力大，西藏僧俗各界、驻西藏的外国官员、和平解放后进入江孜的解放军官员，都对他礼遇有加。

### 4.1.2 贵族的特权

#### 4.1.2.1 垄断教育资源

西藏世俗贵族在社会生活的各个方面都享有特权。他们不但占有一切优势资源，而且充分利用这些资源为自己和家族谋取政治利益和经济利益，以保证一切世俗权力都保留在贵族阶层手中。受教育权，当然是世俗权力中最为重要的资源。

在西藏，接受普通教育的权利并不为贵族独享，市井小民、庄园里的农民，甚至囊生，也可以送子女到寺院或私塾接受教育。即便是女孩子，也有机会学习计算和记账。虽然在为贵族子弟开办的初级学堂里，仆人的孩子可以作为贵族孩子的伴读，但社会制度和官员选拔体系，决定了只有接受特定教育的贵族，才有资格为政府服务，成为僧俗官吏。

在西藏确立了政教合一的体制之后，出于为地方政府机构培养官

[1]［英］查尔斯·贝尔：《西藏志》（董之学，傅勤家译），上海，商务印书馆，民国25年（1936年），第100页。

员的需要，拉萨和日喀则先后建立了僧官和俗官学校。这些学校与其说是培养西藏政府公务员的摇篮，不如说是贵族子弟步入政坛的阶梯。流亡印度的贵族后裔竟然如此为这种知识垄断辩解：

> 实际上（藏族）没有必要念书和写字，因为在西藏没有世俗文学这类东西。有这么多僧人的好处之一，是在这个国家的每个村子里，都有僧人朗诵经书。……俗人所希望的智力发展，是想要懂得佛经，而这扇门对他们总是敞开的。对于方向很明确的人来说，掌握更多的知识是没有意义的。[1]

贵族高高在上的心态与刻意令百姓愚昧以维持其统治的目的暴露无遗。缺少应有的教育，平民就不可能在政府中任职，也就不可能打破贵族对知识的垄断，不可能知道其他社会形态的存在，更不可能有意识地进行任何社会变革。

**僧官学校**　僧官是贵族青年晋升的途径之一，也是贵族世家在僧俗两方面确保家庭地位的双保险策略。如果可能，贵族家必送一子进入僧官学校，或先让其出家再进入僧官学校。西藏有两所僧官学校。拉萨僧官学校“资拉布扎”（rtse-bslab-grwa）成立于乾隆十九年（1754年），由西藏地方政府“译仓”（yig-tshzbg，教会最高机构）主管，实际负责教学管理的是布达拉宫的朗吉扎仓，校址在罗布林卡，后来迁到布达拉宫，西藏地方政府的各级僧官多来自这个学校。该校学生主要来自拉萨三大寺僧侣和世俗贵族子弟，凡已出家为僧的贵族子弟都可以申请入学，但要经“译仓”批准。少数非贵族出身的僧人，或靠社会背景（如某僧宫的亲信徒弟），或靠财物贿赂，也可获得入学的机会。学校的课程基本上是礼仪、文牍、计算三大类，以礼仪为主，学生们必须掌握各种大小宗教仪轨、程序、经咒和法器等。教师由甘丹寺、哲蚌寺、色拉寺等寺院中具有学识和经验的喇嘛担任。学生毕业后，一部分人出任僧官，一部分人转入朗吉扎仓专门学习宗教经典和仪轨，成为各种专职宗教人员。日喀则僧官学校成立于七世班禅丹贝尼玛（1781—1853）时期，校址在札什伦布寺内，直属班禅堪布会议厅领导。学生主

〔1〕Norbu Tenbur: *Tibet*, New York, Simon & Shuster, 1968, p.330.

要是班禅的年轻随从以及札什伦布寺的青年僧人。学生毕业后,担任札什伦布寺及所辖寺院和宗的僧官,也有专门从事宗教礼仪事务的。值得注意的是,噶厦的僧官多毕业于拉萨僧官学校,后藏贵族子弟也多到拉萨僧官学校学习,以谋求更好的发展。民国时期活跃于西藏政坛的帕拉三兄弟,长兄土登为登就学于拉萨僧官学校,毕业后先谋到负责达赖喇嘛和外国客人来往接待以及柴草管理的"聂薪"(sne-shan)一职。到1947年,他已经成为达赖喇嘛的仲尼钦莫。

有国外研究者认为,与俗官相比,西藏地方政府中的僧官更为可靠,也更为忠诚于政府,因为他们没有家室,没有家产,也不牵扯太多利益纠纷,因此在政府决策上能够仗义执言。事实并不尽然,有些僧官自身或许没有家室和财产,但也有不少僧官是贵族子弟,他们的言行势必顾及其家族利益。

**俗官学校** 俗官学校是贵族子弟步入政坛的另一途径。在培养僧官的同时,七世达赖喇嘛还在拉萨建立了俗官学校,即"孜康拉布扎"(rtsis-khang-bslab-grwa)。"孜康"不仅是所学校,也是西藏地方政府审计财政收支的机构和俗官人事管理机构。孜康设有4名孜本(stsis-dpon,四品会计官),下设4名孜巴(stsis-pa,会计员)、1名档案员、1名教务官和助教职员若干。一般有学生20人左右,都来自世袭贵族家庭,且有等级区分。四品官以上的子弟,可享受孜珠赛囊巴(少爷)待遇,穿绛紫色锦缎藏装;普通俗官的子弟则穿黑色氆氇藏装。但所有学生都戴统一的黄碗帽,穿绛紫色彩靴,佩戴长耳坠、金制的小"嘎乌",腰间还佩有笔筒、小刀和碗套。做俗官需要学习的内容主要有三:一是礼仪,即学习官场活动中的各种仪式和礼节;二是计算,即学习和掌握收纳捐税和计算经济出入的实际技能;三是文牍,即掌握法律内容,并根据法律起草符合一定格式的公文等。俗官学校的学制没有具体规定,长的5年,短的1年。学生的学业达到了规定要求即可毕业,称"仲科"(drung-vkhor,旧译仲噶尔)或"雪仲"(shod-drung),贵族子弟十四五岁就可以被任命为四品官。

**西式教育** 十三世达赖喇嘛从印度返回西藏重新执政之后,因为目睹了深受西方殖民影响的印度教育,深感西藏教育制度的落后,决定派遣西藏青年学习西方科学与文化,留学之风曾经盛行一时。1913年,达赖喇嘛选派4名贵族青年到英国留学;1916年,达赖又派遣从俗官学校毕业的索南贡觉等一批西藏青年到印度学习军事。随后,西藏贵族子弟被派到印度接受教育者逐年增多。1921年,俗官吉雪巴赴印度大吉岭学习电报、电话的安装与使用,孜仲麦如钦热俄周、曲丹丹达、热德更登热杰3名僧官则去印度学习英语。1923年,达赖派姜乐金公子到哲孟雄(锡金)岗都地方考察印度军事制度及武器使用方法,并派

曾留学英国的官员(斯潘塞·查普曼　摄)

遣多仁台吉赴印度各地,考察印度的政治、经济、文化等。[1] 据1933年刘曼卿的文章《边疆教育》统计,西藏留英学生曾达50多人,留学法国巴黎、里昂等大学的康藏学生达30多人,青海藏族中也有多人被选送到印度留学。[2] 据朱少逸的《拉萨见闻记》统计,20世纪30年代,曾去印度学习军事和电报的西藏学生有10多人。定甲·次仁多杰在《近代藏军和马基及有关情况略述》中说:"(藏军)从第一代代本中挑选20多名年轻聪明、身强力壮的士兵和几名政府官员,赴印度学习英

[1]朱少逸:《拉萨见闻记》,上海,商务印书馆,1947年,第130页。

[2]朱解琳:《藏族教育史略》,西宁,青海人民出版社,1990年,第295页。

军训练法。”[1]

除了到英国和印度等地留学之外，还有些贵族子弟曾经在英国人劳德洛(Ludlow)任校长的江孜英文学校学习。表4－3为朱少逸和吴忠信提供的曾接受外国教育者和西藏官方派出的留学生名单。

**表4－3 (a)　西藏官方派遣留学生情况表(部分)[2]**

| 姓名 | 年龄 | 籍贯 | 留学地点 | 科目 | 所任职务 | 备注 |
|---|---|---|---|---|---|---|
| 降威巴 | 30 | 拉萨 | 英伦 | 电机 | 电机局长 | 仁冈 |
| 门冲 | 45 | 山南 | 同上 | 矿 | 曾任雪第巴 | 民国29年病死 |
| 郭噶拉 | | 拉萨 | 同上 | 军事 | 无职 | 刚卡(已死) |
| 吉卜 | 35 | 后藏 | 同上 | 电报 | 郎(朗)子辖(厦)米本 | 拉萨市长吉普 |
| 虞多(宇妥) | 38 | 拉萨 | 印度归札 | 炮科 | 台吉 | |
| 图丹桑批 | 46 | 同上 | 印度噶伦堡 | 电报 | 电报局长 | 僧官 |
| 定江 | 42 | 后藏 | 印度归札 | 炮科 | 日喀则吉总 | |
| 桑坡色 | 40 | 杂 | 同上 | 同上 | 代本 | |
| 满白 | | 江孜 | 印度 | 电机 | 无职 | |
| 索康 | 54 | 同上 | 同上 | 机关枪 | 札萨 | 驻昌都 |
| 罗加伦巴 | | 拉萨 | 印度归札 | 炮科 | 代本 | |
| 擦绒 | 52 | 同上 | 赴印度游历 | 同上 | 札什城督办 | 善英语,洋化最深 |
| 龙夏 | 55 | 后藏 | 送学生到英国 | 同上 | 前任马基 | |
| 译仁 | | 江孜 | 大吉岭 | 同上 | | |

[1]定甲·次仁多杰:《近代藏军和马基康及有关情况略述》,《西藏文史资料选辑》(17),北京,民族出版社,1995年,第82页。

[2]朱少逸:《拉萨见闻记》,上海,商务印书馆,1947年,第138页。

表4-3(b)　江孜英文学校学生名单(部分)[1]

| 姓名 | 年龄 | 籍贯 | 学习地点 | 科目 | 所任职务 | 备注 |
|---|---|---|---|---|---|---|
| 多仁 | 36 | 后藏 | 江孜英文学校 | 普通 | 台吉 | 后毕业于噶伦堡一中学 |
| 满白 | 32 | 同上 | 同上 | 同上 | 无职 | |
| 格望拿 | 30 | 德格 | 同上 | 同上 | 同上 | 土司子弟 |
| 江罗向福公 | 42 | 朵宗 | 同上 | 同上 | 公爵 | 充军大吉岭 |
| 索康公子 | 38 | 前藏 | 同上 | 同上 | 色朗巴 | |
| 擦绒公子和女公子 | 46 | 同上 | 同上 | 同上 | | 共6人 |
| 霍尔康萨女公子 | 42 | 后藏 | 同上 | 同上 | | 2人 |
| 英鸠 | 35 | 后藏 | 同上 | 同上 | 如本 | |
| 崔科 | 53 | 前藏 | 同上 | 同上 | 无职 | |

江孜英文学校师生(斯潘塞·查普曼　摄)

1944年,应当时驻拉萨的英国商务代表黎吉生的要求,噶厦任命孜巴东热瓦·丹增曲桑为施工主管,拨藏银25 000两、青稞700克,修建了拉萨英语学校。教学设备除了原来江孜英文学校的剩余设备外,均由从锡金派来的教师代购。该校招生范围是俗官子弟、僧官学校毕

〔1〕吴忠信:《西藏纪要》,上海,商务印书馆,民国31年(1942年),第93-94页。

业生、贵族中申请出任七品官并有把握获得者。第一批招收的学生共43名,除了农务局有10名平民子弟外,其余均为贵族子弟。

#### 4.1.2.2 垄断社会财富

以占有的土地数量和收入与人口数量相比,世俗贵族占有的社会财富是最多的。贝尔说:"其贵族握有大权,势力浩大。若辈与僧侣,共同盘踞政府中重要位置,其地产之巨大,也不弱于寺院。"[1]依托授封庄园的世俗贵族,以对庄园百姓劳动产出及其人身权利的绝对占有聚敛了大量财富,供他们享受奢侈生活。表4-4是拉萨贵族庄园的分布情况。

**表4-4 拉萨贵族庄园的分布**[2]

| 家族名称 | 庄园名称 | 地点 | 备注 |
|---|---|---|---|
| 吉布 | 吉布 | 江孜 | |
| 詹东(bkras-mthong) | 詹东 | 日喀则 | |
| 赤门(khri-somn) | 赤门 | 日喀则 | |
| 贡嘎俄布嘉措 | 考嘎 | 曲水 | |
| 扎赤彭饶巴 | (不详) | 拉萨、山南 | 山南有与该家族同名的村子 |
| 朗顿(glang-mdun) | 朗宗 | 达布 | |
| 阿沛(nga-phod) | 阿沛 | 工布、江达 | |
| 江热(lcang-rgyab) | 江热宗 | 江孜 | |
| 姜乐金(lcang-lo-can) | 姜乐金 | 日喀则 | |
| 尼木多噶 | (不详) | 拉萨东部 | |
| 达蔡 | 达蔡 | 恰隅、重孜(江孜附近) | 重孜庄园以前为帕拉家庄园 |
| 车仁 | 车仁 | 岗巴宗、协嘎尔 | |
| 吞巴/拉章宁巴(thon) | 吞米 | 帕措 | |

[1][英]查尔斯·贝尔:《西藏志》(董之学,傅勤家译),上海,商务印书馆,民国25年(1936年),第79页。

[2]根据《西藏的土地与政体》第112-120页内容制表。

续表 4－4

| 家族名称 | 庄园名称 | 地点 | 备注 |
|---|---|---|---|
| 噶锡/多仁(rdo-ring) | 噶豁 | 日喀则、江孜 | 多仁在拉萨的庄园于1895年被没收,在日喀则的庄园名称不详 |
| 纳热基松巴 | (不详) | 堆隆 | |
| 乃堆 | 乃堆 | 次陈(江孜地区) | |
| 帕拉(pha-lha) | 班觉伦布、萨鲁、格隅草原、强嘎堡垒、帕拉村、雅隆 | 重孜、江孜、雅隆 | |
| 彭康(phun-khang) | 姜乐 | 江孜 | 曾经归姜乐金所有 |
| 穷结彭饶巴 | (不详) | 穷结宗 | |
| 车仁 | 车仁、多扎 | 江孜、春丕 | |
| 本冲索巴 | (不详) | (不详) | 1935年前曾拥有班禅的庄园 |
| 觉结 | 觉结 | 帕里宗 | |
| 蒙仲(smon-vtsho) | (不详)纳姆如草场 | 翁河谷、纳姆如 | |
| 擦绒(tsha-rong) | 擦绒 | 康区、达布、曲水 | 伯纳德记其在西藏西部也拥有庄园 |
| 宇妥(gyu-thog) | 宇妥 | 江孜 | |
| 多喀/饶噶厦(Rag-kha-shag) | 薰东噶、觉 | 拉萨、东噶宗 | 西藏四大庄园之一 |
| 然巴(ram-pa) | 然 | 拉萨附近、达纳、江塘 | 在江塘湖附近有大量牧民 |
| 夏扎(bshad-sgra) | 欧荣、松不豁卡 | 则拉宗、隆子地区 | 西藏四大庄园之一 |

续表 4－4

| 家族名称 | 庄园名称 | 地点 | 备注 |
|---|---|---|---|
| 色琼巴（gsar-byung-pa） | 觉墨龙协巴色琼巴 | 拉萨 | |
| 桑珠颇章（bsam-grub-pho-brang） | 基松、马格、敏达 | 罗落河谷、隆子以南 | |
| 拉丁（lha-sding） | 拉丁 | 雅隆 | 其家族名为雅隆附近的地名 |
| 拉鲁（lha-klu） | 噶查、波查西日 | 工布 | |
| 罗灵 | 罗灵、岗巴 | 日喀则、帕里 | |

上表列举的只是贵族拥有的国库庄园，属于为政府缴纳赋税的产业；而贵族名下的其他庄园和牧场，则为贵族创造纯粹的利润。以拉加里贵族为例，拉加里在西藏各地共有大小庄园 21 处，耕地面积 2810 克，历年的平均收成有 19 670 克。除了土地，拉加里还有牧场 9 座，有牦牛 1 930 头、绵羊 950 只、山羊 50 只，每年产羊绒近 400 克。[1] 拉加里主庄园位于泽当东南，府邸建在一个山丘上，府邸前的广场十分宽阔，可以容纳附近 5 个寺院的喇嘛在藏历新年同时表演跳神，府邸北面的林卡面积是拉萨罗布林卡的 3 倍。再以拉敏家族为例，拉敏是后藏拉孜的宗本，九世班禅时期为四品官。该家族拥有 5 个庄园，是拉孜"三大家"之一。这 5 处庄园每年的粮食收入就有 8 500 克，还有 3 个羊群，共 3 000 多只羊，每年的羊毛产量 30 余捆。

除了经营庄园以外，世俗贵族参与商业的历史也由来已久，但贵族真正从商业贸易中获得巨额利益，是在 19 世纪末到 20 世纪初，西方商品大量涌入之后。贵族世家几乎没有不染指贸易的。他们与寺院一道，成为西藏商业经济的两大支柱。有些贵族商人的商业收入，远远超过其俸禄和庄园的收入。而贵族启动贸易和商业运作的资本，多是向政府或达赖内库借款。擦绒·达桑占堆便是利用政府资本的高手。据说他刚入赘擦绒家时，这个家族已经因家长被杀而濒临破产。达桑占

[1]郭查索朗多布杰：《拉加里家世》，《西藏文史资料选辑》(21)，北京，民族出版社，2004年，第 28 页。

堆依靠与十三世达赖喇嘛的特殊关系，大肆向达赖内库借款，动用士兵为其将白银背出来，第一笔生意就扭转了擦绒家债台高筑的局面。

除了从政府融资做生意外，放高利贷也是贵族的主要经济来源。西藏高利贷很有特点，地方政府不但设有放债的机构，放债收利还是各级官员的法定职责。黄慕松在《使藏记程》中记载，地方政府每年放高利贷粮达百万克，地方政府的粮务局、财政局，以及布达拉宫大库、大昭寺基金管理处等机构都大量放高利贷。僧俗官员、大小贵族都强行放高利贷给自己庄园的农奴，如强行把茶叶高价赊给庄园的百姓，再收取高额利息。贵族们放债的利息收入，可以达到其总收入的15%～20%。贵族放债的本金，还是从政府低息贷入的，放贷利息为4%～5%，比政府的3%～4%要重，但比寺院利息6%～7%要低，以此保持放贷的竞争力。当然，也有贵族成为高利贷的牺牲品。《农奴制藏文资料选译》中保留有一份贵族拉日孜巴1906年4月23日典押领地的借契。该贵族因为2次借债，不得不典押其3个庄园和1个牧场，但这样的例子并不多见。[1]

#### 4.1.2.3　把持宗教权力

贵族们除了在各级政府机构中担任俗官、僧官之外，还在大小寺院占据高位。由于藏传佛教独特的转世制度，西藏寺院里除了大量的普通僧侣之外，还有少数把持宗教权力的堪布与转世活佛。一般来说，达赖和班禅的转世都在普通人家中寻找，但多数活佛并不都出自普通人家，更多情况下出自贵族家庭。如果一个家族里，特别是大贵族里，出了多个寺院的住持或者转世活佛，对该家族的社会地位与影响力不会没有加分。表4－5为近现代出身贵族的活佛举例。

人们常说，西藏社会掌握在“三大领主”——政府、贵族和寺院手中。但究其本质，自从西藏确立了政教合一制度以后，西藏社会的发展进程便一直操控在世俗贵族手中，西藏政体实际是由血缘关系和裙带关系交织在一起的整个世俗贵族群体在把持。因为俗官是政府的管

---

[1]西藏社会科学院西藏学汉文文献编辑室：《西藏地方志资料集成》，北京，中国藏学出版社，1999年，第246页。

理者，僧官多半是俗官的亲属，寺院里的住持、活佛也转世自贵族之家，社会财富、文化知识、世俗权力、宗教权力、绝大多数人的人身自由，都集中在贵族手里。

**表4-5 出身贵族的活佛一览表**

| 名称 | 所属转世系统 | 出身家族 | 备注 |
|---|---|---|---|
| 江班旺秋 | 夏尔巴法王 | 朗顿 | 十三世达赖喇嘛之五弟 |
| 阿旺坚赞 | 策觉林寺活佛 | 彭康 | 十一世达赖喇嘛之弟 |
| 土丹却吉坚赞 | 夏尔巴活佛 | 夏扎 | 夏扎·班觉索朗噶伦之弟 |
| 晋美朗卓 | 色拉寺麦扎仓 | 夏扎 | 夏扎·班觉索朗噶伦之弟 |
| 洛桑·雪尼扎巴坚赞 | 洛赛班仁波切 | 多仁 | |
| 擦珠·阿旺罗桑 | 甘丹赤巴罗桑格列 | 日喀则德列饶登 | 曾随十三世达赖喇嘛到内地，被派去日本，西藏和平解放后参加工作 |

### 4.1.3 贵族的沉浮

#### 4.1.3.1 没落的贵族

西藏贵族是世袭的，但贵族世家的称号并非可以永久传承。在西藏历史上，贵族世家可能会因为断绝了子嗣而名落旁家，也可能因为家族势力孱弱而与别家合并，还有些贵族世家的称号因为获罪而被取消。这些贵族的庄园可能被没收充公或被转封给其他贵族，其后代也失去了进入政府做官的资格。仅19世纪末到20世纪前半叶，贵族世家被严惩并取消贵族头衔的事件就发生多起。

1884年，时任西藏地方政府代理粮官的大贵族帕拉鼐的妻子帮助印度人达斯到西藏内地勘察，允许他扮成随从搭乘帕拉家的车子。他们先后到过日喀则和拉萨。达斯离开西藏时，还运走了400多卷经书和珍贵写本。事情败露后，曾经协助达斯的活佛生钦·洛桑班丹群培和帕拉家受到严厉惩罚。活佛被沉入雅鲁藏布江，帕拉家的所有地产都被没收。后来因为十三世达赖喇嘛的父亲帮忙，又将帕拉家的主庄园以高额租金反租给帕拉家，将代本夫妇流放7年了事。[1]

20世纪初，河口慧海在拉萨大街上眼见一贵夫人被戴枷当街示众，枷上写着其所犯罪状和藏政府对其的处置，包括示众的天数、刑罚等。河口所见情景的起因是著名的丹吉林寺第穆活佛"诅咒法王"事件，即用藏有恶咒的靴子致使年轻的达赖喇嘛生病。此事牵涉甚广，有16个苯教喇嘛被处死，数位活佛被杀或自杀，许多俗官被流放，第穆活佛系统被判不许转世。事件的主谋之一——贵族诺布次仁受到了在指甲里钉竹签、用柳条鞭挞300～500下、示众3～7天的惩罚，最后被用皮鞭活活抽死。诺布次仁的夫人，因为违背当局的禁令到狱中探望夫君而被戴上枷锁当街示众。她虽然是西藏古老贵族宇妥家的女儿，后来也遭流放，连陪嫁的庄园也被噶厦没收。

在1934年的"龙夏事件"中，龙夏被判剜去双目，两个儿子被判断肢，但并未执行，后改为流放，被贬乏为庶民并不允许再担任政府官员，其财产和庄园也被没收。虽然十三世达赖喇嘛废除了死刑，可这时候，摧残肢体的酷刑比死刑更残忍。

1940年，台吉穷让·顿珠杰布因得罪摄政热振被贬官，财产被查封，本人受到充军的处罚，家人也不能幸免。藏政府发令：凡穷让家庭成员，一律不准在三人以上公开场合的席位就座。[2]

其实，在政治斗争中失势而遭罪的贵族何止以上几家。官场上的沉浮是作为贵族的官员必须为他们家族的利益而付出的代价。

#### 4.1.3.2 发达的贵族

时间的指针在西藏似乎转动得更缓慢一点，因此这个社会相对稳定与平静。特别是近300年来，其内部没有发生过战乱，也没有大的社会动荡。但这并不说明其间没有纷扰。因为纷扰多来自上层，所以后果对普通百姓的影响微不足道，但是对于牵扯其中的贵族，重则抄家，轻则发配流放。每一次的纷扰，一定会造成某些贵族世家的失势，也一

---

〔1〕〔意〕毕达克：《西藏的贵族和政府》（沈卫荣，宋黎明译），北京，中国藏学出版社，1990年，第22页。

〔2〕穷让·次仁顿珠：《追忆父亲穷让·顿珠杰布》，《西藏文史资料选辑》（8）（内部发行），第86页。

定有人从中渔利。

贵族擦绒(刘曼卿　摄)

擦绒·达桑占堆是西藏近代史上的一个神话,他是以奇迹般的暴富和西化而闻名的平民出身的贵族,也是最多见于外国人书籍,最受外国人推崇的新式贵族。他的前半生因为追随达赖喇嘛而备受恩宠,后半生则因其政治理想得不到实现转而专心于财富经营,被西方人称为“西藏的克卢梭斯”。他超前于西藏社会发展的改革理想、西化的生活方式、对工业文明的向往,与曾在拉萨驻足的西方人士产生了强烈共鸣。

擦绒·达桑占堆1885年出生于拉萨北面彭波的一个差巴家庭。他父亲有一小片土地,兼营弓箭制作,他的母亲是贵族家的女佣。家庭的影响造就了他善于变通的个性。1904年和1910年,他两次随着达赖喇嘛逃亡,并在危急时刻力保达赖的安全。在大吉岭的两年中,他学会了英语和印度语,也可以用汉语、俄语、蒙古语进行简单交谈。1912年,达赖喇嘛回到西藏之后,让他入赘到因内乱被灭门的贵族擦绒家,继承其贵族封号,并任命他为藏军司令。在以后的一段时间里,达赖喇嘛对他完全信任,他被允许穿着常服或军服参见达赖喇嘛。在达赖喇嘛观看放风筝时,他就在一旁放风筝。他在权倾一时之际,无所顾忌地开始实现他的政治抱负。

达赖喇嘛返藏后,试图加强西藏军队的实力,以武力维持所谓的独立地位,但当时藏军的处境很困难,武器装备很差。1920年,擦绒接受查尔斯·贝尔的建议,选派军官到印度接受军事训练,向印度购买老式武器。僧侣和不少贵族对此表示不屑。贵族们并不希望扩大藏军，因为除了要多上缴费税以外，还要招募家里的男丁当兵，减少了庄园劳动力；僧人则担心藏军势力的加强会削弱寺庙的权力，色拉寺的住持查莫对贝尔说："僧人们不喜欢扩大藏军的计划，他们认为这有悖于佛教教义。"

新式藏军（查尔斯·贝尔　摄）

1920年，达赖喇嘛采纳了擦绒和贝尔的建议，计划在拉萨开办英文学校，但由于寺院极力反对，学校只好开在江孜，聘请英国人劳德洛任校长。学校开设的课程中包括了英文、藏文以及自然科学和社会科学知识。但擦绒的政治运气没有维持太久。1922年，拉萨发生了两个士兵互相枪击事件。为强化军纪，擦绒当着众人的面，将肇事士兵的腿和手砍了下来，并把死者的首级和腿挂在拉萨街头示众。因为达赖喇嘛已经取消了死刑，这样的做法引起了很多人的不满。同年，拉萨的僧侣们在街上游行，宣称要杀死当时在拉萨访问的查尔斯·贝尔和医生肯尼迪，并抗议擦绒和英国人关系过于密切，擦绒家经常受到威胁，玻璃窗也被僧人打破了。他不得已向达赖喇嘛提出辞职。"我是个平民，不是贵族。我是个没有知识的人，因此不能很好地效力。因此请求免去我的三个职务。如果三个不行就两个，两个不行，任何一个也可以。"[1]当时擦绒担任藏军司令、造币厂厂长和噶伦。其后，他被免去了藏军司令和噶伦的职务，但被保留了札萨的头衔。他的政治生涯就此结束，不几年后，江孜英文学校也在一片反对声中关门了。

在被免去了政府官职之后，擦绒依然活跃在拉萨政治和社会生活的舞台上，并显示出其实业家的才华。擦绒担任造币厂厂长期间，曾铸造了面值为 20 两藏银的金币。金币的正面铸有噶厦政府字样，背面是雪山狮子图案、面值以及年份，每个金币重 3 钱。除金币外，这里还铸银币和铜币。擦绒还建议达赖喇嘛引入纸币，用来做进口贸易。20 世纪 30 年代，擦绒在"色章列空"内设立了羊毛纺织厂，招收了男女织工 30 多名，并从印度购买了小型纺织机，加上西藏自制的土纺机，织出了名为"色章氆氇"的花氆氇。这可能是西藏历史上第一个现代意义上的工业产品。擦绒用这种氆氇做了一件藏袍、一顶帽子，经常穿戴起来为其产品做广告。他还命人在山南开辟茶园，由英国人做技术指导，希望以后不再进口内地和印度的茶叶，但这一尝试遭到了当地居民的反对和破坏。1937 年到 1941 年间，擦绒奉命重建堆龙宗的"赤桑桥"，并开始修筑"郎"地谷口通道。他从印度购买炸药，开辟了一条进出拉萨的大路。1940 年，擦绒提出引灌岗厦至洛增杰参菜地和林卡的计划。当时在他家里居住的奥地利人奥施耐特战前是农业工程师，在他的规划下，修建了一条从药王山脚的死水塘到涅当大佛山之间的水渠，以灌溉燃料林基地。

鸡蛋在西藏是特殊食品，也是不可缺少的礼品，鸡蛋的仪式性作用甚至超过了其本身的食用价值。20 世纪初描写西藏的外国书籍中，总少不了在西藏接受贵族的鸡蛋作为礼物，但鸡蛋早已不能食用的故事。擦绒在为政府修桥期间，从印度引进了十几只杂种细毛羊和 60 只产蛋种鸡，用拌过清油的饲料喂养，所产鸡蛋蛋壳通红，一个顶两个藏鸡蛋，在当时的拉萨成为一大新闻。[2] 擦绒还希望西藏加入"万国邮

[1] Charles Bell: *Portrait of a Dalai Lama: The Life and Times of the Great Thirteenth*, London, Collins, 1946, p. 333.

[2]《我所了解的擦绒·达桑占堆其人》，《西藏文史资料选辑》(5)，北京，民族出版社，1985 年，第 113 页。

政联盟”，在印度生产藏文打字机，并试图在西藏发展汽车和汽船运输。[1] 应该说，擦绒称得起是西藏“洋务运动”的倡导者。[2]

也许正是擦绒的平民出身，使他在官场和生意场上都少了些世袭贵族的矜持和骄傲。他为人八面玲珑，历经了十三世达赖喇嘛、热振摄政、十四世达赖喇嘛等几个阶段。在与他交往的各色人等中，达赖和摄政均极其看重他，英国人始终认为他是最可信赖的朋友，国民党中央政府官员和共产党解放军高级将领同样与他关系融洽，在拉萨避难的德国逃兵也感谢他的知遇之恩。对于藏人普遍把他看成亲英派，他有自己的见解：“藏人思想多顽固，偶见异于旧者，则奔相骇告，认为逆天叛旨，吾惟有不与计较耳。学西洋盖取其长，岂鄙人竟有卖藏、卖中国之意耶？”[3] 1934年，国民政府官员黄慕松入藏吊唁十三世达赖喇嘛，擦绒在与其会见时说：“（自己）与英人来往纯为一种交际，西藏不能独立，惟中国可靠，但办事步骤不宜过急，似宜先从交通教育入手，至于中央，可照达赖五世时之檀越关系去做，否则恐无结果。”[4]

无论擦绒的话是其两面派的手段，还是为自己的亲英行为开脱，从他的务实作风看，相信这番话是对西藏社会现状的真实感言。擦绒周围似乎没有敌人，他家里的宴会是贵族最喜欢的地方，他购置的货物是贵族艳羡的时尚，他总是尽心尽力完成政府交代的各项任务，并为寺庙布施了大笔金钱；但他无法在贵族群体中确保政治地位，其真正的敌人恐怕只能是他卑微的出身。

### 4.1.4 贵族的社会改良

在生产力低下、广大百姓相对愚昧的西藏，社会赖以维持的支撑力是劳动者阶层，但社会前进的推动力绝不是他们，因为劳动者中没有代表先进生产力的工人，也没有代表先进思想的知识分子。贵族在

---

〔1〕印度事务部档案，Mss. Eur. F. 157/214 a，1924年7月22、30、31日贝利少校的《拉萨日记》。

〔2〕《我所了解的擦绒·达桑占堆其人》，《西藏文史资料选辑》（5），北京，民族出版社，1985年，第113页。

〔3〕刘曼卿：《康藏轺征》，北京，民族出版社，1998年，第93页。

〔4〕黄慕松：《使藏纪程》，北京，全国图书馆文献微缩复制中心，1991年，第344页。

社会运转的惯性中维持着一个将死的制度，他们中的有识之士也曾采取了各种措施，试图挽救行将倾覆的王国，但贵族所处的社会地位决定了他们不可能从草根阶层的利益出发，从根本上改变西藏社会的性质，与全社会分享原本独属于他们的特权和社会资源，更不愿意他们的既得利益受到丝毫的损失。另外，各种权力集团的争斗也使得任何一项关乎社会进步的措施都会在权力集团的相互猜忌和掣肘中得不到贯彻执行。

#### 4.1.4.1 龙夏的政治改良

20 世纪前 50 年，西藏社会面对帝国主义的经济侵略和政治觊觎，存在着从中国分裂出去的潜在危险，帝国主义势力的渗透使西藏与中央政府之间的关系愈加疏离和不稳定。企图借助英帝国主义势力在西藏推行所谓政治改良的代表人物，是以龙夏为首的官员。他们的政治抱负和目的有所不同，政治生涯和各人命运也因为其政治主张而有所改变。虽然他们的所谓改革以惨痛的失败收场，但他们多少尝试了西藏政体近代化的改良理念。

龙夏·多吉次杰可能是西藏历史上第一个远行到印度以外的欧洲国家的贵族，是当时视野最宽广的贵族官僚，也是在西藏近代史中被提及最多的悲剧性人物。他既是谋求社会政治变革的探路者，也是各方政治势力错综复杂斗争中的牺牲品。与擦绒洋货为用的务实作风不同，龙夏更希望从根本上改变政府结构，推行民主政治，进而改变西藏社会，当然也包括实现他把持噶厦的政治野心。

龙夏家族在后藏，家族声望并不显赫。五世达赖喇嘛时期，龙夏家开始担任西藏地方政府官员，但官阶都不高。龙夏天资聪明，在俗官学校读书时，数学和藏文都非常出色，毕业后就在审计局任职。因为工作业绩突出，很快就升任了孜本，相当于财政大臣，四品官。

但是龙夏为世人所知，是从他作为学监，率领 4 名西藏青年于 1913 年远赴英国留学开始的。在英国期间，他学会了英语的一般会话和基本语法，也熟悉了英国资产阶级建立的民主制度。留居英国期间，龙夏还游历了法国、意大利、德国、瑞士、荷兰和比利时等国家。欧洲资本主义国家的工业文明与繁荣和西藏的贫穷落后与广大百姓的愚昧形成了巨大反差。英国君主立宪制给他留下了深刻印象,使他确立了西藏政体必须进行变革的信念。他在1914年回到西藏之后,便参与到了达赖喇嘛增强西藏军事力量、完善各项政治制度的改革当中。龙夏的主要政绩是对贵族增加税收,装备藏军,补充政府粮库以及进行带给他灾难的"龙夏运动"。

**龙夏与留英学生出发前(戈尔斯坦 《喇嘛王国的覆灭》)**

达赖喇嘛扩充藏军的一项重要政策是对贵族世家、地方官员和寺院领地增加粮食征收,以筹备军粮。龙夏领导的征粮检查局把矛头直接指向了以各种手段非法获取土地和那些占有政府庄园却不为政府服务的贵族。这项政策确实充实了地方政府的仓库,也触及了大小贵族的切身利益,引起了贵族对龙夏的不满,为他的不幸埋下了祸根。1931年,锡金政治官员威廉森到拉萨访问,想在答谢龙夏款待的宴会上邀请其他政府官员作陪,他的手下就告诫他,拉萨的高级官员们都憎恶龙夏，要他弄清拉萨内部的情况再行动。[1]

从英国回西藏后，龙夏还组织了一个名为“求幸福者同盟”的秘密社团，也称“龙夏运动”，据说有上百名政府官员参加了这一组织。这一组织的政治目的是在西藏实现一定的政治民主，如在噶伦的产生上，以四年一届的任期代替噶伦终身制，并由“民众大会”选举噶伦等。龙夏通过秘密结社，串联了百余位僧俗官员向摄政递交要求改革的请愿书，并得到了40多个签名，全部官员中有1/4的人卷入了这一事件。1934年5月10日，在龙夏递交请愿书之前，龙夏的支持者之一噶雪巴到赤门噶伦那里告发了龙夏，龙夏被逮捕，并以“亲苏分子”、“要毁灭宗教”、“企图谋害噶伦”等罪名被判决剜掉双眼。其追随者中遭到流放、罢免的也不乏其人。戈尔斯坦在其《喇嘛王国的覆灭》一书中这样评价龙夏的改革：“龙夏改革运动是第二次世界大战以前改革和复兴西藏传统的政治制度的最后一次尝试，它的失败成为西藏现代史的重大转折点。”[2]

龙夏的政治悲剧是历史的必然，因为当时西藏社会变革的历史条件并不成熟，保守势力过于强大，他本人思想又超前于西藏社会发展水平。龙夏本人性格高傲，不善于团结和依靠其他政治力量，或与有相同政治抱负的对手达成谅解，结成政治同盟。另外，龙夏为人桀骜不驯，我行我素，很早就不被英印政府所欣赏。早在龙夏护送留学生去英国路经印度期间，就曾因为在加尔各答与汉人和日本人接触而受到英国的质疑。到了英国之后，他又决意摆脱英国人的控制，去欧洲各国游历，并擅自进行一系列外交活动，彻底遭到英国人的厌恶和抛弃。英国人当时也把龙夏看成“阴谋家”和“西藏地方政府的叛徒”。

龙夏对自己在政治上失败的原因有清醒的认识，他在遭到酷刑之后对儿子说：

> 如果你们当上了政府官员，不要去在意发生在你们父亲身上

---

〔1〕Margaret D Williamson: *Memoirs of a Political Officer's Wife in Tibet, Sikkim and Bhutan*, London, Wisdom Publication, 1987, p.100.

〔2〕〔美〕梅·戈尔斯坦：《喇嘛王国的覆灭》（杜永彬译），北京，时事出版社，1994年，第216页。

的事情,因为我们是老一辈,我们彼此之间在政治问题上存在分歧,那是我们老一辈的问题,不应该牵连到你们这些孩子们。我关于改革的建议没有被他们接受,因为他们的见识极其有限,几乎没有人能够真正领会我的意思,因而这种可悲的局面出现了。[1]

这些话至少反映出龙夏具备了政治家应有的品格和胸怀。"龙夏事件"当时也很受内地政界瞩目,龙夏被内地媒体称为"西藏政治上之杰出人物……思想进步,抱负雄伟"[2]。1940年,朱少逸参加十四世达赖喇嘛坐床典礼,曾经前去探望龙夏。朱描述被废为平民的龙夏住在布达拉宫南面山脚下,矮楼一幢,土屋数椽,聊避风雨而已;内部简单朴素,龙夏"面黄瘦,无人色,稍动则气喘,盖已届垂危之年已"[3]。

4.1.4.2 仁冈的科学之光

与擦绒和龙夏这两个政治人物不同,强维巴·仁增多吉,也称仁冈,是西藏最早的工程师。他是西藏最早一批到英国留学的青年中最有成就、对西藏社会文明进步贡献最大的一人,可以说是西藏第一个现代知识分子。文献中记载最多的是关于仁冈建立拉萨水电站的事迹。仁冈的儿子强巴·多吉欧珠和仁冈的助手唐麦·顿珠次仁都曾撰文,回忆仁冈建立拉萨夺底水电站的过程。从20世纪20年代中期到1945年其逝世的20年中,以仁冈为代表的西藏知识分子对西藏近代化作出了很大努力。麦克唐纳对从英国回来的学生曾有如此描述:"看到他们在态度气质上的变化,不免大为惊奇。……(他们)都能操正确的英语,俨然成为社会上的完人,一切行为,纯行欧化,几乎忘却祖国的语言。"[4]但仁冈的行为证明,这样的说法完全不恰当。

仁冈出生于堆龙德庆宗的一个中等贵族家庭,父亲是孜康列空的一名孜巴。1913年,十三世达赖喇嘛决定派遣一批贵族子弟去英国留

---

[1][美]梅·戈尔斯坦:《喇嘛王国的覆灭》(杜永彬译),北京,时事出版社,1994年,第217页。

[2]朱少逸:《拉萨见闻记》,北京,全国图书馆文献微缩复制中心,1991年,第91页。

[3]朱少逸:《拉萨见闻记》,北京,全国图书馆文献微缩复制中心,1991年,第91-92页。

[4][英]麦克唐纳:《旅藏20年》(孙梅生,黄次书译),上海,商务印书馆,民国24年(1935年),第193页。

学，但恐怕大贵族不愿意送自己的子弟去，就从中小贵族子弟中选取了4名品貌端正、聪明伶俐的男孩子由龙夏带领远赴英国。仁冈在其中年纪最小，在外学习时间最长，共10年时间。1916年，仁冈进入北安普顿学院专修水电工程，并以优异成绩毕业。他在1920年6月回西藏前，购买了一部125马力的发电机组的配件。

1922年，仁冈又专程赴伦敦采购水电设备，并在英国实地考察当地水电工程。当时他计划在拉萨和春丕谷各修建一座电站，并完成了春丕电站的奠基。后来，这座电站为春丕谷的造币厂提供电力。1922年，来西藏考察的英国地质学家海登协助购买了拉萨水电站的设备。1924年，拉萨北郊的夺底电站破土动工，仁冈带领十多个民工和五十多个泥瓦工修建了一座藏式四柱电机房，1928年开始发电，向罗布林卡和布达拉宫供电。后来在扎溪塘修建的两个造币车间，都由水电站提供动力。仁冈还设立了西藏的第一座兵工厂，在工厂内试制枪弹，后来又从国外引进弹壳，装进西藏自制的火药。1931年11月8日，十三世达赖喇嘛亲自参加了发电站的竣工庆祝仪式，并命名该厂为"无限美妙智慧宝库扎溪电机厂"。

1936年，在为罗布林卡成功供电之后，仁冈又在拉萨市内修建了杰布岗供电房，并从印度购买变电设备和电线、灯泡，为大昭寺、小昭寺以及摄政和噶厦官员的宅邸供电。后来，八廓街上的贵族、大商人和手工匠人家里也都装上了电灯。灯光虽然有时因为电压不稳而暗淡，但这毕竟是西藏夜晚的第一束现代文明之光。英国人查普曼说，当时的西藏无人能够帮助仁冈，一切都要他亲自操持。电站建成后，仁冈培养到印度留学过的唐麦负责电站的运转。除了冬季几个月河水结冰之外，电站运转一切正常。[1] 李有义说：由于春季农民引水灌地，电机不能转动，仁冈曾经请示噶厦，希望从印度购买一台小型火力发电机，以补充电力，后来又申请购买几台大型火力发电设备，但噶厦都没有批准。西藏的电力事业随着仁冈1945年的辞世而陷入停滞。

---

〔1〕〔英〕查普曼：《圣城拉萨》（向红笳，凌小菲译），北京，中国藏学出版社，2004年，第82页。

事实上,4名留英学生回藏后都不曾被委以重任,仁冈为电机局长,门冲为雪第本,吉普为拉萨市长,郭噶拉早逝。他们的官阶都在五品以下,这与他们出身中小贵族,家族势力不大有关。另一个原因是这4个年轻人回国以后,显示出了对西藏社会制度的不适应。他们的藏文书法不好,而当时的官场是以藏文书法水平来考察官吏能力的。据说,早逝的郭噶拉是因为达赖不批准他与相爱的英国女子结婚抑郁而死的。仁冈还算比较受重用。达赖要求几个留学生在正式场合穿西装、打领带露面,并对仁冈关爱有加,允许仁冈不参加噶厦官员都必须参加的骑马射箭比赛,还特许他和老贵族彭康一样,在官场上戴眼镜。

仁冈在留学回归之后,对西藏社会等级观念表现出了一定的批判,并身体力行,改变这一观念。[1] 贝尔说:"西藏少年绅士,曾目击或耳闻印度情形者,多认定西藏地主,应纳较多土地税于国家。彼等感觉有若干贵族占据土地太多,而所报酬于国家者太少,但西藏政府未注意及此。"[2]仁冈的境遇似乎在十三世达赖喇嘛去世后日渐不妙。查普曼说:因为仁冈的官阶较低,很少能够在噶厦的官场看到他,他只是作为噶厦的英文翻译,出现在少数有英国人来访的场合,而且在这种情况下,他也尽量不显示出自己有留学英国的背景。[3] 仁冈的儿子回忆说,父亲平日喜欢打网球和羽毛球,夏季下河游泳,冬季滑冰,还曾经下河抢救落水的仆人。

仁冈在西藏近代工业史上是里程碑式的人物,是走科学为民路线的西藏现代知识分子的象征,他所点亮的应该不止是拉萨夜空,还有西藏社会进步的希望。

---

〔1〕〔英〕查尔斯·贝尔:《西藏志》(董之学,傅勤家译),上海,商务印书馆,民国25年(1936年),第107页。

〔2〕〔英〕查尔斯·贝尔:《西藏志》(董之学,傅勤家译),上海,商务印书馆,民国25年(1936年),第100页。

〔3〕〔英〕查普曼:《圣城拉萨》(向红笳,凌小菲译),北京,中国藏学出版社,2004年,第85页。

## 4.2 代表另类生活方式的世俗贵族

### 4.2.1 有别于平民的“高贵”气质

#### 4.2.1.1 贵族的社会化教育

世俗贵族群体之所以在西藏社会独树一帜,与百姓之间有不可逾越的界限,除了因其高贵的血统、巨大的财富、不可撼动的权势和地位之外,还因为世代相传的贵族理念和显然区别于平民的生活方式、对子女的教育方式,甚至言语表达方式,都使其天生拥有一种截然有别于平民的“高贵”气质。

夏扎·甘丹班觉回忆自己小时候,家中的规矩非常严格。他平时绝大部分时间由保姆照管,不能常在父母身边,只允许待在自己的房间里。作为夏扎家的唯一继承人,他只有在新年排座次时,才能和父亲坐在一起。每天除了家里的正常饮食外,不许在外面吃零食,不许进入厨房,禁止吃动物的舌头、大蒜等。不论走到哪里,都有仆人跟随,行动很受限制。从6岁起,他必须每天早上到大昭寺转经25圈,除了节日可以穿绸缎服装外,平时只能穿布衣和氆氇。[1]

次旺多吉在进入拉鲁家之前,仅是小贵族的后裔。他的母亲,即龙夏的第二位妻子,从严格意义上来讲还不是贵族。12岁以前,次旺多吉在拉萨的一所私塾接受教育,其家族对他的最终希望是与其父亲龙夏一样,成为一名俗官。但是,他在被过继到大贵族拉鲁家之后,就必须学着成为合格的大贵族继承人,其言行举止要与拉鲁家族的身份相符。这样,普通的教育远远不够。他进入拉鲁家之后,私塾教育就从外面转移到了家里。指导他成为真正的拉鲁家继承人的老师,是拉鲁家的那些主人和仆人。据他回忆,这个过程并不愉快,他的个人自由受到了严格限制,一切活动都要由家族安排,每天要参加许多家庭仪式,连玩耍方式也要符合其家族身份。

---

[1]西藏自治区政协文史资料研究委员会:《西藏文史资料选辑》(15),北京,民族出版社,1998年,第122页。

高贵的言谈举止是贵族有别于其他阶层的最主要外化形式,也圈定了贵族社交圈的范围,那些暴发户的粗鄙自然成为古老贵族茶余饭后的笑柄。即使贵为达赖喇嘛的亲属,也照样因为其粗俗的言行遭人诟病。擦绒是贝尔非常欣赏的亲英派贵族,但贝尔对他在社交场合的表现是这样评价的:"与西藏出身高门的贵族那种文雅端庄、谦恭有礼相比,他的风度显得有些笨拙。如果他妻子在场,就会轻轻地取笑他或制止他。"[1]可见贵族具备的"高贵"气质要经过多年磨炼。

贵族家庭的各种规矩制约着每一个家庭成员,家庭成员构成了一个相对的等级小社会,每一个成员在这个等级结构中又占据一个相对中心的位置。这样的小社会使贵族子弟从小就被培养适应业已存在的社会制度、等级观念,养成被社会认可的行为模式。

但也并非所有贵族都洁身自好,中规中矩。河口慧海说,他在大吉岭逗留时曾结识了帕拉摄政家的公子,还曾想到拉萨后投靠他,可这个公子不但好色,为女人花了很多钱,欠了很多债,而且闹出纠纷和人打架,被人捅了一刀。[2] 曾在哲蚌寺学佛,后又出任国民政府官员的邢肃芝(洛桑珍珠喇嘛)曾经在20世纪40年代与拉萨贵族过从甚密,他回忆说,当时的一位噶伦嗜赌如命,打麻将输了大笔银两,连在拉萨的房产都输掉了。[3]

4.2.1.2 贵族的礼仪性称谓

民族学和人类学都特别重视一个社会群体的亲属称谓系统,因为它是"了解社会结构的钥匙"。西藏贵族家庭重视礼仪,对所使用语言的正确性与正式程度非常强调。奥地利人哈里二战期间流落拉萨,在那里生活了7年时间。他的藏语最初常被贵族们耻笑,后来他才知道,他使用的语言是被拉萨人称为农民语言的"安多方言"。身为农民的十四世达赖喇嘛的父母最初到拉萨时,只会说安多方言和汉语,藏政

---

[1]〔英〕查尔斯·贝尔:《十三世达赖喇嘛传》(冯其友等译),拉萨,西藏社会科学院西藏学汉文文献编辑室,1985年,第295页。

[2]〔日〕河口慧海:《西藏秘行》(孙沈清译),乌鲁木齐,新疆人民出版社,1998年,第220页。

[3]邢肃芝:《雪域求法记》,北京,三联书店,2003年,第203页。

府还专门为他们配了翻译。[1] 十四世达赖喇嘛的母亲说，她刚到拉萨时语言不通，经过3年时间，才掌握了贵族们使用的社交语言。[2] 曾经负责十四世达赖喇嘛父母宅邸修建的地方政府官员土登旦达回忆说，1943年，在为达赖喇嘛的父母在拉萨修建住宅的过程中，佛父因为不满其房屋样式，不时指手画脚，甚至动粗，还用汉语责骂他，令其非常气愤，竟然和佛父动了手，还向噶厦投诉。[3]

贵族的称谓礼仪，既表现在家庭成员内部的称谓上，也表现在贵族之间的社会交往过程中。它们是贵族在社交中必须遵守的礼仪，也是贵族身份的标签。表4－6是贵族的亲属称谓与社交称谓举例。

**表4－6(a)　贵族的亲属称谓(部分)[4]**

| 藏语称谓(拉丁转写) | 汉语意思 | 备注 |
|---|---|---|
| 波拉 (Po-lag) | 祖父，外祖父 | 与自己毫无亲属关系的祖父母级老人的统称 |
| 莫拉 (Mo-lag) | 祖母，外祖母 | |
| 巴拉 (Pa-lag) | 父亲 | 也用来称呼父亲辈的男子 |
| 阿库拉(a-khu-lag) | 父亲的兄弟 | |
| 阿尼拉(a-ne-lag) | 父亲的姐妹 | |
| 阿妈拉(a-ma-lag) | 母亲 | 也用来称呼母亲辈的女子 |
| 阿香拉(a-zhang-lag) | 母亲的兄弟 | |
| 苏莫拉(su-mo-lag) | 母亲的姐妹 | |
| 阿觉拉 (a-chogs-lag) | 哥哥 | 也用来称呼姐夫或堂、表兄 |
| 阿佳拉 (a-ce-lag) | 姐姐 | 也用来称呼嫂子或堂、表姐 |
| 哦拉 (pve-lag) | 弟弟，妹妹 | 也用来称呼堂、表弟妹和家庭内的任何一个比自己小的贵族子弟 |

[1] Heinrich Harrer: *Seven Years in Tibet*, *London*, Rupert Hart-Davis, 1966, p.170.

[2] Diki Sering: *Dalai Lama*, *My Son-A Mother's Story*, New York, Viking, 2000, p.120.

[3] 土登旦达:《修建尧西当采府第期间有关情况纪实》,《西藏文史资料选辑》(22),北京,民族出版社,2005年,第72页。

[4] 次仁央宗:《西藏贵族世家》,北京,中国藏学出版社,2006年,第272－273页。

表 4－6(b)　贵族的社交称谓(部分)[1]

| 藏语称谓(拉丁转写) | 汉语意思 | 备注 |
|---|---|---|
| 亚(yab) | 父亲 | 谈论某家庭的父母时所使用的尊称,尤其在谈论达赖、班禅的父母时一定用这个称谓 |
| 雍(yong) | 母亲 | |
| 拉将古朽(lag-cam-sku-shod)<br>将古朽(cam-sku-shod)<br>将(母)(cam) | 太太 | “将古朽”专指“雅豁”、“第本”家族的夫人<br>“将(母)”、古敦托、古琼玛用来指某户贵族太太 |
| 古俄(ku-ngo) | 老爷 | |
| 赛姆古朽(sa-mo-sku-shod)<br>赛姆(sa-mo) | 小姐 | |
| 赛古朽(sas-sku-shod)<br>赛(sas) | 少爷 | |
| 夏不中(rab-yung) | 尼姑 | 专指贵族出家子女 |
| 妮妮拉(ne-ne-lag) | 小姑娘 | 一种爱称 |
| 贡达(khyem-thab) | 夫妇 | 第三人称 |
| 夏不齐(shabs-che) | 男仆 | 也是用人的总称 |
| 夏达玛(shabs-ta-ma) | 女仆 | |

总结以上贵族亲属间的称谓和社交称谓,我们可以发现,贵族即使在家庭内部也要使用敬语,在社交场合更是如此。对一些古老世家来说,只有表现得庄严肃穆才显贵族的体统。夏扎家是传统的古老贵族典型,类似欧洲清教徒的家庭气氛,严肃而压抑。夏扎·甘丹班觉因家人中从来没有吸烟、好骡马、说书、唱歌、唱戏的人而感到自豪。在夏扎家,除了年关、节庆之外,平时主仆都不能喝酒打牌,如果家仆想吸烟和喝酒,得避讳主人。夏扎家的家规甚严,仆人不得脱光上衣,只穿裤

[1]次仁央宗:《西藏贵族世家》,北京,中国藏学出版社,2006年,第272－273页。

子；主人不得穿带铁钉的鞋和皮鞋；在上下楼梯时，不能有响动，更不能大呼小叫；男女仆人也不得有私情，如果被发现，就要受到鞭打。[1]

有些家族的气氛则要轻松一些。民国时期，拉萨有的贵族喜欢打麻将消磨时光，有的则喜欢听唱片，特别是收集内地流行歌曲，如周璇、王人美的唱片，还有些贵族是京剧的戏迷。仁钦卓玛回忆，她还是孩子时，家中有15至20个仆人，有一个专门的仆人背着她上下楼，因为她很懒惰。[2]。

听留声机的贵族公子（邢肃芝　摄）

### 4.2.2　傲立于市井的"高雅"品味

#### 4.2.2.1　精美的宅邸

20世纪初期到过拉萨的英国人，都将西藏与工业革命之前的英国相比较。甚至有人认为，街道阴暗而肮脏的拉萨，就好像黑暗的中世纪欧洲城市。但他们却无一例外地惊叹西藏贵族们所拥有的奢华：宏大的宅邸，贵妇华丽的衣着、繁复的装饰和贵重的珠宝。面对古老的西藏贵族享有的绝对权力和优越感，那些享受着现代文明所带来的舒适生活和人生而平等观念的欧洲平民，显示出了酸溜溜的羡慕和向往。在描述西藏社会生活的文字中，从不缺少对贵族宅邸的宏大与华丽的描述，也充满了对贵族盛宴上精美菜点的好奇、对贵族夫人们价值不菲的珠宝的艳羡以及对拉萨社交场合争奇斗艳的贵族服饰的赞美。

建筑是历史和现状的凝固。贵族世家的沧桑、曾经的繁华和今日的辉煌，都写在无声的建筑物上。1901年，日本人河口慧海受邀住在西藏前财政大臣的府邸，"房间不是很宽，长5米，宽3.6米，还隔成两

〔1〕《西藏文史资料选辑》(15)，北京，民族出版社，1998年，第123页。
〔2〕仁钦卓玛：《西藏的女儿》，伦敦，约翰·墨里出版社，1970年，第145页。

擦绒宅邸（杜兰　摄）

间。不过是按原来的贵族宫殿风格建造的房子，所以内部装饰非常考究。内壁全部涂上了绿色，闪闪发光，并按照西藏风格用金描成花纹，有很厚的地毯，唐木的桌子，还有不太大的佛坛。房间收拾得特别干净"[1]。20世纪20年代，时任锡金政治官员的贝尔拜访过许多西藏大贵族的宅邸。他笔下有对拉鲁大厦、索康别墅、多仁庄园、帕拉庄园以及擦绒现代化住宅的描述。新老贵族的政治影响力、家族的经济实力和经营水平、家族文化以及与时代的距离，从他们的宅邸装修中可以一览无余。贝尔这样描写"拉萨五景"之一的拉鲁庄园：

贵族屋宇，类皆恢宏壮丽。其在中藏，房屋四面，有一长方形之庭院。入口处，有坚固木门一扇当其前。庭院三面皆马房与贮藏室，其第四面，与大门对峙，为正屋，较其他三面高出一层或两层，其本身亦有高至五层者。此种建筑，一面可以抵御西藏高原之疾风，一面可以将全家人口、仆役、牲口等由家长保护之下聚集一

[1]［日］河口慧海：《西藏秘行》（孙沈清译），乌鲁木齐，新疆人民出版社，1998年，第220页。

处。大门上或绘有“十”字，年代久远，形色古黯，“十”者为耐久之标志。或于面上画一著名之蒙人牵虎图。此图表现蒙古人之膂力，若贴于门上，可致吉祥，云可增加住户之繁富与权力。……地板用粗重木板，略加刨削；然通常以小石合砂土，磨成碎片，再加舂捣，使变硬，更以油磨光之，则赫然地板成矣。墙壁由扁石作成，扁石复由泥土砌合。……屋顶平坦，其构造与土制地板相同，但不磨光。窗户虽多，但无玻璃，玻璃窗绝少见。通常以蜡布或同样材料以代玻璃。窗外又有活动窗板，颇结实，能保护蜡布经久耐用。屋顶上有香台一座，作为焚香之用。[1]

贝尔拜访拉鲁庄园时，正值拉鲁家遭变故，两位拉鲁公爵相继辞世，家道甚是衰微。

……房屋陈设不多，礼拜堂内所陈设者，亦不过香案、偶像及其他宗教物件而已。礼拜堂中有唐喀（卡）均绣在中国丝上，丝极精细。沿住房之内墙，陈列若干箱箧以为装入衣服及其他物件之用。更有一二小蒲团日间可供坐憩夜晚可作床铺。垫褥上，覆以鲜艳毡毯，大半为本地人所制作，然亦间有为华人所制造者。垫褥旁，置有香獐子式桌案，可以摺合其上雕以精细之龙、莲、宝石及其他相类似之吉祥悦目物件。桌上复置茶杯。此外尚有中国式坚硬木椅若干件，更有一粗劣木桌以配合之。另有一室，容量颇大，墙壁用石灰水洗刷，墙上高悬相片，多半为中国伟人肖像，此外未悬他物。此室非常暗淡，殊令人作不快之感想。……有人引余侪至一小室，长可十英尺，宽五英尺，地板颇坚固、精致。主人在日，每值冬季，即于此处睡眠祈祷。其卧榻置窗下，墙壁上饰有各种中国壁画，形态轻爽，颇令人感觉愉快。各室中均发现有价值之古瓷器及景泰蓝瓷器，每室有三四件不等。墙上多悬通俗之壁画，统为中国人所绘，至于宗教画，则为本地人所绘，与日本之相类似。[2]

---

〔1〕〔英〕查尔斯·贝尔：《西藏志》（董之学，傅勤家译），上海，商务印书馆，民国25年（1936年），第87页。

〔2〕〔英〕查尔斯·贝尔：《西藏志》（董之学，傅勤家译），上海，商务印书馆，民国25年（1936年），第107页。

如此陈设尽显古老贵族风范。他对屋旁花园的描述，又让我们看到了昔日这个园中曾经高朋满座，宾客如云，贵族高谈阔论娱乐嬉戏的热闹场面：

……入夏，主人与其家属可隐居乐屋，以欣赏草木之绿缛与风物之幽菁，而门外则正风尘满天也。园中往往建有射圃，主人得藉此以度其午后幽静之时光，并可藉此款待邻右与朋友，杂以酒、曲、跳舞与赌博以助兴。主人、来宾、男仆、女仆，凡有一艺之长，或能歌唱者，皆同时加入。[1]

拉鲁庭院演出藏戏（艾德蒙·钱德勒 摄）

#### 4.2.2.2 精致的宴饮

宴会和美食在任何民族的上流社会，都是日常生活最重要的内容。宴会是上流社会交际沟通的场所，美食自然是宴会上最具诱惑的节目。西藏贵族家的宴会日日不绝，与西藏社会礼仪繁多有一定关系。贵族结婚生子、建屋乔迁要举办宴会，官阶升迁、远行起程或归来更要通知同好，家中有远客、贵客光临，也要大肆邀请前来助兴。任何一个小的意外都可以成为举办宴会的借口，因为宴会是联系家族感情、交

---

〔1〕［英］查尔斯·贝尔：《西藏志》（董之学，傅勤家译），上海，商务印书馆，民国25年（1936年），第107页。

换官场信息，甚至比阔斗富的重要场合，是非常必要的交际。贵族们依据宴会的规模判断主人的势头，根据出席宴会人物的级别预测主人的官运。无论如何，宴会是西藏官场运势的指示剂和晴雨表。席间除了美酒佳肴外，还有歌姬献舞，酒妓娱乐，通宵达旦，是西藏贵族最喜爱的娱乐方式。乾隆时的《西藏志》早对西藏贵族宴会的热闹场景有描述：

岁时令节，郡王已知宴客，或在家或于各柳林中，正中铺方褥数层，郡王自坐，前设矮方桌一两张，上摆面果长尺许，生熟牛羊肉、藏枣、藏杏、藏核桃、葡萄、冰糖、回回果、焦糖等类，各一二盘。牛羊肉或一腿或一大方，丰厚随时。郡王之半，噶隆、牒巴、浪子沙、仲意等列两行而坐，或两人一席，或一人一席。随从人等，各就席地而坐，每人给果食一大盘。食则齐时，先饮油茶，次以土巴汤，再以奶茶抓饭，乃缠头回民所做。……继饮蛮酒，遇大宴会，乃选出色妇女十余人，戴珠帽，穿彩服，行酒歌唱。又有八九、十二三岁小童十数名，穿五色锦衣，戴白色圈帽，腰勒锦条，足系小铃，手执钺斧，前后相接。又设鼓数十面，其司鼓者装束亦同。每进食一巡，相舞于前，步趋进退与鼓声相和。[1]

到了20世纪，中餐成为上层社会宴饮的主流。青木文教在书中说："宴会的时候，一定要用中国料理，上流社会的风气，每天总要吃一次中国菜。……最近虽然背叛中国，排斥中国人，但中国料理越发盛行。因而吃米饭的风尚大起，现在米饭竟作常食的一部分，而且也使用筷子。"[2]贝尔从欧洲人的角度，详细描写了多仁家的宴席：

主人夫妇，及其子女皆入席。余侪首先进茶与小饼，以作点心。茶饼皆置于小桌上。在饮食以前，各人以右手第三指于杯中取出茶液筛骨滴，再以拇指与第三指向天挥洒之，以祭菩萨。……食品第一道置于别室之小桌上，吾侪即于此就食焉。以后余侪移至另一室，依西藏法围一圆桌而坐，所坐者皆垫褥。午餐二字，殊

[1]《西藏研究》编辑部：《西藏志·卫藏通志》，拉萨，西藏人民出版社，1982年，第30－31页。

[2]〔日〕青木文教：《西藏游记》（唐开斌译），上海，商务印书馆，民国20年（1931年），第199页。

不足以尽此次之宴会，盖以其食品共有十六道，分盛四十二碟之多。余侪于十二点半入席，直至三时席始散。每道食品均置于桌之中央，碟皆银制，有银盖，巴里西以调羹于每碟中取采少许置于吾侪之盘子上，余侪遂勉强使用筷子助食。劝菜毕，各人始得开始吃食。正菜以外又有小碟之果子、番椒之类，但以上所举之茶饭，则于入席前首先奉进。此后每人各得细面一满碗。进菜之次序，颇有趣味，兹录于下：中国通心面，羊腰、中国海参、醋鱼、芥油番椒、中国蔬菜、豆腐、又一中国蔬菜（无名）、萝卜、胡萝卜、牛舌、烧羊肉、羊肝、羊排、虾、又一中国蔬菜（无名）、中国硬果、冰糖、葡萄干、枣子、杏仁、鱼翅、中国豌豆、印度蔬菜、海参烧肉、肉心饼子、豌豆虾炒、莴笋（中国菜）炖羊肉、鱼、糖豌豆、竹笋、梨、豌豆嫩芽和糖，糖心饼子、鱼、海带、炒羊肉、鱼肚、中国白菜，最后，饭一盂。[1]

1955年，英国记者阿兰·温宁顿应索康之邀与诸位噶伦共进晚餐。官员们都希望吃中餐，但应他要求改吃全藏餐。他说这顿饭简直就像是《天方夜谭》：

（他们）坐在摆满了肉食、甜点和金银盘子的长条桌前。穿着华丽的丝绸长袍的高官们不断更换盘子、斟酒以显示藏人的好客。桌子上有大盘的牦牛肉、蒸羊脊背、煮羊头和碎肉。还有肝、饺子、舌头、鸡蛋、泡菜、辣椒、大麦粉蛋糕、糖和啤酒。索康噶伦用英语解释每一道菜。等吃得都不舒服了，索康的仆人端着镶金银的杯子走上前来。索康说："我们的风俗是先吃一点，然后宴会开始，我们开始喝酒，然后继续吃喝很长时间。"[2]

有些贵族的日常饮食也不逊于宴会。帕拉·扎西旺久在江孜的食物兴许比在拉萨的贵族们还丰富，因为江孜的出产多，外来商品比拉萨还多。他们夫妇早餐喝酥油茶，吃精糌粑、干肉；中午喝甜茶，吃印度饼干；晚上比较讲究，吃汉式米饭、馒头、炒菜，蔬菜大多由庄园自产，

---

〔1〕〔英〕查尔斯·贝尔：《西藏志》（董之学，傅勤家译），上海，商务印书馆，民国25年（1936年），第121页。

〔2〕Alan Winnington: *Tibet-Record of Journey*, London, Lawrence & Wishart, 1957, p. 85.

主要有萝卜、白菜、圆白菜、胡萝卜、土豆、菜花、莴笋，年节时吃些海参、苹果、梨、桃、杏、橘子、柿子。据江热乡政府所藏1954年的一份档案资料记载，领主吃一顿饭光餐具就要用30多种，每天的生活开支约需四五个“多泽”，合200多两藏银，相当于当时一户穷苦农奴全年的生活费用。[1]

其实，很多贵族也并非锦衣玉食，夜夜笙歌，大部分贵族日常生活并不奢侈，饭食无非是糌粑和酥油茶，只是在请客时才大摆筵宴。

4.2.2.3　精心的装扮

如果说谈吐举止是贵族阶级对内的行为规范，那么着装服饰则是贵族阶级对外的身份昭示，是向其他等级显示尊卑，区别社会阶层的重要标志，其文化功能时常胜于实用功能。

贵族彭康公子（中）及其妻子、姐妹（杜兰　摄）

在旧西藏，再富有的平民也不被允许在公开场合穿丝绸服装。根

〔1〕徐平，郑堆：《西藏农民的生活》，北京，中国藏学出版社，2000年，第56页。

据古老的等级服色制度，四品以上的贵族可以穿黄色长袍，四品以下则穿紫色长袍等。这样的规定一直维持到和平解放。出于对着装的重视，噶厦一直遵循按节令统一换装的规定，在每年冬夏两次发布换装指令。在同一天里，整个城市的人都要换装。贵族官员在换装日还要举行隆重的换装仪式，历时4个小时。

**俗官官服** 吴忠信这样描述西藏俗官服饰："贵族男子服装，单夹皮棉，无所不备，冬季着皮衣，春秋夏三季着棉衣或夹衣，衣均缎制。色尚黄紫，喜花纹，大抵四品官以上官吏，始着黄袍，四品以下者，仅得紫袍。腰间亦束宽带，上系极精致之荷包，内装刀箸等物，耳上亦着数寸长之松石耳环。……每遇大典礼，藏官及仲科等均着礼服，五光十色。噶伦之礼服为一宽大之黄缎长袍，腰间束带，头戴貂皮大圆帽。仲科之礼服为黄缎绣花马褂，黑缎百褶短裙，腰挂短刀，状类古代之武士。"[1]

穿官服的夏扎公子（邢肃芝 摄）

根据不同场合和不同用途，官员服装名目繁多。身为四品官的拉鲁·次旺多吉描写自己的旅行服为："黄色缎子长袍，上套金丝缎长褂子，腰挂全副汉刀碗套，着大红彩靴，戴有金色红顶子、正面绣有金花的纱帽等全副盛装。随行的八名侍卫，身着黄色长袍，头戴紫黄色旅行帽，两名魁梧的马吏，身着氆氇长袍，足蹬长筒靴，头戴紫黄色帽子，帽

〔1〕吴忠信：《西藏纪要》，上海，商务印书馆，民国31年（1942年），第103页。

子的长红缨穗子绕在颈上。”[1]

西藏贵族家中往往珍藏有年代悠远且非常名贵的衣服，为全国所艳羡。据说帕拉贵族藏有一袭数百年前来自皇帝宝库中的服装，是用黑狐狸皮制成的，样式不得而知。此衣极骋名，藏人曾作一诗以咏之：“一虹高映绿草原，溪上两虹状如前，帕拉袍服甚名贵，三虹共照彩色鲜。”[2]

**贵族装饰** 对于贵族妇女尤其重视装饰，唐麦夫人向外国人解释说，男人应给夫人买与其官阶相称的珠宝，官阶的上升也意味着夫人珠宝数量的增加。[3] 夏扎家的家规中有：如果祖母穿戴整齐，戴头饰和珠冠，其他夫人也必须戴头饰和松耳石冠，不能空着头。[4] 洪涤尘这样描写贵族妇女装饰：

> 贵族妇女装饰式样与普通女子同，惟质料更华贵耳。若遇宴会，富家妇女，颈圈有围三至四副之多；金银耳环，均饰以珊瑚及璁玉或宝石，衣纽或为金或为珊瑚，发压与发环亦为金银珊瑚之属，腰间复环以金银钩带，附以金银链，下垂至衣缘；手上多戴手镯、戒指，亦均珊瑚及宝石之类；胸前更挂扁方银盒，纵横各约四五寸，内贮丹丸，名曰“告乌”（鸣乌）。[5]

前锡金政治官员夫人玛格丽特·威廉森1930年到访拉萨时，在拉萨搞了一个所谓的妇女联谊会，有23个拉萨贵妇参加。她们多梳着拉萨最流行的发式：分成两边的三角形框架，头上缀满珠宝和珊瑚。也有人梳江孜发式，一种半圆形头饰。她到龙夏家做客时，看到龙夏夫人发式非常时髦，戴一对长长的绿松石耳环、一个噶乌和一串玉石项链，

---

[1]西藏自治区政协文史资料研究委员会：《西藏文史资料选辑》（16），北京，民族出版社，1995年，第120页。

[2]〔英〕查尔斯·贝尔：《西藏志》（董之学，傅勤家译），上海，商务印书馆，民国25年（1936年），第85页。

[3]Heinrich Harrer: *Seven Years in Tibet*, London ,Rupert Hart-Davis, 1966, p. 145.

[4]洪涤尘：《西藏史地大纲》，南京，正中书局，民国25年（1936年），第61页。

[5]洪涤尘：《西藏史地大纲》，南京，正中书局，民国25年（1936年），第60页。

上面镶嵌着珍珠和玻璃珠。[1]龙夏夫人去过英国，可以说一点英语。

至于贵妇对首饰的品位，哈里说："西藏贵族喜欢从汉堡来的兰狐和日本的养殖珍珠，通过孟买来的波斯绿松石，意大利的珊瑚，柏林的琥珀。富有的贵族常写信在世界各地订购这些奢侈品。"[2]

曾随丈夫赴英国的龙夏夫人(刘曼卿　摄)

提及这些令人眼花缭乱的首饰的价值，黄慕松说：

> 藏女装饰，如朝珠、架乌发环、高髻之架，多用珍珠、宝石、珊瑚、金玉制成，价高者达4 000余平银，即合现元20万以上。盖妇女装饰，分三副，一为最宝贵者，一为通常喜庆服用者，一为平时服用者。闻达赖曾因其族妇以8 000平银，即40万现元购一松绿宝石之耳坠，拟限制妇女装饰，不得超过银若干。[3]

4.2.2.4　精彩的娱乐

藏民族虔诚于宗教，同时又讲究享乐，尽情宣泄快乐。藏族考究的服饰、名目繁多的节日庆典和众多供人娱乐的"林卡"，从多个侧面反映了西藏社会追求世俗享乐的风尚。

**别墅消夏**　逛林卡是西藏上至贵族，下至平民都极其热衷的娱乐活动。社交是贵族逛林卡的主要目的。每年的藏历五月中有7天，八月中有10天，拉萨上流社会人物都在财政大臣的林卡中享乐，类似招待会性质。更多的贵族则选择自己的家庭别墅作为消夏的场所。贝尔对贵族彭康家的林卡有以下描述：

---

〔1〕Margaret D Williamson: *Memoirs of a Political Officer's Wife in Tibet, Sikkim and Bhutan*, London, Wisdom Publication, 1987, p.105.

〔2〕Heinrich Harrer: *Seven Years in Tibet*, London, Rupert Hart-Davis, 1966, p.190.

〔3〕黄慕松：《使藏纪程》，北京，全国图书馆文献微缩复制中心，1991年，第120页。

……(别墅)位于一宽谷中,去拉萨数里……乐屋内有中国画一帧,颇鲜艳动人,全帧图画,悉绘于玻璃框之内面……园中有石制露天浴池一所,陷入地下,为正方形,纵横可数尺。浴水由露天石管引来。旁有强固石基一座,从前曾有一避暑别墅建于其上。更有大石板一块,由许多长条石板承持,以备女主人闲游花园时放置零星物件之用。蓬康本人每礼拜莅临一次,盘桓终日始去,盖所以避拉萨之嚣尘也。[1]

**赌博** 赌博也是盛行于贵族中间的娱乐活动,其中最流行的是掷骰子、双骨牌,民国时期特别时兴打麻将,而且赌注很高,有人在几个小时里会输掉几年的积蓄。国民政府官员马鹤天在书中还提到一则趣事:“拉萨打牌之风亦盛。政府人员尤多嗜之。某次噶厦一秘书打牌竟夜,第二天早晨到噶厦,噶伦询问某事,竟以四六金(牌名)应答,传为笑柄。某大喇嘛的侍役因竟夜打牌,次日在大喇嘛旁捧茶,竟蒙眬睡去,梦见打牌得胜,茶碗坠地。”[2]十四世达赖喇嘛的母亲也回忆说,拉萨的贵族太太们经常找她去打麻将。[3]

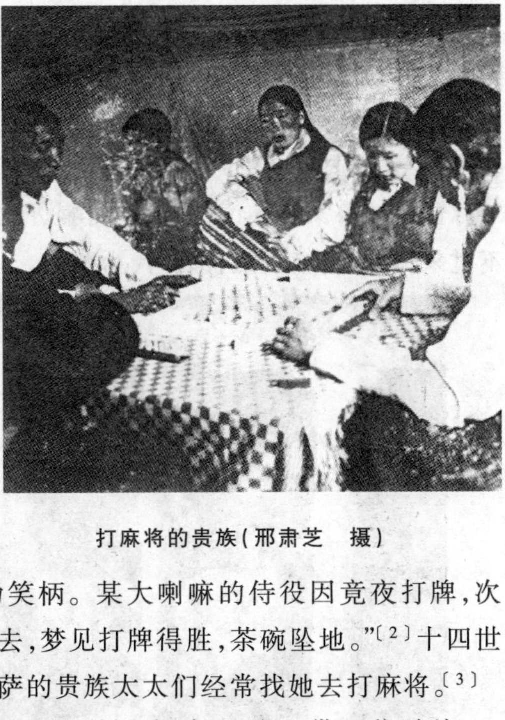

打麻将的贵族(邢肃芝 摄)

身在江孜的帕拉·扎西旺久特别好赌,每天晚上带两位随从、一个马夫到江孜权贵家中赌博,深夜归来。他也经常请江孜的贵族、英印官员及商务代表等来庄园玩耍。权贵们你来我往,除了攀比着举行宴会以外,更多时间是聚在一起打麻将和进行藏牌赌博。帕拉庄园三层

[1]〔英〕查尔斯·贝尔:《西藏志》(董之学,傅勤家译),上海,商务印书馆,民国25年(1936年),第100页。

[2]马鹤天:《甘青藏边区考察记》,上海,商务印书馆,民国36年(1947年),第580页。

[3]Diki Sering: *Dalai Lama, My Son-A Mother's Story*, New York, Viking, 2000, p.123.

东头的小客厅，就是他们的赌博场所。夏天他们就在后花园的凉亭赌博。帕拉·扎西旺久还和夫人、强佐、聂巴、大本生一起在家里小赌，据说他在江孜打一夜麻将，曾经输掉三四千大洋。[1]

**豢养宠物** 拉萨人喜爱养花，无论贫富都在庭院里栽种花草树木。寺院则收留野狗，一则出于悲悯之心，二则因为狗是义务街道清洁工，几乎不需要饲养成本。只有贵族才豢养宠物，有条件的贵族还会修建家庭动物园。在罗布林卡达赖喇嘛的动物园中，有猴子、熊，以及一只孟加拉虎和一只猎豹。冬天，还要给老虎穿上一件外套保暖。在达赖喇嘛的马厩里，饲养着150匹马和骡子，达赖喇嘛闲暇之余会步出观马宫的平台，欣赏草地上的马儿。达赖喇嘛喜欢养狗，还将巴儿狗作为礼物送给外国人。在拉鲁庄园阳台上的箱子里，代养着达赖喇嘛的一对豚鼠。拉鲁家仆人说，向达赖喇嘛贡献畜类的人太多，罗布林卡照顾不过来，凡属达赖臣民，都应代为照料。[2]

罗布林卡中的马厩（斯潘塞·查普曼 摄）

上有所好，下必效仿。帕拉·扎西旺久养了2只野山羊、2只猴子、1只哈巴狗，派专门的囊生负责饲养。狗和领主一起吃喝，每天要

[1] 徐平，郑堆：《西藏农民的生活》，北京，中国藏学出版社，2000年，第55－56页。

[2] [英]查尔斯·贝尔：《西藏志》（董之学，傅勤家译），上海，商务印书馆，民国25年（1936年），第98页。

喂新鲜牛羊肉和点心、水果。囊生还专门为狗做甜茶、酥油茶和“羌库”（青稞酒煮的粥），每周给狗洗一次澡，并要擦干梳理，使其毛色鲜亮。哈巴狗死后，扎西旺久悲痛不已，不仅请喇嘛念了3天超度经，举行了全套丧葬仪式，还专门从白居寺借来金灯供奉。[1]

### 4.2.3 沉湎于享乐的“西化”风尚

#### 4.2.3.1 贵族的卧房

20世纪前半叶，西藏社会面貌发生的最大变化，恐怕要算贵族家居生活用品的西化。随着西方商品大量充斥西藏城镇，以及西藏贵族子弟到印度接受西式教育的人数增加，在拉萨这样的大城市，贵族的家居生活逐渐西化。几乎在所有涉及西藏贵族的书籍中，都有关于擦绒家豪华大屋和西化生活方式的描写：“建筑的外表为藏式，惟入门升楼，则见阔级折梯，已代[带]欧风。”[2]1933年，锡金政治官员威廉森夫妇到擦绒家做客，看到擦绒家“就像是英国的乡村房舍，有很多西式家具。主卧室里有铜制的弹簧床，楼梯也不像其他藏族人家那样吓人，而是很宽大结实。卫生间不像其他人家那样只在地上掏个洞，而是装有西式马桶。餐厅有一张大桌子和真正的椅子。房间很大，通风良好，窗子上还有玻璃，招待客人的是真正的茶和饼干”[3]。黄慕松也说：“擦绒之房屋为西式结构，有庭院花木，饭厅可容纳百人，中无直柱。办公厅在其后，幽静而明净，沐浴室亦清洁。”[4]在20世纪40年代中期，这样的房子在拉萨依然可谓首屈一指。哈里说，擦绒给他们一间大屋子住，里面有西式家具、桌子、摇椅、床和上乘地毯，还有一个洗漱间，里面有抽水马桶。[5] 在奥施耐特为拉萨修水渠的时候，哈里在擦绒家的院子里为主人修建了西藏第一座喷泉池。

---

[1]徐平，郑堆：《西藏农民的生活》，北京，中国藏学出版社，2000年，第57页。

[2]刘曼卿：《康藏轺征》，北京，民族出版社，1998年，第92页。

[3]Margaret D Williamson: *Memoirs of a Political Officer's Wife in Tibet, Sikkim and Bhutan*, London, Wisdom Publication, 1987, p. 100.

[4]黄慕松：《使藏纪程》，北京，全国图书馆文献微缩复制中心，1991年，第343页。

[5]《我所了解的擦绒·达桑占堆其人》，《西藏文史资料选辑》(5)，北京，民族出版社，1985年，第113页。

贵族物质生活的西化在40年代以后特别迅速。不仅像擦绒这样的新贵追求西方生活方式,像索康家这样的老贵族,在追求时尚方面也不甘落后。1948年,哈里搬到索康家住。据说那儿是城里最现代的房子,墙上的日历是与瑞士手表一起进入拉萨的。[1] 即便在远离拉萨的农业庄园,贵族生活也已经西化。杜素庄园农奴主的卧室内陈设着从印度购买的双人钢丝床和木制睡床,以及耀眼的煤气灯;橱柜里有各种印度糕点和儿童玩具;房顶上悬着干电池收音机;房间南墙上有14块大玻璃窗,窗户上挂着白绸窗帘。[2]

4.2.3.2 贵族的餐桌

不仅在居住环境上向西方靠拢,西餐也逐渐摆上了贵族们的餐桌。1924年,英国人海登到擦绒家做客。当时擦绒有一个印度厨师和一个懂欧洲厨艺的藏人厨师。擦绒为客人安排了16道菜,桌子上的所有摆设,包括瓷器和玻璃器皿,都很精致。桌布是华丽的织锦缎,饮料是薄荷油加威士忌酒。[3] 1930年,刘曼卿在擦绒家喝茶,"……进应接室,则小桌沙发,居然洋派十足。仆人献茶,咖啡及牛乳,小匙拨方糖,自忖何以至西餐室"[4]。1936年,查普曼在擦绒家受到西式茶点的招待:"擦绒夫人从一个银茶壶中倒出上好的打击林(大吉岭)茶,我们还吃了面包、黄油、糕饼、硬硬的小圆面包及冰镇布丁。"[5]1940年,朱少逸赴然巴家宴,谓"桌为长方形,作西式排列,最引人注意的是维克斯(威士忌)酒及敬酒之酒妓,酒可代表拉萨贵族之西方享受,内地人多以旅居边地为苦,实则边地中如拉萨者,其物质享受或且超越战时内地人士远矣"[6]。

---

[1]Heinrich Harrer:*Seven Years in Tibet*, London ,Rupert Hart-Davis, 1966, p. 237.

[2]西藏社会历史调查资料丛刊编辑组:《藏族社会历史调查》(6),拉萨,西藏人民出版社,1991年,第292页。

[3]刘曼卿:《康藏轺征》,北京,民族出版社,1998年,第93页。

[4][英]亨利·海登,西泽·考森:《在西藏高原的狩猎与旅游——西藏地质探险日志》(周国炎,邵鸿译),北京,中国社会科学出版社,成都,四川民族出版社,2000年,第87页。

[5][英]查普曼:《圣城拉萨》(向红笳,凌小菲译),北京,中国藏学出版社,2004年,第104页。

[6]朱少逸:《拉萨见闻记》,北京,全国图书馆文献微缩复制中心,1991年,第36页。

20世纪40年代初，在庆祝达赖喇嘛小弟弟出生的宴会上，有辛辣的印度菜，还有印度面条汤，饮料有啤酒、威士忌和波尔多红葡萄酒。1955年，阿兰·温宁顿访问西藏，发现拉萨人在逛林卡的时候，大量喝中国酒，但苏格兰威士忌、法国白兰地在贵族中也很受欢迎。因为喇嘛不能喝酒，他们就喝橘子汁。[1]

4.2.3.3　贵族的收藏

从达赖喇嘛到一般的中小贵族，西藏人对西方的奇巧物品很感兴趣。很多书籍中都有关于达赖喇嘛有3辆汽车的描述。挂着西藏01牌照的奥斯汀汽车，是达赖喇嘛1931年得到的礼物。汽车是黄红两色的，丝绸内饰。后来达赖喇嘛又有了一辆六缸的道奇，车窗上挂黄色的丝绸窗帘，后座也是黄色的。这辆车没有牌照号，司机是一个印度人。这两辆汽车都是散件运过来组装的。为了能使达赖喇嘛享受到现代文明成果，噶厦还专门修建了从布达拉宫到罗布林卡的公路。但达赖喇嘛本人很少使用汽车，汽车的真正主人是十三世达赖喇嘛晚年宠信的土登贡培（贡培拉），一名与擦绒有相似背景，被称为“坚色”（红人）的年轻人。除了汽车之外，达赖喇嘛还有很多现代化的收藏。1912年时，十三世达赖喇嘛已经有照相机、幻灯机、望远镜、电影机和电铃、电话等。[2] 1940年，古德代表团参加十四世达赖喇嘛坐床典礼，向年幼的达赖喇嘛赠送了6个玻璃杯、1个英式马鞍、1个野餐盒、1个音乐盒、1张花园吊床、2对虎皮鹦鹉、1个夜莺报时的金表、1部摩托车和1部儿童三轮车。达赖喇嘛8岁的弟弟当场就骑上脚踏车在大厅平滑的地上转圈。[3] 十四世达赖喇嘛还收藏了不少钟表和手表。有些东西是从十三世达赖喇嘛那里继承的，他最喜欢的欧米茄日历表，是他自己花钱买的。[4] 热振摄政也很醉心于西方物件。1936年，古德代表团

---

〔1〕Alan Winnington: *Tibet-Record of Journey*, London, Lawrence & Wishart Ltd., 1957, p. 135.

〔2〕〔日〕青木文教：《西藏游记》（唐开斌译），上海，商务印书馆，民国20年（1931年），第218页。

〔3〕印度事务部档案：EXT. 2633 /41 锡金政治官员巴萨尔·古德：《有关十四世达赖喇嘛的发现、确认和坐床报告》。

〔4〕Heinrich Harrer: *Seven Years in Tibet*, London, Rupert Hart-Davis, 1966, p. 237.

在拉萨期间曾经在罗布林卡为摄政安置了一套扩音器,麦克风就安装在花园里,摄政不时对着麦克风讲话,还亲自放唱片。[1]

擦绒在随达赖喇嘛流亡印度期间,购买了一部放映机、一个放大照片的装置以及一架测绘仪。擦绒爱好照相,有一台照相机。1924年时,他还给来访的英国地质学家海登放过电影。[2] 擦绒家还有一台无线电收音机,可以听到世界上所有的电台,可能是没有空气干扰的关系,效果很不错。为了收集邮票,他与世界各地的人通信。他还有一个图书馆,藏有很多西方书籍,很多是别人送他的礼物。当时几乎每一个从欧洲来拉萨的人都在他家逗留过,并把书留下作为礼物。

曾经留学英国的门冲在生活上也很时尚。据说他曾经是一个狂热的板球手,还喜欢驾车。他曾经从印度购买了一辆三轮摩托车,不时在拉萨的大街上行驶。有一次在车子转弯时把一个高官从骡子背上惊得掉下来,门冲还因此被革职。[3]

#### 4.2.3.4 贵族的西医

到了20世纪20年代,西医开始出现。最早是与贝尔一同前往拉萨的肯尼迪医生,后来民国政府办事处和英国驻拉萨使团都设有西医诊所。拉萨贵族生了病,时常到英国大夫那里就诊。擦绒在负责修桥时,有工人的腿被石头砸伤,就抬到英国代表处那里医治。英国医生一直为拉萨的藏人保留两个门诊床位。1940年,国民政府军医单问枢随吴忠信参加十四世达赖喇嘛坐床典礼,闲暇之余,他也为拉萨市民治病。彭康夫妇、詹东公子等都曾来就医,一时间单医生声名远播,甚至哲蚌寺的活佛也前来治病。

拉萨贵族生了较严重的疾病时,更愿意到印度治病。40年代,擦绒、唐麦、夏扎·甘丹班觉等贵族都将妻子送到印度治病。十四世达赖

---

[1] [英]查普曼:《圣城拉萨》(向红笳,凌小菲译),北京,中国藏学出版社,2004年,第111页。

[2] [英]亨利·海登,西泽·考森:《在西藏高原的狩猎与旅游——西藏地质探险日志》(周国炎,邵鸿译),北京,中国社会科学出版社,成都,四川民族出版社,2000年,第207页。

[3] [英]查普曼:《圣城拉萨》(向红笳,凌小菲译),北京,中国藏学出版社,2004年,第87页。

喇嘛的母亲回忆,在她们到拉萨的几年之后,当地妇女怀孕后也开始找医生检查。当时的医生是汉人,藏族妇女不太情愿到汉人医院生产,但是藏医又不会接生,因此,大贵族家的妇女都到印度医院生产。[1]

#### 4.2.3.5 贵族的体育

在西藏,贵族的传统体育活动是射箭。在吃过晚饭后到天黑以前,贵族们多以射箭取乐。"箭端平方,不尖锐,中凿若干小孔,在空中飞过时,风入孔,嗡嗡作声。更有若干女子,奉进大麦酒于主人与宾客。客若有操胡琴、吹笛者,则诸少女与客共同唱歌,一时琮琮盈耳,满场欢腾。有时,亦于夜晚举行游艺,招致男女多人,表演跳舞,至午夜始停止。"[2]随着西方体育活动在拉萨出现,拉萨新潮的贵族公子纷纷尝试新式体育活动。首先,驻江孜的藏军学会了打板球和马球;后来,拉萨还建立了足球队和篮球队。驻拉萨的汉人和回民很愿意和藏族人一起打篮球,还曾经组织了11人足球队进行比赛,连哲蚌寺和色拉寺的僧人都来观看球赛。摄政对此非常忧心,认为体育活动对宗教的影响力是一个威胁,因为僧人们过于热衷于球赛,会荒疏了学业。[3] 据说有一天正比赛时,突然下起了冰雹,造成了很大损失。借此机会,足球被禁止了。

1943年,为了排解无聊并为自己挣点生活费,哈里在拉萨河边平整了一片空地,建起了一个网球场,并从印度订购了网子、球拍和球,自己出任教练。贵族很有热情,纷纷送孩子来学打网球。哈里还召集当地的印度人、锡金人、尼泊尔人和拉萨青年组成了网球俱乐部。不久,他们有了更多参与者,国民政府驻拉萨办事处的官员是最积极的参与者,英国商务代表黎吉生、贵族仁冈也经常来打球。哈里还把在索康家的房子改造成室内羽毛球室,在草地上打门球,还立了一个乒乓球台。

除了体育活动之外,电影是贵族们最喜爱的娱乐方式。由于可供放映的影片有限,拉萨人会将一部电影反复看上十几遍,直到能够将

---

[1]Diki Sering:*Dalai Lama, My Son-A Mother's Story*, New York, Viking, 2000,p.117.

[2][英]查尔斯·贝尔:《西藏志》(董之学,傅勤家译),上海,商务印书馆,民国25年(1936年),第89-90页。

[3]Heinrich Harrer:*Seven Years in Tibet*, London ,Rupert Hart-Davis, 1966, p.237.

电影中的插曲唱得滚瓜烂熟。有些贵族电影迷还专程全家赴印度看电影。1933年,玛格丽特在拉萨放查理·卓别林的电影时,每个人都很开心,连十三世达赖喇嘛也笑得前仰后合。玛格丽特在儿童晚会上教儿童做游戏,放映了动画片《弗里兹猫》。每个孩子都得到了太妃糖作为礼物,一时间成为拉萨最时髦的谈资。1935年,玛格丽特和丈夫再一次到拉萨时,她放映了乔治五世国王50周岁纪念庆典、英国海登航空展览,以及他们两年前在拉萨拍的纪录片。当时仁冈正在筹备向拉萨送电,分电站就设在仁冈家。仁冈兄弟家房子很大,遂被改建成了剧场,在那里临时放电影。[1] 1936年,古德代表团到拉萨,也拍摄了贵族们社交活动的电影,放映给他们看。[2] 十四世达赖喇嘛的哥哥洛桑还询问是否能建一个可以放电影的屋子。1949年到1950年冬天,罗布林卡里建成了一个电影院,十四世达赖喇嘛也学会了放电影。

40年代之后,拉萨开始流行舞厅舞、狐步舞等。据说,擦绒家的女儿们不但是拉萨衣着最漂亮的女士,也是舞姿最优美的女士。英国发报员罗伯特·伏特很喜欢跳舞,还把桑巴舞引入了拉萨。但年纪大的藏人不喜欢这种舞蹈,认为舞伴之间不应该靠那么近。[3]

#### 4.2.3.6 贵族的时髦

拉萨是一个非常时尚的地方。十四世达赖喇嘛的母亲说,自己刚到拉萨时很老土,而拉萨的贵妇们非常赶时髦,想方设法在衣着打扮上出风头。她不但非常惊讶于贵妇们的衣着和精美的首饰,更使她惊讶的是,贵妇们一个个浓妆艳抹,她还以为这些人是戏子,因为在此之前,她从未见过妇女涂口红和擦粉。拉鲁夫人还劝她化妆。黄慕松在1934年时已经提到,“近日习染欧风,世家妇女改涂雪花膏者,亦不乏其人”[4]。《西藏史地大纲》中说:“近年贵族青年,多喜呢帽,拉萨藏

---

[1] Margaret D Williamson: *Memoirs of a Political Officer's Wife in Tibet, Sikkim and Bhutan*, London, Wisdom Publication, 1987, p.131.

[2]〔英〕查普曼:《圣城拉萨》(向红笳,凌小菲译),北京,中国藏学出版社,2004年,第234-240页。

[3] Heinrich Harrer: Seven Years in Tibet, London, Rupert Hart-Davis, 1966, p.237.

[4] 黄慕松:《使藏纪程》,北京,全国图书馆文献微缩复制中心,1991年,155页。

民，喜在左耳系一小环，右则以线悬一小松耳石，若为贵族，则耳环长四五寸，为红绿宝石所镶成，价值有达四五千元者。近年来自欧化传入后，也有效仿英国之服饰以为时髦者也。”[1]

达赖喇嘛的父亲和兄弟在拉萨倒是很快适应了时尚气氛，都在右耳上穿眼，挂上了绿松石耳环。就连十四世达赖喇嘛，也为自己设计了一件带口袋的红色夹克衫，把他喜欢的彩色铅笔、钢笔都放在口袋里。[2]

不只拉萨大贵族追求时尚，乡下领主也一样珠光宝气。杜素领主的箱柜里，塞满了从印度买来的整匹咔叽、绸缎和花布。他家里有整打的口红、满盒的香粉、高级头油、西式橡胶头刷、半人高的穿衣镜和高级化妆品。每逢节日，太太和小姐不但穿上绸袍和哔叽衣服，还涂胭脂、口红，使用各种名贵香水。

#### 4.2.3.7 贵族的沙龙

某些贵族家的客厅，也是集中反映西方文化影响的场所，类似于欧洲上流社会的沙龙。经常聚集在擦绒家客厅的有到留学英国的仁冈、其在发电厂的助手唐麦、擦绒的妻妹玛丽和夫婿晋美，以及曾就读于江孜英文学校的贵族子弟。40年代后期，唐麦订了一份每个月在噶伦堡出版的藏文报纸。虽然报纸的印数不到500份，但在拉萨依然有很多读者。擦绒家里也订了印度出版的英文报纸和杂志，以便了解西藏以外的世界在发生什么。

由于西方物质文化的影响，西藏青年的价值观和世界观也不同程度地发生了变化。擦绒的妻妹玛丽在很小的时候就被送到大吉岭接受英国式教育。在那里，她剪短发，穿西装，学会了西方生活方式。她的社交才能和熟练的英文，在擦绒与英印做大生意时很有帮助。

### 4.2.4 不失于功利的“虔诚”行为

尽管贵族们在物质生活方面开始西化，在思想观念上也不抵制外来生活方式，但藏族的根本信仰却没有因为物质生活的改变而有丝毫

[1]洪涤尘：《西藏史地大纲》，南京，正中书局，民国25年(1936年)，第62页。

[2]Diki Sering: *Dalai Lama, My Son-A Mother's Story*, New York, Viking, 2000, p. 117.

动摇。所有到过西藏的西方人都承认:全体藏人对宗教都是虔诚的,几乎没有任何一个人对自己的信仰有过任何怀疑。贵族和普通百姓一样转经、敬神、念经、祷告。但贵族的虔诚和供奉方式与一般人有所区别。普通百姓是用身体丈量通向佛国的道路,用血汗供奉寺庙里的神明,因为他们除了自己的心灵以外一无所有。与他们相比,贵族对佛的供奉要物质得多,也功利得多。在贵族们施舍了大量金钱,成为某个寺院大施主的同时,这个寺院也同时成了他们家族的庇护,因为施供双方本身就是相互依存、相互扶持的关系。

#### 4.2.4.1 布施换取精神慰藉

贵族在宗教上的施舍是巨大的,也是慷慨的。以大贵族夏扎家为例,在一般年景,夏扎家每年的收入为粮食 14 750 克、酥油 2 730 克、藏银 106 834 两,还有羊肉、羊毛、盐、碱、奶渣、氆氇等。收入可观,名目繁多的布施也同样可观。据甘丹班觉提供的数据,夏扎家每年提供给大昭寺、色拉寺、哲蚌寺、甘丹寺、卢普寺、小昭寺和夏扎本家的四处佛堂点灯所用的酥油,就需要 864 克。夏扎家还要每月按例向三大寺僧侣供应一次僧茶,为甘丹寺燃灯节提供酥油,为大昭寺祈愿大法会供应僧茶和粥。再加上其他费用,每年的酥油支出达到 1 892 克,占全年酥油收入的 2/3 还多。每年的藏历元月十日,夏扎家还要供养乃穹护法神和寺院的僧众一整天,包括向乃穹护法神敬献哈达、新酒、酥油奶渣糕、砖茶、礼金白银 50 两、优质粮食 1 包、锦缎 9 匹。[1]数量如此巨大的布施,即便对夏扎家这样家大业大的实力派老贵族来说,也不是轻而易举的事。

除了这种日积月累的供养外,贵族在遭到家庭变故或不幸之后,为了给家族祈福消灾,还不惜巨额举债请高僧消灾祈福。20 世纪 20 年代初,拉鲁夫人央宗次仁在拉鲁公爵和亲生的儿子先后过世后,为他们大肆举办各种佛事活动,还特别出资打造了一顶金质玉佛冠,上面镶满各种宝石,请十三世达赖喇嘛亲手戴到大昭寺的释迦牟尼塑像

〔1〕西藏自治区政协文史资料研究委员会:《西藏文史资料选辑》(15),北京,民族出版社,1998 年,第 117 页。

头上。为此，拉鲁夫人几乎倾尽了拉鲁家的所有家产。贝尔去拜访拉鲁庄园时，正有几十名僧侣在那里念诵祈祷文，希望亡灵可以得到好的转生。

在遭到不幸之后，西藏人多半不怨天尤人，或对佛祖产生怀疑，而是坚信因果报应，从自身修行不够，或曾经造业上找原因。龙夏在被剜去双眼后，把自己得到如此悲惨的结局归咎于自己小时候曾经用弹石打掉过一只绵羊的眼珠。[1] 藏族性格中的软弱和缺少叛逆，也许正是贵族地位得以稳固的真正原因。

#### 4.2.4.2 供奉赢得政治援手

我们无从说世俗贵族的虔诚是不真实的，但很多情况下，布施是政治利益与经济利益的结合，带有明显的功利目的。《甘丹夏扎家族史概述》的开篇是这样写的："历史上，在前藏吉雪地区的一个叫拉萨囊的地方，有一户笃信佛法、礼敬僧人、乐善好施的名为囊索夏热霍巴的贵族人家。"[2] 在宗喀巴大师生前，夏扎家已经成为甘丹寺的施主。夏扎家每年都给布达拉宫伙房送年礼，通常是把从印度噶伦堡采购的上等柑橘用黄色涂封，和哈达一并敬献给达赖喇嘛，还要给热振呼图克图送盐、油和米各半驮。每年会供大法会（传小昭）期间，夏扎家还将甘丹寺拉基、寺院的经师等众多僧侣请到家中宴乐。

夏扎家如此慷慨的供奉自然与宗教信仰有关。作为回报，甘丹寺的一位法座曾经荣幸地诞生在夏扎家。每次夏扎家遇到麻烦时，甘丹寺都是夏扎家族坚定的支持者与维护者。19 世纪末，身为噶伦的夏扎·旺秋杰布被控与廓尔喀王通信，有通敌嫌疑，遂被噶厦罢免了职务。后来查明此事纯属其夫人出于嫉妒而陷害，虽然噶厦不再追究，但是旺秋杰布依然无法复职。为了夺回权利，甘丹寺法台联合哲蚌寺，要求摄政出面让旺秋杰布复职，并最终成功。[3]

---

〔1〕〔美〕梅·戈尔斯坦：《喇嘛王国的覆灭》（杜永彬译），北京，时事出版社，1994 年，216 页。

〔2〕西藏自治区政协文史资料研究委员会：《西藏文史资料选辑》（15），北京，民族出版社，1998 年，第 1 页。

〔3〕西藏自治区政协文史资料研究委员会：《西藏文史资料选辑》（15），北京，民族出版社，1998 年，第 24 页。

另一个因虔诚供奉使家族免于政治灾祸的成功典范是邦达昌。1934年3月，邦达多杰在康区叛乱，大哥邦达养壁在拉萨的住宅遭噶厦查封。事情一出，邦达昌的朋友，著名活佛帕邦卡就通过邦达商店的暗道秘密进入邦达家了解情况，并私下与政府官员、商人和寺院要人进行磋商，一面向赤门噶伦行贿，一面联合哲蚌寺一起到噶厦请愿。印度事务部档案中存有一封1934年4月4日噶厦致锡金政治官员的信：

> 这里刚一采取逮捕邦达昌家族的措施，各个寺院及各行各业的商人的首领便在原甘丹寺第穆活佛的率领下，一道在噶厦等候了数天，代表邦达昌向噶厦请愿。[1]

事情的结果可以预料，就是以邦达昌出巨资为政府向印度购买的军火买单，并负责运送回藏而结束。

4.2.4.3　虔诚兼顾实用原则

贵族家中常常雇一僧人，让其为全家祈祷。所谓全家，除了人，还包括马、羊、驴、猪等牲口在内。帕拉家雇佣了这样一位僧人。此人每日早晨、中午、晚上作经常祈祷，每次约1小时。假如有特别情形发生，如家中或庄园发生瘟疫，祈祷时间还要延长。贵族为此每年大约支付青稞600克，每日茶3次，每月还要款待三四次。帕拉每年也要花大量财富在宗教上。每年做常规法事3次，一次请林朴寺僧人40人念7天经，一次请白居寺僧人40人念7天经，一次请日追寺僧人20人念7天经。念经一次花费藏银1 500两左右。遇到重大事情时，还要单独请喇嘛做法事。每年秋收后，还要给各寺院布施。[2]

与很多贵族家每天只请专人念经不同，帕拉家年老的农奴也被用来专门念经祈福。贝尔在帕拉家看见两个老妪坐在转经筒边，其职责只在旋转轮柱，因为轮一转动，则此无数之祷文与祭品，即上达天庭，足为全世界与帕拉增进幸福。帕拉公子品评两老妪曰："彼等不能作别

---

〔1〕印度事务部档案，L / PS / 12/ 4182，1934年4月4日噶厦致锡金政治官员的信函。

〔2〕王家凤，达娃次仁：《论帕觉拉康庄园衰落的内在原因》，《西藏封建农奴制研究论文选》，北京，中国藏学出版社，1991年，第308页。

事。”其意若曰，不费多钱，可立功德。[1]

还有些贵族，敬佛的心不可谓不虔诚，但他们的做法，未免过于势利。贝尔认识一位高级贵族，为人还算坦白。从他对贝尔所提问题的回答，可以看出西藏一般人等的宗教观。

> 问：“汝所给与之茶，是否如汝自己所饮之佳？”
>
> 答：“略逊一筹，但不十分恶劣。余所供给于彼之他种食品，亦复有此同样情形。盖因与以粗劣食物，彼必败兴，而彼所膜拜之菩萨，亦将随之而败兴。吾西藏人有言曰‘在行动上与思想上，菩萨、妖魔、人类，弥复相似’，换言之，同一事也，可以使之怒，同一事也，又可以使之喜，而若辈之报答，亦当随喜怒而异。”“余之别墅在尼陀，中有礼拜堂三四处，其最大者，供有释迦、爱王、陈力士、地勒耳玛诸偶像。在较小之礼拜堂中，则供奉较小之神。就中有一礼拜堂辟为根康，即于此中供养吾之保家神及其他猛烈之神。此为西藏家庭中之普通办法。”[2]

#### 4.2.4.4 慷慨赢取经济利益

与出于实际需要供奉以交换政治利益的贵族不同，西藏很少有像擦绒那样，以慷慨的奉献在不动声色中赢得良好口碑与经济利益的贵族。擦绒作为贵族、官员兼商人的成功，是一个聪明人不放过每一个机会去获得利润的成功。在擦绒的生意经中，噶厦、政府官员、外国人、汉人、蒙古人，都是其谋求财富的目标。也许很少有人会像擦绒一样，把周围的每个人、贵族甚至寺院，都作为自己谋取经济利益的对象，并在无形中实现自己的利益目标。十四世达赖喇嘛剃度受戒以前，按传统礼仪，政府要为大昭寺内供奉的诸天佛菩萨重新更换头饰，这需要大量松耳石。擦绒得知后，立刻派人送去了几小袋松耳石；后来又为释迦牟尼佛像敬献了拇指大小的一颗价值10万元的钻石。作为对其慷慨行为的感谢，擦绒得到了为达赖喇嘛受戒典礼采购贵重器具、器皿、佛

[1]〔英〕查尔斯·贝尔：《西藏志》（董之学，傅勤家译），上海，商务印书馆，民国25年（1936年），第95页。

[2]〔英〕查尔斯·贝尔：《西藏志》（董之学，傅勤家译），上海，商务印书馆，民国25年（1936年），第89－90页。

事法器，以及施舍吃食和珍馐时鲜的订单，可谓生财有道，名利双收。[1]

## 4.3 被异化的贵族婚姻与家庭

### 4.3.1 维护家族名号的婚姻——“玛巴”

在任何社会，婚姻都是维系相同社会等级和家族之间的联系，巩固和提升其等级或家族地位的有效手段。恩格斯说过：“结婚是一种政治行为，是一种借新的联姻来扩大自己势力的机会，起决定作用的是世家的利益，而绝不是个人的意愿。”[2]在西藏贵族阶层中，以家族利益延续为考量的婚姻形式主要表现为大家族的招赘。因此，有学者认为，西藏贵族的婚姻以“玛巴”(mag-ba)为特征。[3]

就贵族入赘现象，日本人类学家中根千枝说：西藏贵族家庭“在没有儿子的时候，为了让其家族能够继续生存下去，采取或收养养子或入赘的办法。丈夫去世后，迎进新的丈夫，由此后者成为亡夫的继承者，这种事屡见不鲜，有的甚至是两三次之多”[4]。

另外，藏传佛教统治全藏，西藏出家男子急剧增加的后果之一，就是西藏人口不蕃，很多历史上的大家族终因没有男性子嗣而面临消失。为保存自己的称号和家产，贵族使用招赘形式以延续古老贵族的封号和领地，这与农牧民招赘并没有本质区别。

#### 4.3.1.1 招赘与家族合并

招赘婚姻或是因为家族缺乏男性子嗣，或因为政治与家族需要，入赘的女婿一般来自另一贵族世家，因而有可能引起家族间的合并。在西藏近代史上，通过招赘实现两个甚至多个贵族世家合并的例子并

[1]《我所了解的擦绒·达桑占堆其人》，《西藏文史资料选辑》(5)，北京，民族出版社，1985年，第108页。

[2]恩格斯：《家庭、私有制和国家的起源》，北京，人民出版社，1972年，第76页。

[3][意]毕达克：《西藏的贵族和政府》(沈卫荣，宋黎明译)，北京，中国藏学出版社，1990年，第16页。

[4][日]中根千枝：《西藏的贵族》(周炜译)，《国外藏学研究译文集》(9)，拉萨，西藏人民出版社，1992年，第343页。

不少见。单以夏扎家为例。19 世纪 20 年代,后藏贵族拜喜群则是札什伦布寺的僧侣,当时的噶伦夏扎因其能干而收留在家中做助手。后来拜喜与夏扎家小姐同居,以拜喜家名义求职当上了俗官,任噶厦秘书长。之后,他向噶厦申请更改其族名为夏扎。就此,夏扎与拜喜家合并。群则在更改族名之后,很快被提升为前藏代本。谁知后来夏扎家因故被革职抄家,拜喜群则便与夏扎分了家。

入赘婚姻可以与家族合并互为因果,但有些老贵族世家的族合仅是为了保持家族名号,并不涉及入赘。拉鲁最早是八世达赖喇嘛(圆寂于 1804 年)雅谿家族,这个家族里还出过第十世班禅喇嘛(圆寂于 1853 年)和第四世哲布尊丹巴呼图克图(圆寂于 1813 年)。但是到了 19 世纪 50 年代,这个家族几乎销声匿迹。1858 年,第十二世达赖喇嘛转世后,为避免政府庄园分配给新的雅谿家族,政府下令没有后嗣的十二世达赖喇嘛的亲属与八世达赖喇嘛家族混居,合并为一家。当然,这样的混居很有可能也是以双方联姻为基础的。

因为有些古老贵族甚至曾经与数个家族进行整合,所以他们的家族有不同的名称。吉多家族在 1751 年时是后藏的行政长官,1858 年间还曾经出任噶伦。为了不使家族衰落,噶厦便将吉多庄园归到了然巴家族名下。后来,然巴又经过了与日喀则的洛吉康沙和仁布,以及仁布宗的吉雅家族的合并,家族中早已经没有原然巴和吉多的嫡亲。曾出任噶伦的土登滚钦和台吉朗杰旺堆,都是洛吉康沙和日布家族的后裔,但依然使用然巴和吉多这两个家族名。[1]

#### 4.3.1.2 "玛巴"与共夫婚姻

西藏社会中曾经存在的几种多偶婚姻形式,如兄弟共妻、姐妹共夫等,在贵族中都有存在,而且贵族中的多偶婚姻比重较农牧民中还要大一些。农牧民招赘通常是因为家中缺乏男性劳动力或家中只有姊妹或母女,招赘的目的是维持家庭生活。贵族招婿也是因为家中缺乏男性后嗣,需要女婿继承家族名号。

〔1〕〔日〕中根千枝:《西藏的贵族》,《国外藏学研究译文集》(9),拉萨,西藏人民出版社,1992 年,第 334 页。

贵族共夫家庭(查尔斯·贝尔 摄)

大贵族帕拉家的祖先是不丹帕觉拉康寺的僧侣,因为在17世纪时卷入了西藏与不丹政府的争端而投靠了西藏地方政府。他被达赖喇嘛允许还俗,封赐江孜一带的萨鲁庄园,成为世俗贵族。当该家族没有男性子嗣,仅有一女时,就与努玛哇(Nu-ma-ba)家族通婚,以招赘形式保持了帕拉家族的称号。在西藏政坛很活跃的阿沛家,也因为只有一个女儿,所以从勒龙家招了一个赘婿。这个赘婿在妻子去世后,娶了贵族宇妥家的小姐。在赘婿本人去世后,宇妥小姐又以阿沛家的名义,招贵族索康的外甥阿旺晋美入赘。

在西藏,并不是只有大贵族相互入赘,子女多的中小贵族到大贵族家上门的例子也很常见。但当时像擦绒·达桑占堆这样的平民入赘贵族家,还是比较少见的。20世纪20年代初,由于贵族擦绒以及长子在噶厦政治斗争中被杀,家中留下两个寡妇和若干女儿,十三世达赖喇嘛便让其亲信达桑占堆入赘擦绒家,继承其贵族称号,同时继承擦绒父子的两位夫人和子女。达桑占堆先是与擦绒夫人以及少夫人结婚,后来又娶了老擦绒的三女儿。

与农民的“玛巴”婚姻一样，共夫婚姻一定是招赘，但招赘并不一定共夫，况且贵族中姐妹共夫的例子并不很多。在近代，有鲜喀瓦·班觉多吉入赘夏扎家，与其两个女儿德吉和龙珍组成共夫家庭，并以夏扎家二公子的身份进入政界；雅谿拉鲁公爵先同时娶夏扎的两个女儿为妻，后来又娶夏扎的同父异母妹妹，组成共夫家庭。

### 4.3.2 维持家族财势的婚姻——“共妻”

社会调查表明，与农民多偶婚姻情况相似，贵族中间的共妻婚姻比例要比共夫高。在通常情况下，如果贵族有三个儿子，会送大儿子出家或做僧官，二儿子继承家族名号进入地方政府，三儿子入赘其他贵族家做“玛巴”。如果家族中有一个以上的儿子在家，贵族也会选择为他们共娶一个妻子，目的同样是避免家族财产分裂带来的家族势力下降。有时参与共妻的兄弟可能是僧官。查普曼曾经给一个俗官的妻子和儿子拍照时，俗官说他兄弟是僧官，他们共娶一妻，这个孩子就是他兄弟的。在贵族中间，这种现象比较普遍，即便是像热振摄政这样的高级僧侣，也同自己同父异母的兄弟非正式地共妻。

#### 4.3.2.1 “共妻”与家族分裂

与“玛巴”婚姻所产生的家族合并相反，贵族共妻婚姻在很多情况下并不能达到聚合家族财产、保持家族势力的目的，反而会因财产问题导致贵族家庭的分裂。

如第一章所述，农业庄园里的共妻差巴兄弟如果要分家另过，身份只能降为堆穷。如果贵族家庭要分家，从主家族内派生出来的分支家庭就被称为“索巴”(surpa)，意思为“别居者”或者“旁系”。比如夏扎的旁系子孙为夏索巴，索康的旁系子孙为索康索巴。本家的名字上则另加“囊巴”，意思为“主系”。在希腊王子皮特列出的164户拉萨贵族和41户札什伦布贵族中，家族名称中附“索巴”的有10户，附“囊巴”的有4户。[1] 这种情况的比例相当低，而且分家只发生在极其富裕的大贵族中，一般贵族承受不起分家。

---

[1] [美]卡拉斯科：《西藏的土地与政体》(陈永国等译)，拉萨，西藏社会科学院西藏学汉文文献编辑室，1985年，第137页。

家族分裂势必涉及旷日持久的诉讼与调停，双方要承担大量金钱与财产的损失，会削弱整个家族的经济力量，给家族的社会地位带来直接影响，因此，对于贵族家庭的分裂，尤其是显赫家族的分裂，噶厦都看做是极为重大的事件，甚至达赖喇嘛都要亲自参与调解。近代史上最重大的贵族分家，要算夏扎家的分裂。夏扎·甘丹班觉曾在《甘丹夏扎家族史概述》一文中，详细描述了夏扎家分家的原因、过程和后果。夏扎·班觉多吉与德吉和龙珍两姐妹组成共夫家庭，但姐姐德吉与其小叔子——班觉多吉的弟弟，僧侣恰苏·钦饶列谢私通，育有3个子女。1913年，夏扎家以"好和好散"的方式，分给独立门户的大夫人德吉及其与班觉多吉所生长子彭措多杰两个半豁卡，一座住宅和一些法器、家具、衣物以及男女仆人，使其能够保持原有生活水平。德吉与钦饶列谢所生子女没有资格分得家产，但他们又是班觉多吉的亲侄子，所以也得到了200两藏银的衣食费用。分家的契约一式两份，达赖喇嘛还在上面盖印并加了眉批。至此，夏扎家分为本家和旁支。[1] 20年之后，夏扎家族又一次面临分家。夏扎本家为此举债高达7 000余章，连日常生活都难以为继。[2]

#### 4.3.2.2 家族分裂的其他形式

一般来说，"索巴"多由兄弟中的一人建立，但也有兄弟各自建立庄园，分成两三家的情况，如彭通家、彭康家其实是两兄弟。还有父亲从家里分出，组成"索巴"的，如索康同来自拉加里王族的妻子离婚后，又与一平民女子结了婚，就让前妻与长子继承了索康家族的名号，自己分家另过。20世纪担任噶伦时间最长的赤门·诺布旺秋也是类似情况。赤门原先是大贵族夏格巴家的孜巴的儿子，并非贵族，但其家很有经济实力。他入赘到并不富有的旧贵族赤门家后，成了贵族官员。赤门任中，不但为其家族增加了庄园，还巩固和提高了赤门家族的社会地位。然而他的第二次婚姻却使他的一切努力都以赤门家族的经

[1] 西藏自治区政协文史资料研究委员会：《西藏文史资料选辑》(15)，北京，民族出版社，1998年，第42-43页。

[2] 西藏自治区政协文史资料研究委员会：《西藏文史资料选辑》(15)，北京，民族出版社，1998年，第53页。章：章噶，西藏地方货币。

济危机和家道中落而结束。诺布旺秋与第一任妻子生育了8个子女。妻子去世后,诺布旺秋与贵族德格形成了共妻家庭,并从赤门家分立出来,建立了赤门索巴家族。由于分家分散了家族财产,也消耗了大量诉讼费用,赤门家族逐渐没落。他与前妻所生的6个儿子中,有4个出家做了僧侣,另外两子共娶一女组成共妻家庭。

为了防范家族分裂,聪明的贵族世家会在"权利"和"义务"中间寻找可以被家族和社会认可的平衡。后藏帕拉家族就是以名义上共妻,实际上各自娶妻、互利合作的方式,维持着家族财产与地位的稳定。

20世纪初,帕拉家族有兄弟3人,长兄土登为登在拉萨为僧官,他安排扎西旺久和多吉旺久两兄弟与贵族贡桑梓之女索朗白玛组成共妻家庭,并生育了8个子女。扎西旺久并不满意这种婚姻状态,但出于维护家族利益的考虑,他没有采取分家另立门户的形式,而是辞去了在拉萨的差事,回到江孜班觉伦布村担任"谿朽"(shig-shod,庄园主),很少再回到拉萨。在江孜庄园里,他与"强玛"(酿酒妇)拉珍,也有说是女管家同居,生有3个子女。但这桩事实婚姻并没有造成帕拉家的分裂,肯定与家族不承认这个婚外家庭,或同居对象社会地位低,以及扎西旺久本人的态度有关。

显然帕拉家对保持婚姻稳定很有心得,扎西旺久的三妹阿旺白姆也与贵族吉普两兄弟组成了共妻家庭,直到西藏和平解放后与其中一位离婚。

### 4.3.3 编织利益网络的家庭关系

贵族家庭毫无疑问都有一个古老的父系家族和高贵血统。"家族"是一个统一的财产集团,每个家庭成员的个人行为始终受到家族利益的限制,在生活上和精神上都无法摆脱对家族的责任和义务。因此,西藏贵族都极力维护家族的历史,努力使自己的家族与那些声名显赫的家族发生关系。但在维护家族体面和风光的表象之下,贵族家庭生活隐藏着很大的危机。

由于贵族婚姻多由家长安排,考虑家族利益的因素多过个人感受,婚姻中的不稳定因素已经形成,多偶婚姻造成的感情分配不均,很容易造成婚姻出轨,家庭成员之间忠诚度低,关系冷漠。在近代西藏历史上,不但妻子因嫉妒丈夫的婚外情,欲置丈夫于死地的事情时有发生,为了获得政府官职或者政治利益,不惜贿赂家族仇人,背弃自己亲人的事件也不在少数。

4.3.3.1 错综复杂的婚姻链条

日本女藏学家中根千枝在《西藏的贵族》一文后,附有西藏主要贵族的婚姻关系图和13家西藏主要贵族的家庭关系图。从中不但可以了解贵族家族之间盘根错节的婚姻关系,也可以帮助梳理每个家族本身盘根错节的家庭关系。由于贵族之间的合并与分裂,几乎没有一个贵族世家有完整的世系谱,而多种婚姻形式的存在,又使得贵族家庭成员之间和贵族世家之间的关系变得混乱,在很多情况下,甚至显得有悖于伦常。

以夏扎家小姐央宗次仁为例,被称为拉鲁夫人的央宗次仁出生于藏历铁龙年(1880年),是噶伦夏扎·班觉多吉的同父异母妹妹,其父亲是颇本鲜喀瓦·朗杰次仁,母亲是当时的孜本夏扎·居美旺秋的妻子洛桑卓嘎。鲜喀瓦·朗杰次仁在夏扎·居美旺秋生前便进入夏扎家,与居美旺秋共妻。居美旺秋死后,朗杰次仁继承夏扎家族称号。央宗次仁自幼出家,但栖止夏扎林卡内的别墅里,家里每年从色夏谿卡拨450克青稞专门供她日常消费。摄政王官邸秘书勤巴在一篇记述文章中写道:"三依尊者原乃风流女。"

央宗次仁结婚前曾与十三世达赖喇嘛之兄尧西·朗敦顿珠多吉公爵私通,生得一男孩,名平措绕杰。由于拉鲁家是达赖喇嘛世家,央宗次仁又育有达赖子嗣,为避断嗣之危,拉鲁家与夏扎家决定由央宗次仁携子嫁到尧西拉鲁家。由于她嫁给拉鲁之后也未得子女,拉鲁公爵去世后,达赖喇嘛就推荐自己的侄子,私生子平措绕杰为拉鲁公爵。不幸的是,年轻的拉鲁公爵在17岁就早逝了。央宗次仁遂搬出拉鲁家,开始与贵族勤巴同居,前拉鲁公爵的寡妻朗杰旺姆也与桑耶寺的一个僧侣同居。

十三世达赖喇嘛恐拉鲁家衰败,要求央宗次仁搬回拉鲁家,并为她招赘，以便掌管家务。达赖喇嘛曾经示意然巴家次子雪尼平措入赘拉鲁家。当时雪尼平措与兄共娶一妻，与妻子感情甚好，不久便与央宗次仁离异，回归然巴家，他以拉鲁门第而取得的扎萨（公爵）爵位也被取消。

央宗次仁在感情生活几经磨难之后，决定将拉鲁家的大部分财产奉献给达赖喇嘛，但达赖喇嘛考虑到拉鲁家为两辈达赖喇嘛的父系庄园，不宜接受，便让其收养一男童以继承家业。当时名望很高的龙夏家族依照达赖喇嘛的旨意，让次子次旺多吉作为继子上门。当时次旺多吉12岁，拉鲁夫人已经30多岁。这个继子的身份并不很明确，他们之间也不以母子相称。

“龙夏事件”之后，龙夏家族被剥夺了贵族头衔，次旺多吉转而与央宗次仁确立了婚姻关系，使自己变成了“拉鲁”夫人的入赘女婿和家族的合法继承人。但他与拉鲁夫人根本没有实质的婚姻关系，后来另娶拉鲁夫人的外甥女吞巴德吉为妻。但是，这依然是名义上的共夫家庭。

经历过数个男人的拉鲁夫人穿着讲究，气质极其高贵，是拉萨社交界的名人。她的情人，贵族勤巴在赞誉她的诗歌中写道：“黑长秀发珍珠额，细眼长眉弯如月，口吐檀香芬芳味，心肠慈如空行母。”[1]相传拉鲁夫人与次旺多吉的父亲龙夏也是一对情人。戈尔斯坦的书中还考证，拉鲁夫人是龙夏未正式结婚的妻子。[2]刘曼卿也说自己在龙夏家中会晤了其两个妻子，大太太曾随他赴英伦，二太太“旧系摄政王拉路之室，王死奉达赖之命改嫁”[3]。

这两种说法也不无根据。龙夏是贵族中多才多艺的佼佼者，精通多种乐器，还是歌舞奇才。两人年纪也相仿，龙夏生于1881年，拉鲁夫人年长他一岁。龙夏失势之后，拉鲁夫人挺身而出，用与其结婚的方

[1]西藏自治区政协文史资料研究委员会：《西藏文史资料选辑》（15），北京，民族出版社，1998年，第39页。

[2]〔美〕梅·戈尔斯坦：《喇嘛王国的覆灭》（杜永彬译），北京，时事出版社，1995年，第212－213页。

[3]刘曼卿：《康藏轺征》，北京，民族出版社，1998年，第96页。

式，将龙夏次子置于自己的保护之下。据说在龙夏事发之后，拉鲁夫人极力疏通，才使得龙夏免于死刑，他的两个儿子也没有被处以砍断手脚的刑罚。反观龙夏入赘到夏扎家的长子，即龙夏前妻所生的儿子恰巴，他因不满噶厦对其父的判决，剪掉辫子，留起西式分头。"夏扎恶之而与讼。今晨噶伦传讯，以其发髻虽被割去，何得擅梳西装头发，判令充军，其随侍二人亦犯同罪，受百鞭，血肉横飞。龙夏之子愤极而逃，遍觅不见，咸以为投水死。"[1]

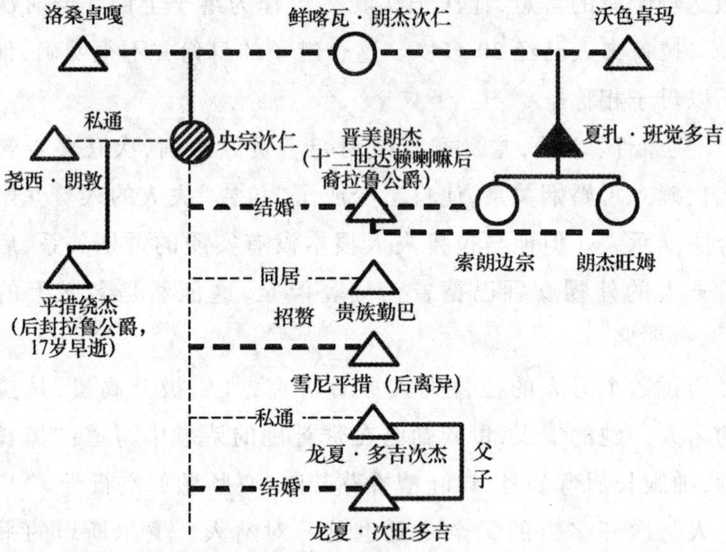


图 4－1　央宗次仁的婚姻与情感经历示意

4.3.3.2　互为利用的政治联姻

从吐蕃时代开始，与或强大或有利益关系的政治势力联姻，以避免争端，是西藏地方政府历来的方针，也是西藏贵族婚姻最重要的组成部分。对于古代的赞普和土司来说，通过婚姻建立起家族之间的联系非常有必要。松赞干布除了来自唐朝和尼泊尔的 2 位王后之外，还有 3 位迎娶自 3 个不同部落的王妃，其中 2 位来自归降的木雅和象雄。墀德祖赞有 3 位王妃，分别来自唐朝、南诏和囊氏贵族。墀德祖赞的儿

[1]朱少逸：《拉萨见闻记》，北京，全国图书馆文献缩微复制中心，1991 年，第 94 页。

子共娶了5位王妃，被称为"五姐妹"，都来自不同的家庭。到了近代，贵族婚姻政治化的特点依然存在。

因为西藏与锡金、尼泊尔、不丹等喜马拉雅国家的历史和地理渊源，西藏贵族与这些国家贵族之间的通婚现象时有发生。"为加强与周边政治势力的联系，拉萨贵族一直都派他们的女儿与管理这个国家内部事务的亲王结婚。"〔1〕1870年，多噶家族的女儿嫁给了德格王。19世纪末，阿沛家族将女儿意希卓玛嫁给了锡金大君。20世纪30年代，噶伦彭康的大儿子出任江孜总督，与一位锡金公主结婚。公主人很漂亮，在印度最好的学校受教育，但她拒绝与丈夫的弟弟组成共妻家庭。

有些政治联姻明显以吞并对方为目的。1921年，处于半独立状态的波密土王派遣使者来拉萨求亲，刚被擢升为贵族的擦绒之妹次仁卓玛嫁给了波密土王。帕拉色对贝尔说："坡[波]国领袖，时娶拉萨女子为妇，但不能娶得贵族家女子，因为其地路途遥远，且鄙陋不知法律。反之，锡金离此虽远然平安有法。以故锡金首领，时娶得此地门第最高之贵族女子。"〔2〕

在次仁卓玛嫁给土王几年之后，擦绒致函云："酋长、妹妹两位，你们久居波密是否有意义？我认为你们前来拉萨为佳，政府会对你们封官授禄的。"〔3〕以此引诱土王旺钦顿堆到拉萨，伺机吞并其部落。后来次仁卓玛独自带着波密土王的大量财产回到拉萨，一直未返。土王遂与噶厦派出的藏军展开长期战争，虽然藏军损失惨重，但藏政府终于使波密置于噶厦管辖之下，土王本人则因兵败逃往印度，并于1931年在印度患热病去世。

---

〔1〕〔意〕毕达克：《西藏的贵族与政府》（沈卫荣，宋黎明译），北京，中国藏学出版社，1990年，第61页。

〔2〕〔英〕查尔斯·贝尔：《西藏志》（董之学，傅勤家译），上海，商务印书馆，民国25年（1936年），第217页。

〔3〕江巴悦西：《西藏噶厦政府与波密嘎朗部落的纠纷》，《西藏文史资料选辑》（3），北京，民族出版社，1984年，第134页。

藏人虽至贫，莫不布施于教会，各家庭故愿至少有一子侄为僧。多数家庭则希望多得几人为僧。家族之内设使无一僧人，则为门户衰落之气象。[1]

——伦琴拉木《西藏风俗志》

# 5 肃穆的殿堂
## ——僧侣的社会生活状态

“喇嘛”(Lama)是对藏传佛教僧侣的统称。事实上，只有得道高僧、活佛和寺院的住持，才有资格被称为喇嘛，但是作为对僧人表示敬意和恭维的称呼，“喇嘛”一词更普遍地被接受，旧时的各类汉文文献也多以“喇嘛教”称藏传佛教。民主改革之前，西藏专职的宗教人口比例很高。到过西藏的中外人士无不为如此众多的寺院和如此庞大的宗教群体感到震惊，西藏也因此被称作“雪域佛国”。

宣统三年(1911 年)出版的《西藏新志》中说：“西藏为宗教国，寺院之多，不可胜计。按西藏著名寺庙三千余所，住持、喇嘛有八万四千余人。”此书另一章节又说：“藏民笃信佛教，所生子女，出家者居多数，男子为喇嘛，女子为觉摩，其数当以五六万计。”[2] 1935 年 2 月，国民政府外交部林东海博士就西藏人口发表谈话：“据传说，(西藏)共有五百万人……另一部分调查，谓最多不过一百万人；经本人调查，最多不过七八十万人，其中喇嘛约占五分之一。”[3] 20 世纪 40 年代，吴忠信根据噶厦管理宗教事务的大仲译然巴口述，认为西藏的僧侣人口约 20

[1]伦琴拉木：《西藏风俗志》(胡求真译)，北平，西北书局，民国 22 年(1933 年)，第 84 页。
[2]许光士，蔡晋成：《西藏新志》，上海，上海自治编辑社，宣统三年(1911 年)，第 44 页。
[3]徐百如：《西藏考察纪实》，《蒙藏月报》，1936 年第 5 卷第 2、3 期，第 12 页。

万~30 万人，寺庙有 1 700 多所。[1] 据 1952 年的统计资料，加上昌都和阿里，西藏总人口在 115 万，其中僧侣总数有 10.9 万，占西藏人口的 9%。[2]

吹法号的喇嘛（陈宗烈 摄）

马克思指出："人口数量和人口密度是社会内部分工的物质前提。"[3] 从 16 世纪中叶到清末宣统年间，西藏人口数量一直处在停滞甚至衰退中，但宗教人口的数量并没有明显的变化。这一方面说明宗教的地位逐步得到巩固和加强，另一方面也揭示出了西藏社会经济发展受阻的根源。马长寿认为："喇嘛教信徒大都对于妻妾子孙的观念颇为淡泊。淡泊至于极度则脱身妻孥，出家为僧，根本观念中没有家庭。"[4] 大批青壮年男子进入寺院，没有正常的家庭生活，过着独身或半独身生活，其直接后果就是西藏社会人口结构不合理和人口出生率过低。

另外，本应作为社会基本劳动力的青壮年僧侣不从事社会生产，平日的工作主要为宗教活动，消耗了相当大部分的社会资源，是社会财富的最大浪费者。据吴忠信计算：每年藏历新年和二月法会，都要消耗布达拉宫年收入的 62%。[5] 20 世纪 50 年代的社会调查数据表明：在当时的西藏，平均每户人家要供养一个僧侣，政府财政收入的 1/3 给了寺院。西藏 2 000 多所寺院的上万间房屋里无数日夜燃烧的酥油

[1] 吴忠信：《西藏纪要》，上海，商务印书馆，民国 31 年（1942 年），第 51 页。

[2] 胡焕庸：《中国人口地里》，上海，华东师范大学出版社，1987 年，第 451 页。

[3]《马克思恩格斯全集》第 23 卷，北京，人民出版社，1978 年，第 391 页。

[4] 马长寿：《康藏民族之分类体质种属及其社会组织》，《马长寿民族学论集》，北京，人民出版社，2002 年，第 245 页。

[5] 吴忠信：《西藏纪要》，上海，商务印书馆，民国 31 年（1942 年），第 85 页。

灯，每年消耗百姓生活所必需酥油的1/5。[1] 寺院还征集大量金银珠宝用于铸造佛像、修建转世活佛灵塔，社会资源被毫无节制地投入了宗教场所。“一个社会不能停止消费，同样，它也不能停止生产……生产的条件同时也就是再生产的条件，任何一个社会，如果不是不断地把它的一部分产品再转化为生产资料或新的生产要素，就不能不断地生产，即再生产。”[2] 西藏社会财富的生产与消费的失衡发展正是如此。社会财富大都用于消费，很难顾及扩大再生产。

在低沉的法号和缭绕的香烟中，社会财富不断在劳动者虔诚的布施中转移到了寺院僧侣集团手中，僧侣集团也在宗教特权和财富的不断积累中扩张其政治势力。政教合一的政权体制不仅使僧侣在政治上与世俗权力抗衡，也在财富上与世俗势力分庭抗礼，西藏僧侣生活的世俗性和功利性毫无遮掩地展示出来。在对世俗权力的欲望和财富的追求中，僧侣集团的社会性和世俗性愈发明显。僧侣，只不过是一种生存方式的选择。

## 5.1 把持世俗权力的僧侣

### 5.1.1 宗教生涯的世俗缘由

公元7世纪，吐蕃从奴隶社会进入了封建社会，佛教因其更适应统治阶级的需要而受到了统治者的保护和扶持，并逐渐融合和替代苯教，成为西藏社会占统治地位的宗教。767年，西藏最早出家的7名俗人进入西藏第一座佛教寺院桑耶寺为僧。藏王赤松德赞免除了他们的差税，其生活开支也由王室直接供应。仅一年后，桑耶寺僧侣人数增加到了305人。为保证出家僧侣的生活来源，王室封给桑耶寺寺属奴隶1 067户，即每3户供养1个僧人。政府还规定了寺院堪布和僧侣生活必需品的数量：堪布每个月75克青稞、1克2涅尕酥油，每年1套衣

---

[1] 次旺俊美：《西藏宗教与社会发展关系研究》，拉萨，西藏人民出版社，2001年，第273页。

[2]《马克思恩格斯全集》第23卷，北京，人民出版社，1978年，第621页。

服、1 匹马、40 卷纸、3 锭墨和足够的食盐。[1] 在热巴巾时代，每个僧人的属民由 3 户增加到了 7 户，并赐予寺院一定数量的土地、牲畜以及农户作为寺院的财产。以当时的社会生产力发展水平衡量给僧侣的物质供应，统治阶级的宗教投入是巨大的。

5.1.1.1 利益的考量

僧侣优越的生活待遇，对世俗百姓无疑有很大吸引力。西藏的宗教人口随着佛教的发展，特别是格鲁派统治地位的巩固而成倍增长。据《黄琉璃》记载，1694 年时，格鲁派僧人的数量是 134 480 人，到 1733 年时，增加到 221 742 人，40 年间增长了 64%。1737 年为 356 230 人，仅 4 年又增加了 61%。[2]

民主改革之前西藏有僧侣 10 万，将近占西藏总人口的 10%，如此巨大的宗教人数，恐怕很难只用物质生活条件优越来解释。对于藏族选择僧侣生涯的理由，河口慧海说："僧侣和学者的目标总的来说，一是地位和名声，二是财富。"[3] 洪涤尘这样总结藏人做喇嘛的理由：

> 一因其地风俗，如家有三四兄弟，必抽二三人入寺为僧，倘父母醉心佛教者，虽孤丁独房，亦令其出家，宁愿为女娶婿承祧也。二因藏民尚苟安，不事竞争，凡稍遇境况不佳，即灰心尘世，入寺为僧。三因家有亲族在寺为僧，至年老时，若无子侄充当喇嘛继承其业者，则喇嘛死后之钱财房地，悉归寺中没收。四因社会人士尊喇嘛为上人，在家可总揽家政，对外可籍为护符。[4]

同时代嫁与英国人的藏族妇女伦琴拉木这样向英国人解释藏人出家做僧侣的行为：

> 吾人视教会为男子之极高职守，故喇嘛乃步释迦牟尼后尘。崇拜之笃实，无有越于吾族人之对于僧侣。藏人虽至贫，莫不布施

[1] 东嘎·洛桑赤列：《论西藏政教合一制度》，北京，民族出版社，1985 年，第 19－20 页。

[2] 此处转引自东嘎·洛桑赤列：《论西藏政教合一制度》，北京，民族出版社，1985 年，第 20 页。

[3] [日] 河口慧海：《西藏秘行》（孙沈清译），乌鲁木齐，新疆人民出版社，1998 年，第 228 页。

[4] 洪涤尘：《西藏史地大纲》，南京，正中书局，民国 25 年（1936 年），第 81 页。

于教会,各家庭故愿至少有一子侄为僧。多数家庭则希望多得几人为僧。家族之内设使无一僧人,则为门户衰落之气象。[1]

在缺乏劳动力的农业庄园,农奴必须给庄园主或头人送礼,他们的孩子才能被允许进入寺院。西藏是差赋严重的地方,僧侣不用负担差税,生活也较一般平民轻松。因此,僧侣生涯从起点开始,就已经充斥世俗因素在里面了。

其实,平民通常并不了解自己信仰的真正含义,只是追求一种仪式上的膜拜和精神上的寄托,其中更现实的原因也可能是:(1)对于贫苦人家来说,把儿子送去寺院,既是家庭对宗教虔诚的表现,也是孩子出人头地的唯一机会,并希望借孩子改变家庭境遇。(2)让身体较弱的孩子做喇嘛,则是希望孩子得到佛的庇佑,摆脱普通人终日劳作的艰辛生活,能够健康地长大成人。(3)对普通人家子弟来说,在寺院可以学习安身立命的本领,还能够为家庭免除差役,也可以用布施到的钱财资助家人。因此,藏人戏称那些平时在家居住,听说要发放布施时才到寺院去的僧人是"为母亲觅食的门徒"[2]。

5.1.1.2 佛陀的眷顾

在西藏众多的高级僧侣当中,除了少数经过艰苦学习取得"格西"(dge-bshers)学位的得道高僧外,还有通过宗教神秘力量被奉为活着的偶像的活佛——"珠古"(sprul-sku)。转世活佛是西藏社会中比僧侣更特殊的宗教阶层,他们是僧侣中的贵族,是最受佛陀眷顾的人。活佛不仅在民众中享有崇高的宗教威望,而且享有政治和经济特权。他们是宗教领袖、政治领袖和富有资财者。藏传佛教的活佛转世制度是将藏族原始宗教信仰与佛教理念相结合而创造出的最具藏族文化特色的宗教制度,它以最神秘的方式解决了宗教中最具世俗性的所谓教主继承、寺院财产归属的难题,在一定程度上巧妙地避免了各宗教势力间对于继承人的争夺。藏传佛教活佛的产生,除了佛陀的眷顾以外,更

[1]伦琴拉木:《西藏风俗志》(胡求真译),北平,西北书局,民国22年(1933年),第84页。

[2][美]梅·戈尔斯坦:《喇嘛王国的覆灭》(杜永彬译),北京,时事出版社,1994年,第23页。

大程度上是世俗力量在左右。

活佛转世制度不同于世俗帝王、贵族的世袭制，也不同于衣钵传承制。转世制度是延续教主的灵魂和思想，而不是他的血脉和家族，这样就在一定程度上限制了某一股政治势力强大到足以控制国家机器的程度，但又可以保持教主权威的一致性和政策的连贯性。藏传佛教比较大的转世系统有达赖喇嘛系统、班禅喇嘛系统、哲布尊丹巴系统、章嘉活佛系统。除此之外，格鲁派中还有可以担任摄政的济咙活佛、策默活佛、热振活佛、第穆活佛、第朱活佛等转世系统。在西藏较大的寺院，如哲蚌寺中，可能有上百位转世活佛，因为凡获得格西学位者或寺院的堪布(mkhan-po)都有资格转世。

虽然佛教化身理论早已存在，但西藏实行转世认定，并形成一整套完整的仪轨，大约出现在13世纪。噶举派领袖噶玛巴西在临终前对自己的弟子预言：将来有一位从拉朵方向来的人会继承法位，并暗示了他本人将转世再来。1288年，一个叫让迥多杰的5岁男孩被认定为噶玛巴西的转世灵童，登上了楚布寺的宝座。他被认为是藏传佛教历史上第一个被正式认定的转世灵童。对于转世灵童的认定，各教派并没有一致的规定，但通常是指派德高望重的高僧去寻找。他们事先要请教降神师和占卜师打卦，到预言或有灵异的地方寻访新出生的婴儿。如果是寻找达赖喇嘛或班禅喇嘛的转世灵童，就不但要得到暗示，还要得到历代中央政府的认可。如在寻访十四世达赖喇嘛的过程中出现的灵异现象，是在圣湖中显现了所要寻找灵童的影子和他居住的房子。

帕拉色曾这样向贝尔解释转世活佛的认定：

严格来说，每个活佛有三个化身，即身、语、意。但只有“身”的化身才能留下来当新活佛。寻找活佛的时候，通常要找三四个男孩，以便断定哪一个是真正的“身”的化身。其他两个，人们也许称之为“语”和“意”的化身，被认为是其他的活佛转世，被派到他们前任的寺院做寺主。如果没有被认定，灵童的父母也通常坚持，这些灵童一定是某个活佛转世，而让他们去做喇嘛。如果灵童出身于上层社会,就去做僧官。[1]

贵族帕拉·土登为登小时候曾被选定为桑甲寺三个转世活佛之一,后来在金瓶掣签时没有被抽中,在家待到18岁以后做了僧官。从1888年起,他开始担任四品官,1896年时担任拉萨僧官学校的校长,1905年被提名为噶伦候选人,1920年任堪钦,三品官,1922年任基巧堪布,是十三世达赖喇嘛时期最有影响力的僧官之一。[2]

历代达赖喇嘛和班禅喇嘛的转世灵童多出自没有什么政治背景的普通人家,有时候还转世在其他派别或偏远地区。如六世达赖喇嘛仓央嘉措被认为是门隅地方的门巴人,其父亲是宁玛派降神师。十四世达赖喇嘛则出生在青海湖边的一个普通农民家庭。这样做的目的显然是避免世俗政治势力和宗教势力之间的权力争斗和利益失衡。对其他转世活佛的认定,人为因素还要多一些。如果他们转世在贫苦人家,可能会改变这个家庭甚至家族的社会地位;如果转世在有势力的家族里,则无疑会加强该家族的实力。

**十四世达赖喇嘛(杜兰　摄)**

[1]〔英〕查尔斯·贝尔:《十三世达赖喇嘛传》(冯其友等译),拉萨,西藏社会科学院汉文文献编辑室,1985年,第185页。

[2]徐平,郑堆:《西藏农民的生活》,北京,中国藏学出版社,2000年,第6页。

夏扎家在20世纪早期出现了好几位转世活佛。在十三世达赖喇嘛的弟弟夏尔巴活佛圆寂之后,夏扎·甘丹班觉的叔父被认定为色拉寺麦扎仓工布康村的夏尔巴活佛;甘丹班觉的另一个叔父晋美朗卓被认定为色拉寺麦扎仓特布康村的转世活佛。[1]因第穆事件被宣布不准转世的第穆活佛转世系统,因为后来发现第穆活佛的转世者为十三世达赖喇嘛的侄子,因而重新获得了转世的资格。十四世达赖喇嘛家曾出现过3个转世活佛,除达赖喇嘛之外,他的两个兄弟都被认定为青海塔尔寺的活佛,这大概是西藏历史上出现转世活佛最多的平民家庭。西藏为数不多的尼僧转世系统——多杰帕姆活佛,也曾在拉鲁家女公子中转世。个中原因,仅用概率或偶然可能无法有合理的解释。

活佛更倾向于生存在环境良好的世家,本身就是藏传佛教世俗化的表现。这也许与培养称职活佛所需的成本有关,因为只有贵族或富裕人家才负担得起培养活佛和供养活佛的高昂成本,只有贵族才更需要在政府中为家族争取官职,以加强和维护家族利益。由于佛的眷顾而成为活佛,在幼年时期就接受良好教育和关注,并有望给家庭带来荣誉和财富,是绝大多数平民对其子女寄予的可望而不可即的愿望。另外,活佛的生活开支和宗教消费很大,只有拥有巨大的财产才能负担与他的特权相适应的开支。活佛要定期举行宗教仪式和特殊的祭祀,要拿出大量捐赠用于西藏地方政府举办的宗教仪式。在每年固定的日期,活佛要举行茶会,为他的寺院发放布施。活佛得到格西学位时,也得给予寺院大量布施,有时甚至是他财产的一半。[2]

#### 5.1.1.3 权力的阶梯

除了为家庭减免差赋,为自己谋得生存之外,还有什么可以吸引众多青少年舍弃家庭和世间欲望选择出家事佛呢?那就是成为僧官。

1751年,清政府的《西藏善后章程十三条》对西藏地方行政体制进行了重大改革,由噶厦在达赖喇嘛和驻藏大臣的领导下,负责处理西

[1]西藏自治区政协文史资料研究委员会:《西藏文史资料选辑》(15),北京,民族出版社,1998年,第45-47页。

[2]李有义:《西藏的活佛》,《燕京社会科学》,民国37年(1948年)第1卷,第117页。

藏政教事务。噶厦设噶伦4人,1僧3俗,其中的喇嘛噶伦不仅相当于达赖喇嘛的代表,也是各寺院的代表。噶厦的译仓(yig-tshag)由僧官组成,负责僧官的培养、委任和调遣。噶厦的一切政令公文,非经译仓审核,加盖达赖喇嘛的印章,不得上行下达。僧官学校(rtse-bslab-grwa)里培养出的僧官,被派到各宗卡(rdzong-kha)担任宗本(rdzong-dpon)、谿本(gzhis-dpon),或在噶厦所属的各勒空(las-khungs,机关)任职。在噶厦内部和各级地方政府,僧俗官员大体各占一半。这样奇特的官僚体系,目的只有一个,就是削弱世俗贵族的权力,形成宗教和世俗贵族势力之间的均衡与牵制。

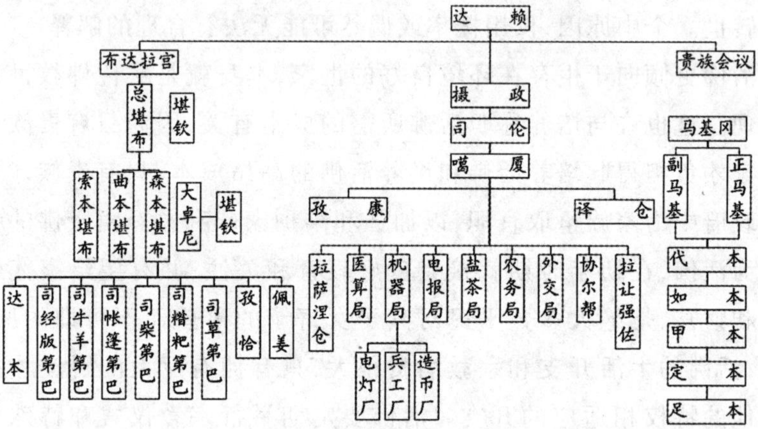


**图5-1 西藏地方政府机构组成**

僧官不同于世俗贵族和活佛,他们只有达到宗本或噶伦一级的职位时,才能够享受政府赐予的庄园。僧官与一般的喇嘛和僧众在见解、修习和举止行为上是有很大差别的,有些僧官只不过是"象征性的喇嘛"[1]。他们中间的大多数人只是在格鲁派的某个大寺院里登记注册,实际上并不住寺,也不修习佛法,在其出家的寺院里居住的时间可能只有几周。因此,僧官并不像喇嘛那样与寺院和扎仓有紧密的联系,并对宗教和寺院有强烈的忠诚感。黎吉生这样描述僧官的地位:"虽然他们在内政管理方面扮演着寺院守门人的角色,可是似乎在坐冷板

〔1〕〔美〕梅·戈尔斯坦:《喇嘛王国的覆灭》(杜永彬译),北京,时事出版社,1994年,第8页。

凳,并且大多数喇嘛僧众常常带着怀疑的眼光来看待他们。”[1]

### 5.1.2 宗教群体的世俗影响力

#### 5.1.2.1 国家寺院的威慑

拉萨三大寺,即哲蚌寺、色拉寺与甘丹寺,也被称为格鲁派的“三法座”。三大寺的地位与普通寺庙绝然不同,它们有三大特殊权力:可以参与政治,管理拉萨市政及司法公务,评定全藏僧侣的学位等级。色拉寺位于拉萨城北,号称有喇嘛 5 500 人;哲蚌寺位于拉萨城西北,有喇嘛 7 700 人;甘丹寺位于拉萨城东,有喇嘛3 300人。三大寺历史悠久,规模宏大,是西藏境内最驰名的寺庙,也是数以百计的格鲁派支寺的主寺。它们像是欧洲中世纪的大学,有很多经堂和圣殿供信徒修习。

**学位考试主持者** 每年藏历一月五日至二十六日是拉萨传大召大法会。届时,三大寺喇嘛齐集拉萨,白天在大昭寺念经传召,夜间即分居民家。“拉萨全市的管理处罚及街道清除、交通维持等,均由三大寺铁棒喇嘛负责执行,其中尤以哲蚌寺之铁棒喇嘛权力最大,其他各寺铁棒喇嘛,仅居辅助而已。另外,凡欲应格西学位考试之喇嘛,必先在三大寺学经,其远道来此应试者,亦由三大寺僧人之有地位者主持辩论,唯最后决定权,仍在达赖喇嘛。”[2]

**“民众大会”召集人** 三大寺在西藏近代史上的重要地位,更多体现为对世俗政治的参与。三大寺一向被认为是西藏宗教的真正维护者和宗教事务的积极参与者。19 世纪 60 年代,贵族夏扎聚集甘丹寺、哲蚌寺喇嘛以及政府官员,组成了一个特殊群体“民众大会”(汉译为“春都”,tshogs-vdu)。“民众大会”的主要组成是:(1)三大寺的现任堪布;(2)孜仲;(3)寺院活佛的代表;(4)驻扎拉萨的藏军代表。“民众大会”所形成的决议,要加盖噶厦的印章和三大寺的印章共 4 枚才可以生效。“民众大会”在西藏近代政教事务中极有影响力,他们对噶厦提出的各种政治及军事问题、对某官员的处理、贵族家庭纠纷引

---

[1]H E Richardson:*The Brief History of Tibet*(2nd ed), London,Oxford University Press, 1984, p. 24.

[2]吴忠信:《西藏纪要》,上海,商务印书馆,民国 31 年(1942 年),第 92 页。

起的家产分配问题等，都参与协商和发表意见，连摄政的推举也逐步被三大寺控制。

"民众大会"成立之初，甘丹寺和哲蚌寺就联手噶厦罢黜了摄政——来自色拉寺的热振·阿旺西楚臣坚赞。1905年夏，噶厦和三大寺曾联合向驻藏大臣发起请愿活动，要求清朝皇帝恢复达赖喇嘛的封号，并派出一个代表团到蒙古请达赖喇嘛尽快返藏。但在更多时候，三大寺是噶厦甚至是达赖喇嘛的对立面。

**政府政策对立面** 20世纪20年代初，十三世达赖喇嘛在贵族擦绒以及英国驻锡金政治官员的影响下，着手扩充藏军。三大寺意识到了世俗权力的增长对宗教势力的威胁，也觉察到了英国的野心，便展开了与藏军和擦绒的对抗。拉萨街头贴出了传单，扬言要杀死正在拉萨的贝尔和他的随行医生肯尼迪；藏军司令擦绒家经常遭到石块袭击；2万名哲蚌寺的喇嘛齐集拉萨，骚乱随时可能发生。尽管达赖喇嘛威胁说，如果发生冲突，寺院将受到损害，住持们将受到严惩，但迫于三大寺的压力，达赖喇嘛最终还是解除了擦绒藏军司令的职务，这才平息了一触即发的三大寺暴乱。

1943年，英国驻江孜的贸易代表黎吉生建议噶厦重开英语学校，并把校址定在拉萨，学校也于1944年7月开学，摄政大札在开学典礼通告上说：

> 无论大小政事，不仅得依靠聪慧有头脑的人，而且还需要能文善算的人。如今时代已经发生了变化，文化教育和科学技术越来越受到人们的重视，形势逼迫我们不但要打好优秀传统文化和算学知识的坚实基础，而且必须掌握英语及当今世界通行的其他科学知识。……我们有必要创办这样一所新型学校，以便西藏各阶层家庭的子弟学习藏文、英文和其他科学文化知识。[1]

但三大寺认为，英语学校如果继续下去，势必冲击宗教活动，对宗教的昌隆是一种威胁。三大寺堪布在曾经身为摄政的阿旺西楚臣坚赞的

〔1〕大札摄政在拉萨英藏文化学校开学典礼上的通告，转引自罗布博士论文《近代西藏社会的变革》，第133页。

带领下，策划进谏摄政大札和噶厦，说明开办英语学校于政教贻害无穷，要求立即撤销；如果进谏不被接受，就组织三大寺的铁棒喇嘛捣毁英语学校。噶伦回话说："创办英文学校是经噶厦和英国政府协商决定的，其目的也是为了政教大业，三大寺何必节外生枝？"[1] 哲蚌寺的堪布便威胁："英语学校的学生，不论是官员子弟还是商人子弟，无一不与三大寺结有施供关系，我们要派铁棒喇嘛先把学生带到各自所属的寺院里去处置，然后甩掉黑板，砸毁校舍。"[2] 当时拉萨谣传三大寺准备劫持学生，甚至有人说，喇嘛已经深入到市区准备动手。学生家长怕孩子被袭击，不让孩子去上学。噶厦和摄政陷入了被动，只好停办了刚开学 5 个月的拉萨英语学校。

可以说，在西藏近代史上，三大寺与噶厦的几次重要冲突，都以三大寺的胜利或与噶厦的妥协告终，其结果是宗教势力得到进一步巩固，但这却是以断送西藏接近现代文明的机会为代价的。

#### 5.1.2.2 铁棒喇嘛的威严

铁棒喇嘛（rdab-rdob）是西藏僧侣制度中的独特现象。铁棒喇嘛最初是为维持寺庙秩序而设立的，享有很大的执法权。拉萨三大寺的铁棒喇嘛约占僧侣人数的 10% ~15%，从发型到装束都与普通喇嘛有所不同。

铁棒喇嘛经常舞枪弄棒进行格斗演习，其职责不单是维持寺院秩序。1927 年到 1931 年间，西藏地方政府派重兵镇压波密土王。土王战败，南逃印度后，噶厦遂将波密封赐给了在藏波战争中有功的色拉寺，由色拉寺派宗本统治墨脱宗。以后的 9 任墨脱宗本，都来自色拉寺。这些特殊的僧侣身负杀戮罪孽，不受宗教誓言的约束，但他们依然住在寺院里，为寺院从事军事和经济活动。在近代，以维持拉萨社会治安而闻名的是哲蚌寺的铁棒喇嘛。

铁棒喇嘛的首领协敖（shas-rong）必须具备 30 年僧龄，门庭高贵，

---

[1] 嘎雪·曲吉尼玛等：《拉萨英语学校破产记》，《西藏文史资料选辑》(8)，北京，民族出版社，1988 年，第 33 页。

[2] 嘎雪·曲吉尼玛等：《拉萨英语学校破产记》，《西藏文史资料选辑》(8)，北京，民族出版社，1988 年，第 34 页。

五官端正,在显密二宗方面有较高造诣。到了近代,只有前藏人能够担任这一职务,而且在哲蚌寺的几个康村中轮流。协敖是僧侣很羡慕的职位,寺庙发给僧侣的钱、粮和平时的布施,协敖可以得10份。协敖平时还可以从在寺庙前设摊的小商店那里收税。在冬季大祭的7天内,协敖派人在吉日山设卡,向进城卖牛粪的百姓收税,以此筹集全年的燃料。按五世达赖的规定,在传大召的21天里,哲蚌寺的协敖享有对市区的执法权。朗子厦要关门,市长和所有办事人员都要听从协敖的训示,并移交刑棒,朗子厦还要每天派两个巡察到协敖办公处协助工作。一时间,拉萨成为宗教势力的天下。

哲蚌寺铁棒喇嘛(段克兴　摄)

铁棒喇嘛行使执法的权力比俗人彻底得多。藏政府规定:传大召期间,所有的僧侣及百姓不准穿戴与自己身份地位不相称的服装,不准在街头流浪或留居饭店,不准在大街上抽鸦片、赌博、乱喊乱叫、说黑话、扔石头和糌粑团,不准在院子内外晾晒衣服以及乱倒垃圾,不准吵架斗殴、手提鹦鹉,也不准伤害鸟类和禽兽等。如有违背,协敖可以重罚。

### 5.1.3 神圣法王的"新政"

#### 5.1.3.1 促进西藏近代化的努力

十三世达赖喇嘛土登嘉措1876年出生于西藏下塔布地区的普通农民家庭,他实际控制西藏的时间是1895年到1933年,共38年。他在位期间,西藏政局几度出现震荡,他也曾两次在外流亡,是身处乱世的法王。直到1913年,随着的他第二次返回,西藏进入了一个相对稳定的时期。也许正因为有在西藏以外开阔视野的经历，他对现代文明有所了解，待政局稳定之后，他开始着手实施"新政"，进行西藏的近代化建设。除了新设行政机构、整顿吏治和寺规僧纪、扩充藏军、选送西藏青年出洋留学之外，他还在发展社会生产力、创办新型产业、改善城市基础设施，以及发展文教卫生事业方面进行了很大努力，被誉为"伟大的十三世"。

在《水牛年文告》中，他特别提出要民众发展农业生产：

> 从今往后，凡有劳力之户，均可于上岗谷地中之公用土地，尽力垦荒种植，政府、贵族和寺院均不得阻拦。垦荒种植之地，免征三年租税，三年后，根据土地面积和收获多寡交纳租税，土地则归垦荒者使用。[1]

1918年，他指示噶厦设立了邮政局和电报局，开辟了由亚东至拉萨、日喀则至工布和江达的邮路，架设了拉萨至江孜的电报线。1924年，噶厦从英国定购了一台125马力的发电机，4年后，夺底水电站正式发电，为西藏带来了现代文明的光亮。

#### 5.1.3.2 保存西藏传统文化的贡献

除了引进先进技术，推动西藏社会进步之外，达赖喇嘛也十分珍惜西藏本土文化财产，注重保护和弘扬西藏传统文化。达赖喇嘛为人谨慎，对宗教经籍的保管非常重视。布达拉宫的达果加布印经院因年久失修，非常陈旧和狭窄，保存在那里的书版放置混乱，不便使用。1919年，达赖喇嘛派人把书版分别登记造册，依照顺序放置，并对印经院进行了扩建。哲蚌寺印书院中也存放了很多经书的印版，部分书版目录还是五世达赖时期编写的，以后增添的大量经书印版均没有编目，因年代久远，很多已经散佚。达赖喇嘛下令将不能使用的印版封存起来，其余的整埋造册，有缺字的修补校订，以便印制时存取。他还要求在每座藏版库房的门楣上张贴所藏经版的详细目录，以备查找，相当于建立起了经籍档案馆。

除了对已有经版的保存与保护外，达赖喇嘛还积极扩大藏文经书

---

[1] Tsepon W D Shakapa: *Tibet History*, New Delhi, 1976, Vol. 2, p. 217.

种类。1910年7月29日的达赖喇嘛日记中记载:“以前在蒙古巴仁喇嘛尊前闻听《布顿仁钦珠大师的全集》,共26函,此全集现只有一两套完整缮本。”[1]于是他便精心规划雕版印制。1916年,达赖喇嘛开始誊写版文,直到1918年完工。为此,他还亲自撰写了《重显利乐韶华·解脱天池》的颂词。1920年,达赖喇嘛着手规划一项更宏大的工程——印制拉萨木刻版《甘珠尔经》。当时整个西藏只有两套印版。一套在札什伦布寺的纳塘,是木版雕刻的,已经使用了200多年,字迹模糊不清;另一套在藏东的德格印经院,是金属版的,但藏中很难得到。达赖喇嘛早就有在拉萨刻制藏文《大藏经》的想法,恰好直贡派果觉活佛侯顿丹增群旺愿意为刻制《大藏经》印版敬献财物,达赖喇嘛便决定刻制拉萨版的《大藏经》,并命令噶伦把此事作为大事办理。他没有动用政府资金,而是自己承担了全部费用,僧俗百姓听说之后都纷纷捐资。虽然公务繁忙,达赖喇嘛依然逐页过目,对错误一一修改,甚至连雕刻师的字形,都要求上下一致。1920年4月,以纳塘版为蓝本的藏文《大藏经》在拉萨校订和书写版文。经版存放在布达拉宫脚下的雪哲布顶,并成立了“利益雪域宝库印书院”,全部工程耗时7年完成。日本人多田等观说自己曾经参与了《大藏经》的部分校对工作,曾请求达赖喇嘛赐予一套。在《大藏经》完成之后,已经回国的多田收到了噶厦依照达赖喇嘛嘱咐邮寄到日本的拉萨版《大藏经》,这时达赖喇嘛已经圆寂两个多月了。我们现在所见的拉萨版《大藏经》,也叫《新大藏经》,就是十三世达赖喇嘛主持印制的。

布达拉宫白宫最顶层的东日光殿“甘丹朗色”是十三世达赖喇嘛的寝宫以及进行政事活动的主要场所,这里珍藏了许多内地瓷器、精美屏风、名人画轴,以及西藏著名艺术家雕塑和绘制的佛龛、佛像等,是达赖喇嘛特意开辟的小型私人博物馆。在达赖喇嘛流亡期间,大昭寺和小昭寺都不同程度地在兵祸中遭到破坏。达赖喇嘛要求执事对大昭寺内的内外转经道和回廊等处的壁画、女儿墙、楼房的通道、金顶的

[1]西藏自治区政协文史资料研究委员会:《西藏文史资料选辑》(11),北京,民族出版社,1991年,第152页。

下部进行了修复和扩建，将有300年历史的大昭寺壁画重新描绘。当时有100多名画工在一名画师以及六七个助手的领导下进行此项工作。为保护各通道处的彩色壁画，还在壁画前安装了木栅栏和铁丝网，并对水毁的小昭寺进行了大规模修葺，除保留原有的围墙之外，对所有腐烂的梁柱和椽子都进行了更换，并扩建了寺门，增加了一排门柱。对受损的墙面和壁画也进行了全部修复。在施工期间，达赖喇嘛还多次亲临视察。

与前世达赖喇嘛一样，十三世达赖喇嘛的童年和青少年时期都是在寺院中，在学经和研修佛法中度过的。他早年潜心学问，以优异成绩取得一等格西学位，在佛学理论方面有很深的造诣，撰写了多部佛学著作阐述心得，有著作和文章流传于世，如《如意妙果林苑》、《敦请圣谛护佑祝词》、《噶当十六点者修供坛城齐全分善说保灯》、《洁白月亮新液体点滴》以及《安置龙王顶髻珠》等。[1]

## 5.2 追逐世俗利益的僧侣

### 5.2.1 世俗化的修行生涯

在西藏，那些希望孩子将来入寺为僧的父母会在男孩子长到3～4岁时，将其送到寺院取一个教名，在给喇嘛献上哈达和礼物之后，再把孩子领回家。等到孩子8～10岁时，父母会在寺庙选择一位老师，带上酥油茶作为礼物，让孩子到寺院居住。

僧侣的寺院生活是严格的。住寺的僧侣被安排在康村（khams-tshan）里，不能随便离开寺院，一个月能见到家人一次，因事离开寺院需要请假。寺庙有严格的作息时间：早殿，上课，辩经，晚祷，一直到傍晚，钻研学术的僧侣晚上还要准备功课。

> 西藏出家之男子，于8岁时，即入寺院设立之学校，学习古人格言及一般日常规律，经12年，始将姓名登记于僧籍，削发宣誓，

〔1〕西藏自治区政协文史资料研究委员会：《西藏文史资料选辑》(11)，北京，民族出版社，1991年，第122页。

色拉寺小学僧(妥思妥耶夫　摄)

赐予法名,复经12年研究经典修行,于佛经及仪式,均有相当之心得,始成为正式喇嘛。[1]

这是修行学问僧侣的典型道路,但是,走完这条路需要太长的时间。以色拉寺为例,学完全部宗教课程通常要17年时间,如果再进入"僧札堂波"(sag-grav-thang-po,最高级),又要6~7年,最后取得"格西"学位的僧人是极少数的。

事实上,很多僧人根本没有打算研究学问,只想在寺院做用人和杂役,或为某一高僧做私人助理。有学者估计,在拉萨三大寺里,90%的僧人都是"非学经僧人"。曾经在色拉寺学经10年的多田等观提到,在色拉寺,修缮寺院之类的事情都由被称作哑僧的僧侣来做。[2]学业无望的僧侣也会放弃学业,在寺庙里做管理人员或僧商(lab-rang)。仍以色拉寺为例,寺里有2名"协敖"、2名"吉索"(spyig-so),

〔1〕〔加〕谭·戈伦夫:《现代西藏的诞生》(武昆明等译),北京,中国藏学出版社,1990年,第33页。

〔2〕〔日〕多田等观:《入藏纪行》(钟美珠译),郑州,中州古籍出版社,1987年,第20页。

还有 20 名“强佐”(phyag-mdzod),他们像俗人一样,对政府拨给寺院的基金、从信徒手中布施来的钱财、僧侣们的补贴等进行统筹管理,向商人放高利贷,补贴寺院的费用。因为经常出入寺院,办理俗事,这些人有更多机会享受世俗生活。

僧侣生涯的世俗化还体现在僧侣从不脱离家庭。一位曾经的高级喇嘛说,他在寺院里有 3 个仆人,一个负责宗教事务,一个照顾他的日常生活,还有一个处理他的法律事务。[1] 至于普通僧侣,他们有时会因为寺院生活单调或生活贫困而返回家中,与家人短暂生活之后再回到寺院。还有僧侣回家帮助耕种“喇嘛地”,因为差地是僧侣收入的主要来源,而他们在寺院修行的费用,也是由家人种“喇嘛地”支付的。因此,卡拉斯科说:“从经济学的角度看,这些喇嘛与其他农民的区别就在于不交税务。”[2]

### 5.2.2 世俗化的致富手段

#### 5.2.2.1 土地收入

法王赤松德赞时期,西藏出现了专门以诵经传教为业的出家僧人,同时也出现了僧侣供给制度。法王热巴巾拨给寺院很多土地,并把牲畜、农奴作为寺院的固定财产,使得僧侣在生活有保障的同时,成了拥有土地、牧场、牲畜和属民的农奴主阶级,僧人名正言顺地进入了西藏经济生活。在西藏的三大领主中,寺院是占有社会财富最多的领主。寺院不但占有西藏 36% 的耕地,还拥有大量牲畜。以拉萨三大寺而言,每个寺院占有的土地都在 3 万克[3] 以上。1917 年,西藏的寺院仅土地收入就有 80 万英镑,还不包括高利贷和商业收入。寺院通过收取劳役地租、实物地租和货币地租等方式,将农牧奴 70% 以上的劳动产品征缴进了寺院的仓库。民国时期,哲蚌寺拥有 185 座庄园、51 000 克

---

[1]阿旺洛桑:《我的生命与生活:一位藏族活佛的故事》,转引自谭・戈伦夫:《现代西藏的诞生》(武昆明等译),北京,中国藏学出版社,1990 年,第 33 页。

[2]卡拉斯科:《西藏的土地与政体》(陈永国译),拉萨,西藏社会科学院西藏学汉文文献编辑室,1985 年,第 130 页。

[3]这里,“克”是计算耕地面积的单位,即播种 1 克种子的面积,称为 1 克地,约合 1 市亩。

耕地、300个牧场、3万多头牲畜、2万名农奴和16 000名牧民。[1]

5.2.2.2 封赏与布施

除了巨额的土地收入外,历代中央政府的封赏也为寺院注入了大量资金。历代中央政府为笼络西藏上层僧侣,不仅对其封爵赏赐,还为其寺院划拨香火地,赐建寺院,赏赐大量金银。例如,五世达赖进京谒见顺治皇帝,朝廷不但为其修建了一座寺庙,还赏赐黄金550两、白银12 000两、大缎100匹及许多贵重礼品。藏政府津贴也是寺院经济收入的重要来源。随着寺院特权的不断强化,政府给僧侣的津贴也越来越多。民主改革前,拉萨三大寺每年需要茶叶2 000余包,酥油17.5万余斤,加上口粮、服装、柴草、盐巴等生活开支,大概每年需要大洋174.5万元。这些款项基本上都由藏政府拨付。布达拉宫500名喇嘛的生活费用以及布达拉宫和罗布林卡的一切开支,也全部由噶厦承担。在噶厦的年度开支中,宗教开支约占69%,军费占18%,行政费用占12%。在各宗,政府送交寺院作为宗教费用的实物,占全宗年收入的50%~60%。[2]

外出化缘、收受布施同样是寺院经济的重要组成部分。寺院往往以兴建庙宇为名向社会各界要求布施,由于人们把向寺院布施看成是"禳灾祈福"、改善"业报轮回"的善行,便不惜把今生所有的财富都为来世布施出去,这造就了寺院独特的敛财功能。拉萨三大寺的布施、化缘收入最为丰厚。哲蚌寺每年的布施收入有青稞27 000斤、酥油21 250斤、藏银10万两,仅每年祈愿大法会期间收到的布施就有酥油40万斤、茶2万斤、青稞10万多斤、大米6万斤、肉12 000斤,折合62万元大洋。[3] 寺院的宗教活动,如降神、念经、治病等,也能带来一笔可观的收入。

5.2.2.3 寺院经济

这里的寺院经济主要指寺院从事商业与贸易的行为。如前所述,

---

[1] [加]谭·戈伦夫:《西藏:神话与现实》("Tibet, the Myth and Reality"),《新中国》,1975年第1卷第3期。

[2] 周本加:《西藏民主改革前的寺庙经济》,《西藏研究》,1985年第3期,第46页。

[3] 牙含章:《试论封建农奴制度》,《中国藏学》,1988年第1期。

传大昭布施(邢肃芝　摄)

放高利贷是西藏社会的突出特点,几乎所有的财产拥有者都是债权人和债务人,寺院也不例外,它们是西藏最大的高利贷者。西藏地方政府的高利贷借率为借10还11,贵族为借7还8,寺院为借4还5,远远高于世俗领主。仅高利贷收入一项,就占三大寺总收入的25%～30%。

僧侣不但是庄园主、牧场主、高利贷者,也是大商人。在近代,西藏所有大寺院都有专门的商业机构,由宗本(rdzong-dpon)负责。20世纪初,外国商品源源不断进入西藏,在传统的汉藏贸易基础上又增加了对外贸易,西藏商业经历了顶峰时期,也造就了一大批应时而生的商人,其中不少是寺院的僧侣。

**寺院商人**　传统的寺院经济是由强佐把信徒的布施、寺院的土地收益以及僧侣的津贴以高利贷的形式借给俗人商人去投资牟利,但随着商埠的开辟,商业利润越发可观,以前只从事茶叶和盐巴生意的僧商开始涉足更广泛的领域。20世纪40年代,拉萨功德林的扎萨卫萨坚赞每年把10万克青稞运往牧区,以非常低廉的价钱收购羊毛,然后派牧民无偿运往印度,再购买回日用品强行在庄园里销售。[1] 西藏和平解放后的社会调查显示,1956年以前,拉萨资本较大的41户藏族批发商中,寺庙占9户,昌都有商户122户,寺庙占22户。在西藏颇有影

〔1〕吴从众:《民主改革前西藏农奴制的生产关系》,《中央民族学院学报》,1979年第3期。

响的甘孜大金寺,有商业资本240万元大洋,仅在昌都的商店就有资本2 625 000藏两。十四世达赖喇嘛时期的热振摄政更是热衷于商业,热振昌几乎是全藏最大的僧商。表5－1为1956年西藏商业厅档案资料里记录的拉萨藏族批发商和昌都藏族商户的情况。

做生意的喇嘛(杜兰　摄)

表5－1(a)　拉萨藏族大批发商情况调查表[1]

| 商号 | 出身 | 原籍 | 备注 |
|---|---|---|---|
| 索康 | 贵族 | 卫藏 | |
| 于多 | 贵族 | 卫藏 | |
| 格富巴 | 贵族 | 卫藏 | |
| 夏格巴 | 贵族 | 卫藏 | |
| 贵相巴 | 贵族 | 卫藏 | |
| 热振昌 | 寺庙 | 卫藏 | |
| 底柱寺 | 寺庙 | 卫藏 | |
| 查多拉 | 官商 | 卫藏 | |

〔1〕此处转引自《西藏的商业与手工业调查研究》中《中国社会科学院民族研究所西藏调查资料》。

续表 5－1(a)

| 商号 | 出身 | 原籍 | 备注 |
|---|---|---|---|
| 功德林 | 寺庙 | 卫藏 | |
| 拉鲁 | 贵族 | 卫藏 | |
| 德莫活佛 | 僧官 | 卫藏 | |
| 台尼昌 | 贵族 | 卫藏 | |
| 意西达吉 | 贵族 | 卫藏 | |
| 赤江 | 僧官 | 卫藏 | |
| 意布西朗多 | 贵族 | 卫藏 | |
| 捷采云丹 | 贵族 | 卫藏 | |
| 阿列拉 | 平民 | 卫藏 | |
| 擦绒 | 贵族 | 卫藏 | |
| 马国贵 | 平民 | 卫藏 | |
| 那从康 | 贵族 | 卫藏 | |
| 西玛伦公司 | 平民 | 卫藏 | 藏汉合营 |
| 赤丹林巴 | 管家 | 卫藏 | |
| 桑珠昌 | 俗官 | 康区 | |
| 三多昌 | 土司 | 甘孜 | |
| 将马昌 | 头人 | 里塘 | |
| 将本昌 | 头人 | 康区 | |
| 多云昌 | 头人 | 康区 | |
| 去水昌 | 寺庙 | 昌都 | |
| 答之昌 | 头人 | 昌都 | |
| 宗米昌 | 寺庙 | 康区 | |
| 大金寺 | 寺庙 | 甘孜 | |
| 采尼昌 | 寺庙 | 康区 | |
| 答明昌 | 平民 | 康区 | |
| 安珠昌 | 平民 | 康区 | |
| 喀喀昌 | 头人 | 康区 | |

续表 5－1(a)

| 商号 | 出身 | 原籍 | 备注 |
|---|---|---|---|
| 居寿昌 | 平民 | 康区 | |
| 安多立喜 | 平民 | 甘南 | |
| 邦达昌 | 平民 | 昌都 | 后被封为贵族 |
| 乍亚昌 | 寺庙 | 康区 | |
| 帕巴拉 | 僧官 | 昌都 | |

**表 5－1(b)　昌都地区藏族商户情况调查表**

| 商户类别 | 户数 | 资本(藏银/两) |
|---|---|---|
| 本市藏族固定商户 | 99 | 15 972 000 |
| 昌都寺商号 | 16 | 3 075 000 |
| 大活佛 | 1 | 750 000 |
| 二活佛 | 1 | 975 000 |
| 三活佛 | 1 | 150 000 |
| 四活佛 | 1 | 75 000 |
| 撒尼扎仲 | 1 | 450 000 |
| 其他扎仲 | 11 | 675 000 |
| 外埠驻昌都商号 | 7 | 3 600 000 |
| 甘孜仲萨寺 | 2 | 750 000 |
| 甘孜大金寺 | 4 | 2 625 000 |
| 贡觉旺扎登真 | 1 | 225 000 |
| 总计 | 145 | 22 647 000 |

**僧商贸易流程**　僧商具有严密的组织体系和完备的销售渠道,其一整套的商业行为,一点不逊色于现代化的商业营销。我们仅以尼藏边境协噶尔寺的商业行为为例,了解西藏寺院商业的特征。协噶尔寺是定日地区最大的格鲁派寺院,也是从事中尼边境贸易的主要商户。20 世纪四五十年代,协噶尔寺的僧商在每年藏历的五、六、十、十一月,在寺院宗本的带领下,到定日岗嘎和羊曲单嘎等边境市场从事商业活动。寺庙的经营资本来自周边 20 多个大小曲豁内的实物地租和货币

地租,以及高利贷收益,还有其主寺色拉寺、热振寺的商行热振昌的资本。协噶尔寺经营茶叶、羊、盐、青稞、木板、纸张、经书,并倒卖货币。僧商们先从日喀则的扎什伦布寺那里赊购从察雅运来的云南砖茶,长途贩运到改则牧区,在牧区以 3 块砖茶换 2 只绵羊或春借 1 块砖茶秋还 1 只羊的办法交易。然后用换得的羊驮着当地出产的盐巴,前往边境城市或尼泊尔。在尼泊尔境内,再用盐巴换同样容积的中等质量的大米,并出售羊只,同时以 2.5 两藏银换1 廓章的比率兑换尼泊尔货币,并在那里购买日用杂品。回来之后,又将购买到的火柴、蜡烛、麻布、针线等日用品以高出市场价 1 倍的价钱在曲谿内强行出售或赊售,并以 1 廓章换 7 ~ 8 个章噶的比率兑换外币,获取 2 倍以上的利润。他们从尼泊尔换回来的大米,除供寺庙 300 多僧众食用外,大部分用于交换,1 碗米换 4 碗青稞。青稞既可以以借 4 还 5 的方式贷给农奴,也可以向牧区换取盐巴和畜产品,再用盐和畜产品到岗噶市场换纸张和木板。作为西藏著名的印经院,协噶尔德曲每年要从尼泊尔进口夏尔巴人生产的纸张和刻版用的红松木。尼泊尔人把纸张从南切巴沙尔送到岗噶市场,可以卖双倍的价钱,而协噶尔印刷的经书销到尼泊尔,可以赚取更多利润。[1] 图 5 - 1 是僧商交易流程图。

僧商(杜兰　摄)

[1]转引自《西藏的商业和手工业调查研究》,北京,中国藏学出版社,2000 年,第 124 页。

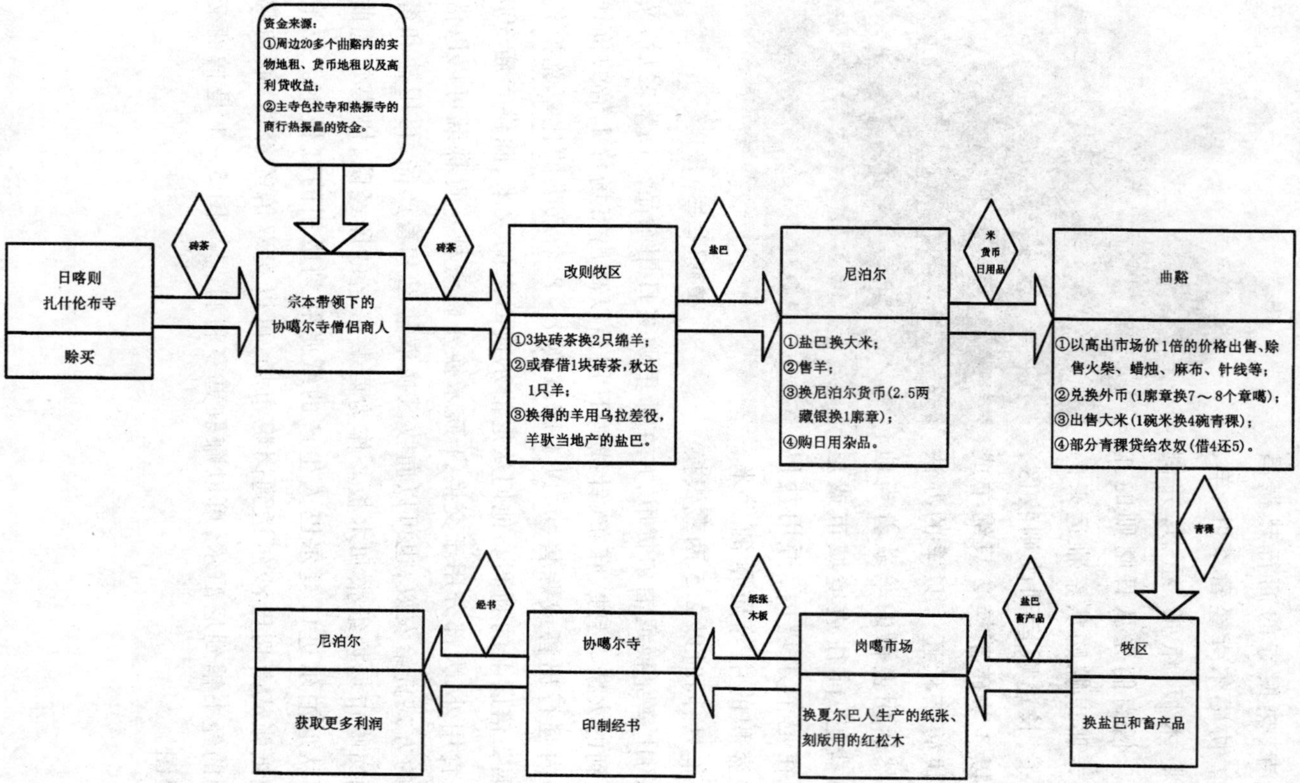


图5-1　协噶尔寺的商业运作模式

这一系列复杂的商业活动，既保证了寺庙的生存与发展，也获得了可观的收益。这样一个商业运作链条，没有精明的策划、准确的实施和完善的管理恐怕很难实现。

僧商中也存在一些并非规矩的商业操作。曾经在哲蚌寺做僧商的洛桑群德说，寺庙对外出商人的要求是只能赚钱，不能亏本。因此，他们只有采用一些非常手段。如夏天到牧区用1升青稞可以换3升盐。他们用大升进盐，小升出青稞，就可以变成6升盐，把盐卖给拉达克商人，1升盐又换回5升青稞，这样一进一出，1升青稞就变成了30升盐。不仅如此，有些寺庙还从事非法贸易。在色拉寺有一份注明"耳朵税"的档案，其中的内容却是"从英国买来的枪支弹药及其他军事设备，藏政府确实愿意付款"。另一份档案记载，噶登寺寺主本人生活骄奢淫逸，吃喝嫖赌，还贩卖鸦片，并且都存放在寺院里。[1]

5.2.2.4　替人免灾

在第一章中，已经有关于西藏农业区"冰雹喇嘛"作法防雹的描述。这部分僧侣以宗教为谋生手段，依靠祖传的家学，专为人们抵御自然灾害，或祈求平安，以宗教服务于农民，也以此赚取劳动所得。卡拉斯科说："这些冰雹驱逐者都是莲教喇嘛，他们可以结婚，过着家庭生活，并被认为有驱逐冰雹的能力，他们得到的报酬亦为土地。农民也雇佣冰雹驱逐者。每年付给少量粮食，称为冰雹税。"[2]

在藏南河谷农业区，对农业生产影响最大的自然灾害是冰雹。雹灾多发生在夏秋季节，正是庄稼成熟的时候，鸡蛋大的冰雹会使即将收获的庄稼毁于一旦。因此，冰雹喇嘛便起到非常大的心理安慰剂作用。在江孜地区，冰雹喇嘛还被称为"夏天的主人"[3]。十三世达赖喇嘛时期，藏政府还雇用了两个冰雹喇嘛，专门为布达拉宫防冰雹。

**冰雹喇嘛的来源**　冰雹喇嘛在藏语中叫"昂巴"（ang-pa），意思是

〔1〕《寺院调查一览》（1959年3月初稿），转引自《西藏地方志资料集成》（1），第211页。

〔2〕〔美〕卡拉斯科：《西藏的土地和政体》（陈永国译），拉萨，西藏社会科学院藏学汉文文献编辑室，1985年，第47页。

〔3〕西藏社会历史调查资料丛刊编辑组：《藏族社会历史调查》（4），拉萨，西藏人民出版社，1988年，第208页。

"真言者",或"降神师",在西藏很受人敬畏。人们认为,他们可以为人祈祷幸福,但如果得罪了他们,他们也会念害人咒,做害人的祈祷。《米拉日巴传》中描写米拉日巴为了给母亲出气,为家庭报仇,惩罚其伯父等亲属,带着丰厚的礼物到处学习法术,并在学成后作法使房倒屋塌,压死了伯父家正在娶亲的35人。他还降暴雨、发洪水冲走了房屋,下了三层墙厚的冰雹,损害了伯父和乡邻的庄稼。这个故事本身包括了西藏经常发生的几种自然灾害:地震、水灾和雹灾。

**冰雹喇嘛的工作** 冰雹喇嘛防冰雹的武器是用泥土做成的麻雀蛋大小的泥丸。冰雹开始时,他把佛珠像令旗一样挥舞,用右手食指当剑,在空中划来划去,然后再把泥丸掷向天空。如果这样还不奏效,他就开始撕烂自己的衣服,投向空中。贝尔在《达赖喇嘛传》中描写了拉萨冰雹喇嘛作法的过程:

> 冰雹是不允许落在市达拉官、罗布林卡和大昭寺的。……每一个昂巴都有一把红色的号角,这个号角是从斗死过另一头公牛的牛身上取下的,里面装满白色的芥末籽。向里面吹进各种符咒,于是芥末籽就得到极大的力量,从而带上号角内的各种图案,超过号角内部的力量。这些图案中有蝎子的图像,这些蝎子图像一发射出去,据说芥末籽可以变成霹雳,以驱散冰雹。[1]

于式玉则描写了安多藏区冰雹喇嘛的防雹过程:

> 红教(宁玛派——作者注)与黄教(格鲁派——作者注)挡雹子的方法各有不同。红教是:找一最高的山顶盖一间房子,每年六月初,这位僧人便搬上去住。……一见天际黑云上涌,闪电交耀,风雨欲来,他便立刻把头发散开(表示愤怒),吹起号角(或跳舞),手摇铜铃(说法),口中念诵咒文,以使下雹使者不敢降临。……黄教的方法是:找一个适宜的地方(地头或河边),用石头垒成一个2尺高的塔形石碓,中间放一个用糌粑捏制的蛤蟆,这个东西叫"赛尔都",意思是"雹子石"。每当黑云密布,喇嘛在家中念经,据

---

〔1〕〔英〕查尔斯·贝尔:《十三世达赖喇嘛传》(冯其友等译),拉萨,西藏社会科学院西藏学汉文文献编辑室,1985年,第260页。

说蛤蟆会对云头呱呱叫，降雹使者就避退了。[1]

**冰雹喇嘛的收益**　在拉卜楞寺附近，如果冰雹喇嘛能把雹子挡回，保证一年平安无事，种地的各户就送他1升青稞作为报酬。到了藏历六、七月间，每有狂风过后，宁玛派冰雹喇嘛还派人收取临时保护费，每家收硬币2元，其理由是“若非有我作法，你的菜园早被雹子打尽，或被大水冲走了”[2]。

事实上，很多冰雹喇嘛并不靠阻挡冰雹为生。甚至可以说，做冰雹喇嘛不过是副业，他们还有其他生财之道。拉孜宗杜素庄园冰雹喇嘛白玛赤来是由政府任命的世袭冰雹喇嘛，虽然寺庙和豁卡不发给他口粮，他却是豁卡的大户。该喇嘛的主要收入并不来自宗教活动。夏天他每周在山上念经1次，属于支差。他每年到牧区念经10个月，可以挣青稞15克、藏银2 100两。与此同时，他还兼做生意，他的60只绵羊，是用30块砖茶、2件藏袍、3个围裙与牧民交换来的。除了可以收到农户的冰雹费100克青稞外，他还有化缘、念经和看病收入。表5－2是他1958年的家庭和收入情况。

表5－2　冰雹喇嘛白玛赤来家庭和收入(1958年)[3]

| 概况 | 品种及数量 | 共计(元) |
|---|---|---|
| 人口 | 14人 | |
| 土地 | 买地12突，冰雹地1突 | |
| 牲畜 | 黄牛3头、奶牛2头、母牛1头、驴5头、马2匹、山羊62只、绵羊12只、母鸡1只、狗2条 | |
| 农具 | 1套，加1个犁柄 | |
| 林卡 | 2个 | |
| 农业收入 | 青稞、麦子、菜籽、草 | 730 |
| 副业收入 | 酥油、奶渣、驴驮运输、羊毛、鸡蛋、酒糟 | 360 |
| 宗教收入 | 酥油、念经、看病、护身符、冰雹费、草 | 1 099 |
| 放债 | 江布寺、根布等囊巴 | 185 |

**冰雹喇嘛的地位**　比起一般的喇嘛，冰雹喇嘛在日常生活中的地

〔1〕于式玉：《于式玉藏区考察文集》，北京，中国藏学出版社，1990年，第47页。

〔2〕于式玉：《于式玉藏区考察文集》，北京，中国藏学出版社，1990年，第45页。

〔3〕西藏社会历史调查资料丛刊编辑组：《藏族社会历史调查》(6)，拉萨，西藏人民出版社，1991年，第230页。

位更加神圣和带有权威性。江孜康马下聂如地区有一些生产方面的习惯法,其中一条为:"如果两人在地里吵架,每人要罚4鲁古青稞,还要请喇嘛求神一天,情节严重的要限定其请冰雹喇嘛,所得罚款用于集体请本区的冰雹喇嘛在七月时祈祷丰收。如果堆穷妇女有私生子,还要向冰雹喇嘛交3克青稞请他念经。"

在农业庄园,如果庄稼的损失太大,就要按照事前规定,惩罚冰雹喇嘛,他会被政府科以相当于损失的罚金,甚至受到杖责的体罚。[1]于式玉说,在拉卜楞寺所属的13庄,有500户左右人家,为预防雹灾,农民先找了一位宁玛派喇嘛为他们保险,后来人们对他失去信任,又找了格鲁派喇嘛。如果这一年他耽于职守,作法不灵,或庄稼被冰雹打了,那么他这一年不但得不到报酬,还要受到责罚,成为雹灾的替罪羊。

与农民对冰雹喇嘛的态度类似,政府雇用的冰雹喇嘛是"列参巴"(las-tshan-pa),相当于七品官,可以参加地方政府的集会和达赖喇嘛的仪仗队。民主改革之前,得到"列参巴"官职的冰雹喇嘛只有堆龙德庆宗的欧珠顶和臧热的次旺诺布。虽然是政府和公众的专职巫师,但由于官职卑微,政府也不倚重他们。冰雹喇嘛为自己的行为承担的风险要小得多,最多是失去既得利益或失去颜面,或遭到公众的抛弃。贝尔在拉萨时,恰巧遇到一次冰雹,由于两个冰雹喇嘛没有能驱除落在三大寺的冰雹,被达赖惩罚种很多柳树。冰雹喇嘛欧珠顶的儿子继承其位后,因不能防止冰雹而被政府撤换。

### 5.2.3 世俗化的生活方式

#### 5.2.3.1 相对宽松的生活环境

在某种程度上,西藏社会没有把僧侣看成超脱于世俗之外的群体,而是把他们看成有学问、值得尊敬的普通人。藏族社会对僧侣的敬重,在某种程度上是对他们所认为的较崇高职业的敬重,因此对僧人的世俗行为表现出了有别于其他社会的宽容,最突出的特点就是为僧侣创造了相对宽松的社会环境,为他们的人生预留了多种选择。这使

---

〔1〕〔日〕河口慧海:《西藏秘行》(孙沈清译),乌鲁木齐,新疆人民出版社,1998年,第193页。

得僧人能够享受到世俗生活的乐趣,也鼓励更多人选择僧侣为生存方式。但是,这种宽容有时候也带来了令社会忧虑的隐患。

十三世达赖喇嘛亲政之初,曾经发布政令,严格禁止三大寺僧侣破坏戒律的行为:

> ……众生固应精进佛法,三大寺僧众尤应遵守三律。……切戒饮酒及吸烟、下棋、夏天耍林卡游玩,或白天穿僧衣,夜间化装俗人乱搞等行为。僧人化装到乡间游玩,弹唱歌舞,或依仗权势鱼肉乡民,皆所不许。[1]

此政令告诉我们,当时僧侣中一定存在上述不良行为。多田等观在1913年入藏时,拥有达赖喇嘛给他的特许路照,照例可以要求沿途百姓为他提供食物、住宿和马匹。但人们多以各种借口推脱,很少有人执行。即使允许他住宿,也是白天让他待在屋里,夜里让他在房顶露宿,而且还把梯子抽走,以免他偷窃。[2] 段克兴在游藏途中也发现,藏人往往不给朝圣的僧侣提供住宿,害怕他们盗窃财物或杀人。当时的一首民歌唱道:

> 戴着面具的喇嘛,
> 去到村里传法,
> 口中啊姆尼玛,
> 实际做尽坏事。
> 红色的袈裟下面,
> 穿着女人的无袖长褂,
> 抢去农奴的粮食,
> 抢走农奴的牲口。[3]

20世纪初,西藏各地除了鼻烟、旱烟、水烟之外,卷烟也开始流行,还有很多人吸鸦片,谓之"睡烟",僧侣也不例外。十三世达赖喇嘛从印度回到西藏后,首先在僧侣中禁烟,后来又在百姓中禁烟,还禁止西

---

〔1〕转引自罗布博士论文:《近代西藏社会的变革》,第101页。

〔2〕〔日〕多田等观:《入藏纪行》(钟美珠译),郑州,中州古籍出版社,1987年,第13页。

〔3〕胡秉之:《从西藏民歌看封建农奴制度》,《西藏民族学院学报》,1989年第2期,第12页。

藏地方邮局投递烟草，并将收缴到的烟草倒进坑里使其连同泥土一起腐烂。

三大寺的喇嘛中间还曾经流行养花种草，喂骡养马，玩狗戏猫。为了不使僧侣玩物丧志，而是专心于佛学，1924 年 3 月间，达赖喇嘛颁布禁令，并派遣堪准钦氏丹巴前往各寺督察。[1]

5.2.3.2 相对宽容的道德尺度

西藏社会对僧侣世俗行为的宽容又表现为对僧侣情感生活的默许。伦琴拉木女士针对外国人认为“喇嘛品行腐败，常有不克制欲望的越轨行为”的观点，反驳说：“喇嘛的职业是牧师，而并非和尚。……有谁会认为欧洲的牧师不道德？……世界各国的各种行业中都有道德败坏之辈。”[2]由此可以看出，僧侣在普通人心中更像是一种比较崇高的职业，是一种生存方式。人们对僧侣出家、还俗、结婚、私情并没有太多异议。到处留情的六世达赖喇嘛才华盖世，近代著名学者更敦群培学问无人比肩，但让人们津津乐道和艳羡的，更多还是他们放荡不羁的行为。摄政热振年轻风流，曾被传与数个拉萨贵妇有染，并与其同父异母的兄弟存在共妻关系，似乎还有一私生子。[3]

多田等观在色拉寺修学 10 年，对僧侣生活十分熟悉。他说，西藏僧侣如果因为女人而想还俗，通常就说自己“头脑（精神）有些不正常”，表示一下歉意就可以离开寺院。[4] 但俞湘文在甘肃、青海等地进行社会调查时发现，“喇嘛在成年以后还俗，要受体罚或献寺院若干财物赎罪”[5]。英国共产党记者阿兰·温宁顿在拉萨结识了几个为爱情而放弃僧侣生涯的藏人。第一个是叫次仁的青年，他出生在穷人家，曾经在哲蚌寺做高级喇嘛的仆人。次仁的工作是挑水、送信、打糌粑、送

---

〔1〕西藏自治区政协文史资料研究委员会：《西藏文史资料选辑》(11)，北京，民族出版社，1991 年，第 165 页。

〔2〕伦琴拉木：《西藏之社会生活及其风俗》（胡求真译），北平，西北书局，民国 22 年（1933年），第 85 页。

〔3〕〔美〕梅·戈尔斯坦：《喇嘛王国的覆灭》（杜永彬译），北京，时事出版社，1995 年，第 365页。

〔4〕〔日〕多田等观：《入藏纪行》（钟美珠译），郑州，中州古籍出版社，1987 年，第 23 页。

〔5〕俞湘文：《西北游牧藏区制社会调查》，上海，商务印书馆，1946 年，第 112 页。

茶、洗地板之类，做错了要挨鞭子。因为在庙里的生活费用不够，他就趁主人到青海做生意的机会，到拉萨找他父亲，并爱上了一个叫洛觉的姑娘。因为没有钱打点，怕离开寺院被追究，两个人就逃到了黑河地区，在那里做小本生意，以贩卖烟草、糖和杂货为生，直到和平解放后才回到拉萨。另一个青年土登旺久 11 岁到寺庙，家里每年给他 20 块银圆供他在寺庙开销，还可以从两块喇嘛地中得一点收入。因为要还俗，他以放弃在寺院的财产，帮助兄弟还债为条件离开了寺院。土登说："逃跑很冒险，寺院有 8 名骑马护卫，专门追捕逃跑的人。如果被抓住，会被打得皮开肉绽。"第三个是富有而高贵的活佛，他曾经是十三世达赖喇嘛的私人助理，在 46 岁时恋爱了，便请求达赖喇嘛同意他结婚。1956 年时，他已经 80 岁了，依然穿着僧服。他说自己从不怀疑达赖喇嘛和班禅转世的认定，但人们选择他做活佛是个错误。[1]

#### 5.2.3.3　相对宽容的社会氛围

多数西藏僧侣在日常生活和社会生活的很多方面是非常世俗化的，他们不是素食主义者，也不是禁欲主义者，更不是超然世外的隐士。他们不但参与世俗事务，做政府官员、城市警察，也做商店老板、庄园领主。如此多重身份和角色转换使僧侣生活在宗教与世俗的边缘，使他们对生活和前途有双重标准和期许。因此，相对宽容的社会背景使僧侣对世俗利益有更多欲望，是可以被理解和接受的。

首先，藏传佛教某些教派的修行方式开放了僧侣的世俗行为。1716 年，耶稣会教士盘纳发现西藏有男女合寺现象，这种寺院似乎是僧尼家庭的同居体。萨迦、宁玛、噶举等派别中，男女合寺较为普遍，有时女尼作为男僧之妻，共同从事宗教活动。在宁玛派祖师莲花生的家乡，女尼是男僧的修行搭档，而且男僧也不止有一个配偶。[2] 达斯发现在尼泊尔西部的一座寺院里，有 15 个喇嘛和 7 个女尼合住。在江孜附近的雅龙寺有 80 个僧人，男女对半。在这个寺庙里，生男为僧，生女

[1] Alan Winnington: *Tibet-Record of Journey*, London, Lawrence & Wishhart Ltd., 1957, p. 79-81.

[2] 房建昌：《藏传佛教女尼考》，《中央民族学院学报》，1988 年第 4 期，第 29 页。

便为尼。麦克唐纳的著作中也证实了这个说法。[1]

其次,西藏社会对人口增长的需求包容了僧侣的世俗行为。西藏地理环境特殊,人们的生存环境很差,巨大的僧侣人口以及17世纪时梅毒的传入,对藏族的生育力造成了很大摧残。在牧区,牧民经常感染由牲畜传染的疾病,如布鲁氏病,对提高人口生产力也很不利。加上传统生育观念和育儿方法的落后,婴儿的死亡率较高。众多书籍都描写西藏妇女在极不卫生的条件下生产,新生儿得不到良好的照顾。书中描写,婴儿在生下3天后就被裸身晒太阳,使其很容易感染肺炎等疾病。虽然藏族没有所谓"传宗接代"、"重男轻女"、"多子多福"的观念,但依然有对种的繁衍的需要,因此,对僧侣的还俗、娶妻、生子等现象并不责怪。

另外,西藏社会对违规僧侣的处理也很宽松。西藏的法律,特别是刑法,是很严酷的;但对在寺外行为不轨或严重违反法律的僧侣,政府却是比较姑息的,通常是告知他修行的寺院,让寺院先裁判,然后再受政府的责罚。由于僧侣依靠政府税收过活,入寺为僧者的财产是免税的,所以就罚他服一辈子劳役来赎罪。这样的处罚与列在刑法上的很多摧残肢体的残酷条文相比,简直太微不足道了。对于那些只是犯了小错,比如违规喝酒的僧人,只要他们不在寺院里豪饮,就不闻不问。至于因饮酒而晚归,只要不让寺院守门官闻出酒味,就不会受到惩罚。因此,很多喝了酒的僧侣会吃很多大蒜以掩饰酒味。[2] 黄慕松记载:"夕阳西下,拉萨市内常发生喇嘛酗酒恣肆行为,及经调查,多为色拉寺喇嘛。"[3]

但这并不是说对僧侣所犯的任何罪过都可以轻描淡写。对于那些损害宗教利益,通敌叛教,或是企图颠覆政府的僧侣,即使是高僧大德,政府对他们的制裁也毫不手软。1887年,日喀则附近仲孜寺生钦活佛与从印度来西藏游历的钱德拉·达斯交好,留他在寺院盘桓数月,

---

[1] D Macdonald: *Cultural Heritage of Tibet*, New Delhi, Light-Life Publishers, 1963, p. 77.

[2] [日]多田等观:《入藏纪行》(钟美珠译),郑州,中州古籍出版社,1987年,第54页。

[3]《黄慕松奉使入藏册封并致祭达赖大师报告书(下)》,《西藏历史资料汇编》(10),第25页。

还将很多珍贵的经书送与达斯，据说达斯还绘制了后藏地图。噶厦得知此事后，责其不遵守噶厦严禁外国人入境的法令，泄漏政府机密，不但没收了生钦活佛的全部家产，撤销了他在寺中的一切职务，还将他放逐到了江达。江达宗政府得到噶厦授意，将生钦活佛沉入大江溺杀。20世纪初的“丹吉林”事件中，第穆活佛被害致死，白热活佛和聂荣活佛不堪忍受痛苦自杀，丹吉林寺被拆毁。数年之后，聂荣活佛的灵塔里还被浇入滚烫的酥油，名曰以烫其心，镇压其邪气。埋在灵塔里的遗骨重新被挖出来，付之一炬，[1]以此警世那些企图与政府对立的喇嘛。

## 5.3 潜心宗教文化的僧侣

### 5.3.1 启蒙学馆

一直以来，寺院都是西藏唯一的教育场所。可以说，宗教势力不但垄断了寺院教育，也垄断了世俗教育。所谓的世俗启蒙教育，也不过是宗教教育的预备班而已。伦琴拉木女士说：“在西藏，儿童在八九岁都在寺院里受教育，但这并不是说他们都要做喇嘛。富家子弟常常在家里受同样的教育，请一位像私塾先生一样的喇嘛教他们。”[2]至于学习地点，青木文教说：“初等教育，没有贵族、平民、男女的分别，平等收容学生。一个学校的学生，大概40名左右为定员，学校没有设置特别的校舍，把普通家屋的大厅，或寺院的一部分，充作教室，没有黑板、桌子、椅子等设备，学生一概盘膝在蒲团上面。”[3]

至于学习的内容，藏人保罗(Paul Sharpe)告诉英国人孔贝：“男孩子长到七八岁时，开始学习藏文字母，以及简短的祈祷经文和萨迦喇

[1]霍康·索朗边巴：《第穆活佛受害经过》，《西藏文史资料选辑》(11)，1986年内部发行，第156页。

[2]伦琴拉木：《西藏之社会生活及其风俗》(胡求真译)，北平，西北书局，民国22年(1933年)，第75页。

[3][日]青木文教：《西藏游记》(唐开斌译)，上海，商务印书馆，民国20年(1931年)，第170页。

学写字的孩子（妥思妥耶夫 摄）

嘛编写的《格言》中的寓言故事。”[1]初级学校里有4个科目：习字、背诵、作文和算数，但是以书写最为重要，算术是用石块、木棒和贝壳作教具，背诵是背经典、文法和修辞学。

**气氛单调的课堂** 贝尔在去拉萨的途中，曾经住宿在一所小学校的旁边，每天早晨日出以前，就听见孩子们开始唱歌，又或许是在诵读经文。20世纪30年代初，朱少逸在拉萨期间参观了电报局长图丹桑批办的学馆，生动地描写了孩子们的学习生活：“那里有学生四五十个，每天早上9点前后开课，学生席地坐在布垫上，各持木板一块，以竹笔在板上作字，边写边擦。老师坐在上位，或诵经，或闭目休息，或饮酥油茶，似若无其事。”[2]学生们在练习了两小时的书法之后，把最后写成的木板放到老师的桌上，老师逐一批改，孩子们则开始诵读。又过了两小时，老师让休息，这时孩子们有的拿糌粑出来吃，有的聚在一起小声谈话，也有出去玩耍的。

---

〔1〕〔英〕孔贝：《藏人言藏》（邓小咏译），北京，中国社会科学出版社，成都，四川民族出版社，2000年，第57页。

〔2〕朱少逸：《拉萨见闻记》，北京，全国图书馆文献缩微复制中心，1991年，第110页。

小学僧(杜兰　摄)

**独具特色的体罚**　无论哪种学校,对学生的体罚是必不可少的。《西藏新志》中说,教师"待儿童极严,不合格者,教师以革鞭鞭儿童胸部以惩戒之"[1]。河口慧海说:"老师与学生之间的关系如同看守和犯人的关系,学生站到老师面前就担心挨打而发抖。"他所住的财政大臣家相当重视孩子的教育,用平竹片打孩子的手心,一般打30下,如果孩子把手缩回去,就增加到60下。[2] 朱少逸同样生动地描写了孩子们被体罚的过程:

> 老师依次叫名字,背诵课文。老师点评之后,按照成绩优劣,让孩子排成一排,给第一名一个细竹片,第一名用手指拨竹片弹第二名面颊一响,把竹片给第二名,第二名照此弹第三名两响,以此类推,名次越后,被弹的次数越多。这样的体罚,是为了激励儿童的羞耻之心,似乎很有效。儿童从学校出来,脸上红痕累累,路人就笑道"这个小孩不好好读书,今大被打了",小儿通常无地自

〔1〕许光强,蔡晋成:《西藏新志》(中卷),上海,上海自治编辑社,宣统三年(1911年),第31页。

〔2〕〔日〕河口慧海:《西藏秘行》(孙沈清译),乌鲁木齐,新疆人民出版社,1998年,第275页。

容，掩面疾驰而去。[1]

### 5.3.2 寺院教育

与启蒙教育的毫无情趣和与生活实际脱节相比，西藏的寺院教育项目繁多，学习方式多样，使得原本深奥枯燥的教义有了延续的生命力。宗教典籍的研习是比较单调和枯燥的，僧侣如果要取得最高学位，通常需要30年左右的努力。寺院教育把单调的寺院与生动的世俗有机结合，创造了独特的寺院文化。这种文化在很大程度上不单纯属于寺院，而是属于全社会。寺院是文化最集中的地方，也是社会精英荟萃的地方，藏传佛教历经千年魅力不减，与社会精英集中于寺院，把持社会文化资源，把持世俗教化方式有极大关系。

#### 5.3.2.1 寺院教育历史

西藏的寺院教育对藏族文化发展有决定性影响。桑耶寺建成后，效仿印度纳烂陀寺设立了译经、密宗、戒律、禅定、声明等部。王室随后在其中设立了一所妙法学校，最初有教师13人，学生25人，由印度僧人传授戒法，汉地僧人传授禅宗。由此，桑耶寺成为西藏历史上第一所宗教学校。学校还派遣僧人到印度留学，学习梵文，培养翻译佛经的人才。赞普的子孙也要选聘僧人为师，攻读佛学。随着寺院教育制度的逐渐形成。各教派寺院都设立了自己的教育机构和教育体制。五世达赖在确立了格鲁派的优势之后，制定了严格的僧侣管理制度，如僧官的任免、学经的程序、纪律仪轨和寺院的组织结构等，不但使格鲁派寺院的组织结构和管理体系更加完整，也使它的教育体系更加严谨和制度化。

#### 5.3.2.2 格鲁派教育体系

格鲁派寺院在最近的500年间，逐步形成了完整的组织结构和严密的学经体系。寺院基本上分为拉吉（bla-spyi）、扎仓（grwa-tshang）、康村（khams-thsan）三级管理。拉吉是由各扎仓堪布（mkhan-po）、堪苏（mkhan-su，卸任堪布）组成的磋钦（tshogs-chen）会议厅，是全寺的最高

---

〔1〕朱少逸：《拉萨见闻记》，北京，全国图书馆文献缩微复制中心，1991年，第119页。

管理机构，推选德高望重的高僧充任总堪布，执掌全寺。总堪布下有磋钦吉索（总管）、磋钦协敖（总法官，又称铁棒喇嘛）、磋钦翁则（总引经师）等重要僧职人员，分管全寺的财务、纪律、诵经事宜。扎仓（学院）是全寺的二级管理组织机构，是一个由僧人组成的独立集体，也是一个完整的教育单位。扎仓堪布（主持）掌管扎仓事务，扎仓强佐（总管）、扎仓格贵（司法官）、扎仓翁则（引经师）分别管理扎仓的财务、纪律、诵经事宜。康村是寺院的三级组织机构，也是扎仓僧众食宿及学经的基层单位，设吉根（dge-rgan，长老）管理康村事务，还有一些僧职人员负责康村的财务、诵经和生活管理事宜。康村通常是按僧人籍贯划分的，例如哲蚌寺的罗塞林扎仓总辖康区和内地僧人，分为23个康村，果莽扎仓总辖青海及蒙古僧人，分17个康村。[1]

#### 5.3.2.3 寺院学经制度

学经的僧人被称为“贝恰哇”（dpi-cha-ba，读书的人），他们可以选择研习佛教经典的显宗或掌握某种专门知识的密宗。显宗学院学习经论，学制分13个班级，需要15年以上的时间才能学完因明学、般若学、中观学、俱舍学、戒律学等佛教显宗的5部分课程，即所谓“五部大论”。学完5部经典，还要复习5～6年，甚至10多年，等年资够格，再根据学习成绩，由老师推荐，堪布认可，指定其考取某一等级格西学位。“格西”意为善知识，是各级学位的总称，只授予修习显宗的学僧。拉萨三大寺的格西分为4个等级。一等格西“拉仁巴”（lha-rin-ba）是学经僧人中学识最为渊博的高僧，在每年藏历正月的祈愿大法会上通过三大寺僧众集体考试获得，定额为每年20名；二等格西“措仁巴”（tshogs-rin-ba）在二月的“措由”法会上经三大寺僧众评议考取，定额为每年10名；三等格西“林塞”（lin-sras）在本寺院范围内立宗答辩考取，名额每寺每年5～8名不等；四等格西“多仁巴”（do-ring-ba）在本学院内经与本学院僧众辩论考取，虽无定额，但每寺每年不得超出三大寺一等格西总数之半。“格西”一般出路有三：一是选任为三大寺堪布，或被派往属寺任堪布。只有一、二等格西才可获得这种僧职。二是进

〔1〕朱解琳：《藏族近现代教育史略》，西宁，青海人民出版社，1990年，第86页。

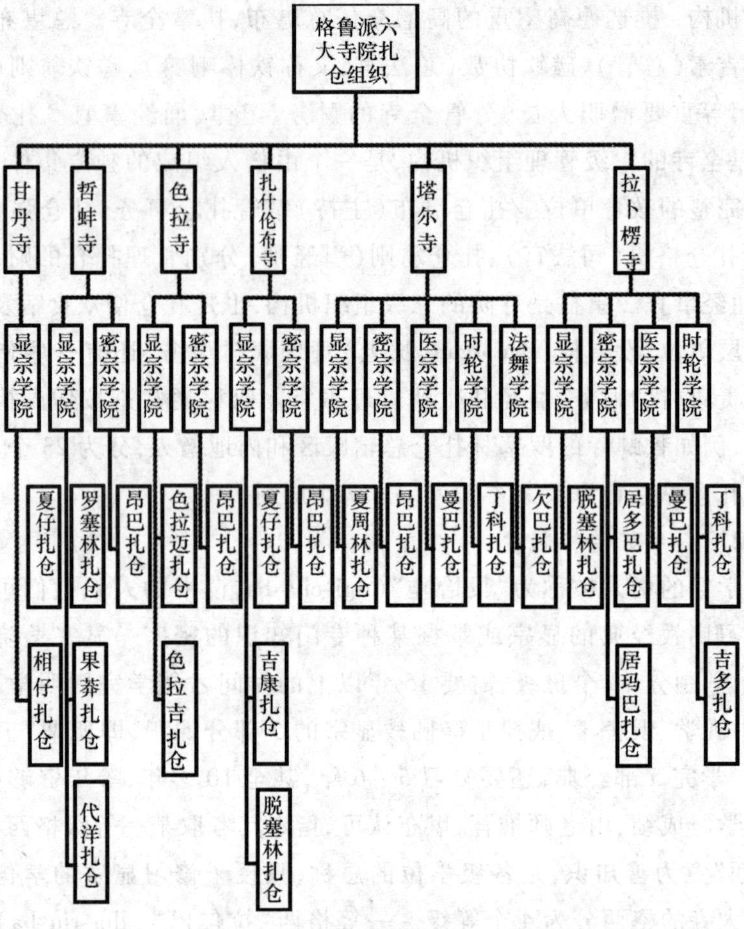


**图 5-2 格鲁派六大寺院组织**

入密宗学院学习密宗,继续深造。按照惯例,拉萨三大寺一等格西的前3名必须入上、下密宗学院继续学习。三是住寺清修,或收徒讲经,或向社会诵经弘扬佛法。

密宗学院可以分成两类,一类是寺院里的密宗学院,僧人在这里学习念咒、降神、防雹的方法,被称为普通密宗僧人。他们可以领政府的俸禄,学习的是实用性很强的技术。正宗的密宗僧人就读于拉萨的上、下密宗学院,被称为“佐仁巴”(mdzod-ring-ba)。他们要修习4种经典,即事续部、行续部、瑜伽续部和无上瑜伽续部。经过3年的学习,佐仁巴可以担任堪布等职位的候选人。

属于密宗范畴的还有时轮学院和医学院。时轮学院学习历算、天文方面的知识,学僧毕业时,要独立编写出一年的年历,算是对藏族人民的生产生活有较大实用意义的技能。医学院主要学习医药技术知识,如诊脉、验尿、问切以及解剖学等医疗技术,还学习各种符箓、咒语,以及诵经等。每年夏秋季节,学僧还要外出采药,了解药物特性,并在教师的指导下炮制加工草药。藏医学在长期实践中,从诊断到用药形成了一套完整体系。

1916 年,钦饶罗布创建了拉萨医算学校“门孜康拉布扎”,也称为藏医院。这是西藏地方政府的医算机构,也是现代意义上集藏医教学、研究以及教学实践于一体的机构。教师一面教学,一面行医治病,编写藏历历书,预报天气等。学校创办初期的主要任务是为各寺庙和藏军培养医务和历算人员。学生多来自中小寺院和士兵中间,他们的待遇和普通的藏兵相同,毕业后依然回原寺院或藏军兵团;另外还有一些自愿入校学习的青年,他们的生活费用需要自理。此外,还有来自不丹、尼泊尔、锡金等国的学生。学制为 3 ~ 9 年不等。

事实上,只有极少数有悟性、有机遇、有背景,并肯下定决心,独守寂寞的僧侣才能在佛学上达到一定的造诣。因此,更多僧侣选择技术性强的密宗学院、时轮学院和医学院。这些学院学制比较短,所学也是社会上需要的技能,如念经、卜卦、看病等。这样,僧侣的生计和社会需要就找到了契合点,正是寺院教育成功之所在。

5.3.2.4 学僧日常起居

三大寺每年的新学期是从祈愿大法会结束后开始的。哲蚌寺一年有 8 个学期,每期的天数不限制,短者半月,长者一月,平均每期为 18 天。塔尔寺一年有 7 个学期,每期一般一个月,学期之间有间歇,年终进行考试,成绩及格和优异者给予口粮补助,对那些不理解所学经论,不能熟练背诵,并“无上进的姿秉”的学僧,轻则留级或留在经堂做杂役,重则开除。

在三大寺,学经僧人每天的生活几乎一成不变,每天早晨在大经堂上早殿诵经,并在那里喝酥油茶,吃早饭,然后回到自己的康村诵经,再到法苑听堪布讲经，或与同班同学练习辩经。上午的课业结束后，学僧都到大经堂共进午饭，或回自己的宿舍熬茶吃饭。下午，学僧又聚集到法苑集会，集体诵经，接着在那里辩论，遇到问题，可以向高年级同学或老师请教。晚饭后，学僧在自己的康村里背诵经文，直到规定时间才能休息。

多田等观对这样的生活有较深的体会：

> 无论寒暑，我们都围坐在法苑的沙砾上念经，要反复吟诵般若心经十八次，多罗礼赞经二十一次，读经的声调要按规则抑扬顿挫读，最后要吟诵守卫寺院的守护神的经文。饭食的戒律极为严格，原则是不许吃晚饭。为此，僧房不准冒出做晚饭的炊烟。为了使酥油茶不至于冷，用温火温着，晚上也只是喝喝茶而已，午饭后不许吃固体食物。晚间要反省当日自己讨论中的失误，或者考虑人们提出的各种议论，还要准备第二天的讨论。由于没有电灯和汽油灯，只能用酥油照明读书。……春秋两次，有背诵经文的考试。原则上是背诵自己正在进行研究的课题，要背下五十页经义。各组把背诵的经典交给堪布，堪布要从中挑出一段让你背诵。如果你没有背好五十页，而又不知对方挑选哪一段考，那么你就有可能考不及格。所谓不及格，也并非把你从小组中开除出去，而是进行一定的处罚。这种处罚就是在午饭后或在下午诵般若心经时，要你以礼拜的姿势待上近两小时。第二天、第三天，还要你五体投地不断地礼拜才行，或者让你运水浇树。由于水源很远，这种处罚是相当重的。[1]

比起集体诵经和独自研修佛经，辩经这一环节能多少缓解学经的枯燥。河口慧海曾描写了他经历的两种辩经的形式：问答修业和法林道场的问答。

> 问答修业是一对一进行的，每次辩论大约30分钟。依据因明学的方法，总是首先从“佛是不是人”这个问题开始，直到以各种各样的问答逼得对方无法回答为止，十分精彩有趣。法林道场的

〔1〕〔日〕多田等观：《入藏纪行》（钟美珠译），郑州，中州古籍出版社，1987年，第54页。

问答是在两人间的问答结束后,大家到树木茂盛的法苑集合,不分上下级,一起进行问答,因此可以到处听到拍手声。[1]

**僧侣辩经(查尔斯·贝尔　摄)**

段克兴同样对哲蚌寺的辩经印象深刻:

……每日分三时赴讲经法苑,讲论研究。先是一年级者对一年级者,二年级者对二年级者,互相考问,限定所讲经之原文及一二可靠注解。不得随便乱答,出乎范围之外,答者坐,问者立,尚答者所答与原著或原解不符者,问者则呵斥之,并得引论经文证据以证实之,或有先不既引证,但以辩论道理问难者,答者遇着实不知此问题之出处,问者再引文相告;答者遇有自语相违时,问者得击掌以羞之,以致兴致丛生。人多乐于研究。[2]

### 5.3.3　游学朝圣

僧侣的宗教生活并非只有一成不变的诵经和辩经,西藏僧人一直



---

〔1〕〔日〕河口慧海:《西藏秘行》(孙沈清译),乌鲁木齐,新疆人民出版社,1998年,第210-211页。

〔2〕段克兴:《西藏奇异志》,上海,商务印书馆,民国23年(1934年),第5-6页。

哲蚌寺辩经场（邢肃芝　摄）

有游学的传统，米拉日巴、宗喀巴、五世达赖、六世班禅，都有过远游的经历。在印度大吉岭和噶伦堡大街上，也经常可以看到来自西藏的瞻仰圣地佛迹的僧人。

僧人在夏安居结束后或寒暑假期，可以去山上的石洞中野居，也可以找地方清修，或者远行朝觐。印度、尼泊尔的佛迹是他们的首选，蒙古、青海、四川、内地的佛教寺院，如五台山，也是西藏僧人向往的地方。十三世达赖喇嘛在印度避难期间，就曾到印度各地朝佛。著名学者更敦群培从25岁开始，就从青海一路朝圣到拉萨，又

哲蚌寺辩经场（杜兰　摄）

从拉萨到尼泊尔、印度、锡金、斯里兰卡等地进行宗教和民俗考察，并多次在西藏内地旅行，研究藏传佛教的历史。

1924年，英国人尼尔到喜马拉雅山登山，被当地喇嘛跳神仪式所

震撼，不但拍摄了纪录片，还带着7个西藏舞蹈僧人到了伦敦，引起了欧洲各界的轰动。报纸连篇累牍地对这些来自喜马拉雅山的跳舞喇嘛的行踪进行了跟踪报道。僧人们参观了议会、博物馆、动物园，在伦敦大街上乘坐有轨电车观光。他们的奇妙旅程还被搬上了银幕，连1925年3月1日的《民国日报》也就此事作了报道，并详细转述了喇嘛对此番旅行的感受，对轮船、汽车的认识等。[1] 这7个喇嘛也许是西藏历史上第一支带有表演意味的西藏喇嘛欧洲旅游团，但他们的行为令达赖喇嘛和噶厦十分恼火，并因此与英国进行了交涉，此事甚至影响到了英藏关系。最后，那几个跳舞的喇嘛被流放到了噶伦堡，从此不允许他们返回西藏。[2]

### 5.3.4 潜心艺术

寺院里还有很大一部分希望用自己的一技之长献身佛陀，并实现自己的艺术追求的僧侣，因为只有寺院才是艺术生存的土壤。除了杂役、武僧之外，寺院里还有演奏乐器、学唱歌谣、制作供品、绣制唐卡、维修宫殿、绘制壁画的僧侣艺术家。他们是宗教艺术的创造者和传承者，也是藏族文化的传承人。僧侣艺术家把他们的虔敬化作了西藏宗教艺术。兰德·A.H.萨瓦奇在《西藏与尼泊尔》中说："在西藏境内很高耸的山崖上，都刻有巨大的经文。这些雕刻师通常是寺庙里的喇嘛。"[3]据说，由于绘画是为了宗教目的，绘画题材也为纯宗教性质，甚至绘画行为本身就是宗教仪轨形式，僧侣画师只有在黄道吉日才能作画，而且画师"必须具有常人所不及的独到的模范品行"。佛经中对画师有这样的要求："画师一定得是个善人，既不太矜持，又不动怒，圣洁至善，勤奋好学，不受迷惑；画师还一定得是个虔诚的佛门弟子，为大慈大悲之人，不贪心。"[4]

西藏大寺院中，通常还设有舞蹈学院"羌巴扎仓"（thang-ba-grwa-

[1]《西藏喇嘛到英奇谈》，《民国日报》，1925年3月1日。

[2]Alex Mckay: *The History of Tibet*, London, Routledge Curson, 2003, p. 392.

[3]Landor A H Savage: *Tibet and Nepal*, New Delhi, Asian Educational Service, 1993. p. 183.

[4]鲁米尔·吉赛尔：《西藏艺术》（张保罗译），《国外藏学研究译文集》(1)，拉萨，西藏人民出版社，1985年，第342页。

tshang)。由十多岁的小喇嘛组成的“羌姆”(thang-mu)剧团在每年的“神变祈愿”法会上跳舞。民族学理论认为,戏剧起源于巫术的跳神、驱鬼仪式。就内容与形式而言,藏戏便起源于“寺院傩”,发端于原始祭祀活动,可能是西藏最悠久的艺术。清代诗人李若虚曾亲身经历了西藏僧侣“万口”诵经、“梵面”跳神驱鬼的生动情景。他的《西招杂诗》第六首写道:“万口喧腾响法螺,沙门梵面舞婆娑。十年又踏毡乡路,梵呗声中看大傩。”这里,“傩”就是驱鬼逐疫的意思,而“沙门梵面”应该指的是喇嘛戴着面具的跳神表演。人们公认的藏戏鼻祖汤东杰布,也正是一个僧人。

精巧的酥油花、精美的佛像和精致的壁画,以及富于表现力的舞蹈,既增加了寺院对世俗的吸引力,也体现了僧侣的人生价值。与世俗社会紧密联系的西藏宗教文化,使得寺院在更贴近世俗的同时,形成了独特的宗教文化。

### 5.3.5 魅力展演

#### 5.3.5.1 亮宝

以娱乐性的宗教仪式展示其宗教文化魅力是藏传佛教的一大特征。如果说拉萨二月“驱鬼”是俗人恐惧与忧虑心情的释放和发泄的话,“亮宝”节则是僧侣展示宗教魅力,并以此吸引世俗的表演。“亮宝”,藏语称“三昌”,意为“僧人列队”。在甘肃夏河的拉卜楞寺,二月初七把鬼驱走后,八日就开亮宝会。“二月初八的法事僧人数百名身着鲜亮袈裟,各持幢幡宝盖并寺内的珍奇,由大经堂出发,绕寺一周。信徒亦可跟随观瞻。”[1]亮宝会那天早上,要在寺旁仓拉(tshong-ra,集市)晒绘有寺主嘉木样活佛源流的大佛像,佛前有供养,由衣着整齐的僧侣千人各执象牙、犀角、羚羊角、珊瑚、玛瑙、各种化石,以及著名活佛的衣帽、用具、法器等。仪仗队后有化装成狮子、野牛、大象、老虎的僧侣,由弥勒殿前出发到仓拉。在佛前,僧众念经沐浴后绕寺一周,返回讲经院,最后在僧侣的舞蹈中结束。在拉萨,亮宝会设在“充曲”的最

[1]才让:《藏传佛教民俗与信仰》,北京,民族出版社,1999年,第244页。

后一天，含有祈求吉祥幸福、兴旺昌盛之意。届时，展出布达拉宫30多丈高的唐卡佛像和三大寺的珍贵宝物，列队从大昭寺出发，经过布达拉宫、小昭寺，绕一周结束。《西藏志》如此记载：

> 二月三十日，布达拉悬挂大佛。其佛像系五色缎堆成，自布达拉第五层楼垂至山脚，长约30丈，将大召中所有宝玩、金珠、器皿陈列。喇嘛装束神鬼诸妖，各番国人物，牛、虎、象等兽，转召三次，至布达拉大佛前，各跳舞歌唱，如此一半月间始散，乃此地之春戏；神鬼、人兽等衣着，颇极精华珊丽，其宝玩无穷，不能枚举。[1]

大卫·妮尔在拉萨驱鬼的次日，又观看了被称为"小昭会"的僧侣出行仪式：

> 数千人身穿豪华僧装，打着数百面旗帜和经幡；僧官们在华盖下面行走，由舞动着扇子的阿谀奉承者和仆人护送。出行队伍形成的这条绚丽多彩的长蛇阵，每隔一段时间就要停下来。青年人便跳起舞来，背锣的人便做出了一些规定动作，乐师们则根据他们的步伐节奏而按节拍敲击这些乐器。达赖喇嘛的大象也排成了队，由矫揉造作地做出千般姿态的一些汉地风格的纸制珍禽奇兽围绕。最后出现的是均由披挂甲胄的武士们前后簇拥的土著巫神，以及他们寺庙中的仆从。[2]

#### 5.3.5.2 雪顿

在每年夏安居期的45天时间内，僧侣们不准外出。据说释迦时代就有了这样的规定：在夏天，各种昆虫在山野中活动，一出门就有可能踩死昆虫。为使大家在夏天不杀生，因公外出的寺院人员，这个时间要全部回寺，寺里频繁地举行讨论会。这时，藏政府会配给僧侣特别丰富的物品，民众也送来各种食物作为犒劳。夏安居一结束，雪顿节就开始了，在寺院圈禁了一夏天的僧侣可以用酸奶和米饭犒劳自己，藏戏剧团也到寺院慰问演出，僧侣们被允许外出。



---

〔1〕《西藏研究》编辑部：《西藏志· 卫藏通志》，拉萨，西藏人民出版社，1982年，第21页。

〔2〕〔法〕大卫·妮尔：《一个巴黎女子的拉萨历险记》（耿昇译），北京，东方出版社，2000年，第309页。

“雪顿”(zho-ton)的意思是酸奶宴会,原是为夏安居的僧侣举办的开斋节,在每年藏历六月底七月初举行。早在宗喀巴宗教改革时期,格鲁派就制定了戒律,要求僧侣在四月到六月期间在室内安心念经、修习,禁止出家的比丘出寺。在寺院里的僧侣要行三事,即长净,直到六月底开禁解制。届时,僧侣们纷纷下山,世俗百姓准备酸奶进行施舍,寺院也给僧侣们准备酸奶、白糖、米饭,举行野宴游乐。17世纪时,由于五世达赖喇嘛喜爱藏戏,除了以酸奶招待僧俗官员之外,还请来西藏各地的藏戏班子到哲蚌寺院子里演出助兴,称为“哲蚌寺雪顿节”。这个时节也是农业丰收、牧业生产最兴旺的时候,牛羊膘肥体壮,出酥油和奶酪最高,俗人也举行盛宴,庆祝丰收。如此一来,雪顿节成了西藏僧俗共同庆祝的节日,也是拉萨最有代表性的节日。

五世达赖从哲蚌寺移居布达拉宫后,每年雪顿节藏戏演出的第一天(六月三十日)在哲蚌寺,其余的重要演出场所都转移到了布达拉宫。罗布林卡建成之后,藏戏会演又转移到了罗布林卡。藏戏演出的主要内容为八大藏戏、曲水的牦牛舞以及工布的鼓舞。雪顿节期间,噶厦停止办公,放假五六天,全体僧俗官员都集中到罗布林卡陪达赖喇嘛看戏。罗布林卡平时戒备森严,雪顿节期间则大门洞开,农牧民、各阶层僧俗,包括囊生、仆役,甚至戴脚镣的散放囚犯,都可以进去看戏。贵族官员在园子里搭比较讲究的帐篷和帷幔,百姓带着简陋的帐篷和坐垫前来看戏。

十三世达赖喇嘛时期还有比较严格的规定:进罗布林卡看戏的人必须盛装出席,佩带整齐,就像是欧洲的歌剧演出。没有戴头饰或穿无袖长袍的妇女不能进去,即使穿着当时很时髦的皮鞋,也不能进去。穿僧服不能进罗布林卡,看戏的喇嘛必须换上俗人的衣服,表明了这一节日强烈的世俗性和仪式性意义。达赖喇嘛和他的经师坐在楼上的观戏台上,噶厦官员和贵族活佛坐在露天戏台的南、北两侧。七月七日,雪顿节的主要庆祝活动以《诺桑法王》的片段“甲鲁温巴”和“扎西”结束,表示欢庆祝福、祈赐吉祥之意。

不光拉萨,全藏的农业区和牧区,凡有藏族聚居的城镇和乡村、寺

罗布林卡看藏戏(亨利·海登　摄)

院,一切民间娱乐团体和艺人都活跃起来。人们背着糌粑口袋、青稞酒和烧茶用的锅,倾家、倾村甚至倾城出动,到附近的城镇看藏戏或热巴、说唱格萨尔、喇嘛嘛呢等演出。正式演出过后,一家老幼或一村的僧俗还要拉起圈子,点燃篝火,比赛歌舞,通宵达旦。

在历史上,许多民族的社会生活中都有一个放肆的时期,亦如今天世界上许多民族的"狂欢节"。这时,法律和道德约束都抛开了,全民都纵情地寻欢作乐。这在较为清醒、稳定的日常生活中绝对不被许可。人类天性中被压制的力量突然爆发,常常堕落为肉欲的狂欢纵饮。这种突然爆发大都出现在一年结束的时候,常常与农业季节有关,特别是播种或收获的时候。[1] 从酒神节演变而来的"雅典戏剧节"到来时,雅典的公民,包括妇女、儿童、奴隶都参加庆祝,连囚犯都可以出狱看戏。古罗马的农神节中最引人注意的特点,就是允许奴隶自由,自由阶级和奴隶阶级之间的区分暂时废除,奴隶可以骂他们的主人,可以像他们的上司一样醉酒,可以和他们同坐　起吃饭。弗雷泽将此解释为古代的"树神"习俗或者是杀死神王的习俗。除了这些远古遗俗之外,雪顿节所承载的怜悯和解禁以及施舍主题,或许是形成僧俗同乐的真正原因。它是宗教禁锢生活的一种释放,也是俗人对僧侣较为清

[1]〔英〕弗雷泽:《金枝》(徐育新等译),北京,大众文艺出版社,1998年,第882页。

苦的宗教生活的世俗安慰。

## 5.4 投身宗教的妇女

### 5.4.1 尼僧的历史贡献

#### 5.4.1.1 贵族出家女性

西藏社会中的尼僧是一个十分特殊的群体，其组成既有贵族，也有平民。她们的存在，对于贵族是一种生活方式，对于平民则是一种生存选择。西藏大部分尼僧是社会中最弱势的人群。在西藏庞大的僧侣群体中，尼僧本应该是一个不可忽视的人群，但史籍和通论中却很少涉及她们，学术界对于尼僧的专门研究也很少。

东藏尼姑（查尔斯·贝尔　摄）

女性出家修行者，在藏语中有许多称谓。如“增玛”（btsun-ma），意思为“尊者女”；“格玛”（dge-ma），意思为“善女”；“觉姆”（jo-mo），原意为“佛母”、“后妃”、“贵妇”，后来沿用成为出家女性统称；“玛觉”（ma-jo），是“阿妈觉姆”（a-ma-jo-mo）的简称；“阿尼”（a-ne），意即姨母、姑母。这些称谓一方面体现了藏民族对出家女性的敬重，另一方面间接反映了尼僧的社会身份和家庭身份。

在藏传佛教的形成和发展初期，贵族女性曾起到了至关重要的作用。在松赞干布时期，尼泊尔的尺尊公主和唐文成公主各自携佛像来到拉萨，以后入藏的汉地金城公主也是佛教徒，但她们都不是尼僧。佛教传入吐蕃以后的很长一个时期内，都没有女性出家修行。到8世纪，第37代藏王赤德祖赞时期，吐蕃才开始出现本土女性修行者，并形成了藏传佛教史上最早的比丘尼僧团。

据《底吴宗教渊流》记载，在为赤松德赞灌顶时，莲花生认为后妃卡钦萨措杰"是具足空行母的相好，是智慧空行母的化身"。从此，卡钦萨措杰从莲花生剃度出家，成为莲花生心传弟子、业印母及藏传佛教史上最早出家的女性。她擅长以歌传道，还口述了许多经文，埋藏在吐蕃各地，被宁玛派和噶举派奉为密宗伏藏大师。与卡钦萨措杰同时出家的还有后妃卓萨赤姆尊和百余名贵族妇女。《巴协》中记载，当时在桑耶寺剃度出家的尼僧有300多名。

赤松德赞的后妃们均对佛教表现出了极大热情，她们或参与佛事或步入佛门。藏文古籍《五部遗教》记载："啊，扶贫行善利乐有情的五位后妃，即青萨姆拉姆尊、卡钦萨措杰、卓萨赤杰姆尊、蔡邦萨梅朵仲、波雍琼萨杰姆尊，世间无与伦比之，善良高贵的五后妃，相聚共处建立桑耶寺。"[1]《智者喜宴》记载：王宫中迎娶的5位后妃中，青萨姆拉姆尊和卡钦萨措杰由于修炼密法之故，没有建佛殿。卓萨赤杰姆尊后出家，取法名绛曲仲（杰），创建了格吉协玛林。蔡邦萨梅朵仲生有3个王子，她仿造桑耶寺主殿式样建造了三界铜殿。波雍琼萨杰姆尊没有生子，建造了两层布察金殿及金刚界坛城。[2] 这3座佛殿被称为"特别三洲（园）"，也叫"后妃三园"。

1747年，英国人乔治·波格尔曾在扎什伦布寺见到了班禅的两个当尼姑的侄女和名叫杜尔加伊·婆莫（多吉帕姆）的远房妹妹。他在书中描述说："她（妹妹）是羊卓雍错附近的寺院里的堪布，是几百年前去世的圣女的转世。"[3]这个妹妹其实是六世班禅的侄女，时年17岁，比班禅小10岁，是桑顶寺的二世多吉帕姆活佛。1921年，英国人麦克唐纳在桑顶寺见到了时年27岁的多吉帕姆，她是西藏大贵族拉鲁的女

[1]藏文史籍《五部遗教》，转引自德吉卓玛：《藏传佛教出家女性研究》，北京，社会科学文献出版社，2003年，第42页。

[2]藏文史籍《智者喜宴》，转引自德吉卓玛：《藏传佛教出家女性研究》，北京，社会科学文献出版社，2003年，第43页。

[3]［英］克莱门茨·A.马克姆：《叩响雪域高原的门扉》（张皓等译），北京，中国社会科学院出版社，成都，四川民族出版社，2000年，第262页。

儿,和姐姐同住寺里。据说达赖对她十分尊重,为她放顶是用手,对其他女性则只用麈尾。她自己还有一座南音寺,距离江孜有几里路程。这位女活佛圆寂于1940年。[1] 1941年转世的多吉帕姆名叫德庆曲珍,是小贵族出身,8岁时被认定为多吉帕姆。1959年她17岁时,被达赖集团劫持到印度,后经莫斯科返回西藏,曾任西藏自治区政协副主席。

### 5.4.1.2 女活佛传承体系

按其修行方式和生存形式,尼僧可以分成女活佛、业印母、住寺尼僧、苦行尼僧、云游尼僧、群落尼僧和住家尼僧等不同等级,其中女活佛是最高层次的出家女性。藏地尼僧也存在特定的传承体系。

藏传佛教女活佛体系,是在被奉为"空行母"化身的吐蕃女密宗大师益西措杰和藏传佛教觉域派创始人女密宗大师久玛拉仲等杰出女性的巨大影响下诞生的,是"空行母"化身说付诸实践的结果。历史上女活佛为数很少,但也不是只有多吉帕姆女活佛。事实上,直到和平解放,西藏依然存在至少4个主要的女活佛转世体系。

**桑顶寺多吉帕姆**　多吉帕姆女活佛属于噶举派,传承十二世之久。多吉帕姆女活佛产生于15世纪,是藏传佛教女活佛转世体系中形成较早、承袭时间最长、转世体系最制度化的女活佛。多吉帕姆(rdo-rje-pod-mo),藏文意思即"金刚亥母",是藏传佛教密宗修持的母体本尊之一。8世纪,多吉帕姆佛母信仰开始传入藏地,王妃卡钦萨措杰(益西措杰)被莲花生大师认作多吉帕姆的化身,成为藏传佛教史上第一位佛母之化身和智慧空行母。继她之后,吐蕃藏地又出现了多吉帕姆"业"的化身。她是益西措杰的亲近弟子,芒域王之女扎西吉珍。11世纪,藏地出现了《多吉帕姆贝叶经》和《多吉帕姆佛母六法》,还出现了多吉帕姆化身的护法女神。12世纪,噶举派创立了活佛转世制度,各教派纷纷效仿,佛母和女菩萨化身也成为活佛转世的内容之一。

多吉帕姆女活佛的辩经场设在朗卡子县的羊卓雍湖畔,由一世桑顶寺多吉帕姆却吉仲美活佛创建。在历代藏政府和地方势力的支持

---

[1]房建昌:《西藏佛教女尼考》,《中央民族学院学报》,1988年第4期,第31页。

下,此处香火一直很旺盛。1959年时,全寺有100多人。12位转世活佛中,有多位来自声名显赫的家族。一世多吉帕姆是吐蕃第43代赞普的后代,二世的父亲为大成就者,七世是吐弥·桑布扎的后代,八世是六世班禅的侄女,九世出自拉鲁家族。

多吉帕姆女活佛(查尔斯·贝尔 摄)

**白岩寺贡日空行母** 白岩寺位于甘南夏河,是格鲁派女活佛贡日卡卓玛的驻锡地,也是安多藏区著名的修行地。第一世贡日卡卓玛活佛产生于17世纪,迄今传承了六世,在安多藏区有广泛影响。白岩寺的组织形式比较特殊,历代最高住持是贡日卡卓玛女活佛,但僧众皆为男性。寺院教权归属拉卜楞寺,堪布由拉卜楞寺委派,并主持僧众学经。最后一代贡日卡卓玛女活佛1936年出生,7岁时被认定为转世灵童。

**香色杰尊仁波齐** 香色杰尊仁波齐女活佛是宁玛派著名女性活佛,产生于18世纪。因为其一生苦行修炼,成为大瑜伽母,被誉为自然修成的活佛,在19世纪末和20世纪初非常著名。香色杰尊仁波齐女活佛的驻锡地是今天拉萨市曲水县的查那乡。第一世香色杰尊仁波齐·仁增曲央桑姆是尼泊尔人,家庭十分贫困,以乞讨为生。5岁时开始和母亲一起侍从瑜伽母,6岁开始奉唐卡讲述佛经故事,被称为"尼玛洛钦",即"讲说佛经故事者"。她13岁开始在黑伯日等地苦行,19岁时随瑜伽母到尼泊尔朝圣。后来她向多位上师求学,又闭关修炼数年,获得大成就。1901年,55岁的仁增曲央桑姆在地方势力的大力资助下重建了香色寺,并把它变成宁玛派尼姑寺,她被信众拥立为"杰尊仁波齐",意思为"尊者大宝"。因为她不是转世活佛,因此被称为"让穷喇嘛”,意思为“自身修成的上师”。1951年,香色杰尊仁波齐女活佛去世后,出生在拉萨多扎家族的一个男孩被认定为女活佛的转世灵童。

**德仲寺空行母** 德仲是藏传佛教著名圣地,位于今拉萨市墨竹工卡县。8世纪时,莲花生和卡钦萨措杰空行母曾在这里修行,开启了德仲圣地,并建立了德仲尼姑寺。德仲寺空行母女活佛是从多吉帕姆的化身空行母益西措杰转世的,益西措杰便为第一世空行母。该传承的空行母比较特殊,不通过灵通转世,而是以道誉成就和神通认定,因此,只有那些奇特的出家女性能够被认定为空行母的转世。上世空行母已于1920年去世,享年100岁。

## 5.4.2 尼僧的宗教生活

### 5.4.2.1 被动的选择

较之男性僧侣有比较明确的目的性,普通女性出家更多是出于被动的选择。有些家庭出于对宗教的虔诚,也会在女孩子中选择一个出家,与送男孩子到寺院做喇嘛类似。女孩出家的年龄大概在12到15岁,富裕人家通常让孩子在家修行,或为其修建小寺庙,很多自幼为尼的孩子是尼姑或未婚女性的私生女。

**体验生活** 西藏有不少人选择在一生中的某个阶段体验寺庙生活,如年幼时在寺庙读书,或年老后在寺庙过清净生活。西藏妇女多不识字,并不以修习佛经为目的,更多是为获得一种宗教体验。这种生活并不影响尼僧们正常的世俗生活和她们今后的婚姻与家庭生活。香色杰尊仁波齐女活佛对因结婚而离开她的信徒,总是

出家贵族小姐(邢肃芝 摄)

宽慰地说："只要当一个星期的女尼，而后她就会永远不同了。"[1]

**家庭变故** 宗教修行地历来是逃避家庭变故带来的不适应的最佳场所，无论是贵族还是平民，因家庭变故、婚姻不幸而心灰意冷遁入空门的女性比较多。在西藏，贵族妇女会因为丧偶、家庭不和或晚年生活空虚而出家，如夏扎家的几位妇女和班禅的嫂子，都因为家庭变故而出家为尼或在家修行。差巴或堆穷把女孩子送到尼庵，则主要是为了避免家庭中的姑嫂矛盾。有些差巴家的女儿在婚姻上高不成低不就，只好先出家为尼，等待机会，随时准备还俗。逃避包办婚姻，也是她们离开家庭的主要原因。

### 5.4.2.2 传教的活动

大多数尼僧过着一种比较散漫的，介乎宗教与世俗之间的生活，学问不是她们追求的目标，宗教生活也不是其最终目的。她们背负行李跋涉于俗家和尼庵之间，仅这一点，就可以说明尼僧生活本身具有较浓的世俗特征。

一般而言，尼僧在剃发出家以前，要先在自己日后修行的寺院里找一位"亲教师"。在"亲教师"征得寺院同意后，尼僧需要皈依当地比较著名的上师，从她剃度受戒，并取"亲教师"和上师名字的前后两个字作为法名，成为佛门弟子。新加入寺院的尼僧在第一次进入寺院大经堂参加"日常课诵"时，要献哈达，给寺院施舍砖茶等礼品，寺院里的贵格还要为她加入僧团组织祈祷祝福。

住寺尼僧的宗教生活分为集体宗教生活和个人宗教生活两类。集体宗教生活主要表现为每日举行的"日常课诵"、每个月的"会供法会"以及各种仪轨活动和祈福禳灾的佛事活动，如为俗人进行所谓追荐亡灵、祈冥福、报恩亲、消灾延寿、驱邪禳灾等，这也是尼姑寺牟利的重要佛事活动。个人的宗教活动主要是诵经持咒、磕头礼佛、煨桑烧香、守持戒律、密宗修炼等。

西藏尼僧的日常生活主要是田间劳作，过自给自足的生活。由于多不识字，她们对宗教发展和研究的贡献不大，但西藏民间艺术中却

[1]房建昌：《西藏佛教女尼考》，《中央民族学院学报》，1988 年第 4 期，第 31 页。

折射出了尼僧在藏传佛教民间传播和普及中的重要作用。西藏有一种叫"喇嘛嘛呢"的说唱艺术,其形式是由喇嘛或尼姑挂起用布帛或丝绢制成的绘有佛本生故事和传奇的卷轴,即"喇嘛嘛呢"唐卡,手持小铁棍,指点着唐卡上的画面,以固定形式演唱故事内容,并在开头和结尾处不时穿插诵咏"六字真言"。据说,这种宗教说唱艺术从唐代就已经开始了。传说在赤祖德赞时期,唐朝皇帝应吐蕃使者的邀请,派遣良秀、文素两个和尚到吐蕃弘扬佛法,以讲唱的形式向百姓宣讲佛经,"喇嘛嘛呢"由此产生。20世纪初,香色杰尊仁波齐女活佛6岁就开始随师傅表演"喇嘛嘛呢",最终成为"自身修行的上师"。

### 5.4.3 尼僧的日常生活

#### 5.4.3.1 尼僧的服饰

女尼们穿粗布衣服,不事修饰,既是对世俗事物的藐视,也是放弃世俗欲望的外在形式。班禅的嫂子在丈夫死后重做尼姑时,就把所有的饰品放在一边,穿上了普通人的衣服。但夏扎·甘丹班觉回忆其祖姑母央宗次仁"虽然出家,衣着依然十分讲究",其情人描写她"黑长秀发珍珠额,细眼长眉弯如月"[1]。看来在家修行的尼僧不但不削发,也未必都穿粗布衣服。18世纪时,波格尔在去扎什伦布寺的路上,看到了那里尼僧的装扮:

> (尼僧)穿一件长到腰下的红色起绒粗呢外衣,肩上披着红色粗棉布袈裟,还穿着一种落到膝下的红色哔叽衬裙,脚上穿底面为皮革的红色棉统袜,膝下吊着吊袜带。她们和其他僧侣一样,不能戴任何饰物,只在念珠上穿几颗珊瑚珠。尼姑都没有头发,但女神杜尔加伊·婆莫却蓄长发,只是头发上没有任何装饰,向后梳,一丝丝落在肩膀上。[2]

对于多吉帕姆女活佛的服饰,贝尔描述:"24岁的女神长袍依僧侣

[1]西藏自治区政协文史资料研究委员会:《西藏文史资料选辑》(15),北京,民族出版社,1998年,第40页。

[2][英]克莱门茨·A.马克姆:《叩响雪域高原的门扉》(张皓等译),北京,中国社会科学院出版社,成都,四川民族出版社,2000年,第266页。

式样，色作褐红，顶镶红边，内露一黄绸内袍。靴以白皮制成，其尖则以绸制之。……其发自中央分开，直过其耳，后面挽成一髻。”[1]贝尔认为，格鲁派尼姑是削发的，宁玛派则留长发。但1927年麦克唐纳见到多吉帕姆时，与其同在一寺的姐姐却削发为尼。

女子在成为尼僧之前，通常有一段时间准备，类似天主教的见习修女，尔后才正式削发。她们外出时，多戴染成红、黄颜色的毛绒帽。

#### 5.4.3.2 尼僧的劳作

如果说西藏女性地位普遍比男性低下，那么，尼僧地位的低下在生存方式上表现得更为明显。藏传佛教的教义是禁止僧侣参加劳动的，寺院的土地通常由寺院所属农民耕种。但是，尼庵所属的土地和牧场却由尼僧自己打理。直贡地区的德申寺有30名尼僧，她们自己放牧120头牦牛、200只羊，并选出2个人做吉索，管理寺务；章布寺里有9名尼僧，她们自己耕种50克土地，放牧40多头牦牛、100多只羊，还有10头奶牛。[2] 萨迦县的尼庵几乎都有土地，尼僧每天要花半天时间种地。

藏政府规定，僧侣不负担任何差役，家里有僧人还可以免税，但这样的规定对尼僧却不作数。她们为寺院耕种土地，支念经差，还要回家帮工。在杜素庄园，尼姑达打尔14岁出家为尼，除耕种寺庙的土地、念经和布施外，还要靠给人做鞋缝衣挣钱。米豁卡的24个尼姑除了为寺庙耕种土地外，还要交地租和支差。支差的项目有：(1)献金，与差巴和堆穷一样，每人每2年向萨迦寺交2两藏银；(2)夏金和冬金，交给日喀则宗每人每2年2两藏银；(3)念经，为豁本念长寿经1天。

### 5.4.4 尼僧的感情生活

贵族出身的尼僧因为有家庭支持，往往在寺庙里做住持或是在私家寺庙中修行，有侍从照顾生活起居，还可以不时参加社交聚会，生活

---

[1]［英］查尔斯·贝尔：《西藏志》（董之学，傅勤家译），上海，商务印书馆，民国25年（1936年），第133页。

[2]西藏社会历史调查资料丛刊编辑组：《藏族社会历史调查》(1)，拉萨，西藏人民出版社，1987年，第210页。

为寺院劳动的尼僧(查尔斯·贝尔　摄)

并不太枯燥。普通尼僧不但要参加庄园的农业劳动,还要帮助家庭干农活,因而要经常返回家中,与家人短暂生活之后再回寺院。定日尼庵里有些女尼到了冬季就回家过冬。有一个尼僧,19岁时进入尼庵,在和一个男僧生下孩子后,她就一直住在哥哥家,只是定时去附近的一个尼庵作祈祷。很多尼僧的心愿就是嫁人,或是给有钱人家的小姐做用人,或给贵族家的尼僧做侍从。有一首歌谣可以表达尼僧对命运的无可奈何:

你的头发还是在家里留的,
把头发推光了走。
生来是女人乃前世的业果,
就像穷噶犏牛一样。
种完了肥沃的田地,
就给赶到光秃秃的山上。
母牛耕地耕得好,

是自讨苦吃。
尼姑们给家里卖力干，
也是自讨苦吃。
哥哥还是你好，
家业像星星一样多。
我们女孩子吃亏，
一切都要自己解决。[1]

5.4.4.1　做情妇的尼僧

西藏僧侣人口众多，加之兄弟共妻习俗，女性人口过剩是不争的事实。在差巴阶层中，兄弟共妻较为流行，差巴家女性结婚的范围更受限制，很多女性出于无奈做了尼姑。但寺院关不住尼僧的感情，在有情双方无法正式组织家庭时，尼僧就只能成为差巴的外室或情妇。差巴家的女儿一旦怀孕，就会还俗或分出去另过，但分家时，她们只能带上自己用的一只碗，成为没有土地的堆穷。对于外室和情妇，男人有这样一句比喻："对于所喜欢的人不下手，就好像狼嘴里丢了肥羊一般。"

尼僧似乎并不是太介意做外室或情妇，有一首歌唱道："如能梳起巴洛，去给寺庙换绳幡和旗子，也是心甘情愿的。"[2]

上面的歌中所唱的"给寺庙换绳幡和旗子"，是指尼僧因为怀孕所受到的惩罚——"睡差"或"私生差"，就是尼僧因非正当关系生下小孩所要交的差。在农业庄园，如果俗人因非正当关系生小孩，只要请喇嘛念经1天，交女方谿本藏银7.5两、哈达1条就可以了。但如果是尼僧生小孩，则无论冬夏，都要出差，项目有违法金、违法肉、违法氆氇、酥油差、茶差、酒差、糌粑差、吐巴差、羊油差、佛灯、哈达等11项之多。资龙谿卡的苏村有83户人家，20世纪50年代之前，有75户人家交过"睡差"，有21户人家的成员出生自私生家庭。柳谿卡有70个尼僧，其中

[1]西藏社会历史调查资料丛刊编辑组：《藏族社会历史调查》(5)，拉萨，西藏人民出版社，1989年，第325页。

[2]西藏社会历史调查资料丛刊编辑组：《藏族社会历史调查》(5)，拉萨，西藏人民出版社，1989年，第321页。

有私生子的23人,占尼僧总数的33%。[1]

一般来说,生了孩子的尼僧除了要给本寺尼僧每人1波青稞,给众人3涅尕茶叶、1条羊腿、1大壶灯油、1双白氆氇鞋面料外,还要给寺庙1套五色布做成的旗子,换5涅尕牦牛绳幡。虽然如此惩罚,尼僧为情还俗生子的现象依然相当普遍。

5.4.4.2　被侮辱与被损害的尼僧

尼僧通常是被欺辱与被损害的对象。她们在寺院里被喇嘛侵犯,在豁卡里遭到头人强奸的现象也很常见。有民歌唱道:

我是一个女人,抵御危险之力甚小;
因为我的卑贱出身,人们都欺负我。
如果我当乞丐,狗就咬我。
如果我有钱财食物,色鬼就纠缠不休。
如果我多干,少干者会指责我。
一旦出了差错,人们就会诿过于我。
不管怎么干,我都不会幸福。[2]

尼僧也是艺术作品中被嘲弄和丑化的对象。在藏戏的很多传统剧目中,尼僧多半被丑化成恶毒的妇人或可笑的笨蛋,恶毒的尼僧大姑子是藏戏中典型的丑角。如著名剧目《朗萨文蚌》中,女主角朗萨虽然为头人生了儿子,却受到当尼僧的大姑子的嫉妒,她不但对朗萨拳打脚踢,还向当头人的弟弟告状,污蔑朗萨勾引喇嘛,使朗萨受到冤枉。另一部名为《苏吉尼玛》的传统剧目则是以取笑尼僧为乐的闹剧。剧中,国王请喇嘛和尼僧为他的妃子禳灾祛病,喇嘛们极力挑逗和侵犯尼僧,尼僧为争国王的赏钱与喇嘛大打出手,博得观众一笑,在雪顿节上表演时,达赖和僧众一起笑得前仰后合。

妇女本来就是社会地位低下的阶层,而尼僧又因为没有家庭、没有子嗣、没有财产、没有文化而成为更为弱势的群体,她们既参与社会

[1]西藏社会历史调查资料丛刊编辑组:《藏族社会历史调查》(5),拉萨,西藏人民出版社,1989年,第550页。

[2]房建昌:《西藏佛教女尼考》,《中央民族学院学报》,1988年第4期,第28页。

生活,又游离于主流社会,既渴望世俗利益,又遭到社会拒绝。与男性僧侣相比,她们既不掌握政治权力,也不控制社会文化,是一个身份界限模糊的边缘群体。在西藏当时的特殊社会形态中,她们既不会消亡,也不可能兴盛。

(珞隅)丛林丰草,上不见天,下不履地,野藤盘空,状如楼台,人行其上,动摇牵连数里殊堪畏惧。[1]

——程凤祥《喀木西南群说辨异》

# 6 雪山下的聚落
## ——西藏南部边疆少数民族聚落的社会生活状态

在西藏120多万平方公里的土地上,除了占人口总数95%以上的藏族之外,还居住着汉族、回族、门巴族、珞巴族、僜人和夏尔巴人。汉族、回族多居住在城镇,门巴、珞巴和僜人居住在东南边境,夏尔巴人是居住在尼藏边境的跨境民族。虽然到20世纪50年代,这些边疆民族多数仍以氏族聚落形式出现,但部落民社会生活的某些方面却因为外来物质文化的冲击而经历了很大变化。少数民族利用地处边境的优势,参与了同英国、印度、尼泊尔等国家的贸易活动。尼藏边界的夏尔巴人不但到噶伦堡为商队充当运输苦力,甚至还远赴印度大吉岭做脚夫,协助欧洲人的登山探险活动。通过做欧洲登山者的脚夫,夏尔巴人成了与阿尔卑斯山向导齐名的喜马拉雅山向导,使这个人口稀少、鲜为人知的小聚落在世界上声名远扬。但也有些民族在英国人别有用心的帮助下,引进罂粟种植业,以贩卖毒品所得去换取部落间血拼的武器。

在西藏和平解放前,这些聚落在一定程度上步入了封建农奴制社会,但其整体社会生产力发展水平和社会组织结构都低于藏族社会,

---

[1]西藏社会科学院西藏学汉文文献编辑室:《西藏地方志资料集成》(2),北京,中国藏学出版社,1997年,第3页。

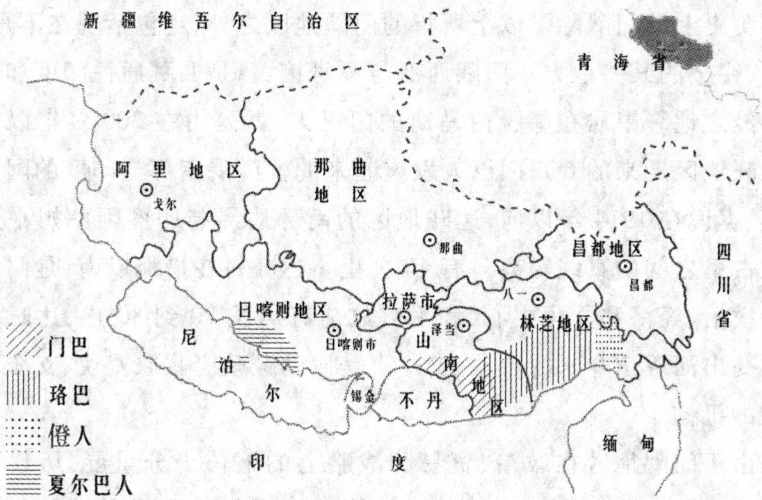


图 6-1　西藏少数民族分布图

依然保留着氏族公社制度的某些特点，存在部落公有地和共耕制、家长制、共同狩猎等古老遗存，部落民中依然保留着浓重的原生态宗教信仰、远古婚姻家庭制度和某些特有的文化习俗。

以上少数民族在西藏社会所占的比重，无论是在人口还是在社会影响力方面，都是很微弱的，但他们的地位却不能被忽视，因为他们的生活状态可能是藏族，也可能是其他民族曾经的生活状态的缩影。他们的原生态文化形态可以被看做人类文化演进的活化石，具有很高的民族学研究价值。

## 6.1　地域丰饶的“鬼地方”

### ——门巴族社会生活状态

“门”是地名，也称“门隅”（旧译闷域），在西藏山南地区南部；“巴”是藏语中“人”的意思。因此，“门巴”的意思是“门地方的人”。因该地有一格鲁派寺院达旺寺，人们也把该地称为门达旺。门巴族在1964年由国务院批准认定，主要分布在门达旺地区的32个“错”或“定”，以及墨脱、措那、隆子县和麦克马洪线以南被印度占领的门隅地区。历史上的门隅除了以上所指的门隅地区之外,还包括现在不丹、尼泊尔、锡金的某些地方。门隅西部与不丹接壤,是西藏通往印度和不丹的必经之地。聚居在墨脱白马岗的门巴人,就是由在200多年以前从门达旺地区迁来的6户门巴人发展起来的。门隅南部与印度的阿萨姆接壤,据说在1914年以前,达旺地区的南部边界与印度阿萨姆平原的乌达古里之间的直线距离只有40公里。达旺村在措那以南,是门隅地区的政治、经济和文化中心,和平解放前有居民70到80户,达旺寺就建在高出河谷700米的台地上,一直是协助藏政府收取差税、支派乌拉差役的机构。

由于门隅地区在政治、贸易和战略上的地位十分重要,历代西藏地方政府都十分重视对这一地区的管理。西藏地方政府分别在1830年或1890年、1920年清查过门隅地区户口。1920年时,门隅有大小差户2 607户。1940年时,十四世达赖喇嘛举行坐床典礼,措那宗本造册,计大小差户为2 216户。兰姆(Lamb)所著《麦克马洪线》中,引用的是印度统计局1963年的记载,说东北边境的门巴人为36 600人。[1]

门隅地处娘江曲和达旺曲流域,这里河谷开阔,气候湿润,雨量充沛,物产十分丰富,是一个“不种青稞有糌粑,不养牦牛有酥油,不用木料能修房”的地方。门隅出产的大米很有名,清朝曾在达旺村设立“汉米仓”,专门收购门隅大米作为贡米。每年藏历正月拉萨传大召时熬粥布施的米,也来自门隅。[2]

门巴族的语言属汉藏语系藏缅语族的门语支,据说有30多种方言,但没有文字,其语言中的藏语词汇占常用词汇的30%左右。门巴人的名字、地名、山水名称也多采用藏语。

在门巴族和藏族的历史传说中,他们彼此是兄弟,都是由猴子变来的。《西藏王臣记》中记录有吐蕃时期两位王子被流放于“门”地方的故事,其中有一首诗的最后一句是:“人若不知祖先的光辉史迹,就

---

〔1〕中国社会科学院民族研究所:《西藏门隅地区的若干资料》(油印本),1978年,第2页。
〔2〕中国社会科学院民族研究所:《西藏门隅地区的若干资料》(油印本),1978年,第14页。

如同被遗弃的'门'地方的孤儿。"[1]说这明了藏族与门巴族的历史渊源。无论是旧时的中央政府,还是西藏地方政府,都对门巴人极端歧视,把门巴人称为"贱骨头的背夫"或"野蛮人"。西藏统治者一直将门隅作为流放犯人的地方。获罪的拉萨贵族往往被发配到门隅地区,拉萨一年一度传大昭中的"鬼"也被送到门隅。因此,人们总是说:"门达旺是个鬼地方。"

### 6.1.1 扼守商道的东南边疆门户

#### 6.1.1.1 达旺的政治地位

门隅地区自古就与西藏内地在历史和文化上有相同的渊源。在拉萨大昭寺前所立的唐蕃会盟碑上,就有关于"门"听命于吐蕃的记载:"……自此大雍仲之王后,南方之门,甲嘎……各方莫不尊崇,彼此欢悦,俯首听命。"《贤者喜宴》在叙述松赞干布制定法律时说:"如是,东方之咱米兴米,南方之'珞'、'门',西方之香雄及突厥,北方之霍尔及回纥等均被收为属民。"[2] 9世纪到13世纪时,达旺已经成为门隅地区政教、经济和文化中心。达旺寺原为噶举派寺庙,17世纪格鲁派兴起之后,由哲蚌寺洛色林扎仓管理,并直接由哲蚌寺委派堪布。门隅地方气候条件优越,物产丰富,地处边沿,又是康、青、藏通往印度的传统商道,战略位置非常重要,容易受到外来势力的侵扰。为加强对门隅地区的管理,五世达赖于1656年发布敕令,派一僧一俗两名"拉业"(lha-gyner,五品官)协助当地统治者梅惹喇嘛管理门隅内部事务。梅惹喇嘛当时要求每户献一个鸡蛋,由此统计出门隅有门巴3 000户。[3]梅惹喇嘛遂以金东拉山为界,在门隅建立了32个"错"(tshogs)或"定"(sding)。在五世达赖晚年和圆寂之后代其执政的第巴桑杰嘉措,有意无意地将六世达赖安排在门隅的门巴族中转世,足以说明西藏地方政府对门隅地区的重视。辛亥革命后,随着清朝势力的瓦解,噶厦逐步加强了对边境地区的行政管理,包括对较强大的地方势力采取或怀柔或

[1]中国社会科学院民族研究所:《西藏门隅地区的若干资料》(油印本),1978年,第16页。
[2]巴卧·祖拉陈哇:《贤者喜宴》(黄灏译),中央民族学院藏文打印本,第49页。
[3]中国社会科学院民族研究所:《西藏门隅地区的若干资料》(油印本),1978年,第2页。

消灭的政策。20 世纪 20 年代,噶厦先以和亲方式将贵族擦绒之妹嫁给波密土王,后来又对土王的暴动进行了坚决的镇压,终于使墨脱地区在政治和行政上完全处于噶厦统治之下。

6.1.1.2 达旺的商贸地位

达旺在历史上一直是通往印度和不丹的交通要道。自从英印从尼泊尔手中夺取了对藏贸易的垄断地位之后,达旺地区的战略地位更加重要。它是西藏对印贸易的必经之地,也是英印外交的鸡肋。达旺地区有 6 条路线通往印度和不丹,主要的贸易通道有:

**措那—达旺线** 这是冬春两季西藏山南地区与门隅之间的主要交通干线,也是西藏通往印度阿萨姆平原的乌达古里市镇的传统商道中的一段。

**达旺—塔拉线** 这是每年冬季藏族、门巴族商人赴印度贸易的传统商道,也有少数印度商人经过此线到达旺地区进行贸易。

**达旺—珞隅线** 这是门隅进入珞隅的主要通道。

**达旺—扎西宗岗线** 这是卫藏通往不丹的交通主道,快马一日半就可以到达。

早在 1826 年,英国在控制了印度阿萨姆邦之后,就积极开展了对门隅和珞隅的蚕食。英国试图利用乌达古里—达旺—错那一线的传统商道,进入雅鲁藏布江的中、下游。这样既可以控制西藏最富庶的地带,又可以把中国西北部和西藏东部的物产运到英国领地,并把英印商品通过这条商道运到中国内地。1875 年,英印三角测量局的班智达·南辛从拉达克到达旺考察,得到了有关达旺地区社会和政治状况的较为准确的信息。1884 年,英国派驻东北边境代表詹金斯少校强迫 6 名门巴头人放弃山口以南的权利,以 5 000 卢比租金强行租占了昂巴达拉山以南的吉惹巴惹(乌达古里)地方。1911 年到 1913 年,英印又派佩里和舍莫特考察了察隅、珞隅和门隅,为划定所谓的麦克马洪线做准备。为他们的所谓探险做向导和背夫的,主要是门巴人。1912 年,英国战略家曾建议:

划定达旺边界一事,需要谨慎考虑。现在划定的边界,在达旺以南从乌达古里附近沿山丘西行到不丹南部边界。这样的话，有一片土地危险地嵌入米里地方与不丹之间。一条非常便利和常用的商道自北而南穿过这片嵌入地区，中国通过它，就可以对不丹施加压力，而我们却无法从侧面接近这个突出的部分。[1]

在1914年的西姆拉会议上，麦克马洪果然把这一地区划入了印度。虽然夏扎在保留条件中，有"并商定门隅内世家、寺院之收入仍旧留交原主各自收取，而以政府收入拨入英方"和"门隅和珞隅的税收问题留待以后友好解决"的条款，但从1939年起，印度一直向所谓的麦克马洪线西藏一侧渗透。印度通过建立永久性哨所、贿赂当地官员以及威胁当地寺庙和藏政府不允许他们收税等手段，逐步控制了达旺地区。1944年5月，印度派兵占领达旺，修建永久性哨所，几乎引起一场印藏关系危机。当时的政治官员古德认为，印度占领达旺的条件并不成熟。英国政府出于自己在西藏的利益考虑，也要求印度政府撤军，并要求古德到达旺地区的西藏一侧详细考察情况。不久，印度军队撤到了色拉山以南的德让宗。1951年，达旺及其以南广大地区被印度占领。

### 6.1.2 谨守古风的淳朴门巴生活

#### 6.1.2.1 无性别差异的服饰

受地理环境和周围民族的影响，门巴族的服饰与藏族有相同之处，但也融合了独特的门巴族元素。门巴族男女都穿绛红色或者是红黑两色的氆氇长袍，有袖无领，无扣子和口袋，样式与藏袍类似，但较为短小。门巴男女内衣均无开襟，无领，无袖，只有一个套头的开口，男女都系一条红氆氇做的腰带。门巴男女所穿的靴子样式也相同，靴面是黑色氆氇，靴筒是红色氆氇，靴底用牛皮，里面垫草，不穿袜子。佩里在《无护照西藏之行》中描述："门巴人喜欢穿短裘巴。在这里温暖的条件下，他们把裘巴从肩膀脱下来，经常裸露着腿，穿的衣服实际只是堆

[1]中国社会科学院民族研究所：《西藏门隅地区的若干资料》（油印本），1978年，第31页。

在腰间。"[1]

门隅门巴男子留长发,戴两颗珠子串成的耳坠,腰间配一把长刀,戴没有男女分别的氆氇小帽,称为"八嘎拉"。帽子通常是褐色顶,橘黄色边,前面有一小缺口。也有男子戴黑色毡帽,帽边用孔雀翎毛围扎装饰。妇女喜欢梳两条衬以黄、绿、红、白线的辫子,或将辫子盘在头上,戴红、白、绿珠石项链。

墨脱门巴男子蓄短发,配饰与门隅门巴相同。墨脱妇女喜欢穿红色短内衣,系镶银腰带,外衣下衬彩条筒裙,称为"墨约",与藏族的"帮典"类似。墨脱门巴族男女均赤足,不戴帽子。

门巴族妇女服饰与藏族妇女最大的区别在于背在其身后的牛犊皮。关于门巴妇女背牛犊皮的习俗,有很多说法。一说是西藏农奴主把勒布门巴视为鬼和牲畜,强迫门巴妇女背牛犊皮。也有说过去西藏地方政府看不起门巴,把门巴人赶到边远地区,还强迫门巴妇女背一张人皮,后来她们把人皮换成了牛皮。还有一说是,牛皮是文成公主进

门巴女子服饰(张江华　摄)

[1]〔英〕F. M. 佩里(M Bailey):《无护照西藏之行》(*Traveling in Tibet without the Passport*)(春雨译),拉萨,西藏社会科学院资料情报所,1983年,第48页。

藏时避妖邪所用，后来赏赐给门巴妇女的。以上说法只解释了背牛皮的宗教原因，还有一种说法从美学角度阐释了牛皮的功能。传说以前门巴妇女身上没有任何装饰，泽当三青寺里有3个女妖被赶出庙门后跑到了门隅。女妖头戴黄色线帽，耳戴耳环，颈上挂串珠，胸前挂“嘎乌”，手上戴镯子、戒指，上身为黑色，下身是白色围裙。门巴妇女觉得好看，就纷纷效仿，但她们在背后背一块小牛犊皮，以示与女妖的区别。[1] 在勒布一带，妇女必须背牛犊皮，戴帽子，否则不能出门，也不能进别人家。据说，不戴帽子、不背皮子的人是鬼而不是人。其实，背牛犊皮应该是适应环境的产物，因为牛犊皮有非常实用的功能。在达旺地区，门巴妇女和男子一样，要参加负重等体力劳动。妇女在山区负重或收割鸡爪谷时，通常把筐背在身后，背带套在肩膀上或前额上。牛犊皮耐磨而且比较柔软，可作为垫背使用。另外，门巴族居住地区垂直高度变化较大，气候潮湿，牛犊皮可以防潮，也可以保暖。与门巴妇女身披牛皮相似，丽江纳西族妇女一年四季都披经过装饰的羊皮披肩，名为“七星伴月”，目的是起到护腰、保暖、垫肩的作用。

#### 6.1.2.2 朴素而独特的门巴碉房

门隅门巴人的房子叫“歉”，有两种类型。一种是用石块砌成的碉屋，基座与藏式住房相似。房屋楼层高而坚固，呈四方形。石砌墙壁四周地基较宽，上部向里收分。与藏族房屋不同的是，门巴碉房不是平顶的，而是人字形双坡面屋顶，上盖木板，再加压石头固定。门巴的石质碉房分为三层：底层为“圈”，有条形窄窗，敞门，或者三面为石壁，一面开敞，作为圈养牲畜使用。中层为“主人的居室”，有单扇木门和方形小窗，用于食宿和招待客人。上层用来堆放柴草和饲料。上层的两侧留有空窗，可以通风。在粮食需要晾晒和脱粒时，门巴人就在上层楼板上铺一张篾席，将粮食摊放其上。碉房一般门朝东面或南面，门前有用木杆搭成的晾台，石砌或木板架设的楼梯，可以说是西南地区干阑式住宅的石质变体。

---

〔1〕西藏社会历史调查资料丛刊编辑组：《门巴族社会历史调查》(2)，拉萨，西藏人民出版社，1988年，第171页。

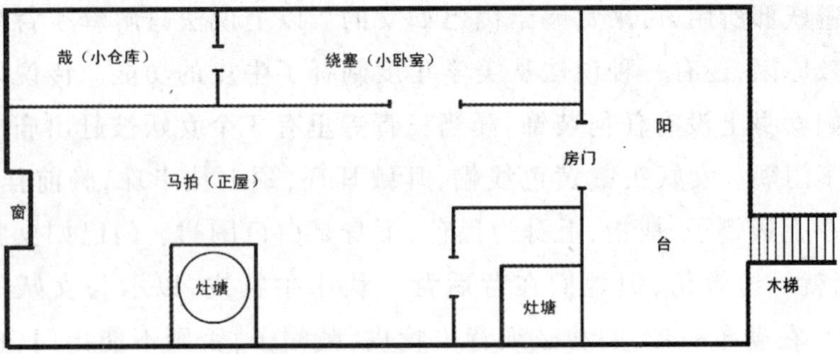


图6－2 门巴房屋平面

门隅北部地区的民居为竹顶或草顶碉房。房子一般有三层，上层存放粮食和杂物，下层关牲口，中间一层住人。房内用木板隔成里外间，外间设一个火塘，上支一个三脚架，或用三块石头支锅，白天在这里炊事，夜晚全家在这里和衣睡觉。不十分贫穷的人家有藏垫和藏被，靠墙处还有放置衣服和存储粮食的木箱和柜子、水缸、炊具等。

墨脱地区属亚热带气候，那里的门巴人住竹木结构的干阑房。门巴村寨一般坐落在面向河谷的台地或者山坡之上。房子为人字形屋顶，顶上盖草或芭蕉叶，门一般也朝东，整个房屋为正方形或长方形平面。竹木干阑也分为三层，一层四面开敞，用于饲养牲畜，二楼的地板

墨脱门巴住宅（陈宗烈　摄）

和内壁都为木质，顶上还有一层粗竹。门外有小走廊和一个阳台，用短梯与楼下相通。有些人家还另建有不与住房相连的仓库。

墨脱门巴人建房时，要先立3排木柱，每排4根，立柱的高度为1.5~2米。在木柱上放4根木梁，上面再铺上8~10块松木板。木板长度约1.8米，宽0.5米，厚3厘米。柱、梁以及木板是自然榫接的。因为没有铁钉，有些人家会用竹钉加固。楼层搭建好之后，用木板或者竹子做围合结构。屋顶的搭建可以是用木板叠压苫盖，或者用竹片苫盖，还可以用茅草或者是芭蕉叶。

在西南少数民族之中，贺新房是流传非常广泛的习俗。庆祝新房落成、主人乔迁，是全体居民的隆重的庆贺仪式。傣族认为，一幢新房子如果没有经过贺新房，便是不吉利的兆头。傣族贺新房的重要仪式是请村里的巫师坐在屋脊中间，下面的主人询问3次是否可以上顶。等到吉时到来，大家共同盖上最后几片茅草。然后来祝贺的人还要唱吉利的歌谣，赞颂房子的好处，并且喝酒热闹一番。门巴社会生活中的贺新房也是一样，是全村人的聚会日，但门巴人的贺新房仪式中原始崇拜和驱邪的意味更浓一些。每当门巴族新房竣工后，都要在新房山墙的中柱顶端屋檐下悬挂一个较大的木雕男性生殖器，据说这个"人种子的大权威"可以镇邪。在悬挂时，要举行被称为"旺久钦波"的仪式。首先是女主人手里拿着供盒和酒壶，由盖房师傅领着绕新房3圈，然后把木雕拴在长绳子上，由女主人拿着绳子的一端爬到房顶，一次次慢慢向上拉，盖房师傅领着男人们在下面随着拉绳的节奏慢慢地集体说着并吟唱祝词，其中有一段是：

爸爸旺久钦波是创世之主，
房上层住人，下层养牲畜，
在上层中希望多生男人，
在下层里祈祝多生母畜。
……
在这章顶地方建起骰子一样的房子，
四面的房墙像"墨龙"神镜一样平整，

四个房角像挂铃铎的经堂一样玲珑。

门槛里面像金鱼畅游一样宽敞，

门槛外面像大象横卧一样端庄。

……

人的头上像雪山一样洁白，

人的生命像山岩一样坚固，

人的世代像水流一样不断，

人丁兴旺像星空一样繁盛。[1]

……

在“旺久钦波”仪式之后，还有巫师的祭祀表演“颇章拉堆巴”，意思为“贺新房”，即由一个会演唱“颇章拉堆巴”的巫师对新房的位置、墙角、四壁、门窗、屋顶等各个部位进行一番祈祷和赞颂。巫师以唱为主，伴以舞蹈和表演。这个仪式显然是生殖崇拜的一种表现以及集体祭祀和驱魔习俗的流传。至于门巴族贺新房的辟邪之物——男根，可能表现的是男性的阳刚之气对鬼魂的压制作用，也表现出门巴族浓重的父系氏族观念。

将门巴人的住宅与藏族住宅以及其他西南少数民族住宅相比，将门巴人架在雅鲁藏布江上的藤索桥和溜索与高黎贡山和怒江峡谷的索桥相比，将门巴贺新房与傣族贺新房习俗相比，所有这些巧合或许暗示，门巴人的族源是沿民族走廊迁徙而来的西南少数民族。

#### 6.1.2.3 实用而奇异的炊事器皿

达旺地区属亚热带，气候温和，日照充足，土壤条件很好，适宜生长的作物很多，有荞麦、冬青稞、冬小麦、鸡爪谷等，人们还普遍种植萝卜、白菜、大蒜、土豆等蔬菜，因此，门巴人的饮食要比藏族丰富很多。但不同地区的门巴族，饮食习惯有很大差异。门隅北部以荞麦和小麦为主食，也吃糌粑、酥油和奶制品。门隅门巴吃牛肉和羊肉，但不杀生，而是从藏区购买。其他地区门巴的主食为玉米和大米，主要蔬菜是萝卜和

〔1〕刘志群:《藏戏与藏俗》,拉萨,西藏人民出版社,石家庄,河北少年儿童出版社,2000年,第69－70页。

白菜,荞麦和小麦用来烙饼或熬稠粥。加工食品的炊具和吃饭用的餐具,可以说是门巴族饮食文化的代表。

**石质炊具** 达旺门巴人的炊具以石器为主,十分古朴和奇特。石锅是达旺门巴的主要炊具,用来煮饭和烧菜,分大、中、小3种规格,是用当地质地较软的石料凿制而成的,敞口,平沿,腹部呈筒状,壁薄,无足呈平底,腹壁两侧还有对称的横耳。门巴人认为,石锅烹制的菜肉味道更鲜美。即使后来有铝锅进入门巴地区,石锅的使用依然普遍。门巴人用来烙荞麦饼的工具是块薄石板,用薄片岩加工而成,一般直径在60厘米以上。饼的做法是将一块圆形薄石板放在火塘的三脚架上,用野蜂蜜代替油涂在石板上,然后再抹上加了奶渣、辣椒、盐巴调成的荞麦粉糊烤制。

门巴石锅(陈宗烈 摄)

在达旺和珞隅地区,也有门巴人和珞巴人制作陶锅用于煮菜烧饭。陶锅腹为菱角形,圈足,平底,形状也非常古老。

**木质容器** 除了刀为铁质以外,门巴人的餐具都是木质的,尤其以木碗最为有名,门隅北端的麻玛村就是著名的木碗之乡。不但藏族农牧民喜欢用门巴木碗,拉萨贵族也用精致的门巴木碗吃饭、喝茶。在门巴人家里,有各式形状不一、大小不同的木质容器。带盖的木碗用于盛饭、放辣椒等;敞口的木碗用来拌糌粑、喝酥油茶;存放糌粑的圆形木盒有子母口,深腹为筒状,便于外出携带。其他木质生活用品还有搅拌面糊的木盆,盛饭、舀水的木勺等。背水的水桶上还有开口,装有一个活塞。盛放粮食的木箱,每个箱内都竖隔两三个小格,取用粮食非常方便。

门巴人没有独立的手工业,农闲时他们以家庭为单位加工手工制品,如竹器编织、石器制作等。但有研究表明,制木碗业似乎已经脱离了农业,因为藏政府规定,木碗可以部分抵差役。[1]

#### 6.1.2.4 刀耕火种的生产方式

西方探险家和英印政府称门巴为部落民(tribal men),是因为门巴人依然生活在一种农村公社性质的社会环境里。门隅各村落均以特定的山脉、河流为界,占有一定范围的山林、草场和耕地。这些山林和草场均为公有,村里的人可以在这些公用土地上任意砍伐薪柴,放牧牲畜,耕地谁开垦谁使用。[2]

门巴人以农业生产为主,生产方式和生产工具十分落后,还停留在刀耕火种阶段。犁水田用木质的人字叉,由两人抬杠拽引。旱地用尖木棍掘土,男人在前面掘地,女人在后面用木棒把土打碎,再用木棒拨土点种。收割时用竹片当镰刀。农业生产实行轮作,不施肥料,不除草也不灭虫,粮食平均产量为种子的7到12倍。以墨脱西贡村为例。西贡村处于一个坪坝,在1930年前后,该村有15户人家,13户是藏族,只有2户门巴族。这里一年种一季,农作物有玉米、青稞、鸡爪谷、灰灰菜、旱稻、小麦、四季豆、黄豆、白菜、葫芦等。树木茂密的原始刀耕地在藏历十月,冬天到来之前砍,原始树林在藏历一月时砍。先砍草和灌木丛,7至15天之后砍大树。草干3天之后顺风点火,使火势迅速蔓延。门巴族男女均参加砍地劳动,男子砍大树,妇女砍小树。第一次砍的可以种3年,原来开过的地只种1年。种后休歇3至5年再砍。3

[1]张江华等:《门巴族封建农奴社会》,成都,四川民族出版社,1988年,第29页。

[2]西藏社会历史调查资料丛刊编辑组:《门巴族社会历史调查》(2),拉萨,西藏人民出版社,1988年,第146页。

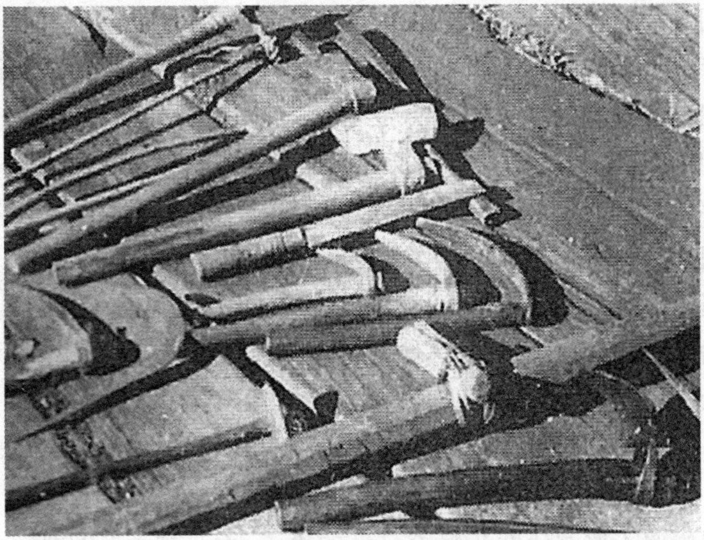

门巴人工具（张江华　摄）

月份种早玉米，5 月份种晚玉米。下种的方式也是戳土点种，每洞 2 粒种子。在玉米长出 5 寸高时，拔草一次，也可以撒一些鸡爪谷。[1] 因为这里地多人少，不但没有缺粮现象，还有大批粮食运往藏族地区。

20 世纪初，门巴商人开始往来于印度和西藏内地，做盐巴和粮食生意。门巴人带来的东西有大米、辣椒、麝香和兽皮，门巴族的竹器木碗也经常出现在拉萨冲赛康市场上，换回去的东西有盐巴、羊毛、氆氇和藏刀。[2] 民主改革之前，门巴人已经部分使用货币交换，而他们的邻居珞巴人依然维持易货贸易。

### 6.1.3　自主且自由的远古婚俗遗存

#### 6.1.3.1　门巴人结婚范围

勒布门巴族中间流传这样一首歌谣："东北的山再高，遮不住太阳，父母的权力再大，挡不住子女的前途。"这多少反映出门巴族的婚姻是比较自由的。从婚姻到继嗣制度，门巴族都以父系为主导。一般来说，在男女双方有了感情之后，由一方父母出面，请媒人求得对方家

[1]西藏社会历史调查资料丛刊编辑组：《门巴族社会历史调查》(2)，拉萨，西藏人民出版社，1988 年，第 87 页。

[2]张江华等：《门巴族封建农奴社会》，成都，四川民族出版社，1988 年，第 30 页。

长的同意后就可以订婚。门巴人的媒人通常是德高望重并能说会道的老年男子。如果媒人介绍成功,委托者要以牛腿和钱财作为酬谢。

门巴族婚姻以一夫一妻为主要形式,同时存在少数多偶婚姻,与藏族相同,通常为两兄弟共妻或两姐妹共夫。但是作为古老婚姻习俗的遗存,门巴族婚姻有严格的通婚范围限制。

门巴族一直保留着氏族外婚的习俗,他们有这样的规定:姑姑的女儿属于舅舅的儿子。舅舅往往视外甥女为法定的儿媳,如果女方不同意婚事,舅舅有权没收女方收取的来自他方的聘礼。门巴人认为,交错的从表婚姻会使夫妻亲上加亲,能保持"骨头好"、"血好",对子女后代好。如果姑姑的女儿没有让舅舅的儿子娶走,说明舅舅的儿子没有本事。民主改革前,墨脱背崩村的丹登有个患癫痫病的儿子,丹登的妹妹桑拉姆便不愿意让女儿嫁给自己的侄子,而是把女儿另外许配给了一个叫益西的青年。丹登十分生气,就跑到妹妹家,把益西送来的聘礼——一头牛、一个铜锅和做裙子的布料都拿走了。他说:"这个姑娘本来就是属于我儿子的,她不做我媳妇,我该拿走。"[1]即使对于结了婚的人,这条规定依然有效。墨脱地东村的次仁和白马央宗结婚数年后,白马央宗的父母又强迫她改嫁其表兄杰村(舅舅的儿子)。次仁到宗本那里告状,经宗本调解,杰村同意给次仁5头牛作为与白马央宗离婚的补偿。[2]

门巴人严禁父系血缘之间和姨表之间的婚配。他们认为,姐妹的子女是同一个母亲延续的后代,同兄弟的子女一样,是一家人,不能通婚,但同辈之间兄弟或从兄弟之间可以转房。

门巴族社会还实行等级内婚制。根据门巴族当时的社会发展状况,阶级区分并不明显,婚姻门当户对的色彩也不严重。但墨脱门巴族受藏族骨系和等级制度的影响,把人们分成好骨头、中等骨头和坏骨头三个等级。通常是好骨头之间通婚,好骨头和中等骨头也可以通婚,

---

〔1〕西藏社会历史调查资料丛刊编辑组:《门巴族社会历史调查》(2),拉萨,西藏人民出版社,1988年,第23页。

〔2〕西藏社会历史调查资料丛刊编辑组:《门巴族社会历史调查》(2),拉萨,西藏人民出版社,1988年,第24页。

但如果好骨头或中等骨头要和坏骨头通婚，就必须离开家，并让坏骨头出高过普通彩礼 2～3 倍的代价。另外，一般等级的人也不与属于“贱民”等级的“鬼人”通婚，怕后代遭人歧视。

6.1.3.2　门巴人家庭特点

民主改革之后，对门巴族聚居区的社会调查发现，门巴家庭中入赘婚的比例很高。民族学理论认为，招赘是母系氏族公社时期男子从妻居婚姻形式的遗存。如 20 世纪 50 年代末在墨脱背崩村 37 户人家 48 对夫妻中，入赘婚有 14 对，占夫妻对数的 29%；地东村有 42 户人家，入赘婚有 13 对。[1] 门巴族入赘家庭一般有以下几个特点：

(1) 女方需要劳动力，男方可以离开家。

(2) 男方家庭破落，没有可以依靠和生存的物质条件。

(3) 女方家庭条件好，入赘出于男方自愿。

(4) 男方与父母或家人相处不好，愿意离开家庭。

(5) 非婚生子随母到继父家，长大成人后一般要离开继父家。

表 6－1 是墨脱背崩村 14 户入赘婚家庭的详细情况。

**表 6－1　墨脱背崩村入赘婚家庭情况表（1956—1962 年）[2]**

| 入赘人姓名 | 入赘人年龄 | 入赘人家庭情况 | 妻子姓名 | 妻子年龄 | 妻子家庭情况 | 入赘原因 |
|---|---|---|---|---|---|---|
| 李红 | 26 | 父母，兄弟 | 达瓦色珍 | 23 | 父母，妹妹 | 女方缺劳力 |
| 桑多吉 | 20 | 父母，弟、妹各 1 人 | 丹增旺姆 | 18 | 父母，妹妹 | 母子不睦 |
| 多曲扎 | 38 | 弟弟 | 才旦央珠 | | 父母，姐、妹 3 人 | 本人离家出走 |
| 白马顿珠 | 30 | 父母，哥、姐各 1 人 | 罗布拉姆 | 26 | 父母，姐、妹各 1 人 | 可以离家 |

[1] 西藏社会历史调查资料丛刊编辑组：《门巴族社会历史调查》（2），拉萨，西藏人民出版社，1988 年，第 26 页。

[2] 根据《门巴族社会历史调查》（2）资料制表。

续表 6-1

| 入赘人姓名 | 入赘人年龄 | 入赘人家庭情况 | 妻子姓名 | 妻子年龄 | 妻子家庭情况 | 入赘原因 |
|---|---|---|---|---|---|---|
| 朝东 | 32 | 父母，姐、妹各1人 | 次仁卓玛 | 36 | 父母 | 背崩村条件较家里好 |
| 多吉 | 52 | 丧妻，二女成年 | 措姆 | 49 | 丧夫，子女年幼 | 女方不宜外嫁 |
| 列格加措 | 50 | 父母，哥哥 | 卓木珠 | 46 | 父母，姐姐 | 可以离家 |
| 罗布 | 60 | 父母，哥哥 | 准措 | | 父母，妹妹 | 女方缺劳力 |
| 索南彭措 | 40 | 父母，姐姐，哥哥 | 马木扎 | 36 | 父母，弟、妹3人 | 女方缺劳力 |
| 顿珠 | 38 | 父母，兄弟，3个妹妹 | 桑拉姆 | | 父母，弟、妹各1人 | 可以离家 |
| 白桑 | 56 | | 坚额拉姆 | | 丈夫流落印度未归 | 光棍 |
| 毛威 | 27 | 父母，哥哥 | 登 | | 父母，妹妹 | 女方缺劳力 |
| 尼玛 | 39 | 父母，哥、姐各1人 | 策旺 | 45 | 父母，妹妹 | |
| 罗布加措 | 35 | 父母，姐、弟各1人 | 巴宁比 | 30 | 父母 | 女方为独生女 |

同样是入赘，门巴族的入赘与藏族有所区别：(1)藏族入赘女婿可以继承家族称号和财产，而门巴男子入赘，只是在生活上给女方父母以照顾，并不继承女方的宗嗣。他们所生的子女仍归属男方世系，骨系等级也沿袭男方。(2)招赘家庭里一般没有儿子，由姐姐招婿，如果姐姐没有合适人选，妹妹也可以招婿，姐姐则另嫁他人。但姐姐外嫁时，除了自己的衣物和装饰品、织布机外，无权分享其他财产。如果父母愿意，可以赠送牛只。(3)如果招赘家庭中还有其他子女，女婿又与家人

相处不错,分家时可以分一些家产。如果相处不好,可以少分或不分家产。(4)入赘家庭如果离婚,分两种情况处理:假如女方提出离婚,须补偿男方一些损失,一般是一头牛或一个铜锅。男方到女方家之后自己劳动购置的物品,也可以带走,但女方父母留下的遗产全归女方。假如男方提出离婚,须补偿女方一头牛或一个铜锅。所生子女,男孩随父,女孩随母,或谁提出离婚,不得要孩子。如果双方对财产和子女分割没有疑问,随时可以离婚,如果有分歧,可报错本和宗本裁定。[1]

除了入赘婚以外,门巴族中也存在少量的多偶制婚姻,主要形式为姐妹共夫和兄弟共妻。多偶制婚姻的比例大概为5%左右。与藏族多偶制家庭有所不同的是,在门巴族多偶制家庭中,有父母确认亲生子女的习俗。在共妻家庭中,亲生父亲与非亲生父亲在称谓上有所区别。孩子的生父为"阿爸",其他父辈亲属称"叔叔"。在有些地方,孩子称母亲的前夫为"大爸",后夫为"小爸",没有亲生和非亲生之分。在共夫家庭中,孩子称亲生母亲为"阿妈",称比自己生母年长的姨母为"大妈",年轻的叫"小妈"。[2] 这种父子、母子关系的确认,是否说明门巴族比藏族多偶家庭亲属称谓要进步,依然有待研究。

门巴族生产方式的简单、一夫一妻婚姻形式的普遍,加上其原始土地公有制形式,是否可以说明门巴族的这种父母对子女的确认,是原始氏族公社公有制向私有制过渡的遗存?

### 6.1.4 神秘诡异的巫术行径

#### 6.1.4.1 捉鬼的巫师

门巴人最早崇信原始宗教,相信万物有灵,后来崇信藏传佛教的宁玛派。在门巴人的观念中,人们的衣食住行、生老病死,农作物的收成和牲畜的兴衰,都与鬼神有密切联系。自然神崇拜和巫术在门巴社会十分盛行,各种生产和生活禁忌多少可以反映出藏族历史发展的影子。民主改革之前,门巴社会中的巫师与喇嘛并存,都被认为是沟通人

〔1〕西藏社会历史调查资料丛刊编辑组:《门巴族社会历史调查》(2),拉萨,西藏人民出版社,1988年,第28页。

〔2〕张江华等:《门巴族封建农奴社会》,成都,四川民族出版社,1988年,第106页。

与鬼的特殊使者。门巴族认为,巫师是沟通人、神、鬼之间的特殊使者,可以往返于天界与人间,为天神传递信息,也可以役使鬼灵。门巴巫师不是世袭的,但当巫师必须具备几个条件:(1)久病不愈,最后终于康复;(2)患精神病,突然好了;(3)五官患重病,后来痊愈;(4)生病期间,巫师从卦象看出病者为巫师。一个人一旦被认定为巫师,就必须学习举行仪式的基本做法和驱鬼送神的舞蹈,了解巫师的来历和各种神的名字,以及进行祭神送鬼仪式上需要演唱的内容和曲调等。背崩村的巫师民珠多吉说,他在39岁时生病半年,两腿瘫痪,全身抽筋,家中请巫师来占卜,卦象断定他不会死,但必须当"把窝"(巫师)。东地村的"把窝"刀格扎巴也说,自己在1956年时生了重病,卦象说他非当"把窝"不可,否则对家里不吉利。[1] 这一点,与满族的"神抓萨满"非常相似。满族相信,已故的萨满灵魂会附体在青年人或者三四十岁的中年人身上。那些久病不愈或者患了疯癫的人如果突然会爬树上墙,或者连唱带跳,家人就会找萨满查明原因,或者病者本人也自称为前辈萨满的灵魂附体。

门巴族有两种巫师:"把窝"与"登龙坎"。"把窝"的主要作用是送鬼和送神。相传古代不丹王有3个仆人,因为无法忍受王子的侮辱,一气之下上吊死了,变成了鬼。因此,门巴人得了病,通常认为是被"三鬼"摄走了灵魂,会立刻找来"把窝"。"把窝"作法的地点一般在祭主家内小房间的神龛前。届时,"把窝"身披红色方形绸子神衣,上面悬挂若干小铜铃,击鼓后将神帽戴上,然后坐下来,边击鼓边演唱降神的内容。每当"把窝"唱到神、鬼名字时,其助手"曲本"就向神龛添酒,抛撒米等祭品。当"把窝"宣布说请的某鬼已到,"曲本"就说"请进来",并将祭品送到神龛里,把猪肉投入祭品中。等有关的神、鬼都到齐了,"曲本"就将祭品,如杀生的血、内脏、肉,饭,病者的衣物,甚至刀、锅等摆放在病人家门口,开始演唱以下内容:"今天给你们吃穿用的供物就这么些。这些供物,是由病人某某献给你们的,请你们自由选

[1]西藏社会历史调查资料丛刊编辑组:《门巴族社会历史调查》(2),拉萨,西藏人民出版社,1988年,第43页。

择。你们能吃就吃,能喝就喝,吃喝不完请带走。请你们将穿的、用的东西带走,这是病人对你们的一片心意。请鬼把病人的灵魂放回,请神把病人的灵魂接回。请你们保障某某灵魂的安全,放时,请把捆在灵魂上的绳索解除,钉在灵魂手脚上的竹木钉拔干净。放回来的灵魂,它必须同未被抓走前一样,身上没有任何伤痛,完美无缺……"[1]

门巴的"登龙坎"也能够通鬼神、卜吉凶、治疾病,但"登龙坎"主要进行占卜。如果是治病,"登龙坎"进屋后,会将一些大米撒到水盆里,根据米粒的形状判断是什么鬼在作怪,需要什么样的家禽或家畜来赎取。在天将黑的时候,"登龙坎"会到村外找一处平坝,杀鸡或宰猪,将鸡或猪的一半及全部内脏煮熟切碎,与米饭一起用芭蕉叶垫在地上,再摆上转经筒和长刀、衣服。"登龙坎"对鬼说:"你们不要找病人了,吃的、穿的、用的都为你们准备齐了,你们吃了就走吧。"然后将碎肉四处撒,让鬼吃。回到病人家,"登龙坎"会走到病人跟前,将事先捉到的一只蜘蛛放在病人的耳朵后面,表示被鬼掏去的病人的魂回来了,还对病人说:"鬼已经答应走了,你的病会好的。"然后"登龙坎"就将剩下的一半肉带走,作为自己的酬劳。

#### 6.1.4.2 索命的昂巴

除了萨满巫师外,门巴社会中的宁玛派降神师"昂巴"也实施接触性巫术。与藏族"昂巴"以消除冰雹、保佑农业生产为主要目的不同,门巴"昂巴"是置人于死地的黑巫师。当有人出于某种原因而无法直接杀害仇人时,就会请"昂巴"到家里秘密举行"昂巴"仪式:"昂巴"把铜锅里的水煮沸,然后在上面架一座小木桥,用大米或面捏成其仇人的模样,放在桥上。然后,"昂巴"开始念咒,直到面人掉进水里,以示被诅咒的人淹死了。另一种巫蛊仪式是把仇人身体上或衣服上的某些实物,如头发、指甲、衣服碎片、饰物等与书写在纸上的名字、年龄、住址等一同装入牛角内,念咒后把牛角埋在泉水或河流附近,这样仇人就会患病死亡。如果被害人得知了仇家的行为,在生病期间让法术更

[1]西藏社会历史调查资料丛刊编辑组:《门巴族社会历史调查》(2),拉萨,西藏人民出版社,1988年,第47页。

高强的"把窝"找到埋藏的牛角,就能痊愈。据说在1950年时,地东村的彭措与贡嘎有仇,彭措在家举行"昂巴"仪式,意图暗害贡嘎。贡嘎得知后,便到墨脱请来了法术最强的次仁,在仓库内举行"昂巴"仪式,反而致死了彭措。[1]

6.1.4.3 放毒的女巫

在门巴族巫师中,女性巫师占有很大比例,大约有50%左右,似乎可以说明女性曾经在门巴社会有相当高的威信。门巴族女巫师称自己为"觉母"或"巴莫",与藏语中尼僧的称谓相同。"觉母"请神时的举动也类似于我国北方民族的萨满,主要是治病和为人祈求平安。

另一种与女性有关的顺势巫术,是门巴妇女中存在的一种家传习俗——放毒,而且这种技能只传给女儿。放毒的对象有两种人:一种是仇人,有心要害死他;一种是有福气的人,又比较富有,毒死他就会把对方的福气,包括他的富有和长寿都归于自己。女巫往往是在请对方喝酒、喝茶、吸鼻烟和吃东西的时候放毒。据说,这些放毒者的指甲是绿色的。如果有人请吃请喝,双手捧上是无毒的,如果单手端来,大拇指略伸向碗内,就要注意,因为毒药可能塞在指甲里。放毒者的威力很大,她们可以控制受害者的中毒时间,或施以慢性毒药,造成不在现场的假象。一般来说,中毒者会在半个月或半年以后慢慢感觉头昏、头痛,最后因内脏腐烂而死去。

门巴女巫制毒时要进行一系列巫术活动,通过一系列咒语加强毒药的魔力。她们认为,毒并不在毒药本身,而在经咒和神秘活动。制毒的过程需要绝对保密,绝不许外人知道。毒药有黑色、黄色和水剂几种,主要有两种配方:一是用腐败了的老鹰蛋加几种毒草;一是用野蜂蜜配几种毒草。毒药还有解药,由志磨(人熊掌)、木地(珍珠)、蹦麻波(草药)、不努卡(有毒的树)、习汝(邦金以下出产的一种水果)等十来种药配成,磨成粉末,用水冲服,就可以泻出毒性。

放毒者通常不敢给领主、税官和喇嘛放毒,只在百姓中间进行。百

[1]西藏社会历史调查资料丛刊编辑组:《门巴族社会历史调查》(2),拉萨,西藏人民出版社,1988年,第55页。

姓对这种习俗深恶痛绝，但又无能为力，只能是抓到放毒的确凿证据后，将放毒者驱逐出境。[1]

6.1.4.4 替罪的"鬼人"

除了巫师能通灵外，门巴族中存在的"鬼人"也是接触巫术的一种表现。在墨脱的门巴族中，有一种"鬼人"，即替罪羊，据说鬼附在了他们身上，也有说是在猴子变人的时候，有少数人是熊变的，他们就是"鬼人"。"鬼人"的骨头属于坏骨头，他们世代相传，在门巴社会中很受歧视。"鬼人"只能与"鬼人"家庭联姻，也不能与普通人在一起吃饭，只能在村子边上搭房居住。门巴人平时对所谓的"鬼人"很客气，生怕得罪"鬼人"，使自己生病。如果有人肚子痛，就认为是"鬼人"在作怪，到了晚上，人们就把饭和鸡蛋撒在"鬼人"的房前，念着"鬼人"的名字："某某，你吃吧，我给你送来了饭和鸡蛋，你不要让我肚子痛了。"有时候，还会在请"鬼人"吃饭的同时拿着棍子打饭，表示对正在吃饭的"鬼人"进行惩罚。如果"鬼人"家的人病了，就证明他是在吃饭时挨打所致，也就更证明这一家是"鬼人"。如果牲畜病了，放血的方法又不奏效，门巴人也会认为是"鬼人"害的，主家会备好饭菜、酒，拿到村口某地，以祭"鬼人"。如果家中正在酿酒，有"鬼人"来了，且酒没有做好，就认为是"鬼人"加害的结果，要把酒送到村外倒掉。

6.1.4.5 隐秘的葬礼

门巴人的丧葬习俗有水葬、土葬、火葬、天葬等几种形式。在达旺地区，以水葬最为普遍。人死后要请喇嘛念经择日，由亲友将尸体背到河边，砍碎抛到河里，尸体剁得越碎，水冲得越干净越吉利。重要的活佛采用火葬和崖葬形式，较为富裕的家庭也可以火葬。

墨脱门巴族以土葬为主。先在地上挖一个圆坑，将尸体放入坑中，再放入死者的衣物和几件日常用品随葬。坑的上边盖上木板，板上盖芭蕉叶，然后堆上土，四周还要围一圈围栏。

门隅北部的门巴族多实行天葬，因为这里常年低温，尸体不易腐

[1] 西藏社会历史调查资料丛刊编辑组：《门巴族社会历史调查》(2)，拉萨，西藏人民出版社，1988年，第107页。

烂。喇嘛圆寂后还采用崖葬,意思是让喇嘛长眠。崖葬时把尸体包好放在木桶里,然后放在高山的悬崖下。有些孩子死后也用崖葬,传染病人和幼童才实行土葬。在这一地区,还存在为夭亡的婴儿施行屋顶葬和屋下葬的做法。这两种丧葬形式都是把婴儿放在木匣里或葫芦里,置于屋顶的角楼里或埋在屋子的底下,目的是不让外人知晓。学者认为,对婴幼儿采取这两种葬法,可能是出于怜悯和惋惜,认为他们不该死亡。[1]

与藏族一样,门巴族的葬礼通常由喇嘛主持,但喇嘛不为那些得传染病而死的不吉利之人祈祷。这些人一般被埋入地下,不希望他转世。

## 6.2 莲花盛开的白马岗

### ——珞巴族社会生活状态

在西藏主要的世居民族中,珞巴族是人口仅次于门巴族的少数民族。珞巴族自称"博嘎尔"、"朗那普巴",珞巴是藏族对他们的称呼,意思是"南方人"。珞巴人有自己的语言,属于汉藏语系藏缅语族。《西藏志》中说:"珞隅乃野人,名老卡止,嘴割数缺,涂以五色,性喜盐。……不耕不织,穴室巢居,猎牲为食。藏内有犯死罪者,人解送过江,群老卡止分而啖之。"[2]这里的"珞隅",指珞巴人居住的"南方之地"。

珞隅北依喜马拉雅山脉,与藏区相望,西邻西巴霞曲河,与门隅相连,东以丹龙曲河为界,与察隅相接,南抵布拉马普特拉河北缘,与印度毗邻,面积有约7万平方公里。习惯上,人们根据距离藏区的远近,又把珞隅分成上珞隅和下珞隅。墨脱属于上珞隅,墨脱以南的南雅鲁藏布江流域为下珞隅。墨脱是旧时波密土王设宗的地方,是波密的政治、文化和经济中心。

宣统年间的《西南野人山归流记》中说:

〔1〕张江华等:《门巴族封建农奴社会》,成都,四川民族出版社,1988年,第132页。

〔2〕《西藏研究》编辑部:《西藏志·卫藏通志》,拉萨,西藏人民出版社,1982年,第230页。

野人山(珞隅)历为西藏流放之所。凡罪犯流军至此,由白马冈(岗)酋长按罪轻重分配各地,囚于树上,或穴地为牢。守法者由土人供济囚粮,若有窃逃不法等事,被土人拿获,剥皮挫骨,售与喇嘛,作为符具。……每十二年,达赖喇嘛至波密及白马冈(岗)讲经一次,如达赖有事,差一大喇嘛代之,如一宣府史也。[1]

民主改革之前,珞巴人仍处于氏族公社晚期,虽然部落内部已经出现等级分化,出现了蓄奴主和奴隶,却没有真正进入阶级社会。珞巴族没有统一的族称,部落与部落间用部落名相称,部落内部以氏族名相称。当时珞巴族内部有大小30多个部落,每个部落都有长期沿袭下来的相对固定的地域范围。在墨脱的雅鲁藏布江流域,居住着达额木、西蒙等大部落,达木地区有米古巴部落,加热萨一带有米新巴部落。他们与康区藏族杂居,在生活习惯上已经接近藏族。在隆子县三安曲以南的珞隅地区,居住着崩如、崩尼、纳、巴依、马雅、达足、布瑞等部落。在马尼冈和梅楚卡地区,有博噶尔部落。由于部落距离藏区的远近不同,其社会生产力水平以及与噶厦的联系程度也不相同。历代西藏地方政府较为宽厚的羁縻政策,使得珞巴族得以较完整地保存了原生态生活方式。

### 6.2.1 神秘的白马岗

“白马岗”又称“白隅吉姆郡”,是墨脱的古称,意思为“刻画的莲花”,其含义是“隐秘胜境”。白马岗与莲花生大师有关,传说莲花生在西藏弘法期间,骑乘天马游历白马岗,发现这里群山环绕,沟壑纵横,犹如盛开的莲花,遂将此地命名为白马岗。白马岗境内有很多圣地,据说有许多通往极乐世界的神门都没有开启,钥匙就隐藏在圣地的隐秘处,等待人们去发现。藏文《大藏经》中有“佛之净土白马岗,圣地之中最殊胜”的记载。白马岗还被视为多吉帕姆仰面而卧的圣体:她的头是墨脱加热萨与林芝排龙之间的多吉乌龙山,也有说是南迦巴瓦峰;她的脖子是邦兴的拉巴顶山;心脏是邦兴的加布岗山;肚脐是南则马

[1]西藏社会科学院西藏学汉文文献编辑室:《西藏地方志资料集成》(2),北京,中国藏学出版社,1997年,第3页。

拉山，山顶上的仁钦崩寺，是圣地的中心；她的左乳房是东部的古堆颇章神山，右乳房是东南部的白马西仁河，河里流淌的水是女神的乳汁；她的左臂伸向察隅方向贡日嘎波山，右臂伸向工布的布曲色齐拉山；她的左腿搭在珞隅的西蒙村，右腿是仰桑曲河畔的“甲穷”神石……[1]

6.2.1.1　血腥的门珞之争

大约在200年前，住在门隅的门巴人因为不堪忍受波密土王的残酷统治，有6户人家迁到了白马岗的东波地方。白马岗是珞巴人祖居的地方，当时的珞巴人处于不耕不织、穴处巢居、冬衣兽皮、夏衣木叶的原始社会阶段，生产方式十分落后，还没有铁器，靠狩猎和采集生活。门巴头人向珞巴头人说明了来意，并送给珞巴人工具和食盐，表演了利斧砍石的武功，令珞巴人惊叹不已，就同意门巴人定居白马岗，并分给门巴人土地种。由于已经进入农业社会的门巴人有较高的生产技术，生活要比珞巴人好，便引起了珞巴人的不满。珞巴人开始限制门巴人的狩猎和耕种范围，进而要求门巴人向他们交纳一定的实物，导致两族的矛盾日益加剧，争斗时有发生，门巴人几乎被赶出白马岗。据说，当时门巴男人经常是佩带长刀睡觉，刀带上都长了虱子。后来，门巴人联合北部康区的夏曲巴人夹击珞巴人，又与波密土王取得了联系，得到土王支持，凭借火枪对付使用长刀和弓箭的珞巴人，并杀了珞巴族头人，逐渐占领了珞巴人的大部分地盘。

退守到白马岗南部的珞巴人，按习惯派一位老太婆摇着树枝到门巴人那里讲和，双方都表示愿意结束纷争，和平共处。最后，双方确定以仰桑曲河为界，以南为珞巴人居住地，以北为门巴人居住地。双方还歃血为盟，灵石为证，发誓两族永远友好，如果门巴人违约，就返回门隅，如果珞巴人违约，则回到最初居住的山洞。从此，门、珞两族一直和平相处，很少再有争斗。[2]　其实，门巴与珞巴之间的争斗在根本上是先进生产力和落后生产力之间的争斗。在与门巴人相处的过程中，珞巴人也逐渐向门巴人学习，其社会结构和生产、生活方式都发生了某

[1]陈立明：《走入喜马拉雅丛林》，北京，中国藏学出版社，2002年，第38页。
[2]陈立明：《走入喜马拉雅丛林》，北京，中国藏学出版社，2002年，第44页。

些改变。

#### 6.2.1.2 失势的波密土王

《白马冈(岗)设置局》中说:“宣统三年,波密酋长白马策翁逃亡到白马冈(岗),官兵追缴,野人恐惧,遂杀白马策翁,迎师投诚,改为白马冈(岗)设置局。”[1]辛亥革命以后,清军在波密的势力迅速瓦解,波密土王的势力逐渐得到恢复。白马策翁的女儿招顿堆为婿,继承了土王王位,并派管家捏巴朗杰到墨脱任宗本。不久,捏巴朗杰杀了噶厦任命的宗本。噶厦得知此事后,诱杀了捏巴朗杰,并派出了新宗本。20世纪20年代初,擦绒的妹妹次仁卓玛与顿堆结婚,数年之后,噶厦授意擦绒致信波密土王,企图诱使土王到拉萨,剥夺他的权力。由于次仁卓玛带着大量财产回到拉萨后一直未返,加上捏巴朗杰被杀,土王和噶厦的关系急剧恶化。1926年到1927年间,波密土王在地方头人的支持下与噶厦派来的藏军大战于波曲,结果藏军大败,代本被杀。噶厦随即派了5个代本和数千藏军与土王决战。这一次土王兵败,只身逃到扎嘎。有传说他在那里中毒身亡,也有传说他逃亡印度,在那里因患热病而亡。当地百姓在抵抗了一段时间之后,向藏军投降。从此,墨脱全境直接被置于噶厦统治之下。

### 6.2.2 古老的氏族部落

#### 6.2.2.1 原始的生存方式

**采集狩猎** 珞巴人最早从事采集和渔猎,虽然逐渐开始从事农业,但采集在珞巴人的生产生活中依然占有重要地位。珞巴人的食物、衣服、燃料,都由采集植物而来。

珞巴人食用的主要植物叫“达谢”,又名木糌粑、棕心粉,是一种棕类野生植物,淀粉含量很高。“达谢”在生长5~6年后,可以高达丈余,径粗5~6寸。首次开花时,珞巴人就把树砍下,剥去树皮,用锋利的竹片把树干的中心部位切成薄片,浸泡在水里,除去苦味后,捞出来在木板或石片上锤打,提取汁液,煮沸后放在容器里冷却,然后便可以

[1]西藏社会科学院西藏学汉文文献编辑室:《西藏地方志资料集成》(2),北京,中国藏学出版社,1997年,第116页。

食用。

属于苏龙、崩如部落的珞巴人一年四季都以采集的植物为食。1月、2月采集竹笋,3月至10月采集野芭蕉,供人和猪食用,6月、7月采集樱桃、野果,8月、9月采集野柑橘食用,野果"希如"用来榨油,10月采集野桃,11月、12月采集树皮。像达谢、茜草这样的植物,并没有固定的采摘期。在夏秋季节,这里有十多种可供食用的植物。

珞巴人的衣服来自植物"达怒",一种灌木的表皮。每年的11、12月,珞巴人剥取"达怒"的树皮,放在水里沤制十多天,使其表皮胶质腐烂,淘净晾干后用来织布。苏龙珞巴还用"达怒"向主人交差,用来换取辣椒、盐巴、鸡蛋等生活用品。

珞隅动物资源十分丰富,野牛、野猪、狗熊、獐子、猴子等都是珞巴人的捕猎对象。在达足部落,狩猎是以氏族为单位的,人们在农闲期间集体出猎。武器是带有毒箭头的弓箭,打猎的方法有套索、地箭、陷阱等,此外还采用设围栏的方法捕猎野牛,用"石压子"捕杀动物。在墨脱的米古巴部落,集体行猎每年要进行四五次,时间在9月至次年的3、4月间。在庄稼收获完毕后,男子就准备狩猎。出猎之前,部落头人会同有经验的长者和猎手制订行动计划,确定出猎日期,筹备狩猎期间所需要的物资。按规定,部落里的成年男子必须参加,如果家中没有男子,则必须按习惯给狩猎队送鸡和猪,作为狩猎祭祀的牺牲,这样才能得到平均分配猎物的权利。部落狩猎一般进行15天左右,一般可以捕获五六头羚牛,有时可以捕获二三十头,这些猎物是部落肉食的主要来源。

珞巴族猎手(年炘 摄)

珞巴族有平均分配猎物的习俗。第一个射杀猎物的猎手除了可以分得平均的肉份外，还可以得到猎物的头、角作为奖赏。猎手通常会把兽头挂在自家的屋檐或墙壁上，以展示屋主人的勇敢、力量和射猎技能。

珞隅地区山溪多急流，不适合捕鱼，珞巴人只把鱼作为食物的补充。因为藏族人喜欢用鱼胆做药材，珞巴人就把鱼作为商品交换。珞巴人捕鱼的方法主要有使用鱼笼、渔网、鱼亮子，以及垂钓、毒鱼等。

**刀耕火种** 民主改革之前，距离藏区比较近的珞巴族地区已经进入农业社会。如隆子县的崩尼部落，地处喜马拉雅山南麓，气候温和湿润，适于农作物生长，农作物种类与耕种方式都与门巴族很相似，只有刀耕火种农业。大片土地耕种 2～3 年后，即抛荒轮歇，待 5～7 年之后重新开垦。珞巴人的生产工具和技术同样落后，只有少量铁质农具，主要是竹质和木质以及骨质农具，如由牛肩胛骨制成的除草工具、介于木锄和木锹之间的砍伐工具，以及点种的木棍等。虽然耕种方法落后，但因为气候和土壤条件较好，农作物的产量还比较高，在一般年景，稻

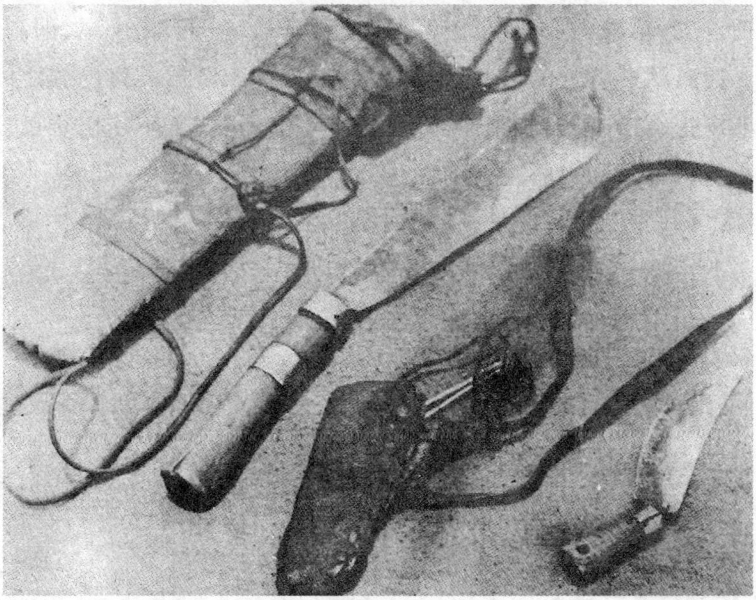

珞巴人工具（陈宗烈　摄）

谷和玉米的收成是种子的30倍左右,[1]远远高于藏南河谷农业区的单产。不过部落依然沿袭采集和狩猎传统,农作物只占食物来源的10%。

在接近藏区,有较多高山草地的博噶尔部落,除了农业生产之外,还存在零星的家庭畜牧业,一般人家都养一头奶牛或犏牛,若干只山羊。这里的牧场归氏族公有,本氏族的人可以随便放牧,每年把一天所得的酥油和奶渣交给部落首领,再由其平均分给各户。

虽然珞巴族还停留在原始的土地公有制阶段,存在家长制和共食习俗,但与其相对原始的生产方式形成对比的,是珞巴族较为发达的易货贸易和频繁的人口流动。

**易货贸易** 珞巴族的农业生产和家庭副业相当不发达,但这并不意味着珞巴人生活在封闭的自然经济状态中,他们的日常生活用品都可以通过和藏区交换获得。直到20世纪60年代初中印边界关闭之前,珞巴族的民鸟部落还到印度的米林纳玉邦同藏族进行交换。交换于每年的8月和9月各进行一次,每次持续5天。民鸟人带来的东西有各种兽皮、麝香、熊胆等,交换回的物资有盐、羊毛、牦牛尾、铜制品和首饰。在离藏区较近的部落,还有少数人来往于藏族与珞巴族之间,专门从事皮张、首饰以及农副产品交换的生意。珞巴人不使用货币,而是以物换物。以下为当时主要商品的交换比价:

1升大米=1升盐巴;

2张水獭皮=1个优质铜镲;

40张皮子=1件氆氇藏装;

20背藤条=1头牦牛;

20捆藤条=1张藏毯;

7个麝香=50颗大珠子;

1竹篓姜片(半斤)=1把羊毛;

[1]西藏社会历史调查资料丛刊编辑组:《珞巴族社会历史调查》(2),拉萨,西藏人民出版社,1987年,第255页。

1 张野牛皮 ＝ 5 升盐巴。[1]

**委身为奴**　早在 18 世纪下半叶，西藏地方政府就在距藏区较近的珞巴人部落，如马尼岗、梅楚卡地方开始了羁縻统治。藏政府在今米林县嘎加设立了宗政府，并委派了宗本，管理马尼岗和梅楚卡地方。到了 19 世纪中叶，噶厦把该宗的一部分作为谿卡封赐给了拉鲁贵族，名为嘎加谿卡。珞巴人开始向谿卡支差和交税，直到印度占领这一地区。这时的珞巴部落中已经出现了蓄奴主，形成了家长奴隶制，踏入了阶级社会的门槛。也许封建农奴制度的人身依附制度还没有进入当时的珞巴社会，珞巴人离开氏族依然比较容易。

初到藏区的珞巴人因为没有生产资料和技能，只能到领主家做佣工。一般来说，租种藏族领主土地的珞巴人家里都有劳动力，并有农业生产经验。珞巴人租种的土地往往是刀耕火种地，收成很低，领主的剥削也不是很重。有时，他们也可以租借草场放牧。如多海氏的噶尔乌父子到米林后，先是在领主达曲家做了一年长工，父子两人放牧，工资为 10 克青稞和 1 头母牛。一年后，他们拥有了必要的生活用品，就开始做其他营生。一些珞巴人通过租种土地和放牧积累了财产，还成了富裕户。如珞巴人嘎尔玛从马尼岗迁到藏区的米林，向那里的藏族领主租种了 50 克土地。因为善于经营，民主改革前，他已经成了当地最富有的珞巴人，租着 2 个大牧场，有 4 个妻子、11 个奴隶、60 多头牦牛、30 多头黄牛以及 200 多只羊。[2]

在西藏农业区的领主家里，有相当多的珞巴奴隶。一个叫米林曲达的领主家中有 20 个奴隶，其中 19 个是珞巴人；领主南玉布拉家有 25 个奴隶，17 个是珞巴人。有些珞巴人全家都在某一领主家为奴。萨及氏族珞巴人达拥被堂叔出卖给南玉布拉家为奴后，他的母亲、弟弟也到这家当了奴隶。[3]

〔1〕根据《珞巴族社会历史调查》(2)编辑。

〔2〕西藏社会历史调查资料丛刊编辑组:《珞巴族社会历史调查》(2)，拉萨，西藏人民出版社，1987 年，第 51 页。

〔3〕西藏社会历史调查资料丛刊编辑组:《珞巴族社会历史调查》(2)，拉萨，西藏人民出版社，1987 年，第 45 页。

6.2.2.2 原始的生活状态

**古老的长屋** 珞巴人的住房与藏族截然不同,与门巴人的住房也有很大区别。珞隅地区气候多雨潮湿,因此房屋多建在河流沿岸的山坡之上。在博噶尔部落,其传统住房是一字形的长房,称为“木墨样清”。大的长房可以住十多户人家,小的只有一户,是为适应珞巴家长制家庭与多偶婚姻形式而存在的。这种长房类似干阑式楼居,与云南某些少数民族住房相似。一层用竹木捆扎成棚栏、猪圈和牛圈;二层住人,墙体用竹席围合;三层是顶棚,主要用来存放酒,放置木柴和工具杂物。整个房子只有一个木梯子通上阳台。通过第一道门进入走廊,紧靠阳台的第一间为男性家长房间,第二间为客房,其余为每个妻子和其所生子女的房间。火塘在珞巴人的日常生活中非常重要,是家庭成员的食宿活动中心。屋里有沿墙搭建的竹子矮床,床上铺兽皮,多数人只用衣服做铺盖,少数人有粗线绳编织的棉毯和藏毯。珞巴人的村寨多建在山坡上,可以减轻潮湿,减少蚊虫叮咬。

珞巴住宅(张江华 摄)

较之门巴人干阑房的修建，洛巴人的住房建造更为简易。长屋门的方向一般朝向山坡，房屋不留窗户。修建长屋时，先在地面竖立数十根原木作为底架，在大约1.5米高的地方放置若干横梁与木条，用藤绳绑扎牢固，上面铺上竹片与竹席，墙体中所留出的门的位置用藤条捆扎在木柱上。二层的入口处另用原木和粗竹搭建一个长方形平台。屋顶是“人”字形，上盖“达热”的叶子或者是芭蕉叶和稻草等。

除了家长制长屋外，珞巴族还为未婚男女修建集体夜宿的公房，与我国很多西南少数民族相同。珞巴族的公房通常建在村子的中心，可以观察到通往村子的各条道路，因此还有守卫村庄的功能。以八达姆部落公房为例，这里的公房被称为“莫休普”，供同一部落的青年男子居住。公房也是长屋形制，但是里面设很多火塘，火塘之间用简易的隔墙分隔，每个火塘都有一个出入口，外面还有一个平台或者棚架用来存放物品。这个部落的男子从10岁开始就居住在“莫休普”里。因为一个氏族或者家族的青年男子共用一个火塘，这个长屋就更像是以家族为单位的兵营，或者是军事组织。通常男子在结婚之后，就从“莫休普”中搬出来独立新居。

在以采集为主的珞巴部落，房屋更加像临时建筑。苏龙人的住房顶多住上几个月或半年，等到行猎和收获完毕就迁徙到新的地方。因此，苏龙部落的房屋为竹木结构，三面墙体，一面留门，仅用树枝、树叶遮挡风雨。

**古朴的装饰**　珞巴神话传说中讲到，珞巴人的祖先“像他们的野兽同胞一样，没有衣服，是光着身子来到这个世界上的”。直到近代，珞巴女性还只是用一两块棕毛遮住下身，或用鸡爪谷秆编织成草裙挂在下身，上身则用野芭蕉叶为衣料，用竹丝绒搓成的线缝制上衣。珞巴男性也是一样，用棕毛编织一块遮羞布。

珞巴男女的上衣没有区别，均没有袖子，由两块用植物纤维织成的长条土布缝合而成，多为黑色、本色或红色。女性上衣长至膝盖以下，不穿下衣。男性上衣较短，也不穿下衣，只在腰间系一块遮羞布。珞巴族用刀裁布，用竹针缝纫。苏龙部落的服饰很具有装饰特点，部落

洛巴人服饰(陈宗烈　摄)

男女均在腰间系一条红、白、黑三色的腰带,平时都赤足,戴斗笠,长发披散于肩后。

处于原始生存状态的民族对身体装饰非常重视,珞巴部落民也是一样。珞巴男女均留长发,男子头发披肩,女子盘头,但各部落的发式不尽相同。如崩尼、崩如部落,男子发式很特别,将长发在额前挽一个海螺形状的大发结,发结上插一根木质或铜质发针;妇女扎两条辫子盘在头上,头发上系红蓝线,与藏族妇女相仿。珞巴人喜欢佩戴饰品,均穿耳洞,戴手镯、项链,妇女还在腰间挂铜铃等饰物。

值得注意的是,苏龙珞巴人还有文脸的习俗。一般从10岁左右开始,男女青年就相互在脸上刺花纹。男性的额头多刺箭头纹,眉毛中央、眼睛两边、嘴角、下颌都要刺上对称的简单花纹。女性的文面花纹与男性相同,只是鼻梁上还多一道花纹。文刺的工具是一种藤针,着色是使用烤热的藤叶敷在文刺部位染色。这与生活在高黎贡山的独龙族文面的习俗与纹饰图案都有类似。

**独特的炊具**　由于居住地区不同,珞巴人的食物有较大差别。有些珞巴人的食物与门巴人相似,有些则更接近怒江峡谷的西南少数民族。崩尼和崩如珞巴的主要食物有稻米、玉米、小米等,稻米用来煮饭,玉米粉摊在石板上做烤饼。苏龙人的主食是达谢和野兽肉,以竹笋、野菜、蘑菇为菜。苏龙人的达谢一般有两种吃法——做糊和在石板上烤饼。苏龙人吃肉的方式是连毛皮带骨头一起烧熟,或用竹筒煮熟。他们的主要炊具是竹筒,个别人家才有陶锅、铜锅。

博嘎尔珞巴人的主要炊具是陶锅,但他们自己不会制作,而是从其他部落交换来的。会制作陶锅的部落是棱波部落,那里制作陶锅的工作由妇女承担。陶锅的制造方法,是中原地区数千年前所使用的泥条盘筑法。具体做法是:先把当地的一种黏土用木棍捶打成浆,搓成泥条,再层层盘在竹编内模上。泥条盘到斜肩后,取出内模,用泥条收口。接着将陶坯放在木板上,一手伸入坯内作衬,一手握木板轻轻拍打,加工好的陶坯要晒干或风干。烧制的时候,是在陶坯内装满木炭,然后放在火堆里烧数小时即成。这种烧制陶器的方法,在六七千年前仰韶文化就开始采用了,可以说是陶器制造工艺的活化石,对陶器的发展和制作工艺具有非常高的研究价值。

**奇巧的藤桥** 珞巴人居住在高山峡谷之间,交通极为不便。经过长期的生活实践,珞巴人发明了独特的交通方式——藤网桥,显示了珞巴人的勇气和奇巧。藤网桥通常架设在重要的渡口上。桥体由粗长藤组成,底部用4~6根,两旁用3~4根,长藤两端固定在堤岸大树或树桩上,形成桥体的经线,然后分别用粗藤和藤篾做桥体的纬线,每隔1米左右在桥两头用粗藤结扎在各根经线上,绕成圆圈固定。桥体用藤篾编织加固,底部结成踏道,两旁还有护栏。藤桥一般直径2米左右,可供数人在同一方向同时行走。因为编织藤桥费工费时,所以在整个博嘎尔地区,也只有一座藤桥连接马尼岗和梅楚卡渡口。

藤桥(钱德拉·达斯 摄)

在与其他西南民族的交通方式进行比较之后,我们似乎可以得出珞巴人的可能族源。居住在怒江峡谷的德昂族和怒族,也使用与珞巴族相似的交通工具,如独木桥,即砍伐一棵大树,让其两端各自搭在岸上,如果来往人多,还可以架设扶手。另外,珞巴人使用的溜索桥也是西南高山深谷间常见的交通方式。

### 6.2.3 古老的氏族信仰

#### 6.2.3.1 万能的"乌佑"

在博噶尔部落所在地马尼岗和梅楚卡,流传有这样的传说:很久以前,西藏著名的僧人洛珠加措和汤东杰布一起到珞隅传教,洛珠加措在梅楚卡传教,汤东杰布在马尼岗传教。洛珠加措的传教比较顺利,但汤东杰布的传教很不顺利。他教珞巴人六字真言,珞巴人不学;他劝珞巴人不要吃老鼠肉,珞巴人还继续吃。汤东杰布只好在建立了一座名为扎岗乃的寺庙后,返回了藏区。

仁钦崩寺是白马岗地区修建最早、影响最大的藏传佛教寺庙。传说在门巴族迁到珞隅后,藏族高僧甘布到白马岗弘法建寺,受到门巴人的欢迎,却遭到只信鬼神不信佛教的珞巴人的激烈反对。珞巴人不许门巴人在南则拉玛山建寺,寺庙白天建好,夜里就被鬼拆除。最后在莲花生大师的神助下,寺庙才得以修成。

以上两个故事说明珞巴人在很久之前就已经有原始宗教信仰,也反映了原始宗教与藏传佛教间的激烈斗争以及珞巴人对民族信仰的坚持。珞巴人信仰万物有灵的原始宗教,以自然崇拜和巫术为主。在珞巴人的观念里,神与鬼还没有分离,凡精灵、神灵、鬼魂、魔鬼都被泛称为"乌佑"。虽然乌佑有善恶之分,但还没有形成居统治地位的乌佑。

在珞巴人的自然崇拜中,天体崇拜占主要地位。珞巴人认为太阳是女神,太阳的女儿是繁衍珞巴人的祖母。珞巴神话《阿巴达尼试妻》讲述的就是珞巴族的男性始祖和多尼(太阳的女儿)结婚并繁衍珞巴族的故事。

珞巴族还相信他们与很多动物,如青蛙、鸟、母鸡、猪、牛等都有血缘关系。在博噶尔部落,虎被视为男性,忌讳直接称呼,而是尊称为"阿邦",即"哥哥"。每逢猎到老虎,全部落都要举行隆重的祭虎仪式。要杀一只鸡或黄牛,将血洒在祭台上,并在火塘旁设置虎灵堂。夜幕降临时,巫师、祭主和巫师的助手在虎灵堂祈祷,请虎原谅,不要对误杀它的猎手进行报复。捕虎者及其家属、妇女是不能吃虎肉的。在祭虎仪式之后,作为祭品的猪或牛会被平均分给部落的各家各户。在墨脱的达木、米古巴部落,猪曾经被作为氏族的图腾,传说母猪是本氏族的祖先。米古巴人从来不猎杀野猪,每年还要祭祀刻在岩石上的野猪,并在家里供奉木制的野猪头像。在以狩猎为主的米古巴部落,猎狗也是他们崇拜的图腾。

6.2.3.2　转山的向导

在隆子县三安曲以南,即被印度占领的麦克马洪线以南地区,居住着珞巴族的崩如、崩尼等部落。这里的珞巴人长期以来和西藏地方政府保持一种特殊联系,即做盛大的扎日山转山向导。

转扎日山始于帕木竹巴时代。据说帕木竹巴认为扎日山是欢喜佛的宫殿,故定为神山,并规定了两条转山路线。因为首次转山始于藏历猴年,以后就沿袭下来,每到藏历猴年,就举办大型的转山会。格鲁派掌权之后,转扎日山成了一项由政府组织的盛大宗教活动。通常在转神山的前一年,政府有关部门就着手准备,下令工布、塔布等地的宗政府征收牛、羊、刀、铜铃、铜锅等物品,以及一些珠宝首饰等物资,到转山时发给当地珞巴人。政府还派官员跟珞巴首领联系,要求他们同其他珞巴首领接触,不要阻拦前来转山的队伍,并且要给转山者指路。到了转山日期,藏政府会派四品僧、俗官员各一名,前来主持转山仪式。

1956年邻近转山时,藏政府官员召集负责带路的纳、马雅部落的成年男子在笼地集中,举行宣誓仪式。珞巴族和藏族的根布都要参加,双方代表砍杀藏族领主捐献的一头牦牛盟誓,保证双方在转山时团结友好,不杀掠。双方代表分吃牛心,双方首领各领一只牛角作为凭证,牛肉则分给双方百姓。凡是为转山者领路的男子,都可以领到2头牛,部落的小孩和妇女也可以各得1头牛,另外还可以分得大量物品。巴依部落的达伐曾经是转山向导，他分到了牦牛2头、长刀1把、铜镲2个、铜铃2个、斧头5把、氆氇5捆、小铃铛5个、糌粑5袋、食盐5袋、羊毛2袋，另外还有盟誓用的公牛肉。其妻子也分得牦牛1头、铜铃1个、珠子5串、毛毯1床、氆氇3捆、长刀1把、斧头1把、帽子1顶和铜镲1个。凡是领到物资的人都要立誓，保证使转山人顺利通过他们的地区。转山的组织者将转山队伍分成50~60人一队，每队由一名珞巴男子带领，并举行出发仪式。据达伐讲，他当年带领的是错那勒布地区的门巴族，共有48人。珞巴人带领转山者翻过古隆古山，到达奥久河，并负责在河上架桥。到达塔克新后，政府再发给每个参加转山的人半瓢糌粑和一瓢青稞酒，转山到此结束。[1]

西藏地方政府对珞巴人一直采取安抚政策，用钱财换取珞巴人对藏族宗教信仰的谅解与合作。这一方面佐证了珞巴人的固有宗教信仰的力量非常强大，另一方面说明西藏地方政府对珞巴族地区的管理力度和能力还很薄弱。

## 6.2.4　古老的血缘家庭

### 6.2.4.1　父子连名

民主改革之前，珞巴社会处于父系氏族公社晚期，男子在部落、氏族以及家庭中占统治地位，属于典型的家长制家庭，一夫多妻家庭占很大比例。人类学研究表明，家长制婚姻的特点是作为家长的男子在买得一个妻子后，还可以买第二个、第三个，甚至更多的妻子，组成多妻家庭。珞巴长屋就是这种家庭形式的产物。在珞巴族的长房中，家长往往占据房子的最主要房间，而且单独住宿，他的妻子和各自所生的孩子住在各自的房间。家长每买一个妻子，就把长屋延伸一间，并跟新妻一起生活一段时间，将土地交给新妻去经营，收获也归新妻所有。因而在珞巴家庭中，每个妻子及其所生的子女，其实都独立形成一个生产和伙食单位。

在珞巴族的博噶尔部落，氏族被称为“霍得”，意思是“分支”或“繁

---

〔1〕西藏社会历史调查资料丛刊编辑组：《珞巴族社会历史调查》(2)，西藏人民出版社，1987年，第251－252页。

衍”。这个部落中有7个氏族。据说这7个氏族是从最初的2个氏族发展起来的。这7个氏族都以该氏族男性始祖的名字命名。下图为萨及氏族最初几代的谱系:

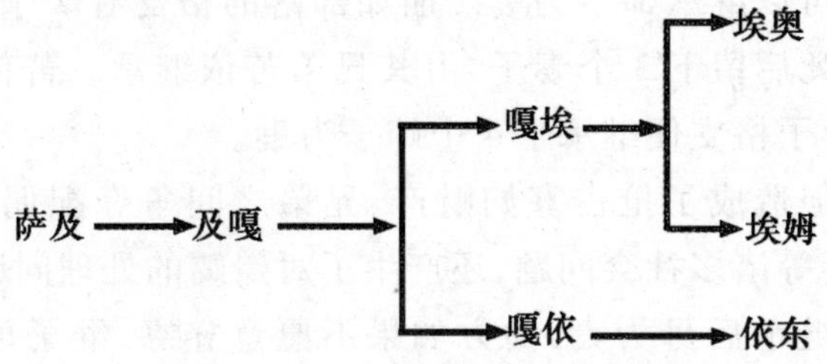


图6－3　珞巴博噶尔部落萨及氏族谱系[1]

上图表明,该部落采用父子连名制度。隆子县的珞巴部落也使用父子连名制,以表明部落内各个氏族成员的血统和远近亲疏。一般来说,在氏族内部是上溯祖孙三代人谱系,如升多木的父亲是依升,依升的父亲是诺依;如果在氏族之外讲述自己的名称,则要在每个先辈的名字前面冠以氏族名称,如捷德诺依、捷德依升、捷德升多木,以表明自己的氏族血统。

6.2.4.2　同宗继承

人类学家认为,同宗继承是氏族制度残余的表现。在珞巴部落,男子死后如果没有成年儿子,其家产、妻子和儿女均属兄弟所有。但是随着氏族内部私有制的发展,这种习俗逐渐成为掠夺寡妇财产的手段。珞巴人有这样的哭丧歌:“你去了,子女无所依,犹如筛子上的米,我们当属你的兄弟。女儿被卖到他乡,一家离散多凄惨。我是个女人,哪有啥法子?”[2]在珞巴部落中,转房非常普遍,不仅丈夫去世后平辈的兄弟、堂兄弟可以收纳寡妇为妻,即便是不同辈分的男子,也可以将其收纳。在崩如和崩尼部落,有以下几种转房形式:

(1) 兄终弟及,这是最普遍的转房形式。

[1]西藏社会历史调查资料丛刊编辑组:《珞巴族社会历史调查》(2),拉萨,西藏人民出版社,1987年,第2页。

[2]西藏社会历史调查资料丛刊编辑组:《珞巴族社会历史调查》(2),拉萨,西藏人民出版社,1987年,第6页。

(2)继子可以继承后母为妻。在崩如部落的比夏氏族,达西有2个妻子,其大妻所生的儿子与第二个妻子年纪差不多,在达西死后,达西的长子就收纳了后母。

(3)侄子可以继承婶子为妻。崩如部落的格支有2个叔父,苦依和里龙。里龙死后留下3个妻子,由其兄弟苦依继承。苦依去世后留下4个妻子,侄子格支便继承了4个婶子为妻。

多妻制不但造成了抢占寡妇财产、兄弟之间争夺配偶、妻子之间发生矛盾、遗妻等诸多社会问题,还产生了对遗孀的处理问题。有些珞巴部落不允许继承后母为妻,女方如果不愿意守寡,继子可以将其卖给其他人,收取身价费用。还有些遗孀在夫家没有人接纳时,也可以回到父亲那里。在博噶尔部落,久格有2个妻子,久格死后,其小妻对大妻之子说:"如果你养不了我,就把我卖了吧。"随后,小妻及其女儿被一起卖掉。也许正是这种继承制度,构成了珞巴族买卖婚姻的基础。

#### 6.2.4.3 买卖婚姻

与很多曾经盛行买卖婚姻的民族一样,在珞巴日常语言中,没有"嫁"、"娶"这样的词汇,而是用"买"和"卖"表达同样的意思。嫁女儿就叫卖女儿,与卖货物用的是同一个动词。珞巴男子娶妻,通常要付以下数种婚价:女方母亲喂奶钱、女方父亲抚养费、女方氏族请客费。给女方舅舅的礼品,通常是长刀。决定女子身价高低的,除了等级因素外,个人的年龄、容貌、智力也是重要因素。当男方父母看上某家姑娘时,就约媒人一道前往女方家,如果女方也有意结亲,就以对歌的形式讨价还价。有一首歌是这样唱的:

> 如果你能出高的婚价,我们杀鸡举至头顶上定下来。
> 如果你出中等婚价,我们杀鸡放至胸前定下来。
> 如果你出下等的身价,我们就杀鸡放至脚下定下来。

这首歌的意思是要男方把婚价提高。男方如果认为价钱过高,通常这样回答:

> 腿短的麂子跳不过宽阔的河沟,请你们拉一下吧,我们就能跳过。

手短的猴子爬不上高大的树，请你们推一下吧，我们就能爬上。[1]

婚价问题，又引出了珞巴人原始婚姻遗存的其他表现形式：

(1)上门劳动。这是原始从妻居习俗的典型遗存，古今中外都曾经十分流行用上门劳动或是上门为奴的方式抵偿婚价，在妻子家做工若干年抵偿婚价，然后与妻子一同回到自家。

(2)交换婚。一些不愿意出婚价或想少花婚价的父母，会各自交换女儿，让对方的女儿与自己的儿子成婚。对于那些在氏族中较弱的成员来说，这样不但可以解决儿女的婚姻问题，还可以预先求得姻亲的相互保护，一旦受到外来势力的欺负，如抢亲和血亲复仇等，也会有人来协助。

(3)抢婚。抢婚是原始婚姻习俗最外化的表现。直到现在，我国西南很多少数民族依然存在形式上的抢亲，以增加婚俗的气氛。但珞巴族抢婚在几十年之前依然是真正意义上的，在某种程度上是血亲复仇的一种形式。抢亲的原因有三：一是部落之间复仇；二是变相私奔；三是强行掠夺，以达到不付婚价的目的。在珞巴部落，未婚的姑娘可以抢，如果婚后与丈夫没有感情，也可以让自己的情人来抢。

抢婚十分激烈和残酷，为抢妻进行的个人之间的争斗，也可能导致全体氏族成员之间的战争。在1950年，崩尼部落兵加氏族的达登抢走了同部落宁木氏族达米的妻子，达米一伙人没有救到妻子，便把达登家里的7个孩子都杀了。达登得到消息后，又纠集同族到达米处报复，杀了达米家大小5口人。[2]

## 6.3 沿民族走廊而来的外乡人
### ——僜人社会生活状态

僜人曾一直栖息在下察隅的高山丛林中，1965年才开始陆续从山

[1]西藏社会历史调查资料丛刊编辑组：《珞巴族社会历史调查》(2)，西藏人民出版社，1987年，第284页。

[2]西藏社会历史调查资料丛刊编辑组：《珞巴族社会历史调查》(2)，西藏人民出版社，1987年，第35页。

林里走出来，在过去刀耕火种的基础上，学习开山造田，种植水稻。僜人最早与藏族社会的交往，见于史籍《红史》中关于把“咱米兴米”归于治下的记载。“咱米”就是僜人。在察隅河上游的村庄里，僜人也被称为“杂”，意思是下等人。清朝曾经在僜人地区委派官员，发给当地村长由汉藏文写成的委任证书。1910年，赵尔丰部下程凤翔管代曾在察隅驻军，抚慰僜人。据说，当年到僜人地区的清兵，还向僜人发了食盐和执照，并在当地征税，修筑了一条通往印度阿萨姆的道路。[1] 英国人和印度人称僜人为“米斯米人”(Mismi)，意思为“未开化的人”。察隅地处边界，一直是英国觊觎的地区。1911年，在得知赵尔丰到达察隅的消息后，英国也派人进入察隅，察看赵尔丰立的界碑。1943年，英国政府的部落顾问米尔斯代在察隅的瓦弄设立了一个哨所，驱逐了西藏地方政府在这一地区的收税官，进而占领了察隅的广大地区，导致当地的僜人纷纷北迁，到察隅河上游和额河流域定居，使这里成为僜人最集中的地区。

关于僜人的族源和族属，有学者认为可能来自缅甸，也可能是一山之隔的怒江地区的独龙族，因为这两个民族都曾采用结绳记事的方法。僜人没有文字，但有两种语言，均属于汉藏语系藏缅语族的同一语支，他们的语言与缅甸和独龙族语言在语法和语言形式上有密切联系。因此，有学者说僜人有可能是顺着《蛮书》中曾经提到的从云南向西的民族走廊进入西藏的独龙族的后裔。

大约在100年前，鸦片从印度传入了僜人居住地区。开始的时候，只有少数人种植，用于交换日用品和枪支。到了近现代，几乎所有的僜人都种植罂粟和吸食鸦片。罂粟的种植面积达到了作物播种面积的1/3到1/2，而且多占用房前屋后的熟地和好地。[2] 罂粟秋播夏收，和鸡爪谷混种，在罂粟尚未成熟时撒鸡爪谷，到点种玉米时，第一批烟汁已经采完。罂粟占用了大量土地，消耗了地力，不但严重破坏了僜人的

---

〔1〕〔英〕内维尔·马克斯维尔：《印度对华战争》，北京，生活·读书·新知三联书店，1971年，第36页。

〔2〕吴丛众：《西藏察隅僜人的社会与文化》，哈尔滨，黑龙江教育出版社，2001年，第28页。

农业生产和生活，也严重损害了僜人的健康。

### 6.3.1 原始的生产方式

也许当初僜人的迁徙缘于维系生存，迁徙也就成为僜人生存方式的突出特点。与门巴人和珞巴人相同，刀耕火种也是僜人的主要耕作方式。僜人男子在冬季用刀砍倒小树和灌木，三五个月之后再放火烧掉。土质好的地可以连续种四五年，不好的只种一年。因此，僜人需要经常迁徙流动，每隔几年就离开居住地，到别处另找新地谋生。僜人的主要农作物有玉米、小麦、鸡爪谷、荞麦和青稞等。从播种到收获，都是僜人妇女的工作。玉米、大豆等种子较大的农作物用木棍点种，鸡爪谷、小麦等种子较小的农作物则撒播。鸡爪谷和玉米还可以套种。与珞巴人粗放的经营方式不同，僜人进行田间管理，用弯曲的竹片或削尖的木棍除草。僜人收割时是用小刀片直接割掉农作物的穗子。由于经常性的迁徙，僜人几乎没有固定的生活用品，也没有储存粮食的习惯。因此，僜人总是处于缺粮的状态，不等到庄稼全部成熟，就把先成熟的粮食边收边吃，到庄稼全部成熟，粮食差不多也已经吃完了。

因为农业生产率很低，不能满足生存需要，所以僜人还需要依靠饲养、采集和狩猎补充口粮和肉食的不足。僜人采用自然放养的方式饲养牛、猪、鸡等家畜和家禽，到晚上将它们圈养在干阑式住房的下层。牛是僜人的重要财富，因为它是购买妻子和奴隶时不可缺少的一般等价物。

狩猎是僜人肉食的主要来源，皮张是他们夜宿的铺垫。皮张和熊胆、麝香还可以拿到印度去交换，是僜人重要的收入来源。与珞巴人集体狩猎的行为不同，僜人狩猎是个人行为，出猎的时间和地点也不告诉别人。这正好反映了僜人在经常性的迁徙过程中，血缘关系和氏族公社组织已经废弛的状况。但是，如果个人在猎获大动物后遇到了熟人，也要分一点给遇见的人。回到家后，还要给同姓分送，肉多的时候，要给岳父家送一些上好部位的肉。这是氏族公社时期平均分配以及氏族外婚的遗存。

### 6.3.2 简朴的生活习性

#### 6.3.2.1 僜人服饰

在夏无酷暑、冬无严寒的亚热带山地,僜人的服装主要是自产的麻织品,其次是从印度交换来的棉织品。僜人做衣服的原料是火麻,一种多年生的野生植物。他们将麻剥皮、锤打、煮晒后,取出白色纤维搓成麻线。麻线一般被染成红黑两种。织布工具很简单,就是几根木棍和窄木板。用不同颜色的线可以织出简单而均匀的几何图案。麻布可以缝制男子穿的无袖长衣,也可以缝制女子穿的筒裙和短上衣,还可以做大披肩。

僜人男子穿对襟无袖长至膝盖的大坎肩,下襟上有花纹装饰;有的内穿白衬衣;也有人披一条宽1米,长2~3米的大披肩。男子无下装,只在下身围一条缀有花纹的布头。僜人男子的挎包和砍刀是必不可少的,是男子汉的标志,只有在睡觉的时候才卸下来。挎包通常由熊皮制成,还有熊的面部图案。砍刀则长约50厘米,刀把上包嵌带有花纹的铜片。与珞巴男子相同,僜人男子也留长发,在头顶系成结,再用红黑两色的布带缠头。

僜人妇女穿无袖短上衣,长度在腰部以上,下身穿长至膝盖的筒裙,筒裙的中部和下部缀有横条花纹的装饰。成年妇女在头上梳一个髻,用银钗固定。

僜人成年男女均戴耳环。他们认为,"没有耳孔怎么算僜人",因此,耳孔是僜人族体的显著标志。早先,僜人耳环多是竹子的,到20世纪50年代以后,才逐渐有了银耳环。

#### 6.3.2.2 僜人食物

僜人的粮食加工方式非常原始。加工鸡爪谷时,人站在盛鸡爪谷的簸箕里踩踏;加工玉米时,将一块石板放在簸箕里,人跪在旁边,一手向石板丢玉米粒,另一手用石块捣击,把玉米磨成粉。僜人还用一种木碓,把一截粗木头砍出平面,上面掏出凹洞,把粮食放在臼窝中,用一端圆滑的木棒不断捣击。

僜人的饮食习惯与当地其他民族差别非常大。他们用竹筒作为蒸或煮的容器,肉类则主要是烧烤。储存肉类的方法是晾干或熏制。在粮食短缺的时候,采集野生植物是僜人补充粮食的主要手段。野菜全年都可以采集,可供食用的野菜大概有20多种。

6.3.2.3 僜人住宅

与珞巴人的长屋相似,僜人也住竹木结构的干阑式长屋。长屋多半修建在斜坡上,以隔潮和防野兽。屋子的地面和墙板是木制或竹编的,地板下是1.5米左右高的畜圈,房顶为人字形。长屋一般为十多米,如果妻子和奴隶多,长屋也可以长达数十米。长屋通常低矮、狭长,除堂屋开一个四方形小孔透气外,墙上并不开窗,因而室内光线十分昏暗。长屋两端各开一门,其中一门连接晒台,晒台旁放置木梯连接地面。长屋中间的堂屋里有火塘,火塘里的火通常不熄灭。长屋室内一侧用竹片或者木片分隔成若干没有门的小房间,另一侧是狭窄的通道。

僜人住宅(吴丛众　摄)

僜人屋里几乎家徒四壁,也没有门和锁。僜人在搬迁到新的开荒地点时,只需要带一些粮食和家畜,大部分竹木工具都不带走。

由于生活在高山密林里,竹子是僜人最重要的建筑原料和生产、生活工具。僜人的大部分生活用具都以竹子为原料,如盛水用竹筒,烧饭用竹筒,饭碗也是用竹子制作的。在僜人和珞巴人杂居的地区,用竹子做溜索还是僜人的专利。

## 6.3.3 古老的家长制

不稳定的生产方式造成了僜人经常性的迁徙,也影响了僜人氏族部落间亲缘关系的维系。虽然僜人依然保留父权制氏族,但血缘关系已经逐渐过渡为地缘关系。与周围的珞巴人不同,僜人是有姓氏的,同姓的人出自一个氏族，是同一个男性始祖的后代。同姓中的同一辈分，都是兄弟姐妹关系。这说明僜人早先是以父系血缘关系组成聚落的。

僜人在民主改革之前的婚姻形式完全是父权制的买卖婚姻，此外还存在群婚、对偶婚等古老婚姻遗存。僜人的结婚范围严格限制在氏族外婚，同姓禁止结婚，姨表、姑表兄弟姐妹之间也不能结婚。但舅表可以优先通婚，与门巴和珞巴婚姻习俗相似。

6.3.3.1 买卖婚

与珞巴人一样，僜人的妻子也是买来的，牛是买妻的主要等价物，是女子的身价。由于购买妻子通常需要一大笔费用，比较贫穷的僜人男子会到岳父家干活抵债，等交清了婚价才可以带走妻子和在岳父家生的孩子。如此一来，就造成了僜人中间的抢婚与逃婚习俗。与珞巴人的抢婚一样，僜人的抢婚也是实质性的，目的是少交或不交婚价。当抢婚或逃婚被抓住时，一般只要补齐了婚价，事情就可以平息。

6.3.3.2 一夫多妻

僜人中普遍存在一夫多妻现象。社会调查统计数据表明，在受调查的478名僜人男子中，185人结婚，其中多妻的男子19人，占已婚男子的10%还多。在499名女性中，已婚230人，曾经属于多妻家庭的有40人，占已婚女性的17%。[1] 一夫多妻家庭通常是比较富裕的家庭。丈夫在买了第一个妻子之后，等有了牛再买第二个。富裕家庭的象征就是房屋较长。僜人维护多妻制，是因为妻子多相当于家庭劳动力多。

僜人夫妻（陈宗烈 摄）

男子再娶新妻后，就把房子加长一间供新妻使用，并将一块新开垦的土地

[1]吴丛众：《西藏察隅僜人的社会与文化》，哈尔滨，黑龙江教育出版社，2001年，第98页。

交给新妻。因此,每个新妻都是一个独立的生产单位,而妻子的人身、财产都属于丈夫。丈夫到哪个妻子那里食宿,就把挎包挂在哪个妻子的房间门口。虽然僜人妻子之间没有妻妾之分,但哪个妻子得宠,其地位也会比较高。一名叫日枯下的人有5个妻子,他曾经非常宠爱第三个妻子,但在买了第四妻之后,就疏远了第三妻。后来他借故打死了第一妻和第三妻,第三妻的儿媳被他转房为第五妻。后来因日枯下专宠第四妻,第二妻和第五妻产生了不满,第五妻想改嫁,又不敢行动。

在多妻家庭里,儿子成年后,通常由父亲为他买妻,同时把长屋接盖一两间,使小夫妻自成一个伙食和生产单位,但与生母仍有往来和生活上的接济。儿子如果想分家另过,也可以另成立一个户头,但他的财产要属于父亲。因此,在僜人部落,有十几间房子的大家庭为数不少。但是在这样的家庭里,妻子的人身权利和财产得不到保证,丈夫对妻子及其子女就像对待奴隶那样,有生杀予夺的大权。

6.3.3.3 溺婴习俗

僜人人口很少,为使种族繁衍,生育是一件非常重要的事情。因此,僜人社会中发展出了很多与生育有关的习俗和禁忌。例如在妇女怀孕时要请巫师送鬼,还要请巫师祈福,祝福生育时吉祥顺利,出生的孩子聪明漂亮。在妻子怀孕期间,丈夫不能吃被刺杀的动物,还要准备一头猪、两只鸡给岳父。每当有孩子出世,全村都会停止劳动一天以庆祝。在产妇生产后的11天,全村的妇女都要带着酒前来探望。直到孩子满月,一切禁忌才能解除。但就是在这样一个重视生育的民族里,却保持着非常残忍的溺婴习俗。

社会调查表明,僜人在缺粮,或因为是私生子,或因多妻家庭中妻子害怕丈夫嫌弃时,就会把早产,或生理有缺陷,生下来不会啼哭的婴儿活埋。日枯下的妻子夏木央因为孩子多,在生了孩子之后,就将其放在草窝里,早上连同草窝和啼哭的孩子一同扔掉了。马依也是因为孩子多,所以把刚生下的孩子扔在外面,孩子哭了一两天后,被自己的父亲用石头砸死了。还有孩子已经半个月大却被亲生母亲闷死的现象。[1] 但资料中并没有说明被杀掉的孩子是否都有残疾或生病,也没有说明被杀婴儿的性别。

溺婴习俗古来有之,在古代斯巴达,为了种群的健康,通常会把身体不健康的婴儿处理掉。这种习俗本身或许可以说明,在僜人社会存在一种限制人口发展和选择优良人种的方式,即使它过于残酷。

### 6.3.4 血腥的巫术祭祀

僜人几乎没有受到藏传佛教的影响,与珞巴族一样,僜人依然信奉万物有灵的原始宗教,鬼魂崇拜和祭祀是僜人的主要宗教行为。在僜人的信仰中,鬼大都是女性,而且女鬼的法力更大,也更富有。这大概是僜人在母系社会期间的信仰遗存。

僜人鬼神崇拜的最典型例子是杀牛送大鬼。在僜人看来,鬼是有大小的,也是吃肉的,送小鬼杀鸡,送大鬼就要杀牛。牛在僜人社会有非常高的地位,它是财富的象征,也是一种图腾崇拜。杀牛送鬼,既是对鬼的恐惧,也是对牛的崇拜。僜人杀牛的仪式非常隆重。在某家决定杀牛的前一天,男女主人就背着筐子在村里转圈,各家会把礼物装进筐子里。在次日杀牛吃肉后,主人会根据礼物的分量分给大体相值的牛肉,让客人带回。杀牛是非常隆重的集体祭祀仪式,通常由巫师主持,全村的人都来参加。杀牛的过程非常复杂而且血腥。僜人杀牛送鬼的习俗从起因到过程,再到杀牛以后的其他集体活动,都与云南苗族、独龙族的剽牛仪式非常相近。

## 6.4 攀登雪山的东方人
### ——夏尔巴人社会生活状态

在中国和尼泊尔边境两侧,生活着一个特殊的民族群体——"夏尔巴人"(Sharpa),也称"舍尔巴"或"谢尔帕",藏语意思为"东方人"。生活在尼泊尔的夏尔巴人主要分布在珠峰脚下南侧的河谷地区,即孙科西河以北的索卢昆布地区和加德满都附近;生活在西藏自治区的夏

---

[1]吴丛众:《西藏察隅僜人的社会与文化》,哈尔滨,黑龙江教育出版社,2001年,第128页。

尔巴人主要分布在日喀则地区的定日和聂拉木县。早在20世纪40年代，中国学者就对这一特殊民族群体发生了兴趣。1941年10月的《康岛月刊》上发表了刘酿泉的《色尔巴概说》，1980年，黄颢撰写了研究性文章《夏尔巴人族源试探》(《西藏民族学院学报》，1980年第3期)，陈乃文也于1983年发表了《夏尔巴人源流探索》(《中央民族学院学报》，1983年第3期)，对夏尔巴人风俗习惯、族源以及语言系统的研究逐步开始，但夏尔巴人的族属至今依然没有确定。他们为世人所知，是作为登山脚夫和登山向导，在世人征服世界高峰的历史上写下了自己的名字——攀登珠峰的“东方人”。

### 6.4.1 夏尔巴人的传说

夏尔巴人自称是西夏人的后代。陈乃文和张国英认为他们是木雅人(党项)的后裔，西夏灭亡后逃往康区的木雅地区，后来在忽必烈南征大理时迁往后藏。他们其中一部分人翻越囊巴拉山口，到了尼泊尔境内索卢昆布定居。但历史典籍对这一观点并没有明确支持。尼泊尔的《新尼史》上说：“……北部有谢尔帕人、林不人……总称菩提亚。他们有悠久的历史，曾经多次与加德满都王国进行战争，直到1482—1520年左右，臣服并入尼泊尔国土，他们散居于中尼边境两侧……”[1]夏尔巴人还有这样的传说：在远古时代，一家人有4兄弟，大哥叫帕巴(藏族)，二哥叫康巴，老三叫夏尔巴，四弟叫塔莽(尼泊尔塔莽族)。这个故事也许表明夏尔巴人在历史上就与藏族有密切联系。夏尔巴人没有自己的语言和文字，他们使用的是藏语方言。据统计，夏尔巴方言中有73%的词汇是藏语词汇，但夏尔巴人的日常生活方式却与藏族有很大不同。

米拉日巴曾在定日和聂拉木云游，他的叙述涉及了当地的社会状况：“在秋收时节时，我去定日化缘……秋天已来临，丰收在望，虽然麦粉在定日十分昂贵，我要得到它却并不困难。”[2]当时的聂拉木王子曾警告米拉日巴说：“聂拉木是个可怕的地方，是强盗和杀人凶手的乐

[1]古子文：《深入藏地》，北京，中国社会科学出版社，2002年，第98页。
[2]古子文：《深入藏地》，北京，中国社会科学出版社，2002年，第100页。

园，那里到处是成群的麻风病人……”[1]传说米拉日巴还曾在定日地区与一个叫帕当巴的法师斗法，他们经过7种形体变幻之后，又在花瓣上进行了较量，但米拉日巴也没有占到上风。《青史》中还有这样的记载：“（天正在下雹子）……乡下人在山顶上发现了他们（米拉日巴和他的同伴）。那可敬的人（米拉日巴）先逃走了，并告诉他的伙伴在定日与他汇合……”

从以上描述我们至少可以得到这样的启发：（1）当时定日和聂拉木一带已经有很多居民，有关丰收的描述说明农耕经济已经比较发达。麦粉的价格，应该意味着当时已经有市场和交换活动。（2）强盗、杀人犯的存在，也许暗示那里像门隅和珞隅一样，曾经是流放犯人的地方，也许暗示那里已经是一个比较繁荣的商业中心。（3）米拉日巴与当地巫师的斗法，说明当地有原始宗教信仰或者佛教其他派别，也或许有印度教信仰的存在。

据说大约250年前，夏尔巴人向西发展到了樟木的拉布章和雪布岗，向北发展到了定日的绒辖地区，向东发展到了定结的陈塘地区。1972年，居住在立新的一个86岁的夏尔巴老人讲“他们的祖先是从尼泊尔昆布、比贡、嘎里召等地方过来的，在樟木口岸定居已经有11代了。那时立新森林茂密，没有人烟，也没有边界之分。直到尼藏边界战争，才有西藏与尼泊尔划界”[2]。这里的战争应该是1789年和1791年的廓尔喀之战。

民主改革之前，西藏境内的夏尔巴人处于封建社会初期，氏族集团已经解体，分化为各自独立的小家庭。尼泊尔国王视西藏境内的夏尔巴人为他的臣民，使其每年向尼泊尔驻聂拉木的商务代办交人头税。西藏地方政府也不放弃对夏尔巴人的统治，令每户差民向聂拉木宗豁交鸡蛋、大米、木柴和牛皮。寺庙也对夏尔巴人进行剥削，每年要派差，搞集体念经等宗教活动。

---

〔1〕此处转引自〔美〕阿吉兹：《藏边人家》（翟胜德译），拉萨，西藏人民出版社，2000年，第27页。

〔2〕袁超俊：《夏尔巴人概况》，《西藏研究》，1989年第1期，第92页。

### 6.4.2 夏尔巴人的营生

夏尔巴人传统上从事农牧业生产，生活在尼泊尔索卢昆布地区的夏尔巴人也多为农牧民。由于十分了解喜马拉雅地区的地理情况，又有很强的适应性，夏尔巴人一直在跨越喜马拉雅山的贸易贩运中起重要作用。夏尔巴人因其在藏尼边境居住的便利，长期从事牦牛、马匹、食盐等生活用品的进出口，并因此获利丰厚。也有许多夏尔巴人在贸易运输线上做运货脚夫。美国人类学家阿吉兹（B N Aziz）在其《藏边人家》（*Tibetan frontier Families*）中，多次提及生活在边境上的夏尔巴人经商的情况。在昆布的夏尔巴人把他们生产的纸张供应给则不日山中及协格尔山中的印经院，以及定日以外地区。他们还把只有在尼泊尔才能繁殖的"卓"，即牦牛和黄牛的杂交种贩运到西藏内地，同时从西藏内地购买羊毛和盐巴。可以说，夏尔巴人的一切全靠在定日—索卢—昆布之间的南北贸易获得。因此有人说夏尔巴人完全垄断了西藏与尼泊尔之间的贸易。

19 世纪末到 20 世纪初，尼泊尔一个小镇生产的生铁经由索卢昆布在加布拉和定日销售。在甘托克和噶伦堡通往孟加拉平原的公路建成之后，印度廉价的铁在西藏打开了市场，尼泊尔和西藏之间的铁贸易逐渐衰落，但藏尼之间的盐贸易依然活跃。第二次世界大战之后，廉价的印度盐也伸展到了尼泊尔山区。

除了贸易路线外，夏尔巴人还垄断了另一条通往财富和名誉的路线——做喜马拉雅山背夫和登山向导。这一垄断不但在欧洲人攀登喜马拉雅山的历史中起到了至关重要的作用，还成就了夏尔巴人在世界范围内的知名度。

从 20 世纪 20 年代起，欧洲登山爱好者在征服了世界上的许多著名山峰之后，开始把目光转向喜马拉雅山登山探险。西藏地方政府认为喜马拉雅山是神山，欧洲人在山上随意打猎并挖掘是对神山的亵渎，便不允许欧洲登山队进入喜马拉雅山区。时任锡金政治官员的贝尔 1920 年曾面呈十三世达赖喇嘛，要求他开放山峰，并保证喜马拉雅山探险完全是科学性质的。当时的登山队多以印度的大吉岭为基地，展开登山前的准备。1922 年,英国人迈克考温在大吉岭停留,他说:"大吉岭已经成为繁荣的都市……在夏天,旅馆食堂,无不充满游人足迹,至土著,则为数更多。……城中藏人,随处可见。"[1]最早的珠穆朗玛考察队在大吉岭的藏族人、不丹人和夏尔巴人中间雇脚夫,运送登山者的行李和器材。当时的英国人并没有发现他们的民族区别,通称他们为"苦力"(Coolies)。但到了高纬度攀登时,夏尔巴脚夫便显示出了无可替代的才能。后世的研究显示,夏尔巴人的血液中血红蛋白浓度要高于常人。

在珠峰考察盛行的年代,有许多年轻的夏尔巴人受到夏尔巴脚夫取得的声望和财富的吸引,从喜马拉雅山的一侧到另一侧去寻找希望。20 世纪 50 年代,两个最有名的夏尔巴人是安格·沙克(Ang Thkay)和丹增·诺杰(Tenzing Norgay)。丹增出生在西藏的查楚,后来全家迁到了边境那边。安格·沙克在 1950 年参加了法国第一次安那帕那峰的攀登,丹增·诺杰则经历了从 20 世纪 30 年代到 50 年代的珠峰探险,并于 1953 年和新西兰人艾德蒙·西拉利一起征服了珠穆朗玛峰。从 1935 年到 1953 年,丹增共参加了 7 次珠峰考察。

夏尔巴人作为喜马拉雅登山者的历史很长,因为他们自古就来往于高原峡谷,从事放牧和商业活动,他们生活的地区海拔都在五六千米以上,可以说,他们是天生的攀登者。但他们真正以登山作为职业的历史并不长。20 世纪 20 年代,他们是受经济利益驱使去做脚夫的,征服高山并不是他们的本意和目的;只是在他们把登山作为高尚的追求,在登山活动中显示出崇高的品格时,他们才成了登山伙伴和真正的登山者。

---

〔1〕此处转引自黄慕松:《使藏纪程》,北京,全国图书馆文献微缩复制中心,1991 年,第 380 页。

### 6.4.3 夏尔巴人的风俗

#### 6.4.3.1 夏尔巴人服饰

夏尔巴人因为跨境居住,并与尼泊尔联系更为紧密,所以衣食住行多受尼泊尔风俗习惯的影响。夏尔巴男子穿羊毛织成的白色短袖外套,沿边镶有黑色羊毛,叫做"普都",腰间插一把叫"果奔"的弯月形砍刀,下身为短裤,赤足。女子穿色彩鲜艳的长袖衫,下身围一条花筒裙,外面罩一件手工制作的白羊毛坎肩,叫"帕多",梳一根长长的带红穗的发辫,喜戴耳环,与尼泊尔和印度妇女服饰相似。在定日陈塘的夏尔巴男子的服饰很具特色,帽子由红色呢绒和彩色布条制成,帽顶插有杜鹃花和孔雀羽毛,帽檐饰以 9 枚银币并向上突起,脖子上挂着由 200 多个银环连成的项链,胸前挂着 6 个银制的小串子,腰部系着银做的腰带,象征着富有。

#### 6.4.3.2 夏尔巴人住居

夏尔巴人半农半牧,其住房分为两种:一为定居民居,多修建在海拔较低,离农田较近的地方。另一种是临时住房,分别建在夏季和冬季牧场。夏居地位于远离村庄的高山牧场,住所通常为土石墙窝棚,石板盖顶,很少有木头。冬居地因为海拔低,有时会有几间房屋集中在一起修建。

夏尔巴人的村寨一般选址在距离水源较近的宽阔坡地上,房屋多为石木结构的两层楼房,高度为 6 米左右。房屋的柱子粗大,墙体为石块堆砌,石块之间的缝隙用泥、沙和牛粪混合制成的灰浆填塞,再涂石灰浆刷白。房屋为人字形屋顶,上盖用斧子劈成的鱼鳞板。楼上一般

夏尔巴人住宅(古子文 摄)

分成3间,分别作厨房、卧室和储藏室。厨房通常有5米宽,十几米长,可以容纳百人,里面有酥油筒、各种炊具,还有用石板砌成的火炕。房间的一角设厕所和倾倒垃圾的地方,通向底层的牲畜棚。楼下是牛羊圈或存放杂物的房间。

6.4.3.3 夏尔巴人饮食

夏尔巴人生活在喜马拉雅山南坡的高山河谷地带,可以种植玉米、青稞、小麦和土豆等粮食作物,并以这些为主要食物。玉米粉用来熬粥,大米做成米饭,青稞做成糌粑,小麦粉用来做面条和油饼,土豆既用作主食,也用作菜肴。

夏尔巴人喜欢熟食,用炒菜佐食。也许受印度饮食影响较大,夏尔巴人喜欢吃辛辣口味的食物,几乎每餐都吃辣椒,还喜欢小茴香、大蒜、咖喱等香料。

夏尔巴人不吃鱼、狗肉和小牛肉,但吃猪肉。这大抵与尼泊尔的印度教信仰有关,把牛看做神。

### 6.4.4 夏尔巴人的婚姻

夏尔巴人的家庭婚姻制度与藏族有很大不同,他们基本是一夫一妻制,在较富有的夏尔巴人中,也存在一夫多妻现象,但妻妾都有各自的家和财产,妻妾之间也不相往来,各自生儿育女。夏尔巴人中没有一妻多夫现象,他们在婚姻上有几条规定:(1)同姓不婚。(2)兄弟不能同娶一妻。若兄死,其嫂可转嫁胞弟;若弟死,其弟媳不能为兄妻,但允许再嫁。(3)不得与“贱民”通婚。(4)兄弟的子女可以通婚(姑表亲可以通婚)。(5)一般不与外族通婚。

在尼泊尔的昆布地区,也存在兄弟共妻婚姻,一般是两兄弟共妻,有时是两兄弟共两个妻子。由于只允许两兄弟共妻,有3个儿子的父母通常让长子和三子共妻,二子做喇嘛或独身。假如有4个儿子,就让长子和三子共一妻,二子和四子共一妻,但这样的情况很少见。与藏族不同,在举行婚礼时,两兄弟均要出席。

夏尔巴人结婚一般有以下步骤:首先由男方父母请本氏族亲友向女方家送3克粮食的酒求婚,称为求婚酒。若不同意,可送两三次酒。

在女方父母同意后,男方杀羊宰鸡备酒肉,请本氏族的人来吃喝,算正式订婚。然后送酒到女家,称为接回酒。然后接女子来家居住,与男子交朋友,但不一定同居,看两人是否合适。最后才是正式完婚。结婚时男方备酒肉招待本氏族及女方氏族的亲友,送衣服给女子穿戴。

夏尔巴家庭有几个特点:一是存在种姓,以父姓为唯一的姓氏继承,凡是同一种姓的,即为一个亲族。二是不存在大家庭,一般是四五个人的核心家庭。夏尔巴人的子女在成年之后,不论男女及结婚与否,都另立门户。三是重夫权,家庭的经济大权和与社会的联系都由丈夫做主,妇女常遭到丈夫的虐待。夏尔巴妇女一般不许离婚,不许改嫁。四是婆媳关系比较好。

### 6.4.5 夏尔巴人的葬礼

绝大多数夏尔巴人信奉藏传佛教的萨迦派和噶举派,在立新和陈塘各有一座寺庙,分别为贡巴萨巴和拉岗。这里的萨迦派和噶举派僧侣大都不住在寺庙,只是轮流去寺庙烧香、摆供和念经。原始宗教信仰也占有一定的地位。夏尔巴人崇尚鬼怪,相信星算,凡有重大举动都先占卜而后作决定。

在尼泊尔的索卢昆布地区,有30多个寺院,其中最著名的是丹保切寺和吉旺寺。据说这两个寺院里藏有数千卷的藏文《丹珠尔》和《甘珠尔》,还有来自拉萨大昭寺的活佛主持寺院。[1]

夏尔巴人受印度教风俗的影响,盛行火葬,也有土葬和水葬,还有孩子树葬。土葬时,夏尔巴人要将死者背到深山岩洞中,将洞口砌石封闭,有崖葬的性质。孩童死后,把尸体捆绑成胎儿状,存放在山崖的石穴中或树洞里。

夏尔巴人亡故后,家人先用一块白布盖住死者,然后立刻去请喇嘛念经。死者被放在特制的木箱内,箱子上放一个轮回图。在喇嘛占卜决定了停灵的期限之后,要进行一系列仪式,然后送到火葬的地方架柴火葬。葬后两三天,取少许骨灰撒到江河里,其余部分用石头垒盖。

---

〔1〕王宏志,鲁正华:《尼泊尔民族志》,北京,中国藏学出版社,1989年,第137页。

# 参考文献

## 中文部分

### 著作

[1]刘洪记,孙雨志.中国藏学论文资料索引.北京:中国藏学出版社,1999.

[2]吴忠信.西藏纪要.上海:商务印书馆,1942(民国31年).

[3]〔法〕大卫·妮尔.一个巴黎女子的拉萨历险记.耿昇,译.北京:东方出版社,2002.

[4]王尧.贤者新宴.石家庄:河北教育出版社,2003.

[5]袁亚愚,詹一之.社会学——历史理论方法.成都:四川大学出版社,1989.

[6]宋丹.社会学教程.南京:江苏教育出版社,1988.

[7]〔英〕拉德克利夫·布朗.社会人类学方法.夏建中,译.北京:华夏出版社,2002.

[8]费孝通.社会学概论.天津:天津人民出版社,1984.

[9]王伟光.社会生活方法论.南京:江苏教育出版社,1988.

[10]〔法〕石泰安.西藏的文明.耿昇,译.拉萨:西藏社会科学院西藏学汉文文献编辑室,1985.

[11]郑杭生.社会学概论新修.3版.北京:中国人民大学出版社,2003.

[12]〔美〕艾凡·路易斯.社会人类学导论.黄宣卫,等,译.台北:台湾五南图书出版公司,1985.

[13]许光世,蔡晋成.西藏新志.上海:上海自治编辑社,1911(宣

统三年).

[14]陈观浔.西藏志.成都:巴蜀书社,1985.

[15]黄奋生.蒙藏新志.上海:中萃书局,1938(民国27年).

[16]洪涤尘.西藏史地大纲.南京:正中书局,1936(民国25年).

[17]〔英〕查尔斯·贝尔.西藏史.宫廷璋,译.上海:商务印书馆,1935(民国24年).

[18]大司徒·绛求坚赞.朗氏家族史·灵犀宝卷.赞拉登,译.拉萨:西藏人民出版社,1988.

[19]〔美〕皮德罗·卡拉斯科.西藏的土地与政体.陈永国,译.拉萨:西藏社会科学院西藏学汉文文献编辑室,1985.

[20]北京大学社会人类研究所,中国藏学中心.西藏社会发展研究.北京:中国藏学出版社,1997.

[21]《西藏自治区概况》编写组.西藏自治区概况.拉萨:西藏人民出版社,1984.

[22]列宁全集.3卷.北京:人民出版社,1978.

[23]〔加〕谭·戈伦夫.现代西藏的诞生.武昆明,译.北京:中国藏学出版社,1990.

[24]西藏社会历史调查资料丛刊编辑组.西藏社会历史调查.拉萨:西藏人民出版社,1988.

[25]马长寿.马长寿民族学论集.北京:人民出版社,2002.

[26]徐平,郑堆.西藏农民的生活.北京:中国藏学出版社,2000.

[27]〔英〕查尔斯·贝尔.西藏志.董之学,傅勤家,译.上海:商务印书馆,1936(民国25年).

[28]王尧,陈庆英.西藏历史文化词典.拉萨:西藏人民出版社,1998.

[29]〔英〕孔贝.藏人言藏.邓小咏,译.北京:中国社会科学出版社,成都:四川民族出版社,2000.

[30]丹珠昂奔.藏族文化志.上海:上海人民出版社,1998.

[31]《西藏研究》编辑部.西藏志·卫藏通志.拉萨:西藏人民出版

社,1982.

[32]赤列曲扎.西藏风俗志.拉萨:西藏人民出版社,1982.

[33]李有义.今日的西藏.天津:天津知识出版社,1951.

[34]〔日〕河口慧海.西藏秘行.孙沈清,译.乌鲁木齐:新疆人民出版社,1998.

[34]安七一.中国西部概览——西藏.北京:民族出版社,2000.

[36]格勒,张江华.李有义与藏学研究.北京:中国藏学出版社,2003.

[37]陈庆英.藏族部落制度研究.北京:中国藏学出版社,2002.

[38]刘景华.文化社会人类学卷.广州:花城出版社,2003.

[39]俞湘文.西北游牧藏区之社会调查.上海:商务印书馆,1947.

[40]〔英〕斯潘塞·查普曼.圣城拉萨.向红笳,凌小菲译.北京:中国藏学出版社,2004.

[41]西藏自治区政协文史资料委员会.西藏文史资料选辑.北京:民族出版社,1998.

[42]段克兴.西藏奇异志.上海:商务印书馆,1931(民国20年).

[43]马克思恩格斯选集.4卷.北京:人民出版社,1978.

[44]〔印〕萨拉特·钱德拉·达斯.拉萨及西藏中部旅行记.陈观胜,李培茱,译.北京:中国藏学出版社,2004.

[45]〔法〕安德烈·比尔基埃,等.家庭史.袁树仁,译.北京:三联书店,1997.

[46]黄慕松.使藏纪程.北京:全国图书馆文献微缩复制中心,1991.

[47]朱少逸.拉萨见闻记.北京:全国图书馆文献微缩复制中心,1991.

[48]〔英〕托马斯·曼宁.拉萨之行纪实.张皓,译.北京:中国藏学出版社,2000.

[49]〔英〕艾德蒙·钱德勒.拉萨真面目.尹建新,译.拉萨:西藏人民出版社,1989.

[50]〔英〕荣赫鹏. 英国侵略西藏史. 孙煦初,译. 上海:商务印书馆,1934(民国23年).

[51]〔日〕青木文教. 西藏游记. 唐开斌,译. 上海:商务印书馆,1931(民国20年).

[52]〔英〕亨利·海登,西泽·考森. 在西藏高原的狩猎与旅游——西藏地质探险日志. 周国炎,邵鸿,译. 北京:中国社会科学出版社,2002.

[53]邢肃芝. 雪域求法记. 北京:生活·读书·新知三联书店,2003.

[54]〔俄〕崔比科夫. 佛教香客在圣地西藏. 王献军,译. 拉萨:西藏人民出版社,1993.

[55]俞允贵,文德明,金巴杨培. 西藏产业论. 北京:中国藏学出版社,1994.

[56]〔美〕梅·戈尔斯坦. 喇嘛王国的覆灭. 杜永彬,译. 北京:时事出版社,1994.

[57]〔英〕查尔斯·贝尔. 十三世达赖喇嘛传. 冯其友,等,译. 拉萨:西藏社会科学院西藏学汉文文献编辑室,1985.

[58]中国社会科学院民族研究所,中国藏学研究中心社会经济所. 西藏的商业与手工业调查研究. 北京:中国藏学出版社,2000.

[59]扎西次仁. 英藏汉对照词典. 北京:民族出版社,1988.

[60]〔英〕克莱门茨·R. 马克姆. 叩响雪域高原的门扉. 张皓,等,译. 北京:中国社会科学出版社,2002.

[61]刘志群. 藏戏与藏俗. 拉萨:西藏人民出版社,2000.

[62]伦琴拉木. 西藏之社会生活及其风俗. 胡求真,译. 北平:西北书局,1933(民国22年).

[63]刘曼卿. 康藏轺征. 北京:民族出版社,1998.

[64]〔英〕J. G. 弗雷泽. 金枝. 徐育新,等,译. 北京:大众文艺出版社,1998.

[65]才让. 藏传佛教民俗与信仰. 北京:民族出版社,1999.

[66]〔意〕毕达克. 西藏的贵族和政府. 沈卫荣,宋黎明,译. 北京:中国藏学出版社,1990.

[67]朱解琳. 藏族教育史略. 西宁:青海人民出版社,1990.

[68]西藏社会科学院西藏学汉文文献编辑室. 西藏地方志资料集成. 北京:中国藏学出版社,1997.

[69]丹珠昂奔. 藏族文化发展史(下). 兰州:甘肃教育出版社,2001.

[70]马鹤天. 甘青藏边区考察记. 上海:商务印书馆,1947(民国36年).

[71]王尧. 国外藏学研究译文集(第九辑). 拉萨:西藏人民出版社,1992.

[72]胡焕庸. 中国人口地理. 上海:华东师范大学出版社,1987.

[73]马克思恩格斯全集. 23卷. 北京:人民出版社,1978.

[74]次旺俊美. 西藏宗教与社会发展关系研究. 拉萨:西藏人民出版社,2001.

[75]东嘎·洛桑赤列. 论西藏政教合一制度. 北京:民族出版社,1985.

[76]〔日〕多田等观. 入藏纪行. 钟美珠,译. 郑州:中州古籍出版社,1987.

[77]于式玉. 于式玉藏区考察文集. 北京:中国藏学出版社,1990.

[78]西藏自治区科学技术委员会,西藏自治区档案馆. 西藏地震史料汇编. 拉萨:西藏人民出版社,1982.

[79]德吉卓玛. 藏传佛教出家女性研究. 北京:社会科学文献出版社,2003.

[80]中国社会科学院民族研究所. 西藏门隅地区的若干资料(油印本). 1978.

[81]巴卧·祖拉陈哇. 贤者喜宴. 黄灏,译. 中央民族学院藏文打印本.

[82]〔英〕F. M. 佩里. 无护照西藏之行. 春雨,译. 拉萨:西藏社会

科学院资料情报所,1983.

[83]西藏社会历史调查丛刊编辑组.门巴族社会历史调查(二).拉萨:西藏人民出版社,1988.

[84]张江华,等.门巴族封建农奴社会.成都:四川民族出版社,1988.

[85]陈立明.走入喜马拉雅丛林.北京:中国藏学出版社,2002.

[86]西藏社会历史调查丛刊编辑组.珞巴族社会历史调查(二).拉萨:西藏人民出版社,1987.

[87]〔英〕内维尔·马克斯维尔.印度对华战争.北京:生活·读书·新知三联书店,1971.

[88]吴从众.西藏察隅僜人的社会与文化.哈尔滨:黑龙江教育出版社,2001.

[89]古子文.深入藏地:徒步西藏十万公里纪实.北京:中国社会科学出版社,2002.

[90]〔美〕阿吉兹.藏边人家.翟胜德,译.拉萨:西藏人民出版社,2000.

[91]王宏志,鲁正华.尼泊尔民族志.北京:中国藏学出版社,1989.

[92]〔法〕古伯察.鞑靼西藏旅行记.耿昇,译.北京:中国藏学出版社,2006.

[93]〔英〕大卫·麦克唐纳.旅藏20年,孙梅生,黄次书,译.上海:商务印书馆,1935(民国24年).

**期刊**

[94]旅行杂志,1943,17(5).

[95]边地通讯,1947(2).

[96]西藏研究,1988(4).

[97]中国藏学,1997(1).

[98]蒙藏月报,1936,5.

[99]西藏研究,1989(1).

[100]西藏研究,1985(3).

[101]中国藏学,1988(1).

[102]西藏民族学院学报,1989(2).

[103]中央民族学院学报,1988(4).

[104]西藏研究,1994(4).

## 英文部分

[1]Claude Léwi-Strauss. Structural Anthropology. London: Watson & Viney, Vol. 1, 1972.

[2] Clifford Geertz. The Interpretation of Cultures. London: Basic Book, 1973.

[3] David Macdonald. Cultural Heritage of Tibet. New Delhi: Light-Life Publishers, 1963.

[4] Rockhill. The Land of Lamas. London: Seely, Service & Co. Ltd., 1891.

[5]T Grunfeld. The Making of Modern Tibet. New York: East Gate Book, 1987.

[6]Stven Hedin. Conquest of Tibet. London: Dutun, 1935.

[7] Ahmad Shah. Four Years in Tibet. New Delhi: Gian Publishing House, 1906.

[8]Perceval Landon. The Opening of Tibet. New York :Doubleday, 1906.

[9] Heinrich Harrer. Seven Years in Tibet. London: Rupert Hart – Davis, 1966.

[10]Alan Winnington . Tibet – Record of Journey. London: Lawrence & Wishart, 1957.

[11]Nirala Series-16 . The Taming of Tibet. New Delhi: Rutana Pushtak, 1998.

[12]Diki Sering. Dalai Lama, My Son. New York: Viking, 2000.

[13] Margaret D Williamson . Memoirs of a Political Officer's Wife in Tibet, Sikkim and Bhutan. London: Wisdom Publications, 1987.

[14] Norbu Tenbur. Tibet. New York: Simon & Shuster, 1968.

[15] Alex Mckay. The Tibetan History. London: Routledge Curzon, 2000.

[16] Charles Bell. Portrait of a Dalai Lama: The Life and Times of the Great Thirteenth. London: Collins, 1946.

[17] Tering Marylin. The Daughter of Tibet. London: John Morry, 1970.

[18] H E Richardson. The Brief History of Tibet. 2nd ed. London: Oxford University Press, 1984.

[19] Tsepon W D Shakabpa. Tibet: A Political History. New Haven: Yale University Press, 1967.

[20] Landor A H Savage. Tibet and Nepal. New Delhi: Asian Educational Service, 1993.

[21] Charles Bell. The Past and Present of Tibet. London: Oxford Press House, 1927.

[22] India Office Library and Records.

# 索 引

## A



## B



## C

## D



## F



## G

## H



## J



## K

## L

R



S



T



W



X

## Y



## Z

# 欧亚历史文化文库

## 已经出版

林悟殊著:《中古夷教华化丛考》 定价:66.00 元
赵俪生著:《弇兹集》 定价:69.00 元
华喆著:《阴山鸣镝——匈奴在北方草原上的兴衰》 定价:48.00 元
杨军编著:《走向陌生的地方——内陆欧亚移民史话》 定价:38.00 元
贺菊莲著:《天山家宴——西域饮食文化纵横谈》 定价:64.00 元
陈鹏著:《路途漫漫丝貂情——明清东北亚丝绸之路研究》 定价:62.00 元
王颋著:《内陆亚洲史地求索》 定价:83.00 元
〔日〕堀敏一著,韩昇、刘建英编译:《隋唐帝国与东亚》 定价:38.00 元
〔印度〕艾哈默得·辛哈著,周翔翼译,徐百永校:《入藏四年》 定价:35.00 元
〔意〕伯戴克著,张云译:《中部西藏与蒙古人——元代西藏历史》(增订本) 定价:38.00 元
陈高华著:《元朝史事新证》 定价:74.00 元
王永兴著:《唐代经营西北研究》 定价:94.00 元
王炳华著:《西域考古文存》 定价:108.00 元
李健才著:《东北亚史地论集》 定价:73.00 元
孟凡人著:《新疆考古论集》 定价:98.00 元
周伟洲著:《藏史论考》 定价:55.00 元
刘文锁著:《丝绸之路——内陆欧亚考古与历史》 定价:88.00 元
张博泉著:《甫白文存》 定价:62.00 元
孙玉良著:《史林遗痕》 定价:85.00 元
马健著:《匈奴葬仪的考古学探索》 定价:76.00 元
〔俄〕柯兹洛夫著,王希隆、丁淑琴译:《蒙古、安多和死城哈喇浩特》(完整版) 定价:82.00 元
乌云高娃著:《元朝与高丽关系研究》 定价:67.00 元
杨军著:《夫余史研究》 定价:40.00 元

梁俊艳著:《英国与中国西藏(1774—1904)》 定价:88.00 元
〔乌兹别克斯坦〕艾哈迈多夫著,陈远光译:
《16—18 世纪中亚历史地理文献》(修订版) 定价:85.00 元
成一农著:《空间与形态——三至七世纪中国历史城市地理研究》
定价:76.00 元
杨铭著:《唐代吐蕃与西北民族关系史研究》 定价:86.00 元
殷小平著:《元代也里可温考述》 定价:50.00 元
耿世民著:《西域文史论稿》 定价:100.00 元
殷晴著:《丝绸之路经济史研究》 定价:135.00 元(上、下册)
余大钧译:《北方民族史与蒙古史译文集》 定价:160.00 元(上、下册)
韩儒林著:《蒙元史与内陆亚洲史研究》 定价:58.00 元
〔美〕查尔斯·林霍尔姆著,张士东、杨军译:
《伊斯兰中东——传统与变迁》 定价:88.00 元
〔美〕J. G. 马勒著,王欣译:《唐代塑像中的西域人》 定价:58.00 元
顾世宝著:《蒙元时代的蒙古族文学家》 定价:42.00 元
杨铭编:《国外敦煌学、藏学研究——翻译与评述》 定价:78.00 元
牛汝极等著:《新疆文化的现代化转向》 定价:76.00 元
周伟洲著:《西域史地论集》 定价:82.00 元
周晶著:《纷扰的雪山——20 世纪前半叶西藏社会生活研究》
定价:75.00 元
蓝琪著:《16—19 世纪中亚各国与俄国关系论述》 定价:58.00 元

## 敬请期待

〔俄〕T. Б. 巴尔采娃著,张良仁、李明华译:
《斯基泰时期的有色金属加工业——第聂伯河左岸森林草原带》
李鸣飞著:《玄风庆会——蒙古国早期的宗教变迁》
马小鹤著:《光明的使者》
许全胜著:《黑鞑事略汇校集注》
张文德著:《朝贡与入附——明代西域人来华研究》
尚永琪著:《胡僧东来——汉唐时期的佛经翻译家和传播人》
篠原典生著:《西天伽蓝记》
桂宝丽著:《可萨突厥》

张小贵著:《祆教史考论与述评》
贾丛江著:《汉代西域汉人和汉文化》
王冀青著:《斯坦因的中亚考察》
王冀青著:《斯坦因研究论集》
王永兴著:《敦煌吐鲁番出土唐代军事文书考释》
薛宗正著:《汉唐西域史汇考》
李映洲著:《敦煌艺术论》
许序雅著:《唐朝与中亚九姓胡关系史研究》
叶德荣著:《汉晋胡汉佛教论集》
〔俄〕波塔宁著,〔俄〕奥布鲁切夫编,吴吉康译:《蒙古纪行》
王颋著:《内陆亚洲史地求索》(续)
〔德〕施林洛甫著,刘震译校:《叙事和图画
——欧洲和印度艺术中的情节展现》
王冀青著:《斯坦因档案研究指南》
刘雪飞著:《上古欧洲斯基泰文化巡礼》
汪受宽著:《骊靬梦断——古罗马军团东归伪史辨识》
〔前苏联〕巴托尔德著,张丽译:《中亚历史》
徐文堪编:《梅维恒内陆欧亚研究文选》
〔前苏联〕K. A. 阿奇舍夫、Г. A. 库沙耶夫著,孙危译:
《伊犁河流域塞人和乌孙的古代文明》
徐文堪著:《古代内陆欧亚的语言和有关研究》
刘迎胜著:《小儿锦文字释读与研究》
李锦绣编:《20 世纪内陆欧亚历史文化研究论文选粹》
李锦绣、余太山编:《古代内陆欧亚史纲》
郑炳林著:《敦煌占卜文献叙录》
陈明著:《出土文献与早期佛经词汇研究》
李锦绣著:《裴矩〈西域图记〉辑考》
王冀青著:《犍陀罗佛教艺术》
王冀青著:《敦煌西域研究论集》
李艳玲著:《公元前 2 世纪至公元 7 世纪前期西域绿洲农业研究》
许全胜、刘震编:《内陆欧亚历史语言论集——徐文堪先生古稀纪念》
张小贵编:《三夷教论集——林悟殊先生古稀纪念》

李鸣飞著:《横跨欧亚——马可波罗的足迹》
杨林坤著:《西风万里交河道——明代西域丝路上的使者与商旅》
杜斗诚著:《杜撰集》
林悟殊著:《华化摩尼教补说》
王媛媛著:《摩尼教艺术及其华化考述》
〔日〕渡边哲信著,尹红丹、王冀青译:《西域旅行日记》
李花子著:《长白山踏查记》
王冀青著:《佛光西照——欧美佛教研究史》
王冀青著:《霍恩勒与鲍威尔写本》
王冀青著:《清朝政府与斯坦因第二次中国考古》
芮传明著:《摩尼教东方文书校注与译释》
马小鹤著:《摩尼教东方文书研究》
段海蓉著:《萨都剌传》
〔德〕梅塔著,刘震译:《从弃绝到解脱》
郭物著:《欧亚游牧社会的重器——鍑》
王邦维著:《玄奘》
冯天亮著:《词从外来——唐代外来语研究》
芮传明著:《内陆欧亚中古风云录》
王冀青著:《伯希和敦煌考古档案研究》
王冀青著:《伯希和中亚考察研究》
李锦绣著:《北阿富汗的巴克特里亚文献》
〔日〕荒川正晴著,冯培红译:《欧亚的交通贸易与唐帝国》
孙昊著:《辽代女真社会研究》
赵现海著:《明长城的兴起
——"长城社会史"视野下明中期榆林长城修筑研究》
华喆著:《帝国的背影——公元14世纪以后的蒙古》
〔前苏联〕伊·亚·兹拉特金著,马曼丽译:《准葛尔汗国史》(修订版)
杨建新著:《民族边疆论集》
〔美〕白卖克著,马娟译:《大蒙古国的畏吾儿人》
余太山著:《内陆欧亚史研究自选论集》

---